高等职业教育教学改革融合创新型教材

财经基础课

国家文化产业资金支持媒体融合重大项目

经济学基础

JINGJIXUE JICHU

沈玉娟 李春伶 主　编
杨　阳 李　曦 副主编

东北财经大学出版社
Dongbei University of Finance & Economics Press
大连

图书在版编目（CIP）数据

经济学基础 / 沈玉娟，李春伶主编. —大连：东北财经大学出版社，2021.7

（高等职业教育教学改革融合创新型教材·财经基础课）

ISBN 978-7-5654-4191-2

Ⅰ. 经… Ⅱ. ①沈… ②李… Ⅲ. 经济学-中等专业学校-教材 Ⅳ. C912.3

中国版本图书馆CIP数据核字（2021）第号

东北财经大学出版社出版

（大连市黑石礁尖山街217号 邮政编码 116025）

网 址：http：//www.dufep.cn

读者信箱：dufep@dufe.edu.cn

大连图腾彩色印刷有限公司印刷 东北财经大学出版社发行

幅面尺寸：185mm×260mm 字数：433千字 印张：20.25

2021年7月第1版 2021年7月第1次印刷

责任编辑：张晓鹏 王芃南 责任校对：郭海雷 石建华 周 欢

封面设计：冀贵收 版式设计：钟福建

定价：48.00元

教学支持 售后服务 联系电话：（0411）84710309

如有印装质量问题，请联系营销部：（0411）84710711

富媒体智能型教材出版说明

“财经高等职业教育富媒体智能型教材开发系统工程”入选国家新闻出版广电总局新闻出版改革发展项目库，并获得文化产业专项资金支持，是“国家文化产业资金支持媒体融合重大项目”。项目以“融通”“融合”“共建”“共享”为特色，是东北财经大学出版社积极落实国家推动传统媒体与新媒体融合发展的重要举措之一。

“财济书院”智能教学互动平台是该工程项目建设成果之一。该平台通过系统、合理的架构设计，将教学资源与教学应用集成于一体，具有教学内容多元呈现、课堂教学实时交互、测试考评个性设置、用户学情高效分析等核心功能，是高校开展信息化教学的有力支撑和应用保障。

富媒体智能型教材是该工程项目建设成果之二。该类教材是我社供给侧改革探索性策划的创新型产品，是一种新形态立体化教材。富媒体智能型教材秉持严谨的教学设计思想和先进的教材设计理念，为财经职业教育教与学、课程与教材的融通奠定了基础，较好地避免了传统教学模式和单一纸质教材容易出现的“两张皮”现象，有助于教学质量的提高和教学效果的提升。

从教材资源的呈现形式来说，富媒体智能型教材实现了传统纸质教材与数字技术的融合，通过二维码建立链接，将VR、微课、视频、动画、音频、图文和试题库等富媒体资源丰富地呈现给用户；从教材内容的选取整合来说，其实现了职业教育与产业发展的融合，不仅注重专业教学内容与职业能力培养的有效对接，而且很好地解决了部分专业课程学与训、训与评的难题；从教材的教学使用过程来说，其实现了线下自主与线上互动的融合，学生可以在有网络支持的任何地方自主完成预习、巩固、复习等，教师可以在教学中灵活使用随堂点名、作业布置及批改、自测及组卷考试、成绩统计分析等平台辅助教学工具。

富媒体智能型教材设计新颖，一书一码，使用便捷。使用富媒体智能型教材的师生首先下载“财济书院”App或者进入“财济书院”（www.idufep.com）平台完成注册，然后登录“财济书院”，输入教材封四学习卡中的激活码，建立或找到班级和课程对应教材，就可以开启个性化教与学之旅。

“重塑教学空间，回归教学本源！”“财济书院”平台不仅仅是出版社提供教学资源和服务的平台，更是出版社为作者和广大院校创设的一个教学空间，作者和院校师生既是这个空间的使用者和消费者，也是这个空间的创造者和建设者，在这里，出版社、作者、院校共建资源，共享回报，共创未来。

最后，感谢各位作者为支持项目建设所付出的辛劳和智慧，也欢迎广大院校在教学中积极使用富媒体智能型教材和“财济书院”平台，东北财经大学出版社愿意也必将陪伴广大职业教育工作者走向更加光明而美好的职教发展新阶段。

东北财经大学出版社

前 言

经济学是一门研究人类一般生活事务的学问。经济学基础是经济学家对市场经济运行规律的理论概述，对我国建设和完善新时代中国特色社会主义市场经济不仅具有重要的借鉴价值，而且具有很强的实用性。本书以开阔的视野和丰富的现实案例，将经济学的基本理论与我国市场经济实践紧密结合起来，阐述了经济学的基本原理和运用方法，以经济学的“如何满足需求”为关键，培养学生学会用经济学的眼光看世界，更好地追求快乐的人生。随着大数据、“互联网+”时代的到来，目前，各种信息化手段正在改变传统的课堂教学和学习方式，这给高等职业教育改革与发展带来了重大机遇和挑战。翻转式学习、混合式教学、合作学习、微课、慕课、SPOC、智慧课堂等正深深影响着教育领域，“一场颠覆性的教育革命正在上演”，这场革命当然也涉及职业教育。鉴于此，本教材添加了大量微课视频，以丰富教学手段，提高教学效果。

本书共12个项目、42个任务。在结构安排上，采用“项目引领、任务驱动、技能训练”的编写方式，力求结构严谨、层次分明。在表述上，力求语言平实凝练、图文并茂、通俗易懂。在内容安排上，尽可能兼顾财经类专业不同层次的不同需求，每一个项目都设有“知识目标”“技能目标”“素质目标”“项目引例”；而后以“知识支撑”串联起该项目的主要内容，其中穿插“课堂讨论”“同步思考”“案例鉴赏”“视野拓展”“做中学”“课程思政”等栏目。每个项目的最后都编排有“关键术语”、“应知考核”（包括单项选择题、多项选择题、判断题、简答题、计算题等客观题）和“应会考核”（包括观念应用、技能应用、案例分析等主观题）。这样可使学生在学习每一个项目的内容时都能做到有的放矢，增强学习效果。应知应会练习对学生所学知识的巩固加深大有裨益，案例又使学生加深了对经济学的理解，学会把基本的理论和实务知识应用于实践中。

本教材的编写力求贯彻教育部关于建设“金课”的新要求，反映我国经济改革和发展的新形势和新成就。编写本教材的“初心”就是要让学生在一学期内较系统完整地掌握经济学的基础知识，“使命”是实现“教师善教，学生乐学”。本教材主要特色如下：

（1）学生导向，能力为重。本教材注重课程设计，强调教学内容的可读性，把教学目标细化为知识目标、技能目标和素质目标，并对“教与学”提出了具体要求。根据应用型人才培养目标的需要，以“必需、够用”为原则，以突出学生的职业能力需求为核心来设计教材的结构，力求教材知识体系充实、合理和实用；同时，突出内容的基础性、知识的针对性，让师生在“教与学”的过程中做到心中有数，体会“做中学”“学中做”，从而便于对经济学理论进行分析和应用。

（2）结构合理，体系规范。本教材针对高职院校财经类课程的特点，将内容庞杂的经济学基础知识系统性地呈现出来，力求做到理论知识必需、够用，体系科学规范，内容简明实用，帮助学生提高分析问题、解决问题的能力。为此，在适当借鉴西方国家经济理论的同时，兼顾我国近几年经济发展的新趋势和经济体制改革的新思路，使学生能够理解国家的经济政策并读懂财经新闻。

（3）内容求新，突出应用。针对高职院校财经类专业教学的要求和特点以及学生学习的兴趣和学习能力的变化等，采用“项目-任务”式布局及编写方式，将经济学各部分理论知识融入每一个具体任务中，使学生在完成学习任务的基础上，真正领悟经济学知识的精髓。在注重经济学必要理论的同时，强调经济学在发现问题、分析问题、解决问题上的应用；主要引导学生“学中做”和“做中学”，一边学理论，一边将理论知识加以应用，实现理论和实训一体化。

（4）加强修养，立德树人。高校的根本任务是立德树人，贯彻党的教育方针，培养中国特色社会主义事业的建设者和接班人。在通用技术课程中，应该注重思想政治性，即讲好课程思政。为此，我们把贯彻课程思政作为重要原则，添加了小栏目“课程思政”，着力引导学生在学习专业知识时加强思想修养，提高政治水平，做到“育人”先“育德”，注重传道授业解惑、育人育才的有机统一。

（5）栏目丰富，形式生动。本教材栏目较多，如“课堂讨论”“案例鉴赏”“视野拓展”“做中学”等，丰富了教材内容与知识体系，使学生通过对身边的人和事的观察与分析、对经济热点问题的讨论，提升对经济学的学习兴趣。

（6）资源齐备，配套上网。为了配合课堂教学，我们设计制作了教师课件、配套习题（附有参考答案）、课程教学大纲、模拟试卷等，并实现网上运行，充分发挥网络课程资源的作用，探索课堂教学和网络教育有机结合的新途径。需要者可登录东北财经大学出版社“财济书院”（www.idufep.com）下载。

本书由沈玉娟、李春伶任主编，杨阳、李曦担任副主编。其具体分工如下：沈玉娟撰写项目一至项目四、李贺撰写项目五至项目六、李春伶撰写项目七至项目八、杨阳撰写项目九和项目十、李曦撰写项目十一至项目十二。赵昂、李明明、李虹、美荣、李林海等人负责全书教学资源包的制作以及写作过程中的资料收集整理。全书最后由沈玉娟总纂定稿。

本教材在编写过程中，参阅了很多专家、学者的著作，同时得到了东北财经大学出版社的大力支持，在此一并表示衷心的感谢！

由于编写时间仓促，加之编者水平有限，本书难免存在不足之处，恳请专家、学者批评指正，以便我们改进与完善。

编　者

2021年3月

目　录

项目一　初识经济面纱——经济学导论　001
知识目标　001
技能目标　001
素质目标　001
项目引例　001
任务一　透视研究对象　002
任务二　知晓研究内容　013
任务三　掌握研究方法　023
关键术语　029
应知考核　029
应会考核　031
项目二　打开殿堂钥匙——价格理论　033
知识目标　033
技能目标　033
素质目标　033
项目引例　033
任务一　需求理论分析　034
任务二　供给理论分析　040
任务三　掌握均衡价格理论　046
任务四　弹性理论运用　053
关键术语　062
应知考核　062
应会考核　064
项目三　学会理性消费——消费者行为理论　066
知识目标　066
技能目标　066
素质目标　066
项目引例　066

任务一　效用理论概述　067
任务二　了解基数效用理论　069
任务三　了解序数效用理论　075
任务四　消费行为分析　079
关键术语　084
应知考核　085
应会考核　087
项目四　研究企业行为——生产者行为理论　088
知识目标　088
技能目标　088
素质目标　088
项目引例　088
任务一　生产函数概述　089
任务二　掌握短期生产函数　091
任务三　了解长期生产函数　097
关键术语　107
应知考核　107
应会考核　109
项目五　回归生产理性——成本与收益理论　111
知识目标　111
技能目标　111
素质目标　111
项目引例　111
任务一　成本理论概述　112
任务二　掌握短期成本曲线　114
任务三　了解长期成本曲线　121
任务四　收益利润分析　124
关键术语　127
应知考核　127
应会考核　130
项目六　寻找市场规律——市场均衡理论　132
知识目标　132
技能目标　132
素质目标　132
项目引例　132
任务一　完全竞争市场　133
任务二　掌握垄断市场曲线　139

任务三　熟悉垄断竞争市场 147
任务四　了解寡头垄断市场 150
关键术语 154
应知考核 154
应会考核 156
项目七　通识社会分配——分配理论 158
知识目标 158
技能目标 158
素质目标 158
项目引例 158
任务一　生产要素 159
任务二　熟悉劳动供需曲线 163
任务三　掌握资本利润理论 172
任务四　掌握收入分配理论 178
关键术语 184
应知考核 184
应会考核 186
项目八　调节市场行为——市场失灵与政府干预理论 188
知识目标 188
能力目标 188
素质目标 188
项目引例 188
任务一　分析市场失灵原因 189
任务二　了解政府干预方法 202
关键术语 206
应知考核 206
应会考核 208
项目九　开启宏观经济——国民收入核算与决定理论 209
知识目标 209
技能目标 209
素质目标 209
项目引例 209
任务一　国民收入核算 210
任务二　了解国民收入总量 215
任务三　熟悉国民经济运行 218
任务四　熟悉国民收入模型 220
任务五　掌握IS-LM模型 226

任务六　熟悉AD-AS模型　236
关键术语　244
应知考核　244
应会考核　246
项目十　直面失业问题——失业与通货膨胀理论　248
知识目标　248
技能目标　248
素质目标　248
项目引例　248
任务一　失业理论　249
任务二　掌握通货膨胀理论　253
任务三　了解菲利普斯曲线　260
关键术语　265
应知考核　265
应会考核　267
项目十一　把握经济脉络——经济增长和经济周期理论　268
知识目标　268
技能目标　268
素质目标　268
项目引例　269
任务一　了解经济增长理论　269
任务二　掌握经济周期理论　275
关键术语　286
应知考核　286
应会考核　288
项目十二　政府调节经济——宏观经济政策理论　289
知识目标　289
技能目标　289
素质目标　289
项目引例　289
任务一　宏观经济政策　290
任务二　财政政策理论　294
任务三　了解货币政策理论　300
关键术语　310
应知考核　310
应会考核　312
主要参考文献　314

项目一

初识经济面纱——经济学导论

知识目标

理解：经济学的研究对象。
熟知：经济学的研究内容。
掌握：经济学的研究方法。

技能目标

能对周围发生的经济现象有一定的敏感度；初步学会从经济学的角度分析各种社会问题；区分微观经济学与宏观经济学；清楚实证分析法与规范分析法；能够绘制生产可能性曲线。

素质目标

能够正确领会和理解经济运行的逻辑关系和基本规律，能够对经济问题和经济现象进行简单分析，具备初步分析问题的能力，树立正确的世界观、人生观和价值观，做到学思用贯通、知信行统一。

项目引例　　周冬雨的选择

2010年，一部《山楂树之恋》唤起了众多中年人对青春的回忆，而剧中女主角的扮演者周冬雨也迅速蹿红，从一个默默无闻的小姑娘成为万众瞩目的大明星。那一年，周冬雨才17岁，与其他同龄人一样为高考而努力准备着，然而在影片女主角的选拔中却被大导演张艺谋一眼看中，这部电影让她收获了最佳新人奖，同时也开启了其演艺道路。面对高考和电影，她只能二者选其一，最后周冬雨选择了拍电影，而放弃了当年参加高考的机会。

请问：假如你是周冬雨，当时将如何选择？为什么？做出选择之后，你失去了什么？

选择将来从事的职业，也许是你一生中要做的重大决策，你的未来不仅取决于你的能力，也取决于无法控制的经济环境。面对复杂多变的环境，经济学可以帮助你从多种选择中找到最佳选择。简而言之，从“经济学”这门课程中学到的是一种思考方式，那就是“像经济学家那样思考”。

知识支撑

任务一 透视研究对象

一、经济学的产生和发展

迄今为止，人类社会进行物质资料生产的经济活动，大约已有200多万年的历史。在经济活动中对资源有效利用问题的探索，也经历了2 000多年的时间，而成为一门独立的经济学科，则是近几百年的事情。

有关文献资料表明，经济学出现于奴隶社会产生以后，古希腊思想家色诺芬（约公元前430—公元前354年）的《经济论》一书的问世，表明西方出现了早期经济学。这本书首先使用了“经济”一词，是一部研究奴隶主家庭经济管理问题的著作。色诺芬认为，经济学研究的是善良的主人如何管理好自己的财产。

经济学虽然出现于奴隶社会，但在奴隶社会和封建社会未能形成一门独立的学科。经济学作为一门独立的社会学科并取得政治经济学这一学科名称，是随着资本主义生产方式的产生与发展而形成的。17世纪初，法国重商主义代表人物安·德·蒙克莱田（1575—1621）出版了《献给国王和王后的政治经济学》一书，其用意在于表明他所论述的经济问题已超出家庭或庄园经济的范围，是涉及国家或社会的经济问题。但重商主义经济学还不能算作真正的现代经济科学，因为其研究范围仅局限于流通过程。真正的现代经济科学，是理论研究从流通过程转向生产过程的时候才开始的，完成这一转变的是资产阶级古典经济学。18世纪后期，古典经济学兴起，它是作为重商主义的对立面出现的。它强调的是自由放任的经济，即国家不干预经济，而由市场机制充分发挥作用，以解决资源配置和要素报酬分配的问题。古典经济学派有两个主要代表人物：18世纪后期的亚当·斯密（1723—1790）和19世纪初的大卫·李嘉图（1772—1823）。之后又出现了以边际效用价值论为基础的新古典经济学。其代表人物马歇尔（1842—1924）在其著名的《经济学原理》一书中进一步论述了市场机制是如何发挥调节供求平衡作用的，具体分析了各种资源配置是怎样通过价格机制、工资机制和利率机制的自发运行来实现的。19世纪30年代到20世纪30年代期间，在经济学界占主流地位的仍然是主张国家不要干预经济的古典经济学和新古典经济学的经济思想。

1929—1933年，资本主义世界发生了空前严重的经济危机，使供给相对于需求严重过剩，生产大幅缩减，失业达到了前所未有的程度。面对濒于崩溃的资本主义经济，主张自由放任的经济自由论者束手无策。这成为经济学的一个重大转折点，以政府干预论为中心内容的凯恩斯主义应运而生，并在西方世界逐渐成为占主导地位的经济学说。凯恩斯认为，自由市场经济通常会造成有效需求不足，他着重对经济总量进行分析，来说明经济危机和长期萧条现象，并以此为基础，提出一套政府干预经济以刺激需求、医治危机、稳定经济的政策主张。

但是，西方资本主义国家在推行凯恩斯主义、刺激经济发展的同时，又出现了“滞胀”的经济现象。到了20世纪70年代，“滞胀”这种失业和通货膨胀的并发症成为西方资本主义世界普遍存在的经济现象。“滞胀”使以需求管理为中心，认为通货膨胀和失业不可能同时存在的凯恩斯主义经济学陷入进退两难的境地，于是新自由主义经济理论、货币学派、供给学派、理性预期学派等纷纷登场。新自由主义者强调市场机制的自动调节作用，反对国家对经济生活的过度干预；货币主义者强调货币政策的重要性；供给学派主张削减税率；理性预期学派则试图用信息的不完全来解释资本主义经济运行的波动。20世纪80年代以后又出现了强调国家干预经济的新凯恩斯主义。

19世纪中叶，马克思在批判地继承古典经济学科学遗产的基础上，基于无产阶级反对资产阶级斗争的需要，搜集和研究了资本主义发展历史的大量材料，详细地分析了资本主义社会的经济结构，揭示了资本主义经济关系的本质、矛盾及其运动规律，以剩余价值学说为基石，创立了以价值分析为核心范畴的马克思主义经济学。不过由于马克思的经济学说重点在于揭示人类社会的发展规律，服务于当时无产阶级反对资产阶级的阶级斗争，偏重于对经济关系本质的分析（严格说来，是以“价值”为核心范畴的政治经济学），而对市场经济运行机制以及资源有效利用等的研究较少。

党的十一届三中全会以后，邓小平坚持实事求是的原则，科学地总结了我国经济建设和世界各国经济发展的经验教训，创造性地提出了社会主义条件下的现代市场经济理论。40多年来，我国市场取向的经济体制改革实践验证了邓小平社会主义条件下现代市场经济理论的科学性。20世纪世界经济出现了多元化趋势，有资本主义经济与社会主义经济之分，也有计划经济、市场经济与混合经济之分，还有中国的社会主义市场经济、德国的社会市场经济与美国的自由市场经济之分。但是自20世纪80年代掀起世界范围内的社会主义经济改革运动以来，传统的社会主义计划经济模式为新的现代市场经济模式所取代。20世纪末期，尽管各国的市场体系发育不同，用市场配置资源的模式存在差异，但是全面发展现代市场经济已成为共同任务。研究市场经济的运行、矛盾和调节方式已成为经济学的共同主题。而当今世界共同的现代市场经济环境也加速了经济学在世界范围内的融通。

二、经济学的研究对象

经济学（Economics）通常被认为是研究经济资源的配置和利用的学科，原因是人类的一切经济活动都是为了满足他们的欲望以及由此引起的对各种物品和服务的需求，人的欲望和需求是无穷无尽的，而满足这些需要的经济资源（包括用它们生产的产品）在一定时期内总是有限的，这就是稀缺性。由于资源相对需求而言的稀缺性，便产生了如何利用稀缺资源去生产“经济物品”（人类必须用代价才能得到的物品）来更好地满足人类需要的选择问题。选择所要解决的问题包括：①生产什么（what）以及多少？②如何（how）生产？③为谁（for whom）生产？④何时（when）生产？

从经济资源稀缺性的事实出发解决人类经济生活的上述四个基本问题，实际上就是要解决资源的合理配置和充分利用问题。资源的配置和利用方式就是所谓的经济体制问题。迄今为止，人类经济体制（制度）大体上经历了以下四种类型：一是自给自足经济，即每个家庭或者村落生产他们所需要的大部分物品，经济效率十分低下。二是计划经济，即生产资料归政府代表的国家所有，政府用行政计划来解决生产什么、生产多少、如何生产以及为谁生产等问题。然而这种经济体制下的效率也很低，由此产生了社会主义国家的经济体制改革问题。三是市场经济，其基本特征是产权明晰，经济决策高度分散，资源配置和利用由市场价格机制解决。事实表明，这种机制效率较高，但市场在配置和利用资源的一些领域和时期也会失灵，需要政府发挥调控作用，于是有了第四类经济体制即混合经济，其基本特征是经济的私人所有和国家所有相结合、自由竞争和国家干预相结合，目前世界上大多数国家都采用这种经济体制。当前世界经济制度类型基本上是后三种。

按照资源配置和利用的对象来划分，经济学总体上分为微观经济学和宏观经济学两大部分。微观经济学以单个经济单位（家庭、企业和单个产品市场）为考察对象，运用个量分析方法，研究单个经济单位的经济行为以及相应的经济变量如何决定，分析的是资源配置问题。由于资源配置在市场经济中是通过价格机制决定的，故微观经济理论又称为价格理论。宏观经济学以整个国民经济活动作为考察对象，运用总量分析方法，研究社会总体经济问题和相应的经济变量如何决定，以及这些经济变量之间的相互关系。这些变量中的关键变量是国民收入，因此宏观经济学又称国民收入决定理论。宏观经济学研究国民收入的决定和波动，实际上就是研究资源利用以及用什么政策改善资源利用的问题。

微观经济学以研究资源配置为目标时，假定资源利用不成问题；相反，宏观经济学以研究资源利用为目标时，假定资源配置不成问题。由于分析问题的角度不同，故一些问题从微观看可行或者有效，但是从宏观看就不行或者无效。这一点本书之后会讲到。还有一点要注意，即微观经济学和宏观经济学不是仅从名称上区分的。例如，价格、产出、消费、投资、供给、需求等名称在微观、宏观经济学中都出现，但含义不一样。如“价格”这个词，在微观经济学中指各种商品的价格，而在宏观经济学中指物价总水平。前者是个量概念，后者是总量概念。

三、理解经济学中的关键词

要了解经济学的含义，首先要弄清楚经济学中的几个关键词：稀缺性、选择、机会成本等。

（一）稀缺性（Scarcity）

动画 1-1

稀缺性

人类社会物质资料生产活动所需要的诸种要素统称为资源。按其丰裕程度可将资源分为经济资源和自由取用资源。前者是稀缺的，要想使用它就必须付出一定的代价；后者如空气，其数量十分丰富，人们无须支付分文便可以得到它。在现实生活中，相对于人的需要来说，绝大多数资源都是数量有限的或稀缺的经济资源。资源的稀缺性决定了人的需要只能得到部分满足。

在经济学上，一切直接或间接地为人类所需要并构成生产要素，用来生产满足人类需求的商品所需要的物质资料和服务，称为经济资源。经济资源从不同的角度可以有不同的分类，按经济活动的部门属性来分，经济资源可分为工业资源、农业资源、交通运输资源、建筑资源、旅游资源、能源资源以及科技资源等。按其本身属性来分，经济资源大体可分成自然资源、人力资源、资本资源和信息资源四大类。

1.稀缺与稀缺法则

经济学家认为，经济学是为解决人类经济活动中欲望的无限性与资源的稀缺性之间的矛盾而产生的。稀缺性具有相对性和绝对性。

（1）相对性是指资源是否稀缺并不取决于资源本身绝对数量的多少，而是相对于人们无限增长的需要而言的。生活中存在着一个显而易见的事实，那就是人们的需要总是超过所能得到的东西，很难想象存在一个所有的需要都能被满足的社会。只要列出来的需要超出了自己满足这些需要的能力，就会面临稀缺问题。

（2）绝对性是指稀缺是人类社会永存的问题，任何人、任何社会都无法摆脱稀缺性，即使在长时期内，物品的质和量可以改变，但仍然是有限的。由于稀缺的存在对人们的经济行为产生了客观要求，就有了人类社会的一个基本规律，即稀缺法则。

稀缺法则是指资源和物品相对于人类无限欲望的有限性及由此产生的合理使用资源和物品（有所选择）的客观要求。如果资源是无限的，能够无限量地生产任何物品，或者人类的需要已经完全被满足，那么每个人都能随心所欲地得到他所需要的东西，也就不会产生任何问题。正是由于资源有限，才在客观上使人类面临各种选择，违背了这个规律，就会受到惩罚，如企业破产就是典型的例子。这也是经济学产生的原因。

人们都希望自己的欲望能够得到全部的满足，但能够满足人们欲望的经济物品和资源又是稀缺的，因此，人类无限的欲望与有限的经济物品和资源之间是相互矛盾的，人们通常把这个矛盾称为“大炮与黄油的矛盾”。大炮代表武器，能满足国民安全的需要；黄油代表食物，能满足国民饮食的需要。二者都是经济物品，需要消耗资源才能生产出来。在社会资源一定的情况下，多生产武器势必导致少生产食物，多生产食物同样会导致少生产武器。这就是我国古代大思想家孟子所说的“鱼和熊掌不可兼得”。

做中学 1-1

在图1–1中，横轴表示产品2的数量，纵轴表示产品1的数量。首先是将所有的资源都用来生产产品1，那么最多只能生产OA数量；其次是将所有资源全部用来生产产品2，最多生产的数量也只有OB。假如生产是在D点，那么产品1的数量就是OC，产品2的数量就是OG；假如生产是在F点，产品1和产品2的数量就分别是OE和OH。在曲线ADFB上的任何一点都表示资源已经被最大限度地使用了，不存在资源被闲置的情况。

在图中还有I和J两个点，其中I点表示资源没有得到充分利用，即资源是闲置的，这个时候可以通过增加生产的方法扩大产量，使得I点移动到生产可能性曲线上。J点已经超出了生产可能性曲线，这表示在现有的技术条件下，是达不到J点的。

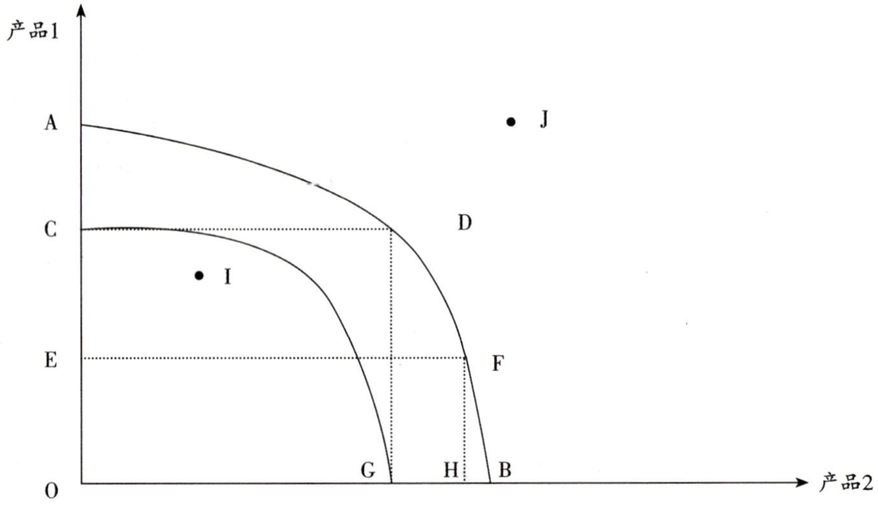

图1–1 生产可能性曲线

曲线ADFB和曲线CG都是生产可能性曲线（即生产可能线，production possibilities curve，PPC/production possibilities frontier，PPF），是指在一定的技术条件下，利用现有资源所能生产出来的最大产量的组合。

课程思政 1-1 楚汉之争——生产可能性曲线

秦朝末年，群雄并起。其中，项羽破釜沉舟，在巨鹿全歼秦军主力，一时名声大噪，成为起义部队中实力最强的一支。然而，令项羽没有想到的是，刘邦乘其酣战之中率军独自攻入咸阳，占领关中。项羽觉得自己提着脑袋同秦军苦战，没想到胜利果实却被刘邦窃取了，因此大为恼怒，于是他自立为西楚霸王，在公元前206年向刘邦开战，拉开了楚汉之战的序幕。

项羽在巨鹿之战后，实力十分雄厚，拥军40余万，并且取得了上将军地位。尽管刘邦占据富足的关中地区，但是军队人数不足10万，显然不是项羽的对手，和项羽直接作战简直就是以卵击石。于是刘邦便请项伯为其说情，为表诚意决定亲赴鸿门向项羽赔罪，没想到此举收到成效，不仅动摇了项羽进行战争的决心，而且使得“亚父”范增与项羽的关系不和，对刘邦而言，可谓一箭双雕。

刘邦回到关中以后，继续“约法三章”，采纳萧何的建议，迅速完成了收巴蜀、定三秦的战略目标，并制定了夺取天下的谋略。刘邦趁项羽在齐地平定叛乱之际，拜韩信为大将军、曹参为前锋，积极备战。刘邦乘齐、楚两军胶着之际，以项羽背信弃义为借口，联合各路诸侯，共同攻占楚都彭城。项羽大惊，遂亲率精兵3万解围彭城，以少胜多，大败刘邦及其联军。

刘邦在经历了一系列惨败之后，痛定思痛，一方面积极发展经济，另一方面广泛招兵买马，并继续重用大将军韩信，与项羽展开拉锯战。此时的刘邦已经不可小觑，内有张良运筹帷幄，外有韩信决胜千里，实力大增。特别是韩信在东边取得的一些军事胜利，形成了从东、北两面夹击项羽的态势。

在此后的两年里，态势的发展对项羽来说是每况愈下。英布叛楚归汉，北有韩信的威胁，中有彭越的侵扰，刘邦则据荥阳、成皋，此时的项羽可谓腹背受敌。汉五年，刘邦调集韩信、彭越等各路大军几十万人马，将项羽及其楚军包围于垓下。项羽已是四面楚歌，最后逃至乌江自刎而死。刘邦彻底赢得了楚汉之争，统一了天下。

思政感悟

在楚汉之争刚刚开始的时候，项羽经过巨鹿之战，拥兵达40余万，而且控制的地域范围广阔，极具优势。此时无论是兵力还是地域范围，刘邦都不能与其抗衡，这时候的刘邦怎么可能是项羽的对手呢？

当楚汉之争发展到后期，双方的形势发生了颠倒，此时的刘邦不仅占据关中地区，还有张良的运筹帷幄，有韩信横扫北方的燕赵与东方的齐国，决胜千里，实力已经大大超过了项羽。

如果从经济学的角度去说明这个问题，即在楚汉之争刚刚拉开帷幕的时候，刘邦的“生产可能性曲线”远远低于项羽，但是到了后期，项羽的“生产可能性曲线”就远不如刘邦了。资源的稀缺性导致刘邦与项羽都不能随心所欲地招兵买马。

结合图1-1可以看出，在楚汉之争开始的时候，刘邦面临的就是CG曲线，项羽面临的ADFB曲线，显然项羽的实力强于刘邦。随着战争的持续发展，双方的形势发生了变化，即他们面临的生产可能性曲线发生了颠倒，所以刘邦取得了后来的胜利。

三省吾身

生产可能性曲线告诉我们这样一个道理：做事要量力而行，千万不要“不可为而为之”，这样不仅不能把事情做好，而且会徒增烦恼。在大学期间，许多学生喜欢出去做兼职，有些人因此耽误了学习，这就是因为每个人的时间和精力都是有限的。同时，我们也不可妄自菲薄，轻视自己的能力，因为有时我们可能处于自己的“生产可能性曲线”之内，这个时候就需要充分发挥自己的潜力，达到“人尽其才”，不要浪费了自己的能力。

资料来源 佚名. 楚汉之争——生产可能性曲线［EB/OL］.［2020-08-20］. http://jingjixue.kaoyan365.cn/ziliao/4708.html.

2. 自由物品和经济物品

物品与劳务可以根据资源稀缺与否和满足需要的程度分为两大类：

（1）自由物品（Free Goods），即不受限制、不付代价就可以任意取用的物品。这类物品是由非稀缺资源形成的，相对于人的需要来说是丰富的，人们对这种物品可以随心所欲地消费而不会影响他人的享用，如风和日丽的春天和硕果累累的秋天，但自由物品的种类是屈指可数的。

（2）经济物品（Economic Goods），是用稀缺资源生产出来的、相对于人们的需要来说是有限的物品。这类物品对个人和社会来说，不能以充足的数量满足人们现有的需要，必须节约使用。物品之所以稀缺，最终的根源在于用来生产消费品的资源是稀缺的。这些稀缺的生产资源就是通常所说的生产要素，包括土地、劳动、资本和企业家才能等。经济资源的价值在于它们可以组合起来，生产出人们希望消费的最终物品和服务。

【提示】稀缺资源也称为经济资源，判断标准是：价格大于0。

课堂讨论 1-1

砂石和水是经济物品吗？想一想生活中见到的物品，哪些是经济物品？哪些是自由物品？

（二）选择（Choice）

《拉封丹寓言》中有一只非常有名的布里丹毛驴，它在面对两捆干草时不知该吃哪一捆才好，最后竟然饿死了。在现实中，布里丹毛驴面临的问题，正是经济学家所说的“选择”。稀缺性决定了社会和个人必须做出选择。同一资源和物品有多种用途，人类的欲望也有轻重缓急之分，因此，在使用有限的资源与物品去满足人类的不同欲望时，就必须做出选择。

生活中，权衡取舍的情况与人们息息相关，随处可见。每个人都会面临各种不同的选择，因此，生活就是一个不断权衡取舍的过程。就像早饭吃油条还是吃包子？下课后去看书还是去逛街？逛街时看中了两件衣服，到底买哪一件才好？是买房还是投资？大学毕业之后是参加工作还是继续学习……可见，我们时时刻刻都在权衡取舍。

所谓选择，就是如何利用既定的资源去生产尽可能多的经济物品，以便更好地满足人类的需求和欲望。鱼和熊掌是不可兼得的，要想多得到鱼，就必须放弃一部分熊掌；同样，要想多得到熊掌，也必须放弃一部分鱼，即鱼和熊掌是互为成本的。选择有以下特征：①选择是相对于稀缺资源而言的；②资源可以被选择用到多种用途上；③选择同时意味着放弃，即选择是要付出代价的。

（三）机会成本（Opportunity Cost）

动画 1-2

机会成本

稀缺迫使人们做出选择，任何选择都是有代价的。“天下没有免费的午餐”，有选择就有放弃，有所得就一定有所失，要进行选择就必须敢于放弃。这是经济学中的基本原理，同时也是我们生活中的简单道理。如同汉语中的“舍得”一词，只有先舍弃才能有所得，不会舍弃或者不敢舍弃，总是有“既想马儿跑又想它不吃草”的想法，如此就不可能有好的“所得”。

【注意】把既定资源投入某一特定用途所放弃的，而在其他用途中获得的最大收益就是机会成本。

课堂讨论 1-2

小黄今年本科即将毕业。3个月前，他顺利通过了国家公务员考试，并被录用，预计年薪为10万元；在得知被录用为公务员前，他应聘了一家外企，后来也收到了录用通知，预计年薪12万元；前几天，他又接到南开大学硕博连读的入学通知书。现在，他困惑了。假如你是小黄，你如何衡量各种选择的利弊？一旦做出选择，那么你的机会成本是什么？

从经济学的视角，在做出选择之后，有所得就会有所失，即“天下没有免费的午餐”。为了得到某种东西而放弃的另外多种选择中可能得到的最大收益就是做出决策的机会成本，也可以说是做出一种选择而放弃另一种选择的实际代价。从理论上说，机会成本是某一资源改作他用的各种可能中最优的选择；但由于信息不完全，只能是其他使用中能够获得的比较满意的选择。

【注意】①机会成本不是实际支出的成本，而是一种经济分析的成本，不是会计成本；②机会成本并不全是由个人的选择所引起的；③机会成本是做出一种选择时所放弃的其他若干种可能选择中最好的一种。

课堂讨论 1-3

上大学的机会成本是什么？

视野拓展 1-1

跳槽的成本

有选择才有自由，而选择的同时也出现了机会成本。2020年10月，张某跳槽到了一家新的公司，职务是销售总监，董事会还承诺给他一定的期权。就任时，张某信心十足，准备大展宏图。2021年3月，他离开了那家新公司，理由是那家公司的文化氛围实在太差，而且他不适应权力斗争。于是，张某做了下一步打算。他说：“我在家里等着原来的公司找我回去，因为我在那里的业绩很好，而且我走时他们是极力挽留的，只是我走得太毅然决然了。”

“好马不吃回头草”，这是有经济学依据的，因为回头也是成本。首先，你怎么去阐释你的这段跳槽经历呢？想办法把这件事说清楚，是一笔成本；其次，回去之后要重新获得信任所需要的时间，还是一笔成本。既然又付出了这么多的成本，今后若再想自由地选择，就更困难了，因为再选择的成本会越来越大。

资料来源　根据郭梓林．跳槽的机会成本［EB/OL］．［2012-02-03］．http：//www.360doc.com/content/12/0203/23/2056656_184009452.shtml.改编．

课程思政1-2　上网微信聊天、打游戏的经济学

在当今的网络世界中，上网、微信聊天、打游戏已经成为我们日常生活的一部分，这种状况在高等院校的学生中尤为普遍。“也不是不困，就是想再等等，至于等什么呢？不知道，反正就是想再等等”，这段话成为不少大学生的口头禅。而这个“等等”，多半是在刷手机。那么，大学生每天手机上网多久？主要在做什么？中国青年网校园通讯社围绕手机上网话题，对全国1 220名大学生进行了问卷调查。结果显示：超4成学生每天上网超过5小时，超8成学生上网主要是社交聊天；多数学生认为手机上网让移动支付、信息获取、社交方式更便捷；近9成学生担心网络安全问题；多数学生期待5G的网速能够更快、更便于学习和生活。四川某大学学生吴某每天都会使用手机上网，使用时长在6小时左右，“每天醒来就是刷手机，这已经成了我的习惯，现在上网是日常所需，感觉除了上网我也没有太多事做，没课就喜欢上网聊天、看新闻、打游戏，一玩手机就停不下来。”和吴某一样有长时间上网习惯的大学生不在少数，中国青年网记者的调查结果显示，41.56%的大学生每天使用手机上网的时间超过5个小时。上网时，83.93%的学生主要是社交聊天，其次是查阅资料和听歌，分别占62.46%和58.61%。88.03%的受访者担心网络安全问题。此外，5G也成了今年的热门话题。当谈及对5G时代的期待时，有87.38%的受访者希望5G能让网速更快，其次可以让学习、生活更便捷，视频画质更加清晰，分别占86.64%和71.31%。并且许多喜欢上网的学生放弃了大部分户外娱乐活动，导致他们身体的发病率上升、身体素质下降。由于经常上网聊天和打游戏，同学之间的日常交流也明显减少。

思政感悟

首先，我们一天的时间是有限的，这意味着时间这种资源是稀缺的，我们何尝不希望有更多的时间来上网聊天或玩玩游戏，但我们还有许多其他重要的事情要做。其次，时间的相对有限性迫使我们做出选择。或许我们在网上玩得兴起时可以不考虑时间，但从网上退出之后却往往有一丝悔意，因为我们感觉到了还有其他事情没做。所以说，上网是有成本的，这种成本或许因为你能使用公共的校园网络资源而不是很明显，但上网挤占了你学习或做其他事情的时间却是不争的事实。此外，上网也会对视力造成损害，导致锻炼时间减少、身体素质下降等，这些都构成了上网的机会成本。最后，机会成本与选择所获收益之间的比较是你进行决策的依据。的确，上网可以给我们带来欢乐，这是收益，但同时我们又不得不考虑上网的机会成本。你在不断地调整你的上网时间，以便获得一种最佳组合，考试前上网时间缩短就是例证。经济学无

非是将你的选择表述出来而已。

三省吾身

哈姆雷特有一句名言："生存还是死亡，这是一个问题。"哈姆雷特面临着生存和死亡的选择。在实际生活中，我们也在面对众多的选择，有时我们真的是一筹莫展。例如，即将毕业的大学生面临参加工作还是继续学习的两难选择，就业时选择国有企业还是私营企业，读研时选择名校还是普通高校等。再如，一个刚毕业的大学生如果选择继续读研，那么他在读研期间损失的工资收入也是一种机会成本。由此可见，机会成本与我们如影随形。正因为有了机会成本，才使学习经济学变得更有意义。如果不存在机会成本，那么无论怎样选择，我们也不会因为得到什么而失去什么。

在面对众多的选择时，只有学习经济学的有关知识，利用经济学去分析每一种选择可能会给我们带来哪些收益或者我们会遭受哪些损失，才能做出更好的选择，促使我们进步。

古语有云："失之东隅，收之桑榆。"这句话告诉我们：在某些方面失去了，就会在另外一些方面有所得，这就是机会成本。在大学生活中，很多人因为恋爱而沾沾自喜，也有人因为失恋而郁郁寡欢。但是千万别忘记，在恋爱之后，你有可能因此失去学习的机会；你也有可能因为没有恋爱而去好好学习，提高了自己的成绩。因为得到的东西可能是你放弃的结果，失去的时候也可能是你得到的开始。当你真正懂得了什么是"机会成本"的时候，相信你一定能够做到"不以物喜，不以己悲"，只有这样的生活才会变得更加精彩。

资料来源 根据佚名．大学生手机上网调查：超4成每天上网超5小时［EB/OL］．［2019-10-20］．https：//baijiahao.baidu.com/s？id=1647885681345401753&wfr=spider&for=pc.改编．

四、经济学研究的基本问题

（一）资源配置

如何选择有效的方式利用有限资源，更好地满足人们的需要，是经济学的主要问题。如何选择，涉及以下四个基本问题：

（1）生产什么以及生产多少。这是指生产什么样的产品和劳务，各生产多少，即如何进行资源配置。由于资源有限，如果用于生产某种产品的资源多一些，用于生产另一种产品的资源就会少一些。人们必须做出抉择：用多少资源生产某种产品，用多少资源生产其他产品。生产多少就是生产商品和服务的数量问题，生产多了会造成资源与经济物品的浪费，生产少了又会造成商品和服务供给不足，因而必须确定合理的生产数量。

（2）如何生产。这是指社会决定采用什么样的方法生产产品和劳务。其主要有四个问题：①由谁来生产；②用什么资源生产；③用什么技术生产；④用什么样的组织形式生产。例如，谁去打猎、谁去钓鱼；用热力还是水利或是原子能发电；大规模生产还是小规模生产；机器生产还是手工制作。

（3）何时生产。就是生产时机的选择问题。例如，在我国手机市场已基本上看不见那种模拟手机时代1G、GSM手机时代2G、3G智能手机，手机正逐步从4G向5G时代过渡。

（4）为谁生产。它是指产品和劳务如何在社会成员之间进行分配。例如，经理、工人和资本所有者谁应当得到高收入？根据什么原则、采用什么机制进行产品分配？分配的数量、界限应如何把握？

这四个问题被称为资源配置问题，是任何社会、任何国家在进行生产时都会面临和需要解决的基本经济问题。经济学正是为解决这四个问题而产生的。

（二）资源利用

所谓资源利用，是指人类社会如何更好地利用现有的稀缺资源生产出更多的物品。它包括以下三个问题：

1.充分就业问题

为什么稀缺的资源得不到充分利用？有些产业为什么会出现严重的产能过剩？如何解决失业、实现充分就业？

2.经济波动和经济增长问题

在资源总量不变时，为什么产量有时低有时高？怎样才能使经济稳定增长呢？这是短期经济波动或者说经济周期问题，各国经济经常面临着这种波动。政府调节经济的一个重要目的就是平滑地处理这种波动。与此相关的是，如何用既定的资源生产出更多的产品和服务，即实现经济增长。

3.物价稳定问题

在货币流通条件下，物价总水平的不断上升似乎是一个普遍现象，如果物价总水平大幅上升，必然导致货币贬值、通货膨胀，严重影响居民生活，加剧社会分配不公，扭曲市场价格，冲击企业的正常生产经营活动，助长投机行为；同时，物价大幅上涨也容易导致总供求的失衡，严重制约经济的稳定与增长。

【提示】稀缺性不仅引发资源配置问题，而且引发资源利用问题。前者由微观经济学解决，后者则由宏观经济学解决。

五、经济学的学科性质

关于经济学的研究对象有多种表述。美国《国际社会学百科全书》中认为经济学研究的是稀缺资源在无限而又有竞争性的用途中配置的问题。它是一门研究人与社会寻求满足物质需求与欲望方法的社会科学，其原因是人与社会所支配的资源不可能满足一切欲望。

萨缪尔森提出：经济学研究人和社会如何做出最终抉择，在使用或不使用货币的条件下，利用可以有其他用途的稀缺的生产性资源，在现在或将来生产各种商品，并将其分配给社会的各个成员以供消费之用。它分析的是改善资源配置形式所需的代价和可能得到的利益。

许多经济学家认为经济学是研究如何实现资源的最佳配置以使人类需要得到最大

限度满足的科学。

正如上文分析的普遍存在的稀缺性与人类需要的无限性之间的矛盾，决定了任何社会所面临的基本经济问题，确定了经济学的研究对象。这个表述从某种角度强调了一个重要的事实，资源的稀缺性构成人类各种需要得以满足的约束条件：①一个社会只能在资源允许的范围内实现经济增长；②一个人的花费不能超过他的收入，后者归根结底取决于他的资源禀赋。这一含义也从另一个角度强调了一个真理：稀缺的资源必须节约使用，以达到有效、充分的利用。从这个意义上说，经济学是关于节约的科学，经济问题和经济学之所以产生，就是因为稀缺的普遍存在迫使我们必须节约。

显然，一个社会不可能只消费一种物品，它必须把稀缺的资源在多种物品生产之间加以配置，以满足社会不同成员的不同偏好。同样，社会也不能只顾眼前消费，把全部资源都用于消费品生产，它必须把有限的资源在消费品和资本品生产之间加以配置，以便兼顾社会成员的眼前利益和长远利益。总之，需要的无限性和多样性与资源的稀缺性和用途的多样性，要求我们必须在各种资源配置之间做出选择。

【注意】经济学是研究在一定经济体制下对稀缺资源的有效配置和合理利用的科学。

任务二　知晓研究内容

经济学的研究内容包括微观经济学和宏观经济学。微观经济学主要是研究经济活动中个体（包括企业及个人）行为的经济学，而宏观经济学则重点研究经济活动的整体规律、各产业部门间的相互作用等。

一、微观经济学（Microeconomics）

动画 1-3

微观经济学

“微观”一词来源于希腊语（Micro），是“小”的意思。微观经济学以单个经济单位为研究对象，通过研究单个经济单位的经济行为和相应的经济变量单项数值的决定，来说明价格机制如何解决社会的资源配置问题。

（一）微观经济学的特点

1.研究对象是单个经济单位的经济行为

单个经济单位是指组成经济体系的最基本的单位，包括个人、家庭和企业。其中，个人和家庭又称居民户，是经济中的消费者；企业是经济中的生产者。

2.解决的问题是资源配置问题

微观经济学从研究单个经济主体追求利益最大化的行为入手（消费者要实现满足程度最大化，生产者要实现利润最大化），来解决社会资源的最优配置问题。如果每个经济主体都实现了利益最大化，整个社会的资源配置也就实现了最优化。

3.中心理论是价格理论

在市场经济中，消费者和企业的行为都要受价格的支配，生产什么、生产多少、如何生产、为谁生产均由价格决定。价格就像一只“看不见的手”，调节着各经济主体的经济行为。通过价格调节，社会资源的配置实现了最优化。微观经济学要说明的正是这一经济运行的全过程。

【提示】微观经济学的中心是价格理论，其他内容都是围绕这一中心问题展开的。

4.研究方法是个量分析

个量分析研究经济变量的单项数值如何决定。

（二）微观经济学的基本假设

经济学的研究是以一定的假设为前提的。微观经济学理论研究的三个基本假设条件如下：

1.理性人假设

理性人假设又称经济人假设或最大化原则。“经济人”被规定为经济生活中一般人的抽象，其本性被假设是利己的。理性人假设是经济学中最基本的前提假设。

2.信息完全假设

信息完全假设是指市场上每个从事经济活动的个体都对有关的经济情况具有完全的信息。价格机制是传递供求信息的经济机制，信息完全假设具体体现在自由波动的价格上。

3.市场出清假设

市场出清假设指无论是劳动市场上的工资，还是产品市场上的价格，都具有充分的灵活性，可以根据供求情况迅速进行调整。它与前两个基本前提假设具有明确的因果关系，是前两者的逻辑推论。

只有在以上三个假设条件同时满足时，微观经济学关于价格的调节才能实现资源配置的最优化，以及由此引出的自由放任的经济政策才是正确的。但事实上，这三个假设条件并不一定完全具备或同时具备。这也是传统微观经济学遭到现代经济学家质疑的主要原因。

课程思政1-3　晋文公退避三舍——理性经济人

作为春秋五霸之一的晋文公，有过这样一段令人惊心动魄的流亡经历。其父晋献公死后不久，晋文公的弟弟登上了君王宝座，为了消除哥哥对自己的威胁，决定杀掉晋文公重耳，以绝后患。

重耳无路可走，只好逃到齐国，并表示愿为齐桓公效犬马之劳。为了不让齐桓公对自己有疑心，重耳一方面过着安逸的生活，另一方面处事十分低调。齐桓公当然也没有亏待他，不仅赏给他许多东西，而且将齐姜许配给他。可惜在一段时间以后，齐国出了一点意外，晋文公的妻子伙同其他一些人将重耳灌醉，并用马车把重耳偷偷送出齐国。

就这样，重耳又流亡到了曹国。只可惜，曹共公因好奇而偷看了重耳洗澡，重耳怨恨在心，愤愤而去。经过一系列的波折后，晋文公跑到了楚国。

楚成王为了表示对重耳的尊敬，设宴隆重接待了他。席间楚成王问重耳如何报答楚国对他的恩情。重耳想了想，这样回答说："楚国在大王您的治理下，物产丰饶，人民生活殷实，兵强马壮，国力强大，金银珠宝数不胜数，大王还需要我用什么来报答呢？"楚成王听了这段话后，便哈哈大笑，说："所言极是，但你总要有所表示吧。"重耳灵机一动，干脆回答道："如果大王您能助我重返晋国，一旦晋、楚两国交战，我就让晋军退避三舍，以报答大王对我的恩情。"宴席结束后，楚国有人请求楚成王杀掉重耳，以绝后患。但楚成王认为这样做不合情理，于是又把重耳送到秦国去了。

重耳来到秦国，秦穆公也隆重接待了他，而且让自己的亲生女儿怀嬴嫁给了重耳。终于在公元前636年，秦穆公派人护送重耳回到晋国。回国之后，晋文公为了实现他称霸天下的愿望，采取了一系列改革措施，如鼓励生产，加强军备等，使得晋国一天天强大起来。

公元前632年，晋文公率兵解救宋国与楚国交战，为了实现自己"退避三舍"的诺言，晋文公果然下令军队退避三舍，最后城濮一战大败楚军。后来晋、齐、鲁等国以及周王室订立盟约，正式称晋文公为盟主，晋文公终于成为诸侯霸主。

思政感悟

"理性经济人"的意思是每个人都是很精明的，能够为自己谋取最大的利益。我们来看看故事里的历史人物是如何表现自己的理性的。晋文公无疑是本故事里最理性的人，一开始为了寻求庇护，跑到齐国，并且过着低调的生活，以掩人耳目，然后再被偷偷送出齐国，流亡曹国。在受到曹国的"非礼"后，辗转来到楚国，并对楚成王做出"退避三舍"的承诺，而后楚成王将其送到秦国。多次辗转却安然无恙，无不说明晋文公是个理性精明的人。

故事里晋文公的弟弟为了自己的王位而追杀哥哥重耳，以及齐桓公和秦穆公款待晋文公等这些行为，说明他们都是理性的。然而不是每个人都是理性的，像曹共公的行为，以及楚成王送走晋文公，造成日后楚国在城濮之战中败于晋国等，说明他们的行为是不理性的。

三省吾身

经济学有一个非常重要的假设条件——理性经济人，就是说每一个人都是利己的，在经济活动中总是想以最小的成本获取尽可能多的利益。在经济学中，"理性经济人"有时也被简称为"经济人"。这个概念最早是由英国最伟大的经济学家亚当·斯密在《国民财富的性质和原因的研究》（简称《国富论》）中提出的。他生动地指出，只要每个人都成为理性经济人，尽管没有政府去协调他们的经济活动，这种追求个人利益的行为也会对社会做出巨大贡献，让社会繁荣富裕起来。

"经济人"假设贯穿于整个微观经济学的始末。在消费者行为理论中，每个消费者总是想方设法用最少的钱使自己的效用达到最大；在生产者行为理论中，企业也绞尽脑汁，想以最小的成本获取最多的收益，以达到利润最大化等。这些都证明了这个假设的重要性。

我们都知道“买椟还珠”这个成语故事，经常也会嘲笑那个只要漂亮的盒子而不要珠宝的人。的确，这个人不够理性，不符合“理性经济人”假设。在嘲笑之余，我们有没有想过自己曾经的那些不理性的行为呢。比如，很多人在购物的过程中，由于脑子一时发热而购买了许多暂时用不上的东西，这就是一种不理性的表现。如今你已经学过了“理性经济人”这个重要的经济学概念，那么在以后的学习和生活中，一定要学会理性，而不是意气用事或感情用事。让我们一起来做一个理性经济人吧！

资料来源　根据佚名．晋文公退避三舍——理性经济人［EB/OL］．［2020-08-20］．http：//jingjixue.kaoyan365.cn/jiexi/9613.html.改编．

（三）微观经济学的基本内容

微观经济学的基本内容主要包括价格理论、消费者行为理论、生产者行为理论、成本与收益理论、市场均衡理论、分配理论、市场失灵与政府干预等，这些是本书项目二到项目八要讲解的内容。其中，价格理论是微观经济学的核心理论，其他内容是围绕这一核心理论展开的。

【注意】微观经济学的中心理论实际上是用以解释英国古典经济学家亚当·斯密的“看不见的手”这一原理的。亚当·斯密认为，每个人在追求自己的个人利益时，由于受一只“看不见的手”的指引，就会增进社会的利益。“看不见的手”就是价格。微观经济学的中心就是要解释价格如何实现资源配置的最优化。

视野拓展1-2　　亚当·斯密的故事

亚当·斯密（1723—1790），三岁丧父，和母亲相依为命，终身未娶。小的时候，他差一点儿被吉卜赛流浪汉抢走。他生长在一个小渔村，那里有个码头。由于贸易的发展，小渔村逐渐发展成为一个城市。船员们出海回来就坐在码头旁边休息，一边喝啤酒，一边谈论其见闻。由此，他发现了贸易对一个国家、一个地区经济发展的重要性。

斯密从小就是个智力超群的孩子，14岁进入格拉斯哥大学，17岁获得硕士学位。1746年毕业于牛津大学贝利奥尔学院。他先在爱丁堡大学任讲师，28岁担任格拉斯哥大学逻辑学教授，29岁改任道德哲学教授。他因为教学水平高超、极富思辨力而远近闻名。

1763年，他辞去教授职务，担任布莱克公爵的私人教师，年薪丰厚。1764年，他陪着年轻的公爵踏上欧洲之旅。来到欧洲大陆后，他才发现，原来英国这么落后，欧洲大陆却如此发达。他们先后到了法国、德国等国家，游历了欧洲，见闻大增。

在此期间，他拜访了很多经济学者，也了解到一些经济学流派，如重商学派、重农学派，前者主张商业创造价值，后者主张农业创造价值。斯密则提出劳动创造价值。在欧洲侍学两年半后，斯密带着丰厚的报酬回到家乡。随后10年，他深居简出，一直思考着一个问题：这个社会究竟是怎样运转的呢？（社会财富是怎样产生的？怎样才能创造出财富来？）

经过10年的苦心钻研，他发现原来这个社会的运转靠的是一只“看不见的手”：每个人在做事时，并没有首先想到社会利益，而是如何最有利于自己，追求的是个人利益。当每个人追求个人利益时，就好像有一只“看不见的手”在指引他，其结果要比他真正想要促进社会利益好得多。

斯密认为自己发现了经济社会（当时是资本主义社会）运转的真正内核。为此，他兴奋异常，奋笔疾书，于是，一部旷世之作《国富论》诞生了。正是从斯密开始，人类社会才有了现代意义上的经济学。

斯密主张国家不要干预经济，而是让经济自由发展，让价格机制自发地起作用。每个人都会自觉按照价格机制去做对自己有利的事情，这样经济自然就会发展了。

在亚当·斯密思想的指引下，英国经济首先得到发展，然后是西欧，之后是美国。他的思想主导了资本主义世界达150年之久。在一个半世纪里，人们用他的理论管理国家，政府不干预经济，只做“守夜人”，让经济自由发展。

资料来源 卢欢. 经济学基础［M］. 上海：上海财经大学出版社，2018.

二、宏观经济学（Macroeconomics）

“宏观”一词也来源于希腊语（Macro），是“大”的意思。宏观经济学以整个国民经济为研究对象，通过研究经济中各个总量的决定及变动，来说明资源如何实现充分利用。例如，宏观经济学家可以研究中国政府借债的影响、经济中失业率随时间推移的变化，还可以研究提高一国生活水平的不同政策。

（一）宏观经济学的特点

（1）研究对象是整个经济。如果说微观经济学研究的是树木，那么宏观经济学研究的就是由这些树木所组成的森林。

【提示】宏观经济学以整个国民经济为研究对象，因而它考察的是社会经济总量。

（2）解决的问题是资源利用。宏观经济学研究现有资源不能得到充分利用的原因、达到充分利用的途径及如何保持经济增长等问题。

（3）中心理论是国民收入理论。在宏观经济领域中，国民收入是一个最基本的经济总量，它综合反映了其他的经济总量及其变动状况。

【注意】宏观经济学以国民收入的决定为中心来研究社会资源的充分利用问题，分析整个国民经济的运行。

（4）研究方法是总量分析。总量是指能反映整个经济运行情况的经济变量。总量分析就是分析这些总量的决定、变动及相互关系，并通过这种分析说明经济的运行状况，制定经济政策。

（二）宏观经济学的基本假设

1.市场机制是不完善的

市场机制自发地调节经济并不能完美地实现帕累托最优。帕累托最优（Pareto Optimality），也称为帕累托效率（Pareto Efficiency），是指资源分配的一种理想状态，假定固有的一群人和可分配的资源，从一种分配状态到另一种状态的变化中，在没有使任何人境况变坏的前提下，使得至少一个人变得更好，这就是帕累托改进或帕累托最优化。帕累托最优状态就是不可能再有更多的帕累托改进的余地。换句话说，帕累托改进是达到帕累托最优的路径和方法，帕累托最优是公平与效率的“理想王国”。也就是不可能在改善某些人的处境时，不使其他人受损。

动画 1-4

帕累托最优

2.政府有能力调节经济，弥补市场机制的缺陷，纠正市场机制的偏差

人类不是只能顺从市场机制的作用，而是要在遵从基本经济规律的前提下，对经济进行调节。政府可以通过观察并认识经济运行的规律，采取适当的手段进行调节。

（三）宏观经济学的基本内容

宏观经济学的基本内容包括国民收入核算与决定、失业与通货膨胀、经济增长和经济周期、宏观经济政策等，这些是本书项目九到项目十二要讲解的内容。

宏观经济学研究的一个中心问题是：国民收入的水平是如何决定的？宏观经济学认为，国民收入水平，反映着整个社会的生产与就业的水平，所以通过对在某一时期的整个社会总需求和总供给的研究，可以对一个国家的短期国民收入问题进行分析。而一个国家长期的国民收入水平是由该国生产潜力的增长决定的。同时，宏观经济学还认为政府应该而且也能够通过运用财政政策、货币政策等手段，对总需求进行调节，平抑周期性经济波动，既克服经济衰退，又避免通货膨胀，以实现“充分就业均衡”或“没有通货膨胀的充分就业”。

三、微观经济学与宏观经济学的联系与区别

微观经济学和宏观经济学是经济学中互为前提、彼此补充的两个分支学科，二者既有联系，也有区别。

（一）微观经济学与宏观经济学的联系

1.微观经济学和宏观经济学互为补充

经济学是为了实现社会福利最大化，为了达到这一目的，便要实现资源的优化配置和充分利用。因此，微观经济学在假定资源已经充分利用的前提下，分析如何达到资源最优化配置的问题，而宏观经济学则在假定资源已实现优化配置的前提下，分析如何达到充分利用的问题。

2.微观经济学是宏观经济学的基础

整体经济是单个经济主体的总和，总量分析是建立在个量分析的基础上的。例

如，对整个经济的消费分析是以单个消费者的行为分析为基础的，对整个社会的投资分析也是以单个生产者的投资分析为基础的。同一经济现象，从一个角度看是微观经济问题，从另一个角度看又是宏观经济问题。因此，必须要进行全面考虑。

3.宏观经济学和微观经济学都是实证经济学

不管是个量分析方法还是总量分析方法，从经济学的研究和分析方法上看，都是实证分析法，而非规范分析法。

（二）微观经济学与宏观经济学的区别

1.研究对象不同

微观经济学的研究对象是单个经济单位，如家庭、企业等。正如美国经济学家J.亨德逊（J. Henderson）所说，家庭和企业这种单个单位的最优化行为奠定了微观经济学的基础。而宏观经济学的研究对象则是整个经济，研究整个经济的运行方式与规律，从总量上分析经济问题。正如萨缪尔森（Samuelson）所说，宏观经济学是根据产量、收入、价格水平和失业来分析整个经济行为的。美国经济学家E.夏皮罗（E. Shapiro）则强调了宏观经济学考察国民经济作为一个整体的功能。

2.解决的问题不同

微观经济学要解决的是资源配置问题，即生产什么、如何生产和为谁生产的问题，以实现个体效益的最大化。宏观经济学则把资源配置作为既定的前提，研究社会范围内的资源利用问题，以实现社会福利的最大化。

3.研究方法不同

微观经济学的研究方法是个量分析，即研究经济变量的单项数值如何决定。而宏观经济学的研究方法则是总量分析，即对能够反映整个经济运行情况的经济变量的决定、变动及其相互关系进行分析。这些总量包括两类：一类是个量的总和；另一类是平均量。因此，宏观经济学又称为总量经济学。

4.基本假设不同

微观经济学的基本假设是市场出清、完全理性、充分信息，认为“看不见的手”能自由调节实现资源配置的最优化。宏观经济学则假定市场机制是不完善的，政府有能力调节经济，通过“看得见的手”纠正市场机制的缺陷。

5.中心理论和基本内容不同

微观经济学的中心理论是价格理论，此外，还包括消费者行为理论、生产者行为理论、分配理论、一般均衡理论、市场理论、产权理论等。宏观经济学的中心理论则是国民收入决定理论，此外，还包括失业与通货膨胀理论、经济增长与经济周期理论、开放经济理论等。

宏观经济中这类正向反馈机制的存在，并不是否认市场机制原来那种价格、交易量的负向反馈机制的存在。市场规律仍然是起作用的，但要在“正向反馈机制”停止发力时，市场的负向反馈机制才开始发力。21世纪的宏观经济学会更关注资本市场、金融体系与实体经济的关系。

视野拓展1-3　看不见的手

一、"看不见的手"概述

英国经济学家亚当·斯密于1776年在《国富论》中提出"看不见的手"这一命题。最初的意思是，个人在经济生活中只考虑自己的利益，受"看不见的手"驱使，即通过分工和市场的作用，可以达到国家富裕的目的。后来，"看不见的手"便成为表示资本主义完全竞争模式的形象用语。这种模式的主要特征是私有制，人人为自己，都有获得市场信息的自由，自由竞争，无须政府干预经济活动。亚当·斯密的后继者们以均衡理论的形式完成了对于完全竞争市场机制的精确分析。在完全竞争条件下，生产是小规模的，一切企业由企业主经营，单独的生产者对产品的市场价格不发生影响，消费者用货币作为"选票"，决定着产量和质量。生产者追求利润最大化，消费者追求效用最大化。价格自由地反映供求的变化，不仅配置稀缺资源，而且分配商品和劳务。通过"看不见的手"，企业家获得利润，工人获得由竞争的劳动力供给决定的工资，土地所有者获得地租。供给自动地创造需求，储蓄与投资保持平衡。通过自由竞争，整个经济体系达到一般均衡，在处理国际经济关系时，遵循自由放任原则，政府不对外贸进行管制。"看不见的手"反映了早期资本主义自由竞争时代的经济现实。

"看不见的手"揭示了自由放任的市场经济中存在的一个悖论，认为在每个参与者追求他（或她）的私利的过程中，市场体系会给所有参与者带来利益，就好像有一只慈善的"看不见的手"，在指导着整个经济过程。

二、"看不见的手"的含义理解

正常情况下，市场会以其内在的机制维持其健康的运行。其中主要依据的是市场经济活动中的经济人理性原则，以及在经济人理性原则支配下的理性选择。这些选择逐步形成了市场经济中的价格机制、供求机制和竞争机制。这些机制就像一只"看不见的手"，在默默地支配着每个人自觉按照市场规律运行。

市场机制就是依据经济人理性原则而运行的。在市场经济体制中，消费者依据效用最大化的原则做购买决策，生产者依据利润最大化的原则做销售决策。市场就在供给和需求之间，根据价格的自然变动，引导资源向着最有效率的方面配置。这时的市场就像一只"看不见的手"，在价格机制、供求机制和竞争机制的相互作用下，推动着生产者和消费者做出各自的决策。

三、"看不见的手"案例分析

20世纪80年代改革开放初期，我国引进了几百条冰箱和彩电生产线，政府计划部门惊呼"重复引进，浪费资源"，并连下数道指令加以制止。然而到下面没人买账，冰箱和彩电发展势如破竹。此后，"看不见的手"起了巨大作用。经过十几年的兼并、重组、淘汰，中国成了冰箱和彩电的出口大国。高度垄断、严密呵护的汽车行业至今仍是国家最大的保护对象，几十年了还是"幼稚产业"。

但是，"看不见的手"不是万能的。1929年，世界性的经济危机爆发，首先从美国开始，股市崩盘、企业破产、银行倒闭、工人失业……一夜之间，人们突然发现

“看不见的手”把经济搅得一塌糊涂。于是，这时又出现一只“看得见的手”，也就是英国经济学家凯恩斯提出的国家干预理论。

什么时候用“看不见的手”，什么时候用“看得见的手”？“看得见的手”管什么、怎样管？这些的确是政府经济管理部门的研究课题。

资料来源　根据百度百科相关资料整理.

课程思政 1-4　李斯的《谏逐客书》——效率

战国末年，群雄争霸，各国都急需人才，以使自己的国家取得胜利。不甘平庸的李斯也想通过自己的努力干出一番辉煌的事业。于是李斯师从荀子，苦练帝王之术，以期将来有所作为。李斯发愤图强，很快就得到了老师的真传，学到一身本领。学有大成之后便拜别恩师荀子，孤身一人来到秦国。

由于李斯博闻强识，到秦国后不久就被秦相国吕不韦看中，并被他举荐为官。虽然官职较小，但却能使李斯在秦国立脚，当然也有了和秦王接触的机会，这为他后来的成就奠定了基础。有一天，机会终于来了，他抓住时机对秦王进言：大王圣明，现在的秦国是兵强马壮，六国都不是大王您的对手，您可以消灭六国，一统天下，完成千古未有之帝业。秦王一听此话，很是高兴，于是就提拔了李斯。由于李斯提供给秦王统一六国一系列的做法很有成效，最后官拜客卿。就在李斯飞黄腾达的时候，发生了这样一件事。

韩国因惧怕与秦交战，派水利工程师郑国去帮助秦国修建水渠——后来的郑国渠，目的很简单，就是通过修渠来牵制秦国，防止其进攻韩国。可惜没过多久，这个计划就露出了马脚。秦王当然十分气愤，再加上国内大臣的鼓动，说从外国来秦国的人都心怀鬼胎，于是秦王决定驱逐这些动机不纯的“外国人”。秦王在全国下逐客令，李斯来自楚国，被驱逐出去自然也是在所难免的。

一心想建立功勋的李斯哪能就这样被遣回国啊，冥思苦想之后，决定写一封劝秦王不要下令逐客的谏，这就是历史上著名的《谏逐客书》。大致内容是说：今天秦国的强大很大一部分是由于吸纳外国人才的缘故。举几个最典型的例子：第一是秦孝公重用卫国人商鞅，通过商鞅变法使秦国逐渐强大；第二是秦惠王采用张仪的连横策略，瓦解了六国合纵抗秦的联盟，解除了他们对秦国的威胁。《谏逐客书》打消了秦王逐客的想法，使得秦国继续重用外来人才，这些人才既有文臣也有武将，他们为秦国统一六国立下了汗马功劳。最后李斯官拜丞相，完成了他成就一番大事业的愿望。

思政感悟

效率是我们常见的一个词语，很多人都会说“办事要讲效率”，这个效率大概有两层意思：其一是用较少的时间完成较多的任务；其二是用较少的资源做出较多的成果。

在昭君出塞的故事里，我们指出资源是稀缺的，因此如何利用好稀缺资源便是我们关注的问题。只有提高效率才能更好地发挥稀缺资源的功能，否则便是浪费了稀缺资源。我们每个人都期望自己是一个很有效率的人，李斯也不例外。

在本故事里，李斯也是一个做事很讲效率的人。首先，他师从荀子，在很短的时间里就学会了“帝王之术”，这说明李斯的学习是很有效率的。其次，他作为一个外国人，在秦国从刚刚站稳脚跟到官拜客卿，也没有花很长的时间，证明了他做事也很有效率。最后，最为出色的莫过于他的《谏逐客书》，就是这篇文章打消了秦王逐客的念头，并使得秦王敢于继续任用外来人才，帮助秦国一统天下，也可以说李斯的这个做法很有效率。

三省吾身

著名的经济学大师萨缪尔森在其经典著作《经济学》中明确指出：“稀缺与效率：经济学的双重主题。”由此可见，效率在经济学中占有重要地位。在经济学中，一般提到效率都是指配置效率。所谓配置效率，是指将投入一定量的要素按照一种特定的组合，达到一种以最小的投入获得最大产出的状态，否则就是资源配置无效率。一旦资源配置无效率，就意味着大量的资源被闲置或者被浪费，这两种情况都不是我们所期望的。

在微观经济学中，企业总是想方设法地提高自己的效率，要么在成本既定的情况下获得最多的产出，要么在产量一定的情况下使用最少的成本，这些都是提高效率的具体体现。同样，在宏观经济学当中，政府也想通过最少的投资获取最多的就业，为民造福。由此可见，效率确实可以作为经济学的双重主题之一。

在现实生活中，每个人也都想提高自己的效率。作为上班一族，总想着以最快的速度办好老板分派的任务，以此获得老板的奖励；在校的学生，无时无刻不想着自己的学习成绩能够突飞猛进，从而博得老师和同学们的赞许。这些都需要效率作为支撑。

我们都知道帕累托的“二八原则”，就是说我们只要花20%的时间就可以处理80%的事情，这就必然要求我们在平时的工作和学习中善于分清主次，找出主要矛盾，并能够以很高的效率去完成。然而在现实生活中，有很多人在处理事情的时候都是“眉毛胡子一把抓”，结果不仅事情没有完成，反而浪费了大量的时间和精力。

我相信在学习经济学之后，你会成为一个做事很讲效率的人。只有成为一个有效率的人，才不会被众多纷繁复杂的事情所扰，才会有大量的时间来享受自己的生活，做一个快乐的人。

资料来源　佚名．李斯的《谏逐客书》[EB/OL]．[2020-03-27]．https://wenku.baidu.com/view/0b646b50dc88d0d233d4b14e852458fb760b3802.html.改编．

课堂讨论1-4

最近，越来越多的家庭主妇抱怨生活成本越来越高了，以前拿着100元去菜市场可以买鸡鸭鱼肉和满满一篮子的菜，而且还用不完；现在拿着100元出去，能买的东西越来越少了。感觉除了工资不涨，其他的东西都涨价了。请问为什么会出现这种情况？你感受到物价对生活的影响了吗？

任务三　掌握研究方法

任何一门学科都有相应的分析方法。经济学家在研究社会经济问题时主要采用以下几种方法：

一、实证分析和规范分析

（一）实证分析

动画 1-5

实证分析

实证分析是指排除任何价值判断，首先对研究的变量含义做出明确规定，然后在一定假设条件下提出假设，并依此预测未来，最后用经验和事实来验证假设。实证分析在研究经济问题时，只考虑经济事务间的现实联系，以及在这种联系的作用下，人们经济行为的后果。也就是说，运用实证分析建立理论体系时，不仅要能够反映或解释已经观察到的事实，还要能够对有关的现象和将来会出现的后果做出正确的预测，即接受将来发生的事件的检验。

实证分析的特点：对有关问题的逻辑推导，旨在理解经济过程"实际是什么"或"将会是什么"，而不涉及对结果好坏及公平与否的判断。例如，现实生活中房价是如何决定的？未来一段时间内，房价是上升还是下降？猪肉的价格是上涨还是下调？对这类问题的回答在于揭示经济现象本身及其运行规律，而不对该种规律所带来的结果对社会是好是坏做出相应的判断。

实证分析所涉及的命题可以从其基本逻辑和经验证据两个方面进行检验，实证经济学最接近于作为科学的经济学含义。

（二）规范分析

规范分析是指以一定的价值判断为基础的经济分析法，首先提出某些标准作为分析经济现象的准则，作为确立经济理论的前提和制定经济政策的依据，并研究如何才能符合这些标准。规范分析运用于经济现象研究时，不是考虑经济体系实际如何运行，而主要关心它应该如何运行并力求改变现实；不是关于事物间是否存在某种关系的问题，而是应该如何行动的问题，但以对现实的价值判断为前提。

规范分析的特点：回答诸如经济过程或经济政策"应该是什么"之类的问题，结论不能由经验事实直接检验。经济学家在进行规范分析时，往往从一定的价值判断出发。从性质上看，价值判断的科学性是难以直接确定的，它不可能用事实、证据或逻辑来证明是正确的或错误的。人们可能一致认为一种特殊政策会产生某种效应，但有些人会认为其结果是好的，另外一些人则认为其结果是坏的，因为他们的价值判断不同。

规范分析往往是制定政策的基础。比如汽车进口，一方面会使国内市场汽车价格下降，从而使消费者受益；另一方面又会冲击国内汽车市场，使国内汽车行业就业状况恶化。到底是限制还是鼓励汽车进口，既取决于前述实证分析的结果，也取决于政策制定者的价值判断，即是应该保护消费者的利益，还是应该照顾生产者的利益，消费者从进口汽车中获得的利益是否能够超过汽车行业工人的损失。虽然经济学不可能证明哪一种价值判断是好的，哪一种价值判断是坏的，也无法证明哪一项政策是最好的，但它有助于决策者做出政策选择。

经济学既是一门实证科学，又是一门规范科学，因为提出什么问题进行研究，采用什么方法和突出强调哪些因素实际上都涉及研究者的个人价值判断问题，而且一个经济学家之所以提出某一理论，都是为他主张的政策提出理论根据。政策主张不同，除了实证分析有不同结论外，实际上还在于不同的人有不同的价值判断。

视野拓展1-4　　实证分析和规范分析的区别

某造纸厂在生产过程中排放出一定的污水，污染了附近的水域。国家治理污染采取征收环境保护税的办法，如果我们研究对不同规模的造纸厂按什么标准征收环境保护税，这就是实证分析的范畴。假如造纸厂威胁说，宁肯关闭企业也不愿支付环境保护税，那么政府就面临两种选择：一是允许造纸厂继续生产并不征收环境保护税，由政府承担治理污染的责任和费用；二是强制关闭造纸厂，政府必须面对企业关闭而产生的工人失业后果。这就是规范分析的范畴。

二、边际分析法

（一）边际分析法的含义

边际分析法就是运用导数和微分方法研究经济运行中微增量的变化，用以分析各经济变量之间的相互关系及变化过程的一种方法。边际即“额外的”“追加”的意思，是指处在边缘上的“已经追加上的最后一个单位”或“可能追加的下一个单位”，属于导数和微分的含义，就是指在函数关系中，自变量发生微量变动时在边际上因变量的变化，边际值表现为两个微增量的比。这种分析方法广泛运用于经济行为和经济变量的分析过程，如对效用、成本、产量、收益、利润、消费、储蓄、投资、要素效率等的分析多用边际含义。

边际分析法之所以成为经济学研究中非常重要的方法，是由经济学的对象决定的。由于经济学研究资源最优效率的使用，而最优点实际上就是函数的极值点。

（二）边际分析法的特点

边际分析法在经济学中受到特别重视，18世纪70年代，法国的瓦尔拉斯、奥地利的门格尔、英国的杰文斯几乎同时提出了这一方法，后被称为“边际革命”。这种方法有以下几个特点：

1.边际分析是一种数量分析，尤其是变量分析

运用这一方法研究数量的变动及其相互关系。这一方法的引入，使经济学从常量分析发展到变量分析，这一点从含义上已经说明了。事实上，在经济活动中，自变量的微量变动所引起的因变量的变化程度极少相等，即不是直线型，大多是变化率不等

的曲线型。边际分析法研究微增量的变化及变量之间的关系，可使经济理论精细地分析各种经济变量之间的关系及其变化过程。也就是说，它对经济变量相互关系的定量分析更严密。

2.边际分析是最优分析

边际分析实质上是研究函数在边际点上的极值，研究因变量在某一点递增、递减变动的规律，边际点的自变量是做出判断并加以取舍的最佳点，据此可以做出最优决策，因此，边际分析法是研究最优化规律的方法。

3.边际分析是现状分析

边际值是根据两个微增量的比求解的，是计算新增自变量所导致的因变量的变动量。这表明边际分析是对新出现的情况进行分析，即属于现状分析。这显然不同于总量分析和平均分析，总量分析和平均分析实际上是过去分析，是过去所有的量或过去所有的量的比。在现实社会中，由于各种因素经常变化，用过去的量或过去的平均值概括现状和推断今后的情况是不可靠的，而用边际分析则更有利于考察现状中新出现的某一情况所产生的作用和所带来的后果。

（三）边际分析法的意义

边际分析法提出后，首先用于对效用的分析，由此建立了理论基础——边际效用价值论。这一分析方法的运用可以说引起了经济学的革命，它的意义具体表现为以下几个方面：

1.边际分析的运用使经济学的研究重心发生了转变

由原来带有一定“社会性、历史性”意义的政治经济学转为纯粹研究如何选择能把有限的稀缺资源分配给无限而又有竞争性的用途上，以有效利用。

2.边际分析开创了经济学“数量化”的时代

边际分析本身是一种数量分析，在这个基础上，使各种数量工具（如线性代数、集合论、概率论、差分方程等）逐步渗入经济学，数量化分析已经成为经济学的主要特征。

3.边际分析促进了微观经济学的形成

边际分析以个体经济活动为出发点，以需求、供给为重心，强调主观心理评价，促使了以“个量分析”为特征，以市场和价格机制为研究中心的微观经济学的诞生。微观经济学正是研究市场和价格机制如何解决三大基本经济问题，探索消费者如何得到最大满足、生产者如何得到最大利润、生产资源如何得到最优分配的规律。

4.边际分析奠定了最优化理论的基础

在边际分析的基础上，经济学从理论上推出了所谓最优资源配置、最优收入分配、最大经济效率及整个社会达到最优的一系列条件和标准。

5.边际分析使实证经济学得到了重大发展

研究变量变动时，整个经济发生了什么变动，这为研究事物的本来面目、回答经济现象“是什么”问题的实证经济学提供了方法论基础。

三、均衡分析

均衡分析就是假定经济变量达到均衡状态时所出现的情况及实现均衡的条件。经济学中广泛使用均衡分析方法，均衡含义也是经济学中的一个重要含义。从一定意义上说，微观经济学研究微观经济行为主体的目的就是揭示微观经济行为达到均衡的条件，比如，消费者行为理论就是在给定消费者偏好、收入及商品价格的情况下，研究消费者购买行为达到平衡时的条件；生产者行为理论则是在给定生产要素价格和生产函数的情况下，研究生产者实现生产要素最佳组合（即生产要素购买行为达到平衡）的条件。均衡分析包括局部均衡分析和一般均衡分析。

（一）局部均衡分析

局部均衡分析是指在假定其他条件不变，即假定某一变量只取决于本身的各相关变量的作用，而不受其他变量和因素影响的前提下，分析该种变量如何实现均衡。例如，一种商品的均衡价格只取决于该种商品本身的供求状况，而不受其他商品供求状况的影响。这种分析方法把研究局限在一个局部范围，所以称为局部均衡。

（二）一般均衡分析

一般均衡分析是指研究某一变量在各种条件和因素作用下如何实现均衡。与局部均衡分析相对应，一般均衡分析从市场上所有商品的供求和价格是相互影响、相互依存的前提出发，考察每种商品的供求同时达到均衡状态条件下的某商品均衡价格决定问题。一般均衡分析不仅用于研究整个经济的价格和产量结构，而且用于研究经济运动的许多方面。例如，实现最大福利的最适度资源配置，社会生产各部门间的投入—产出平衡分析等，都是以一般均衡分析方法为基础的。

【注意】局部均衡分析与一般均衡分析都是均衡分析，是从量的方面研究社会经济现象，只是分析时所考虑的影响均衡的因素在范围上是不同的。

四、静态分析、比较静态分析和动态分析

（一）静态分析

静态分析就是分析经济现象的均衡状态及相关经济变量达到均衡状态所需具备的条件，但并不涉及达到均衡状态的过程。静态分析是一种与均衡分析密切联系的分析方法。运用此方法分析经济规律时，假定这些规律是在一个资本、人口、生产技术、生产组织和需求状况等因素不变的静态社会里起作用。

动画 1-6

比较静态分析

（二）比较静态分析

比较静态分析是将一种给定条件下的静态与新的条件下产生的静态进行比较。如果原有的已知条件发生了变化，必将导致有关的变量相应地发生一系列变化，从而打破原有的均衡，形成新的均衡，比较静态分析就是对新旧两种均衡状态进行对比分析。这种分析只是对既成状态加以比较，并不涉及条件变化的调整过程或路径，所以它并不研究如何由原来的均衡过渡到新的均衡的实际过程。

（三）动态分析

动态分析是要考察随条件变化而使经济均衡调整的路径或过程。经济动态是指在时间序列过程中的经济变动状态。动态分析的主要特征在于增加了时间因素的作用，一方面分析人口、生产技术、资本数量、生产组织等在时间过程中的变化，这种变化如何影响经济体系的运动和发展；另一方面明显地表示出经济变量所属的时间，而经济变量在某一时点上的数值要受以前时点上有关变量数值的制约。正是由于该方法研究变量各个时间的变化情况，因此也称此方法为“时间分析”或“序列分析”。

【注意】这种分析方法尤其适合研究经济增长与发展、经济周期波动等，但分析各种因素的变化必须是客观的、实事求是的，否则最终也不是科学的理论。

微观经济学主要采用的是静态分析。例如，在消费者行为理论中，我们分别考察了价格、收入变动对消费者均衡的影响；在市场结构理论中，我们分析了企业和行业在不同需求水平下均衡产量的决定；在要素定理中，我们比较了在不同市场结构下企业对均衡要素使用量的选择。

五、经济模型

经济模型也是一种分析经济问题的方法，是指用来描述与研究对象有关的经济变量之间的依存关系的理论结构。简单地说，经济模型就是用变量的函数关系来说明经济理论，是经济理论的简单表达。经济模型可用文字说明（叙述法），也可用数学方程式表达（代数法），还可用几何图形来表达（几何法、画图法）。经济模型一般包括四个步骤：

（一）含义

含义是对所要研究的经济现象的含义做出规定，如什么是需求、什么是失业等。

（二）假设

假设是提出经济模型的前提条件。现实经济十分复杂，一个经济现象直接或间接地受到许多因素的影响。一个经济模型不可能对它们逐一进行分析，从而也就无法建立与实际丝毫不差的复制品，所以有必要提出假设，以对讨论的范围进行限定和简化。例如，一种商品的需求量受多种因素影响，但在建立需求分析的经济模型时，一般要假定其他条件不变，以分析价格是如何影响需求量的。

（三）假说

假说是在一定的假设条件下利用含义去说明经济现象之间的关系。假说是一种未经证明的理论。例如，在其他条件不变的前提下，一种商品的价格由该商品的需求和供给决定。这就是现代经济学价格理论的重要假说。

（四）预测

预测是根据假说对未来的发展趋势进行预期。它与猜测的区别是：猜测是盲目的，而预测是依据假说得出的必然结论。例如，如果需求量增加，那么在其他条件不变的前提下，商品的价格就会升高。

案例鉴赏1-1　像经济学家一样思考

案例鉴赏 1-1
分析提示

如果让我们观察幼儿园小朋友拥有苹果的情况，我们可能得出以下三种结论（我们称之为事实）：

（1）一个漂亮的小女孩拥有2个苹果。（直接观察得出）

（2）每个小朋友都至少有一个苹果，总数是126个苹果。（通过统计得出）

（3）这个幼儿园给每个小朋友发放苹果作为早餐。（大家都普遍认同的观点）

经济学家在观察同一经济现象时也大致有三种结果：

（1）直观性事实。就像“一个漂亮的小女孩拥有2个苹果”，直观性事实是指可以直接观察到的经济现象。例如，楼下的小店食盐供应不足；国家投放新的债券等。这一类事实都是人们不加以整理或分析即可感知的事实。

（2）整理性事实。“每个小朋友都至少有一个苹果”即整理性事实。它是指通过统计方法整理大量的个体观察材料或个体数据而得出的总体性数据或结论。例如，2020年5月辽宁省汽车产量为6.89万辆，同比增长38.35%；2019年我国GDP增长率为6.1%。这一类事实的特点是通过对大量数据和资料的整理，来了解某一类现象的实际情况。

（3）标准性事实。像“这个幼儿园给每个小朋友发放苹果作为早餐”这类事实，我们称为标准性事实。它是指通过分析、整理而得到的某些典型的关系，且长期得到事实证据的支持而被广泛接受的事实。这一类事实常常被经济学家利用，以对经济现象做出解释。

课堂讨论1-5　搭建经济学的大厦——数学分析①

虽然经济学也用数学方法，但与自然科学所采用的方法有所不同。自然科学所采用的方法是比较严谨与准确的。比如，人造卫星围绕地球转一圈所带来的误差也许有几十米，与地球周长比较起来是微不足道的。但是，再高明的经济学家预测一个国家的经济增长速度也达不到“微不足道”，而是相对比较大。所以我们在学习经济学的时候，不要过多地去强调某个数学公式的准确程度，只要这个数学公式确实反映了现实经济变动的主要特征就可以了。

经济学已经被经济学家竭尽全力地武装成一门真正的“科学”，这一科学的门面主要是数学描述、几何图形、函数坐标，再套上英文字母和阿拉伯数字。一般而言，当一门知识变成深奥的“科学”时，就会渐渐地远离大众，使大多数人不知其所云。这在自然科学领域内是没问题的，因为自然科学里深奥的符号与公式本身是工具的同时，也是研究的目的和内容。而经济学不是自然科学，自然科学是发现科学，经济学应该是讲道理的科学，对我们来说，只要能明白道理，使用什么工具是

① 梁小民. 微观经济学纵横谈［M］. 北京：三联书店，2000.

无所谓的。

问题：

（1）数学与经济学的联系与区别是什么？

（2）为什么说经济学是社会科学的“皇后”？

关键术语

机会成本　微观经济学　宏观经济学　实证分析　边际分析法　规范分析

应知考核

随堂测 1

一、单项选择题

1.经济学研究的基本问题是（　　）。

A.企业如何赚钱　　B.如何实现稀缺资源的有效配置和利用

C.用数学方法建立理论模型　　D.政府如何管治

2.经济学中最基本的前提假设是（　　）。

A.理性人假设　　B.信息完全假设

C.市场出清假设　　D.市场机制不完善假设

3.选择有效的方式利用有限资源，面临的主要问题有（　　）。

A.生产什么，生产多少　　B.如何生产

C.为谁生产　　D.以上问题均正确

4.下列中属于规范分析经济问题的是（　　）。

A.通货膨胀和失业是由什么引起的　　B.利率上升有利于增加储蓄

C.北京市要限制私人汽车的发展　　D.消费者如何对比较低的价格做出反应

5.“现有资源不能充分满足人的欲望”这一事实被称为（　　）。

A.机会成本　　B.稀缺性　　C.规范经济学　　D.生产什么的问题

6.经济学可定义为（　　）。

A.研究政府如何对市场机制进行干预的科学

B.消费者如何获取收入并进行消费的学说

C.研究如何最合理地配置稀缺资源于诸多经济性用途的科学

D.企业取得利润的活动

7.“富人的所得税税率比穷人高”是（　　）。

A.规范的表述　　B.实证的表述　　C.否定的表述　　D.理论的表述

8.当经济学家说人们是理性的时，是指（　　）。

A.人们不会做出错误的判断　　B.人们总会从自己的角度做出最好的决策

C.人们根据完全的信息而行事　　D.人们不会为自己所做出的任何决策而后悔

9.研究个别家庭与企业决策的经济学称为（　　）。

A.宏观经济学　　B.微观经济学　　C.实证经济学　　D.规范经济学

10.经济物品是指（　　）。

A.有用的物品　　B.稀缺的物品
C.要用钱购买的物品　　D.有用且稀缺的物品

二、多项选择题

1.物品与劳务根据资源稀缺与否和满足需要的程度分为（　　）。
A.经济物品　B.自由物品　C.稀缺物品　D.公共物品
2.资源利用包括（　　）问题。
A.充分就业　　B.经济波动和经济增长
C.物价稳定　　D.生产什么
3.当前世界上解决资源配置与利用的经济制度类型有（　　）。
A.计划经济　B.市场经济　C.混合经济　D.自给自足经济
4.微观经济学的特点有（　　）。
A.研究的对象是单个经济单位的经济行为
B.解决的问题是资源配置
C.中心理论是价格理论
D.研究方法是总量分析
5.经济学的研究方法有（　　）。
A.实证分析和规范分析　　B.边际分析法
C.均衡分析　　D.静态分析、比较静态分析和动态分析

三、判断题

1.如果社会不存在资源的稀缺性，也就不会产生经济学。（　　）
2.资源的稀缺性决定了资源可以得到充分利用，不会出现资源浪费现象。（　　）
3.微观经济学的基本假设是市场失灵。（　　）
4.是否以一定的价值判断为依据是实证经济学与规范经济学的重要区别之一。（　　）
5.“人们的收入差距大一点好还是小一点好”的命题属于实证经济学问题。（　　）

四、简答题

1.在下列陈述中，哪些是实证分析，哪些是规范分析？
（1）降低利率，会增加投资量。（　　）
（2）政府应当提高利率，以防汇率下跌。（　　）
（3）消费者的收入增加会促进商品的需求增加。（　　）
（4）经济增长会提高一个国家的综合实力，因此经济增长是好事。（　　）
（5）目前的社会救济金太少。（　　）
2.简述实证方法与规范方法的区别与联系。
3.经济模型包括哪些内容？其表示方式有哪些？
4.下列问题哪些是宏观经济问题，哪些是微观经济问题？
（1）通货膨胀问题。（　　）

(2) 某些服务行业的低工资问题。(　　)

(3) 人民币和欧元的汇率问题。(　　)

(4) 白菜的价格波动为何比汽车的价格波动大。(　　)

(5) 本年度与上年度经济增长率的对比。(　　)

5.简述微观经济学与宏观经济学的关系。

应会考核

观念应用

1.许多人认为，经济学是说钱的，你认为这种观点对吗？请简要说明经济学的含义、微观经济学与宏观经济学的区别与联系。

2.为什么生活极端奢华的富豪也会面临稀缺性？人们通常希望有更多的钱，可政府为什么不印刷更多的钞票？这样能够一下子解决稀缺的问题吗？有人认为，“社会生活中许多资源是取之不竭、用之不尽的，如空气、河流等，所以社会资源稀缺的观点不完全妥当”。你对这样的观点怎么看？试分析说明。

3.你大学毕业时总会遇到一些选择，如继续读书深造、找工作挣钱等。请用机会成本的含义分析权衡取舍的决策过程。

4.举例说明“看不见的手”是如何发挥调节作用的。

5.在现实生活中，“看不见的手”能否在所有领域都发挥作用？请举例说明。

技能应用

某总公司有甲、乙、丙三个分公司，每个分公司都生产X和Y两种产品。表1-1为三个分公司用其全部资源可生产的X与Y的最大产量。

表1-1　　三个分公司用其全部资源可生产的X与Y的最大产量

分公司＼产品	X	Y
甲	100	200
乙	120	180
丙	150	150

请画出该总公司的生产可能性曲线（以X为横轴、Y为纵轴）。

案例分析

机会成本与经济学思维

CCTV曾报道：湖南一农民以8 000元购买优质品种A仔猪，目的是繁殖仔猪销售。但某农场以劣等的B仔猪冒充，价格相差4倍。后来该农民繁殖的仔猪无人购买，才发现农场以次充好，造成其直接经济损失5万元。由于交涉无果，该农民将农场告到法院，要求其赔偿5万元。农场认为当初的交易额为8 000元，赔偿5万元是难以接受的。若你是法官，如何判决？

这里有三种思维方式：

（1）民间思维，即应赔偿8 000元。

（2）法官思维，即应赔偿所有直接损失，包括购买成本8 000元、饲料费、工人工资、饲养场土地房舍等直接费用（要起惩戒作用并从制度上消灭假冒伪劣，建立起有效的激励约束机制，还需有更大的赔偿）。

（3）经济学思维，赔偿大于5万元。因为除了直接费用外，还有一些间接损失。例如，若不买仔猪，8 000元存到银行可得一定的利息，而利息无疑也遭受了损失。这个利息在经济学中被称为机会成本，若不懂机会成本的含义，就不会有这种经济学的思维。

你认为上述三种思维方式哪个更有道理？

项目二

打开殿堂钥匙——价格理论

知识目标

理解：需求收入弹性与需求交叉弹性；分析需求、供给的变化与市场价格的关系。

熟知：影响需求、供给和需求弹性的因素。

掌握：供求定理的内容；需求的变动与需求量的变动；供给的变动与供给量的变动。

技能目标

能熟练进行需求价格弹性的计算；能够根据商品的需求价格弹性判断其经济收益；了解支持价格、限制价格在经济中的运用。

素质目标

能够掌握和理解经济运行的逻辑关系和基本规律；能够对需求、供给和价格进行简单分析，具备初步分析相关问题的能力；树立正确的世界观、人生观和价值观，做到学思用贯通、知信行统一。

项目引例　　桃子被丰收撞了一下腰

新疆生产建设兵团十二师一〇四团有桃园6 274亩，现在正是桃子成熟集中上市的季节，预计产量可达6 500吨。桃农们本以为今年的桃子能卖个好价钱，但新冠肺炎疫情的突然来袭，使桃子出现滞销。一〇四团党委发动各级党组织助力销售，各党员干部积极响应，自觉充当“推销员”，并在微信工作群中倡议销售认购，还通过多种渠道联系电商、水果批发商，解桃农滞销心结。仅仅两天，就销售了50吨鲜桃。

资料来源　毛敏威. 戈壁滩变绿洲 乌鲁木齐市郊万亩桃园助农“桃”金［EB/OL］.［2020-07-14］. https：//baijiahao.baidu.com/s？id=1672187320369952048&wfr=spider&for=pc.有删减.

请问：(1)“桃子被丰收撞了一下腰”蕴含的意思是什么？(2) 如果你是桃农，你还会继续种桃子吗？(3) 从行业和政府的角度来说，应该给桃农哪些方面的指导？

知识支撑

任务一　需求理论分析

一、需求、需求表、需求曲线

(一) 需求

动画 2-1

需求

需求 (Demand)，是指消费者在某一时期内，在一定价格水平上愿意并且能够购买的商品或服务的数量。需求必须具备以下条件：①消费者有购买商品或服务的欲望，如某人有购买别墅的欲望，可是别墅价位过高，支付不起，所以需求难以实现，只能称其为需要；②消费者有支付能力，如大多数女性消费者对烟酒没有欲望，即使有支付能力，需求也难以实现。因而，需求必须是欲望与支付能力的统一，也就是：

需求=欲望+支付能力

【提示】需求具体包括个人需求和市场需求。个人需求是指单个消费者或家庭对某种商品的需求，即对应于一定的商品价格所愿意并能够购买的数量；市场需求是指全体消费者对某种商品的总需求。市场需求可以通过个人需求加总而实现，个人需求和市场需求都是对某一商品的需求。

(二) 需求表

需求表 (Demand Schedule) 是在其他因素不变的条件下，某种商品的价格与需求量之间的关系的表格。它可以直观地表明价格与需求量之间的一一对应关系。

需求表具体分为个人需求表和市场需求表。描述某人 (家庭) 与价格相对应的需求数量的表格，称为个人需求表。把某一商品 (该商品市场) 所有个人需求加总求和，也就是把每一个价格对应的每个人的需求量加在一起，就构成了该市场上与每一个价格对应的市场需求表。表 2-1 是某一市场上某种商品的个人需求和市场需求随价格变化而变化的需求表。

动画 2-2

需求曲线

(三) 需求曲线

需求曲线 (Demand Curve) 是根据需求表绘制的用来表示需求量与商品价格之间对应关系的曲线。或者说，需求曲线是以几何图形来表示商品价格和需求量之间的函数关系的曲线。如图 2-1 所示，横轴 OQ 表示商品的数量，纵轴 OP 表示商品的价格，

表 2-1　消费者甲和乙对某商品的需求

价格（元）	消费者甲的需求量（千克）	消费者乙的需求量（千克）	市场的需求量（千克）
1	100	150	250
2	90	130	220
3	80	110	190
4	70	90	160
5	60	70	130
6	50	50	100
7	40	30	70

曲线D为根据表2-1绘制的一条需求曲线。由于价格下降，需求量增加，所以需求曲线向右下方倾斜，即它的斜率为负值。

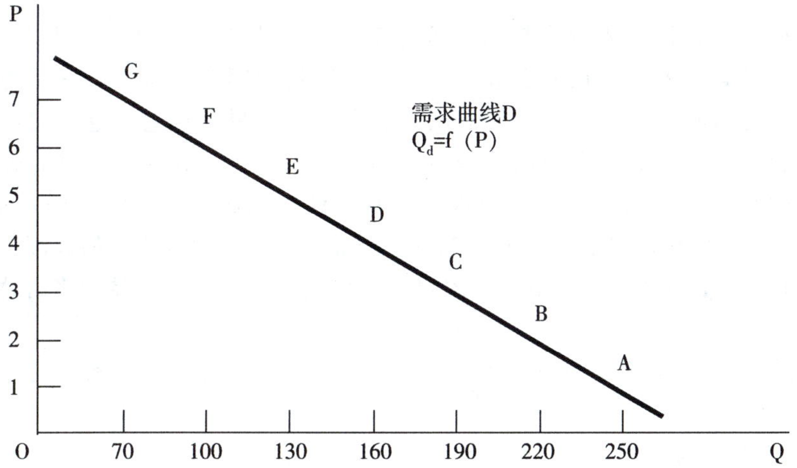

图2-1　商品价格与需求量的关系

课堂讨论 2-1

本周生猪价格整体处于调整态势，并出现了小幅下滑。但是随着需求的逐渐增多以及供应增长幅度有限，到周末，猪价调整态势已经处于尾声。目前，北方猪价已经开始反弹，南方猪价走势偏弱，预计随着下周冬至的到来，传统的腊肉制作有所推进。北方杀年猪行情开启，需求将集中增加，猪价转跌回升态势很快将显现。

目前，白条肉的批发价格稳中小幅上涨，成本处于低位，猪价和利润处于历史高位，加上生猪存栏和母猪存栏仍处于下降态势，猪价上涨态势会延续不变。况且目前本次猪价下跌并未跌至8元以下，因此，需求最旺季节到来后，猪价上涨概率仍较大。

资料来源 佚名. 需求最旺季节到来后 猪价易涨难跌［EB/OL］.［2020-12-20］. http://www.soozhu.com/article/256857/? _t_t_t=0.06631790776737034.

请问：这其中隐含着哪些经济学知识？

二、影响需求的因素

在一种商品市场上，影响其需求的因素有很多，下面以汽车为例来说明影响商品需求的因素，主要包括：

（一）商品本身的价格

从大量的经验事实中可以发现，一种商品的价格越高或上涨，人们对该商品的购买量就会减少；价格越低或下降，人们的购买量就会增加。例如，当汽车价格上升时，人们会减少对它的购买；而当汽车降价促销时，人们对它的购买量也会随之增加。

【提示】商品本身的价格是影响其需求量最重要、最直接的因素，商品的价格与其需求量之间存在着相当稳定的反向关系。

（二）消费者的收入水平和分配平等程度

收入水平提高，收入分配趋向平等，都会使需求增加；反之，收入水平下降，社会分配不平等，则会导致需求减少。例如，富裕的国家或家庭对一切物品的需求几乎都高于贫困的国家或家庭，如对汽车、电器、水果、住宅、电力的需求等。但收入增加后，并不是对所有商品的购买都随之增加。货币收入对需求的影响要区分商品的不同特性。对大部分商品而言，消费者的收入越高，对它们的需求就越大；反之，则越小，如家用电器。而另一部分低档商品，随着收入水平的提高，对它们的需求反而下降，如低档化纤服装等。经济学家将前者称为正常商品，将后者称为低档商品。

【注意】正常商品的需求与收入之间是正向（比）关系，低档商品的需求与收入是反向（比）关系。

（三）消费者的偏好

消费者对某种商品的偏好程度会对该种商品的需求量产生影响，偏好程度越高，需求量越大；相反，偏好程度越低，需求量越小。那么，消费者的偏好受什么因素影响？其影响因素包括文化因素、心理因素、示范效应、广告效应等。例如，东方人比西方人更偏爱喝茶，茶叶的人均需求量大于西方。在某一时间的某一地区，示范效应的影响可能引导一个群体的消费偏好，从而形成时尚性的市场需求状态。

（四）其他有关商品的价格

当一种商品本身的价格保持不变，而与它相关的其他商品的价格发生变化时，这种商品本身的需求量也会发生变化。相关商品包括互补品和替代品。

1.互补品

互补品（Complement Goods）是指两种商品互相补充共同满足人们的同一种欲望，完成同一消费功能，如计算机和软件、电动车和蓄电池等。互补品的价格与需求量之间的关系为：当一种商品的价格提高，其互补品的需求量就会减少；相反，如果价格降低，其互补品的需求量就会增加。例如，当照相机的价格不变而胶卷的价格上升时，胶卷的需求量会减少，照相机的需求量也会因此而减少；当汽车价格上升，汽油的需求量下降，而汽油价格上升，对大排量汽车的需求则会下降。

2.替代品

替代品（Substitute Goods）是指两种商品可以互相替代来满足同一种欲望，如茶叶与咖啡、猪肉与牛羊肉。替代品的价格与需求量之间的关系为：当一种商品的价格提高时，其替代品的需求量就会增加；相反，如果价格降低，其替代品的需求量就会减少。例如，当猪肉的价格不变而牛羊肉的价格上升时，牛羊肉的需求量会减少，牛羊肉的替代品如猪肉的需求量就会增加。

（五）消费者对未来商品的价格预期

如果消费者认为某种商品未来要涨价，就愿意增加现在的购买；如果认为某种商品未来要降价，就愿意减少现在的购买，等待未来降价时再购买。例如，人们预测汽车价格以后会上涨，就会增加当前对汽车的购买；人们预测未来国家会采取一些措施，如限号等，也会增加当前对汽车的购买。在金融资产交易市场（股票和债券市场）和房地产市场，预期特别重要。当人们认为在不久的将来，股票、债券和房地产的价格会上升时，当前就会多购买这些商品。

此外，人口规模、人口构成、政府的消费政策、可供选择商品的范围、时间因素等都会对商品的需求产生影响。

三、需求函数

动画 2-3

需求函数

需求函数（Demand Function）是用函数关系表示某商品的需求量与影响因素之间的依存关系。

如果把影响需求量的各种因素作为自变量，把需求量作为因变量，则可以用函数关系表示二者之间的关系，这种函数称为需求函数，用公式表示如下：

$$Q_d=f(a, b, c, d, \cdots, n)$$

式中，Q_d代表某种商品的需求量，a，b，c，d，…，n代表影响需求的因素。

在影响商品需求量的众多因素中，商品的价格是最重要的因素。假定其他影响因素不变，只考虑商品本身的价格变化对该商品需求量的影响，这样，需求函数可表示为：

$$Q_d=f(P)$$

该函数具体可以参见图2-1。该图中的需求曲线是一条直线，实际上，需求曲线既可以是直线，也可以是曲线。当需求函数为线性函数时，相应的需求曲线是一条直线，直线上各点的斜率是相等的；当需求函数为非线性函数时，相应的需求曲线是一条曲线，曲线上各点的斜率是不相等的。在微观经济分析中，大多使用线性函数，则需求函数可写为：

$$Q_d=a-bP$$

式中，Q_d为需求量，p为价格，a、b为常数，且a、b＞0。

【提示】需求曲线的特征：它是向右下方倾斜的，即它的斜率为负值，表示商品的需求量与价格之间呈反方向变动的关系。

四、需求定理、需求量的变动与需求的变动

动画 2-4

需求定理

（一）需求定理

需求定理（或称需求规律、需求定律）是用来说明商品的价格与需求量之间相互关系的理论。其基本内容是：在影响需求的其他因素不变的情况下，商品的需求量与其价格之间呈反方向变动，即需求量随商品本身价格的上升而减少，随商品本身价格的下降而增加。

【注意】需求规律是一般的正常商品的规律，在某些特殊的商品和经济形势下，与需求定律相矛盾的现象也是存在的，主要的例外情况有：

（1）炫耀性商品。它是用来显示人的社会身份与地位的商品。这类商品的需求量与预期价格之间呈同方向变动。只有商品的价格比较高时，它才能满足购买者炫耀自己的社会身份和地位的心理需求，而不在于该商品的实际价值如何。例如，珠宝首饰、豪华轿车等价格上升，需求会增加；价格下降，需求反而减少。

动画 2-5

吉芬商品

（2）吉芬商品。这类商品是低档生活必需品，其价格上升，需求量反而增加。这种价格上升、需求量增加的现象被称为“吉芬之谜”。主要是因为在经济萧条时期，普通居民的生活水平普遍下降，土豆的价格水平虽然比正常年景要高出许多，但它是相对便宜的食物，价格比其他食物的价格要低得多。因此，经济萧条时大多数穷人在日常消费中会多买土豆，而少买其他食物。

（3）在投机性市场（如证券和期货市场），人们有一种“买涨不买落”的心理，这与人们对未来价格的预期及投机的需要有关。

同步思考 2-1

如何理解商品房的吉芬商品属性与市场价格？

分析：商品房的价格之所以长期以来一直攀升但需求始终火爆，剔除虚假信息诱发需求膨胀的因素之外，最关键的原因在于商品房已经成为典型的“吉芬商品”。“吉芬商品”是一种需求弹性为负数的特殊商品，专指那些价格上涨而消费者对其需求量不减反增的商品。吉芬商品得以产生的前提条件有两个：其一，这种商品是必需品；

其二，不存在更廉价的替代选择。

在中国，对大多数靠工资生活的老百姓来说，商品房一直都是吉芬商品。首先，衣食住行是人最基本的生活需要，无论房价涨得多离谱，大家都得勒紧腰带，为自己找寻一块栖身之地。其次，除了购买商品房，大多数老百姓的确没有什么更好的选择；数量有限的经济适用房、天价的别墅都不是合适的替代品。因此，商品房价格一路上涨，老百姓对它的需求却一直不减反增——大家不得不争先恐后，谁知道明天的房价又将涨几个百分点，而高涨的需求又成为开发商们继续涨价的理由，推动房价一轮又一轮地上涨。

更为重要的是，对吉芬商品的供给者而言，向消费者转嫁成本简直是易如反掌。由于涨价不会导致需求下降，即使政府通过宏观调控增加了供给者获取巨额利润的成本，开发商以及炒房者们依然可以通过继续上调交易价格向消费者转嫁成本。

根据国际经验，出台房产税可能是比较有效的调控手段。商品房这样特殊的吉芬商品仅靠市场调节是不够的。

视野拓展2-1　　**违背需求定理的丝绸产品**

丝绸是中国古老文明的象征之一。丝绸产品也是中国传统的大宗出口产品，曾出口世界130多个国家和地区。在20世纪80年代末以前，中国的丝绸产品在意大利乃至整个欧洲都非常热销，意大利的上层社会将其作为富有和身份的象征；但是20世纪80年代末以后，随着中国乡镇丝绸企业的崛起，大量廉价的丝绸产品充斥意大利市场，上层社会就失去了对中国丝绸产品的兴趣。由于丝绸的清洗保养相对较难，一般消费者也不喜欢纯丝绸产品，于是商人们发现，丝绸产品的价格低廉了，需求量反而下降了。

资料来源　佚名. 违背需求定理的丝绸产品［EB/OL］.［2012-03-16］. http：//www.doc88.com/p-254204884797.html.有删减.

（二）需求量的变动与需求的变动

1.需求量的变动

需求量的变动指的是在影响需求的其他因素（如消费者的收入、嗜好、替代品和互补品的价格等）给定的条件下，价格变动所引起的商品需求数量的变动。其表现为需求曲线上点的变动，简称点变动。图2-2中，在需求曲线D上，由A点移动到B点，表示需求量增加，从Q_0增加到Q_1，价格下降，从P_0下降到P_1；当由A点移动到C点，表示需求量减少，从Q_0减少到Q_2，价格上升，从P_0上升到P_2。

2.需求的变动

需求的变动指的是在商品价格不变的条件下，非价格因素的变动所引起的需求量的变动（如收入变动等）。其表现为需求曲线的平行位移，简称线变动。例如，在图2-3中，在同样的价格水平上（P_0），当需求曲线D_0向右上方平行移动到D_1时，表明需求增加；当需求曲线D_0向左下方平行移动到D_2时，则表明需求下降。

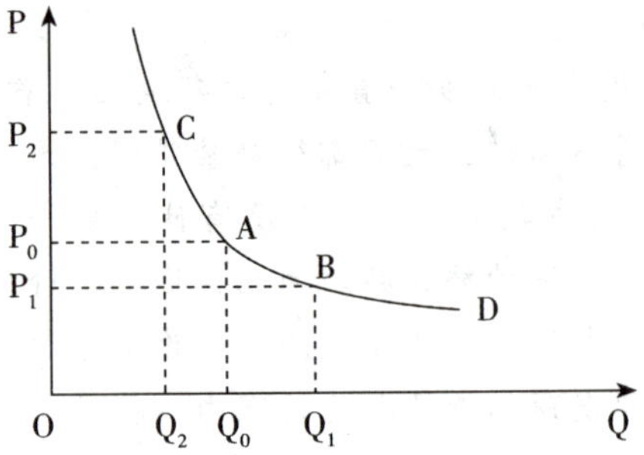

图2-2　需求量的变动

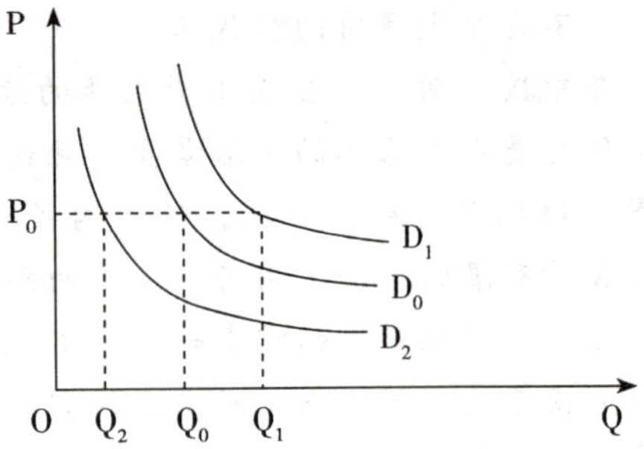

图2-3　需求的变动

3.需求量的变动与需求的变动的区别

前者表现为其他因素不变，商品本身价格变化带来的需求量的变化；后者表现为商品本身价格不变，其他因素变化带来的需求量的变化。

课堂讨论 2-2

每年的5月31日是世界无烟日。全世界现有11亿人在吸烟，目前我国吸烟现状更是不容乐观：烟民人数不断增加，已经超过4.5亿人，烟民的平均年龄在降低，女性烟民及青少年烟民的数量不断增加。那么，如何减少烟草的需求呢？

减少吸烟需求量的一种方法是提高香烟的价格。按照需求定理，价格提高会减少吸烟者对香烟的消费，需求量在同一条香烟或其他烟草产品的需求曲线上从某一点移动到价格更高而数量较少的一点。

另外一种方法是价格不变，采取公益广告、香烟盒上有害健康的警示以及禁止在电视上做香烟广告等措施，即充分利用价格水平既定时任何可以降低香烟需求量的政策，从而使香烟的需求曲线向左移动，以减少烟草的需求量。

事实上，政府大多在采取双管齐下的办法减少烟草的需求量，那为什么我国的烟民或烟草的需求量还在增加呢？请分析其原因。

目前，大学生吸烟的状况也令人担忧，调查一下周围吸烟的同学，哪些因素会影响他们对香烟的需求？

任务二　供给理论分析

一、供给、供给表和供给曲线

动画 2-6

供给

（一）供给

供给（Supply），是指生产者（企业）在一定时期内，在一定的价格水平上愿意而且能够供应的商品数量。其必须具备两个条件：①有出售商品的愿望；②有供应商品的能力。

【注意】供给是出售愿望与供给能力的统一，如果只有供给能力而无出售愿望，那就不能形成实际的供给。

供给分为个体供给（Individual Supply）和市场供给（Market Supply）。个体供给是指单个企业对某种商品的供给。市场供给是指商品市场上所有个体供给的总和，即与每一可能的售价相对应的每个企业供给量的总和。市场供给可以通过个体供给加总而成。

（二）供给表

供给表（Supply Schedule）是在其他因素不变的条件下，某种商品的价格与对应的供给量之间的关系的数字序列表。它可以直观地表明价格与供给量之间的一一对应关系。

供给表具体可分为个体供给表和市场供给表。描述某个生产者（企业）与价格相对应的供应数量的表格，称为个体供给表。把某一商品（该商品市场）所有生产者的供应加总求和，也就是把每一个价格对应的所有生产者的供应量加在一起，就构成了该商品市场上与每一个价格对应的市场供给表。表2-2是某一市场上某种商品的个体供给和市场供给随价格的变化而变化的供给表。

表2-2　生产者甲和生产者乙对某商品的供给

价格（元）	生产者甲的供给量（吨/日）	生产者乙的供给量（吨/日）	市场的供给量（吨/日）
10	1	2	3
20	3	5	8
30	5	7	12
40	8	9	17
50	10	12	22
60	12	15	27
70	15	18	33

（三）供给曲线

动画 2-7

供给曲线

供给曲线（Supply Curve）是描述一种商品供给量与价格之间相互依存关系的曲线。如图2-4所示，图中的横轴OQ表示商品数量，纵轴OP表示商品价格。该图中的曲线S为根据表2-2绘制出的一条供给曲线。它表示在不同的价格水平下生产者愿意而且能够提供（出售）的商品数量。

【注意】供给曲线向右上方倾斜，是因为在其他条件相同的情况下，价格越高意味着供给量越多。

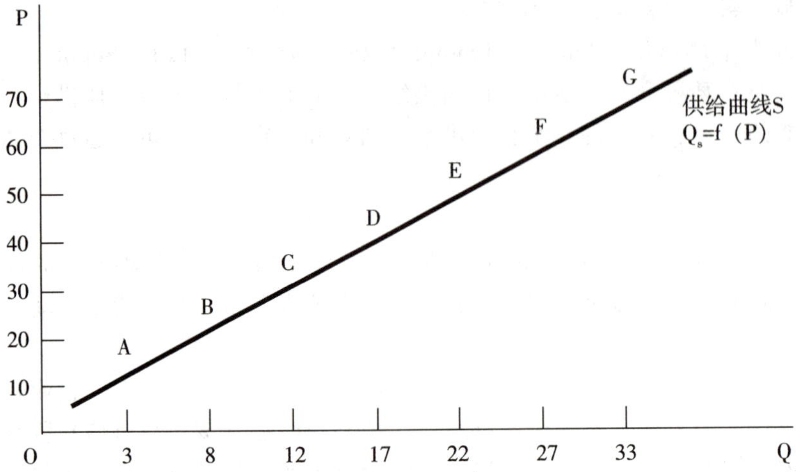

图2-4　商品供给量与价格的关系

二、影响供给的因素

（一）商品本身的价格

由于企业的目标是追求利润极大化，在其他条件既定的情况下，如果某种商品价格上升，企业就会投入更多的生产资源用于该商品的生产，从而使其供给量增加；反之，企业则会将生产资源转移到其他价格相对较高的商品的生产上，从而使该商品的供给量减少。

（二）其他有关商品的价格

1.替代品

一种商品的价格上升，消费者对另一种商品的需求就会增加，从而引起这种商品的价格上升，利润增加，进而供给增加；一种商品的价格下降，消费者对另一种商品的需求就会减少，从而引起这种商品的价格下降，利润减少，进而供给减少。即一种商品的价格与其替代品的供给呈同方向变动。例如，当经济作物价格上升时，粮食生产者可能会减少粮食作物的生产而转向生产那些高价格的经济作物。

2.互补品

一种商品的价格上升，消费者对另一种商品的需求就会减少，引起这种商品的价格下降，利润下降，因而供给减少；反之亦然，即一种商品的价格与其互补品的供给呈反方向变动。例如，计算机的价格下降，对软件的需求增加，引起软件商品生产的增加；汽车价格下降，引起汽油需求量的增加，汽油供给增加；汽油价格上升，则对对汽车的需求下降，从而供给减少。

（三）生产者从事生产的目标

在经济分析中，一般假定企业的目标是利润最大化，即耗费给定成本所赚得的利润最大，或赚得给定的利润所费成本最小。但是，假如企业的目标是销售量或销售金额最大，则企业的供给曲线与任一给定的销售价格相对应，企业愿意供应的产量很可能与以利润最大化为目标的企业供给曲线有所不同。

（四）生产技术的变动和生产要素的价格

生产技术和管理水平的提高，可以降低原有的生产成本，使在同一价格水平下可以提供更多的产品，供给量增加。

生产要素价格的变化直接影响到商品的生产成本。在其他条件不变的情况下，要素价格上升，企业利润减少，供给也会减少；反之，则供给增加。如葡萄酒的生产，假定葡萄酒的价格不变，而葡萄的价格上涨或工人工资上涨，意味着企业生产葡萄酒的成本增加，产品供给将会减少。

（五）政府的政策

政府为了达到经济调控的目的，有时会推出一些经济政策或对原有的政策进行调整，这会对市场上商品的价格产生冲击。假设政府补贴玉米的种植，对农民种植的玉米每亩补助200元。由于补贴的原因，玉米供给量会增加。再如，如果政府采取了利率上调政策，生产者的投资成本将会增加，因而供给将会减少；如果政府采取降低税率的政策，生产者的利润会增加，因而供给会增加。

（六）企业对未来的预期

如果企业对未来的经济持乐观态度，则会增加供给；反之，则会减少供给。例如，在二手房市场，人们预期房子会降价，则大家会持续观望，有卖房意向的卖主也会考虑暂时不卖房，等待市场回暖再出售，这就使得供给减少。

【注意】影响供给的因素要比影响需求的因素复杂得多，在不同时期、不同市场上，供给受多种因素的综合影响。

三、供给函数

供给函数（Supply Function）是用函数关系表示某商品的供给量与影响供给量因素之间的依存关系。如果将供给量作为因变量，将影响供给量的各种因素作为自变量，则可以用函数关系来表示供给量与其影响因素之间的依存关系。这种函数称为供给函数，用公式表示为：

$$Q_s=f(a, b, c, d, \cdots, n)$$

式中，Q_s代表供给量，a，b，c，d，…，n代表影响供给量的因素。

由于价格对供给的影响是最重要的，假定其他因素不变，只考虑价格对供给的影响，则供给函数可简化为供给价格函数：

$$Q_s=f(P)$$

式中，P表示价格。

该函数具体可以参见图2-4。该图中的供给曲线是一条直线，实际上，供给曲线既可以是直线，也可以是曲线。当供给函数为线性函数时，相应的供给曲线是一条直线，直线上各点的斜率是相等的；当供给函数为非线性函数时，相应的供给曲线是一条曲线，曲线上各点的斜率是不相等的。在微观经济分析中，大多使用线性函数，则供给函数可写为：

$Q_s=-a+bP$

式中，Q_s为供给量，P为价格，a、b为常数，且a、b>0。

【提示】供给曲线的特征：它是向右上方倾斜的，即它的斜率为正值，表示商品的供给量与价格之间是同方向变动的关系。

同步思考 2-2

广州本田是汽车的供给者，假定存在以下三种情况：①最近几年，汽车的价格整体下滑；②由于管理部门管理得当，企业的管理费用减少；③车间引进了一条新的生产线，提高了劳动生产率。这三种情况会对汽车的供给量产生什么影响？供给曲线又将怎样变化？

分析：①供给量减少，供给曲线不变；②供给量增加，供给曲线右移；③供给量增加，供给曲线右移。

四、供给定理、供给量的变动与供给的变动

（一）供给定理

通过大量的观察、统计和分析，可以发现这样一条规律：某商品的供给量与其价格呈同向变动，即在影响供给量的其他因素给定不变的条件下，供给量随着商品本身价格的上涨而增加，随着商品本身价格的下降而减少，这种现象普遍存在，被称为供给定理或供给规律（Law of Supply）。

供给定理同样是通过科学的假设得出的，它以影响供给量的其他因素给定不变为条件。也就是说，只有在这一条件下，才能揭示出商品本身的价格与其供给量之间的本质联系，得出科学的供给定理。

【提示】供给量与价格的同方向变动关系可以用生产成本来解释。在经济活动中，作为生产要素的资源总是有限的。供给增加，生产要素的价格上升，因此，只有在商品价格上升时，供给才会增加。

经验显示，大多数商品的供给符合供给定理。不过，供给定理也有失灵的时候。如在工资开始上升时，劳动的供给会增加；但当工资提高到一定水平后还在提高时，劳动的供给不仅不会增加，反而会减少。因为工作较短的时间就能取得同样或更多的收入，劳动者会选择较短的工作时间，相应增加更多的娱乐时间。

（二）供给量的变动与供给的变动

1.供给量的变动

供给量的变动是指在影响供给的其他因素（如生产技术、生产要素的价格等）保持不变的条件下，商品本身价格的变动所引起的供给量的增加或减少。它表现为供给曲线上点的变动，简称点变动。例如，在图2-5中，在供给曲线S上，当由A点移动到B点时，表示供给量增加，从Q_0增加到Q_1，价格上升，从P_0上升到P_1；当由A点移动到C点时，表示供给量减少，从Q_0减少到Q_2，价格下降，从P_0下降

到 P_2。

2.供给的变动

供给的变动是指在商品价格不变的条件下，非价格因素（如生产技术进步或生产要素价格下降等）的变动所引起的供给量的变动。它表现为供给曲线的平行位移，简称线变动。在图2-6中，在同样的价格水平（P_0）上，当供给曲线 S_0 向右下方平行移动到 S_1 时，表明供给增加；当供给曲线 S_0 向左上方平行移动到 S_2 时，则表明供给下降。

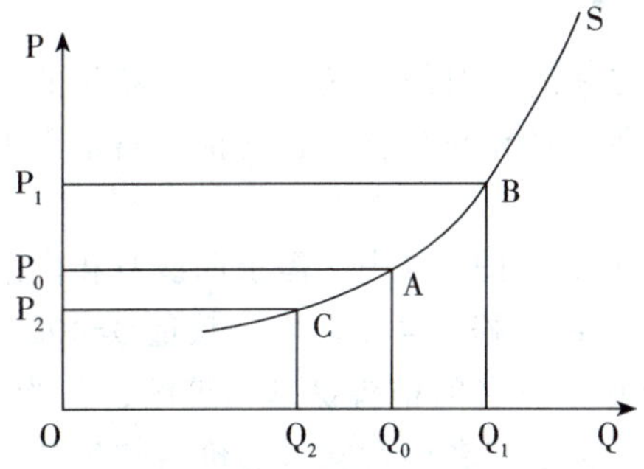

图2-5　供给量的变动

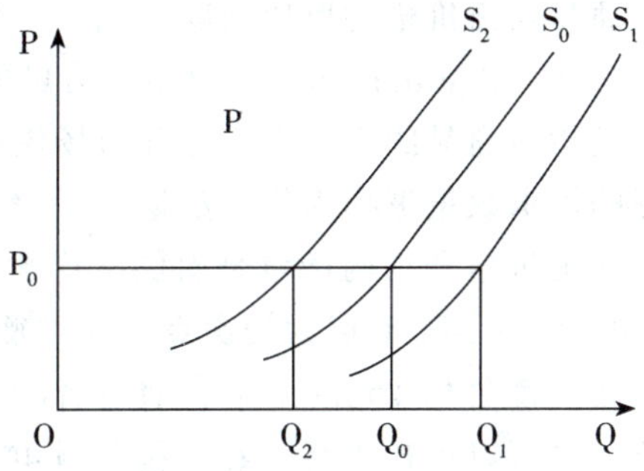

图2-6　供给的变动

3.供给量的变动与供给的变动的区别

前者表现为其他因素不变，价格变化带来的供给量的变化；后者表现为价格不变，其他因素变化带来的供给量的变化。

视野拓展2-2　决定供给的因素——技术进步对供给的影响

在供给理论中，我们的分析以供给量和价格的关系为中心，但应该看到，在今天，技术逐渐成为决定供给的关键因素。计算机供给就说明了这一点。

20世纪80年代，个人计算机的价格按运算次数、速度和储存能力折算，每台约为100万美元。尽管价格如此高昂，但供给量很少，只有少数工程师和科学家使用。如今同样能力的个人计算机已降至1 000美元以下。价格只是当初的1‰，但供给量却增加了不止1万倍。现在个人计算机的普及程度是许多科学家所未预见到的。

计算机供给的这种增加不是由价格变动引起的，而是由技术进步引起的。从20世纪80年代末开始，计算机行业的生产技术发生了根本性变化。集成电路技术的发展、硬件与软件技术标准的统一、规模经济的实现与高度专业化分工使计算机的生产成本迅速下降，而质量日益提高。这种技术变化使计算机供给曲线向右移动，而且移动幅度相当大。因此，尽管价格下降，供给还是大幅度增加了。

当今时代，技术逐渐成为决定某种商品供给的决定性因素，正因为如此，经济学家越来越关注技术进步。

资料来源　作者根据相关资料整理.

任务三　掌握均衡价格理论

一、均衡价格的决定

（一）均衡价格的含义

动画 2-8

均衡与均衡价格

当代经济学家认为，如果把需求和供给的分析结合起来，就可以研究在完全市场上，商品均衡价格的形成问题。

均衡（Equilibrium）是由相反力量的平衡带来的相对静止状态。一种商品的均衡价格是指该商品的市场需求量和市场供给量相等时的市场价格。在均衡价格水平下的相等的供求数量被称为均衡数量。

均衡价格和均衡产量是由供求均衡点决定的。在图2-7中，需求曲线D和供给曲线S相交于E点，E点为均衡点。在均衡点E，均衡价格$\overline{P}$=4元，均衡数量$\overline{Q}$=400。显然，在均衡价格4元的水平，消费者的购买量和生产者的销售量是相等的，都为400单位。也可以反过来说，在均衡数量400的水平，消费者愿意支付的价格和生产者愿意接受的价格是相等的，都为4元。这样一种状态是买卖双方都感到满意，并愿意持续下去的均衡状态。均衡点以上需求曲线与供给曲线所夹区域为供给过剩区，均衡点以下需求曲线与供给曲线所夹区域为供给短缺区。

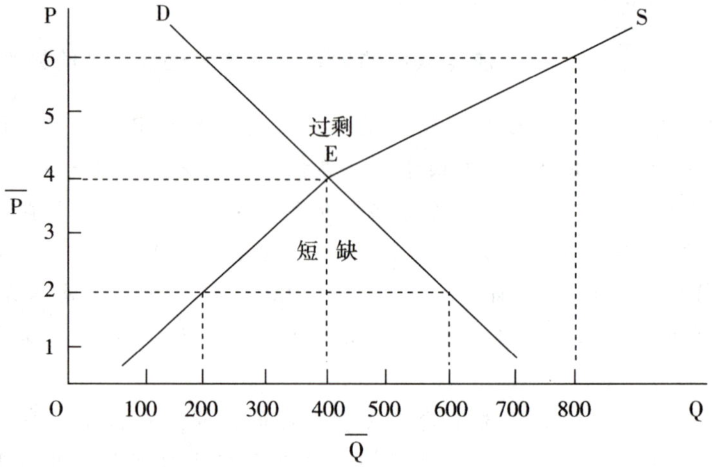

图2-7　均衡价格

（二）均衡价格的形成

英国经济学家阿尔弗雷德·马歇尔（Alfred Marshall）把供给和需求比作一把剪刀的两个刀片，我们很难说究竟哪一个刀片在“裁剪”时作用更大。同样道理，我们也很难说需求和供给究竟哪一方决定了市场价格。实际上，价格是由市场的供给和需求共同决定的，是在商品的市场需求和市场供给两种相反力量的相互作用下自发形成的。

仍用图2-7来说明均衡价格的形成。当市场价格高于均衡价格为6元时，商品的需求量为200单位，供给量为800单位。这种供给量大于需求量的商品过剩的市场状况，一方面会使需求者压低价格来得到他要购买的商品量，另一方面又会使供给者减少商品的供给量。这样，该商品的价格必然下降，一直下降到均衡价格4元的水平。与此同时，随着价格由6元下降为4元，商品的需求量逐步地由200单位增加到400单位，商品的供给量逐步地由800单位减少到400单位，从而实现供求量相等的均衡数量400单位。

相反，当市场价格低于均衡价格为2元时，商品的需求量为600单位，供给量为200单位。这种需求量大于供给量的商品短缺的市场状况，一方面迫使需求者提高价格来得到他所要购买的商品量，另一方面又使供给者增加商品的供给量。这样，该商品的价格必然上升，一直上升到均衡价格4元的水平。在价格由2元上升到4元的同时，商品的需求量逐步地由600单位减少到400单位，商品的供给量逐步地由200单位增加到400单位，最后达到供求量相等的均衡数量400单位。

可见，商品的均衡价格是商品市场上需求和供给这两种相反的力量共同作用的结果，是在市场的供求力量自发调节下形成的。而均衡价格形成后，一旦市场价格背离均衡价格，由于供求的相互作用，则有自动恢复到均衡的趋势。

课堂讨论2-3

在西晋时期，有一位著名的文学家叫左思。他羡慕东汉班固、张衡的文学成就，可是对他们的名作《两都赋》《两京赋》又有一点不服气，于是花了十年的工夫，写了篇《三都赋》的大赋。写成之后，人们都惊叹它不亚于班、张之作，一时竞相传抄，蔚为盛事。但由于当时纸张的供给量比较小而且比较固定，所以当人们都需要用纸张来抄写《三都赋》的时候，纸张供不应求了，一时间，价格飞涨，这就是“洛阳纸贵”的典故。

请问：洛阳纸的价格是如何决定的？

二、供求变动与均衡

需求曲线和供给曲线位置的移动都会使均衡价格水平发生变动。如果均衡价格不变，非价格因素变化，就会引起需求和供给的变化（曲线移动），而需求和供给的变动必然会引起均衡点的移动，从而导致均衡价格和均衡产量的变化。

由于影响均衡的因素太多、太复杂，因此，当分析某个事件如何影响一个市场时，我们按照以下三个步骤进行：①确定该事件是使供给曲线移动，还是使需求曲线移动，或者是使两条曲线都移动；②确定曲线是向右移动还是向左移动；③用供求图形来考察这种移动对均衡价格和均衡产量的影响。

我们以冰激凌市场为例，根据以上三个步骤分析以下事件对均衡价格、均衡产量的影响以及它们涉及的分别是“需求点移动”还是“需求线移动”：①收入增加对冰激凌市场的影响；②地震使冰激凌企业中断生产对市场的影响；③收入增加和地震同时发生对冰激凌市场的影响。

（一）供给不变，需求变动对均衡价格的影响

在供给不变的情况下，需求增加会使需求曲线向右平移，从而使得均衡价格和均衡数量都增加；需求减少会使需求曲线向左平移，从而使得均衡价格和均衡数量都减少。

在图2-8中，既定的供给曲线S和最初的需求曲线D_1相交于E_1点。在均衡点E_1，均衡价格为P_1，均衡数量为Q_1。需求增加使需求曲线向右平移至D_2曲线的位置，D_2曲线与S曲线相交于E_2点。在均衡点E_2，均衡价格上升为P_2，均衡数量增加为Q_2。相反，需求减少使需求曲线向左平移至D_3曲线的位置，D_3曲线与S曲线相交于E_3点。在均衡点E_3，均衡价格下降为P_3，均衡数量减少为Q_3。

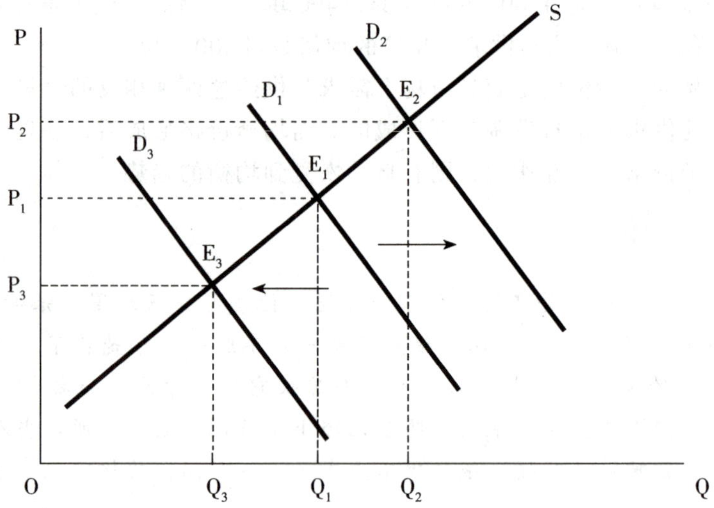

图2-8　需求的变动和均衡价格的变动

显然，收入增加，人们会增加对冰激凌的需求，会引起需求曲线向右移动，在供给不变的条件下，会使均衡价格上升，均衡数量增加。

（二）需求不变，供给变动对均衡价格的影响

在需求不变的情况下，供给增加会使供给曲线向右平移，从而使得均衡价格下降，均衡数量增加；供给减少会使供给曲线向左平移，从而使得均衡价格上升，均衡数量减少。

在图2-9中，既定的需求曲线D和最初的供给曲线S_1相交于E_1点。在均衡点E_1的均衡价格和均衡数量分别为P_1和Q_1。供给增加使供给曲线向右平移至S_2曲线的位置，并与D曲线相交于E_2点。在均衡点E_2，均衡价格下降为P_2，均衡数量增加为Q_2。相反，供给减少使供给曲线向左平移至S_3曲线的位置，且与D曲线相交于E_3点。在均衡点E_3，均衡价格上升为P_3，均衡数量减少为Q_3。

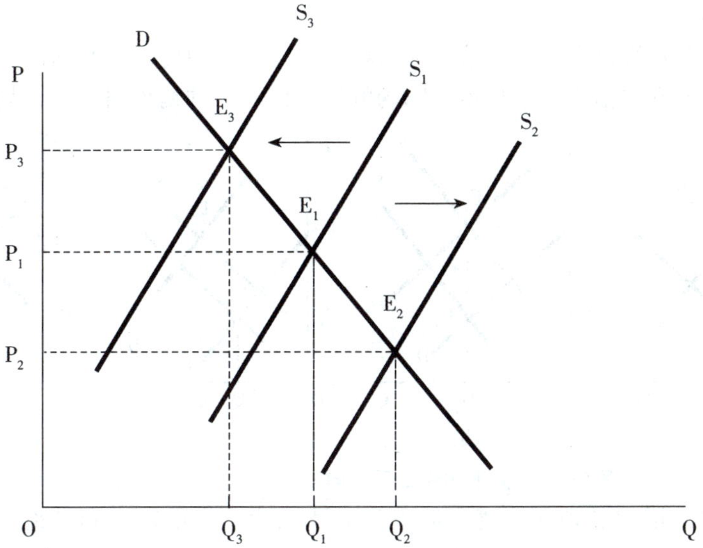

图2-9 供给的变动和均衡价格的变动

显然，地震使冰激凌企业减少了产量，使供给减少，从而使供给曲线向左移动，在需求不变的条件下，均衡价格上升，均衡数量减少。

（三）需求和供给同时发生变动

1.需求和供给同时增加或减少时对均衡价格的影响

具体如图2-10所示，其中，

（a）需求上升的幅度大于供给上升的幅度。此时，均衡价格和均衡数量同时上升。

（b）需求上升的幅度小于供给上升的幅度。此时，均衡价格下降，均衡数量上升。

（c）需求上升的幅度等于供给上升的幅度。此时，均衡价格不变，均衡数量上升。

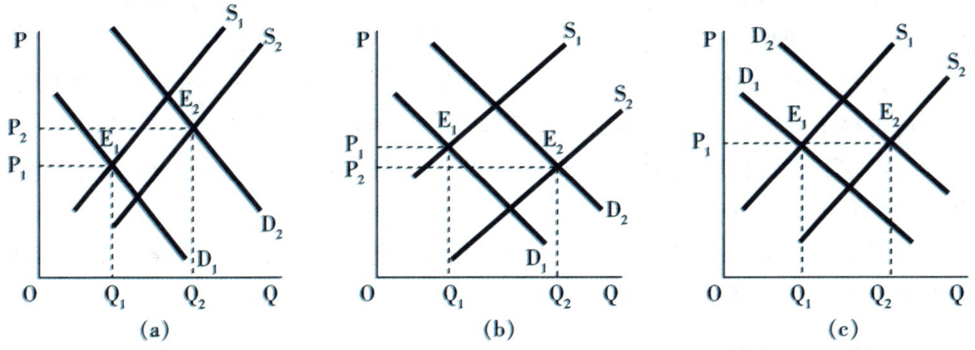

图2-10 需求和供给同方向同时变动对价格的影响

2.需求和供给反方向同时变动对价格的影响

具体如图2-11所示，其中，

（a）需求上升，供给下降，两者变化量相等。此时，均衡价格上升，均衡数量不变。

（b）需求下降，供给上升，两者变化量相等。此时，均衡价格下降，均衡数量不变。

（c）需求上升的幅度大于供给下降的幅度。此时，均衡价格和均衡数量同时上升。

（d）需求上升的幅度小于供给下降的幅度。此时，均衡价格上升，均衡数量下降。

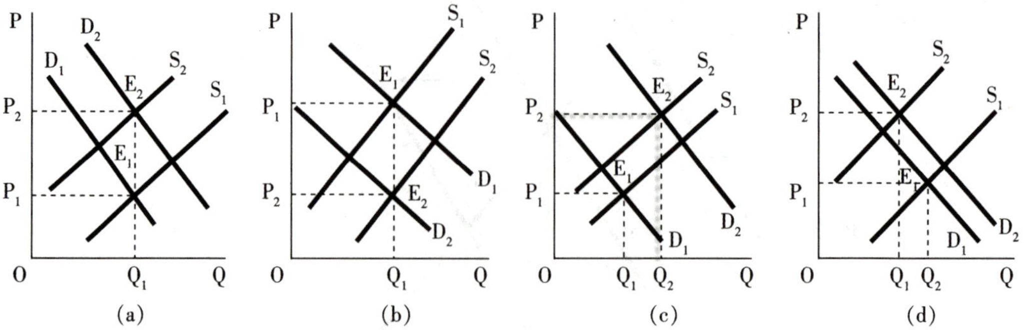

图2-11 需求和供给反方向同时变动对价格的影响

显然，收入增加和地震灾害同时发生对冰激凌市场的需求和供给均会产生影响，会使需求增加，使需求曲线向右移动；同时，也会使供给减少，使供给曲线向左移动。两条曲线移动的结果会形成新的均衡点，得到一个新的均衡价格和均衡产量。但是这种移动会引起三种可能的结果，这主要取决于供给曲线和需求曲线移动的相对大小。若增加的幅度和减少的幅度一样大，均衡数量不变，如图2-11（a）所示；若需求大幅度增加，而供给减少很少，均衡数量增加了，如图2-11（c）所示；若供给大幅度减少，而需求增加很少，均衡数量减少了，如图2-11（d）所示。

（四）供求定理

从上述关于需求与供给变动对均衡的影响分析，可以得出供求定理的基本内容，即在其他条件不变的情况下：

（1）需求变动分别引起均衡价格和均衡数量同方向变动，即需求增加，均衡价格提高，均衡产量增加；需求减少，均衡价格下降，均衡产量减少。

（2）供给变动分别引起均衡价格反方向变动和均衡数量同方向变动，即供给增加，均衡价格下降，均衡产量增加；供给减少，均衡价格上升，均衡产量减少。

（3）需求和供给同时增加或同时减少引起均衡产量同方向变动，而均衡价格则有上升、不变和下降三种可能。

（4）需求和供给反方向同时变动，根据各自变动幅度的不同，均衡价格和均衡产量有上升、不变和下降三种可能。

三、均衡价格理论的应用

（一）支持价格/最低价格（Support Price）

支持价格是指政府为了支持某一行业发展而对该行业规定的高于均衡价格的最低限价，所以也称为最低价格。例如，政府为了扶持农业，常常实行农产品支持价格。支持价格所产生的后果可用图2-12来表示。

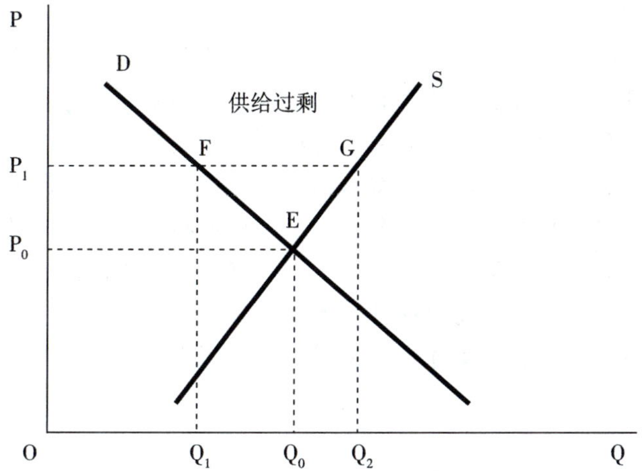

图2-12　支持价格

从图2-12中可以看到，该商品市场上的均衡价格为P_0，均衡产量为Q_0。实行支持价格P_1后，由于$P_1 > P_0$，这时市场需求量为Q_1，市场供给量为Q_2，由于$Q_2 > Q_1$，即供给量大于需求量，产品出现过剩，其过剩量为Q_2-Q_1，即FG。为维持支持价格，这些过剩商品不能在市场上卖掉。此时，政府可采取的措施有两种：一是政府收购过剩产品，用于储备或出口。在出口受阻的情况下，收购过剩商品必然会增加政府的财政支出。二是政府对该商品的生产实行产量控制，规定将生产的数量控制在Q_1，使供求平衡，并对减少产量的生产者进行补贴。

（二）限制价格/最高限价（Ceiling Price）

限制价格是指政府为了限制某些物品价格的上涨而规定的低于市场均衡价格的最高价格，其目的是稳定经济生活和社会秩序。限制价格政策一般在战争时期或灾荒时期施行，如对生活必需品实行限价政策，可以保护消费者的利益，安定民心。限制价格所产生的后果可用图2-13表示。

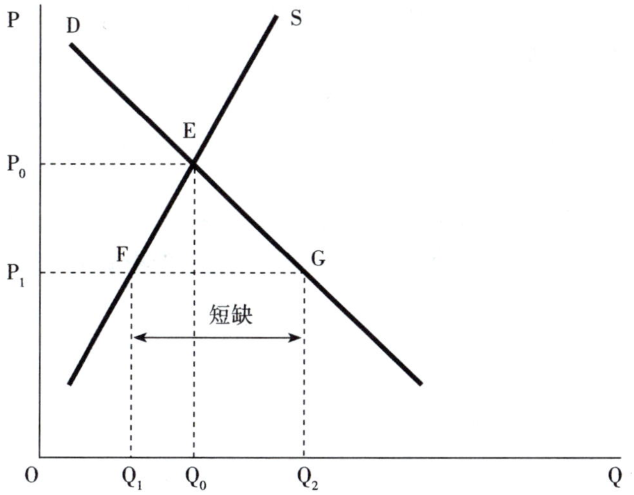

图2-13　限制价格

从图2-13可以看到，该商品市场的均衡价格为P_0，均衡产量为Q_0，实行限制价格P_1后，由于$P_1 < P_0$，市场价格下跌，这时市场需求量为Q_2，市场供给量为Q_1，由于$Q_2 > Q_1$，即供给量小于需求量，该产品出现短缺，其短缺量为Q_2-Q_1，即FG。为维持限制价格，解决商品短缺，政府一般采取配给制，发放购物券。

但配给制只能适应于短时期内的特殊情况，长期会引起严重的不利后果。这主要表现在：第一，价格水平低不利于刺激生产，会使产品长期存在短缺现象；第二，价格水平低不利于抑制消费，会在资源缺乏的同时又造成严重的浪费；第三，配给制会产生黑市交易、寻租活动，从而引起社会风气败坏。

正由于上述原因，经济学家通常都反对长期采用限制价格政策，一般只在特殊时期而用之。

案例鉴赏2-1　票贩子屡禁不止的原因——限制最高价格

案例鉴赏 2-1

分析提示

看过病的人应该知道，在一些知名的大医院挂专家门诊号有多难。价格倒是不贵，北京协和医院专家门诊号的最高价格为14元，这是政府规定的专家门诊号的最高价格。采取这种政策的目的是保证穷人也能找专家看病，但它引起了什么后果呢？由于价格低，无论大病、小病，人人都想看专家门诊，但专家看病的积极性并不高。这样，供给量小于需求量，存在短缺问题。在存在短缺但价格又不能上升的情况下，解决供给小于需求的方法有三种：配给（由医院决定给谁）、排队和黑市。黑市交易是票贩子和病人之间的交易。票贩子是一批以倒号为业的人，他们或拉帮结伙装作病人挂号，或者与医院有关人员勾结把号弄到手，然后以黑市的均衡价格（比如100元）卖给病人。尽管监管部门屡次打击票贩子，但由于丰厚的利润，票贩子现象屡禁不止。医院为了对付票贩子，实行了持身份证的挂号实名制，但仍没有解决这一问题，票贩子由卖号变为卖排队的位置，可见只要存在限制价格，短缺就无法消除，票贩子现象也难以消失。

票贩子的存在既损害了病人的利益，也损害了专家的利益。病人不得不付出高价，而这种高价又不为专家所得。在上面的例子中，限制价格14元是医院得到的价格，病人却付出了100元，两者间的差额86元就归票贩子及提供门诊号的人所得。有关部门制定限制价格的意图是为了维护消费者的利益，但实际上却损害了消费者的利益。

资料来源　佚名．生活中有趣的经济学现象——社会篇（下）［EB/OL］．［2018-07-24］．https：//www.sohu.com/a/242932259_100222601？qq-pf-to=pcqq.c2c.有删减．

问题：试分析其中的经济学原因。

分析：从经济学的角度看，消除票贩子现象的办法不是加大打击力度，而是取消对专家挂号费的限制价格政策。一旦价格放开，挂号费上涨，想看专家门诊的人减少（小病不找专家，大病、疑难病症才找专家），愿意看病的专家增加，最终会实现供求均衡。这时，票贩子无利可图，自然也就消失了。

当然，放开专家门诊涉及医疗制度的改革问题，如医院分级收费、医药分开、完善社会保障体系等。但要解决专家门诊的供求矛盾，想从根本上解决问题，还是要放开价格。这是医疗市场化改革的重要内容。

课程思政 2-1　　不同歌手门票差别之谜

门票价格也就是歌手劳务的价格。在经济学中，劳务是一种无形的商品，其定价规律与有形的物品是一样的。

我们在生活中一定会注意到，美声唱法歌手演唱的门票比较便宜——如迪里拜尔，也不过180元。但通俗唱法歌手演唱的门票比较昂贵——如张惠妹，已达600元以上。用演唱这种劳务中所包含的劳动量恐怕无法解释这种差别。提供某种劳务的劳动量包括为此而用的培训时间与提供劳务所耗的活劳动。美声唱法是一种复杂劳动，需要长期专业培训，演唱也颇费力。与此相比，通俗歌手的劳动要简单一点。也就是说，同样一场演唱会，美声唱法包含的劳动量要大于通俗唱法。看来劳动量的差别并不能解释门票价格如此巨大的差别。

资料来源　佚名.不同歌手门票差别之谜［EB/OL］.［2017-10-14］. http://www.360doc.com/content/07/1014/07/43414_809273.shtml.

思政感悟

学过价格理论，你就会知道，决定不同歌手门票价格差别的关键在于需求与供给，引起这种票价差别的原因也在于供求。美声唱法属于阳春白雪的高雅艺术，能欣赏它的只有少数音乐修养高的观众。通俗唱法属于下里巴人的大众艺术，大部分人都能够欣赏，尤其是众多青少年对它爱得发狂。这就说明，当美声唱法歌手与通俗唱法歌手相当（供给相同）时，由于通俗唱法的需求远远大于美声唱法，门票价格自然就高了。我们还会注意到，由于通俗歌手收入丰厚，许多人都来成为这种歌手，随着其数量的增加，门票的价格也在下降。但由于能成为"大腕"的歌手不多，供给增加仍然有限，歌迷对这些"大腕"的需求不减，所以"大腕"的门票价格依旧很高，他们的收入依然丰厚。

三省吾身

供求关系并不复杂，我们可以利用它来解释在现实中观察到的许多现象，在学习了经济学之后，我们就可以通过供求关系来分析我们在生活和学习中遇到的相关问题。

任务四　弹性理论运用

一、弹性的含义

动画 2-9

弹性

弹性（Elasticity）是指因变量的相对变动对于自变量的相对变化的反应程度。经济学中的弹性是指经济变量之间存在函数关系时，因变量对自变量变动的反应程度，是衡量买者与卖者对市场条件变动反应大小的指标。其大小可以用两个变量变动的百分比之比即弹性系数来表示，即：

$$\text{弹性系数}=\frac{\text{因变量变动的百分比}}{\text{自变量变动的百分比}}=\frac{\dfrac{\text{变动后的因变量}-\text{变动前的因变量}}{\text{变动前的因变量}}}{\dfrac{\text{变动后的自变量}-\text{变动前的自变量}}{\text{变动前的自变量}}}$$

动画 2-10

价格弹性

经济学中的弹性分为需求弹性和供给弹性，需求弹性又分为需求价格弹性、需求收入弹性和需求交叉弹性，而供给弹性主要是指供给价格弹性。

课堂讨论 2-4

在日常生活中，有时我们可以看到，某些商品价格下降了，人们蜂拥抢购；而另一些商品价格下降了，却无人问津。《五代史·冯道传》中记载了这样一件事：有一年风调雨顺，年景很好，“明宗问：‘天下虽丰，百姓得济否？’道曰：‘谷贵饿农，谷贱伤农’”。无独有偶，叶圣陶在《多收了三五斗》中也描写了一种丰收成灾的情形。在风调雨顺的年景，农民喜获大丰收，但当老农们粜完米后却发现他们的收益却比去年少了。老农们感到非常迷惘：去年是水灾，收成不好，亏本；今年算是好年时，收成好，还是亏本！为什么“谷贵饿农”“谷贱伤农”的故事在历史上不断地重演，类似的“菜贱伤农”“果贱伤农”的事件在今天也时常发生，这里面究竟蕴含着什么样的经济学理论，又如何解决这样的问题？

资料来源　作者根据相关资料整理。

动画 2-11

需求弹性

二、需求弹性

（一）需求价格弹性

需求价格弹性（Price Elasticity of Demand）又称需求弹性（Demand Elasticity），指的是价格变动所引起的需求量变动的程度，或者说某商品需求量的变化率与该商品自身价格变化率之比。因此，需求弹性的大小说明了需求量变动对价格变动的反应程度：①如果一种物品的需求量对价格变动的反应大，可以说这种物品的需求是富有弹性的；②如果一种物品的需求量对价格变动的反应小，可以说这种物品的需求是缺乏弹性的。经济学家用需求量变动的百分比除以价格变动的百分比来计算需求价格弹性。这就是：

需求价格弹性=需求量变动的比率÷价格变动的比率

$$E_d=(\Delta Q/Q)\div(\Delta P/P)=(\Delta Q/\Delta P)\cdot P/Q$$

上式中，E_d表示需求价格弹性，Q表示商品的需求量，P表示该商品的价格，$\Delta Q/Q$表示需求量变动的百分比，$\Delta P/P$表示价格变动的百分比。

做中学 2-1

假定冰激凌蛋筒的价格从2元上升到2.2元，这样使你购买冰激凌蛋筒的数量从每月10个减少为8个。我们可以计算出需求的价格弹性是：

$$需求价格弹性=\frac{\frac{8-10}{10}\times 100\%}{\frac{2.2-2}{2}\times 100\%}=\frac{-20\%}{10\%}=-2$$

在这个例子中，弹性系数是-2，反映了需求量变动的比例是价格变动比例的两倍。由于一种物品的需求量与其价格负相关，所以，数量变动的百分比与价格变动的百分比总是相反的符号。在这个例子中，价格变动的百分比是正的10%（反映了上升），而需求量变动的百分比是负的20%（反映了减少）。由于这个原因，需求价格弹性一般为负数。

【提示】在本书中，我们遵循一般做法取绝对值，需求价格弹性越大，意味着需求量对价格越敏感。

做中学2-2

假定某面包店推行面包减价优惠计划：面包的销售价格从10元降到8元，相应的需求量从6个提升到9个。面包的需求价格弹性应该是：

E_d=（ΔQ/Q）÷（ΔP/P）=（ΔQ/ΔP）·P/Q=|（9−6）÷（8−10）×（10÷6）|=2.5

【注意】①需求弹性是价格变动所引起的需求量变动的程度，或者说需求量变动对价格变动的反应程度。

②需求弹性系数是价格变动的比率与需求量变动的比率的比，而不是价格变动的绝对量与需求量变动的绝对量的比。

③弹性系数的数值可以为正值，也可以为负值。对任何一种正常商品来说，需求弹性都是负数，这是因为价格与需求量成反比。但在实际运用中，为了计算和分析方便，一般取其绝对值。

④同一条需求曲线上不同点的弹性系数大小并不相同，这是由曲线上每点的价格及需求量不同所造成的。

1.需求弹性的类型

不同商品的需求弹性是不同的。根据它们的弹性系数绝对值的大小可分为五类，如图2-14所示。

（1）需求完全无弹性（Perfectly Inelastic），即$E_d=0$，如图2-14（a）所示。在这种情况下，无论价格如何变动，需求量都不会变动，此时的需求曲线是一条与横轴垂直的线。例如，糖尿病人对胰岛素这种药品的需求。

（2）需求完全有弹性（Perfectly Elastic），即$E_d=\infty$，如图2-14（b）所示。在这种情况下，当价格既定时，需求量是无限的，此时的需求曲线是一条与横轴平行的线。例如，银行以一个固定的价格收购黄金，无论多少黄金都按这一价格收购，银行对黄金的需求是无限的。

（3）单位需求弹性（Unit Elastic），即$E_d=1$，如图2-14（c）所示。在这种情况下，需求量变动的比率与价格变动的比率相等，这时的需求曲线是一条正双曲线。

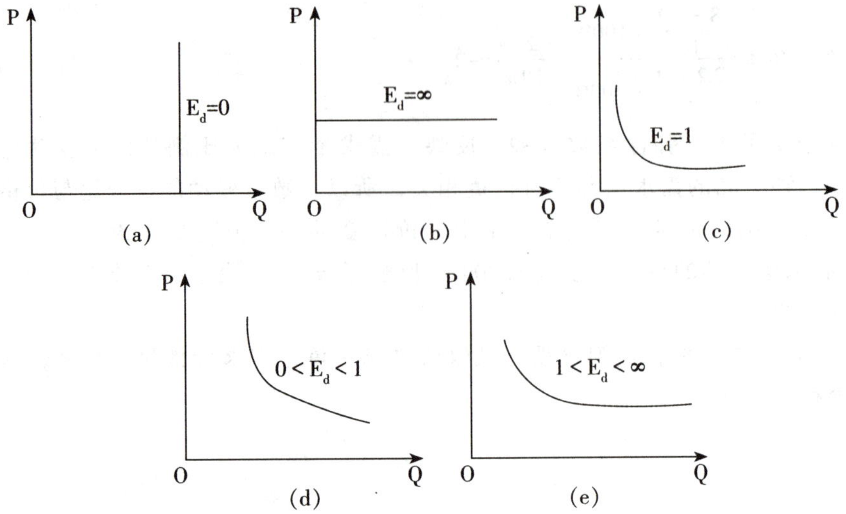

图2-14　需求弹性的类型

以上三种情况都是需求弹性的特例，在现实生活中是很少见的。现实中常见的是以下两种：

（4）需求缺乏弹性（Inelastic），即$0<E_d<1$，如图2-14（d）所示。在这种情况下，需求量变动的比率小于价格变动的比率，此时的需求曲线是一条比较陡峭的线。生活必需品，如粮食、蔬菜、食盐等属于这种情况。

（5）需求富有弹性（Elastic），即$1<E_d<\infty$，如图2-14（e）所示。在这种情况下，需求量变动的比率大于价格变动的比率，此时的需求曲线是一条比较平坦的线。名贵物品，如豪华轿车、珠宝等属于这种情况。

2.影响需求弹性的因素

① 消费者对商品的需要程度。如生活必需品（柴、米、油、盐）的需求弹性小，名贵物品（豪华轿车、珠宝）的需求弹性大。

② 商品的可替代程度。如果一种商品有许多替代品，则该商品的需求弹性大，如猪肉与牛羊肉；如果一种商品的替代品少，则该商品的需求弹性小，如食盐。

③ 商品本身用途的广泛性。一些商品的用途越多，其需求弹性越大，如水、电；另一些商品的用途越少，其需求弹性越小，如鞋油、桌椅。

④ 商品使用时间的长短。使用时间长的耐用消费品需求弹性大，如电视机、汽车；使用时间短的非耐用消费品需求弹性小，如报纸、一次性水杯。

⑤ 商品在家庭预算支出中所占的比例。在家庭预算支出中所占比例越小的商品，其需求弹性越小，如食盐、大米；在家庭预算支出中所占比例越大的商品，其需求弹性越大，如汽车、住房、电视机。

同步思考 2-3

为什么家电产品经常降价促销而药品很少降价促销？

分析：因为家电产品需求弹性大，降价促销可以使需求量大幅增加，从而使总收益增加；而药品需求弹性小，降价促销并不会使需求大幅增加。

（二）需求收入弹性与交叉弹性

1.需求收入弹性（Income Elasticity of Demand）

需求收入弹性是指一种商品的需求量变动对消费者收入变动的反应程度，是需求量变动的比率与收入变动的比率之比。其公式是：

需求收入弹性=需求量变动的比率÷收入变动的比率

$$E_i=(\Delta Q/Q)/(\Delta I/I)=(\Delta Q/\Delta I)\cdot I/Q$$

式中，E_i表示需求收入弹性，Q表示商品的需求量，I表示消费者的收入。

在影响需求的其他因素既定的条件下，需求的收入弹性系数可以为正值，也可以为负值，并可据此来判别该商品是正常品还是低档品。

① 如果某种商品的需求收入弹性系数是正值，即$E_i>0$，表示随着收入水平的提高，消费者对此种商品的需求量增加，该商品为正常品（Normal Goods）。正常品的需求收入弹性系数可以等于1、大于1（名贵物品）或小于1（必需品），即分别表示单位弹性、富有弹性和缺乏弹性。

② 如果某种商品的需求收入弹性系数是负值，即$E_i<0$，表示随着收入水平的提高，消费者对此种商品的需求量反而下降，该商品为低档品（Inferior Goods）也称为低等品。那些低档的日用消费品就可能具有负的收入弹性，因为随着人们收入水平的提高，人们会更多地购买高档的消费品取而代之。

视野拓展2-3 恩格尔系数

19世纪中叶，德国经济学家N.恩格尔对比利时不同收入的家庭消费情况进行了调查。他研究了收入增加对消费支出构成的影响，提出了一个定理：随着收入的提高，食物支出在全部支出中所占的比率越来越小，即恩格尔系数是递减的。恩格尔系数是由食物支出额在总支出金额中所占的比重来决定，其计算公式为：

恩格尔系数=食物支出金额÷总支出金额

恩格尔系数可以反映一个家庭或一个国家的富裕程度与生活水平。一般来说，恩格尔系数越高，作为家庭来说，则表明收入越低，购买食物的支出在家庭收入中所占的比重越大，富裕程度和生活水平越低；作为国家来说，则表明国家较穷；反之亦然。

根据恩格尔系数，联合国划分贫穷与富裕的档次是：恩格尔系数在59%以上为绝对贫困；50%～59%为勉强度日；40%～50%为小康水平；30%～40%为富裕；30%为非常富裕。

2.需求交叉弹性（Cross Elasticity of Demand）

需求交叉弹性是指一种商品的需求量对另一种商品的价格变动的反应程度，或是某商品的需求量变动的比率与相关商品价格变动的比率之比。其公式是：

需求交叉弹性=x商品需求量变动的比率÷y商品价格变动的比率

$E_c = (\Delta Q_x/Q_x) / (\Delta P_y/P_y) = (\Delta Q_x/\Delta P_y) \cdot P_y/Q_x$

式中，E_c表示需求交叉弹性，Q_x表示x商品的需求量，P_y表示y商品的价格。

需求交叉弹性可以是正值，也可以是负值，它取决于商品之间的关系，即两种商品是替代品还是互补品，由此可以度量商品之间关系的密切程度。

① 如果x商品和y商品的需求交叉弹性系数是正值，表示随着y商品价格的提高（降低），x商品的需求量也随之增加（减少），则x商品和y商品之间存在替代关系，二者为替代品。例如，煤气价格上升（正值），电费价格不动，消费者的用电量就会增加（正值）。需求交叉弹性系数越大，x商品和y商品之间的替代性就越强。

② 如果x商品和y商品的需求交叉弹性是负值，表示随着y商品价格的提高（降低），x商品的需求量也随之减少（增加），则x商品和y商品之间存在互补关系，二者为互补品。例如，汽油价格上升（正值），汽车的需求量减少（负值）。需求交叉弹性系数的绝对值越大，x商品和y商品之间的互补性就越强。

③ 如果x商品和y商品的需求交叉弹性为零，则说明x商品的需求量并不随y商品价格的变动而发生变动，x商品和y商品既非替代品也非互补品，它们之间没有什么相关性，是相对独立的两种商品。例如，汽车价格升降与食盐的消费没有关系。

三、供给弹性

（一）供给价格弹性的含义

供给价格弹性又称供给弹性（Elasticity of Supply），是衡量供给量对价格变动的反应程度。如果供给量对价格变动的反应很大，可以说这种物品的供给是富有弹性的；如果供给量对价格变动的反应很小，可以说这种物品的供给是缺乏弹性的。

经济学家用供给量变动百分比除以价格变动百分比来计算供给价格弹性。这就是：

$$\text{供给价格弹性}(E_S) = \frac{\text{供给量变动百分比}}{\text{价格变动百分比}} = \frac{\dfrac{\text{变动后的供给量} - \text{变动前的供给量}}{\text{变动前的供给量}}}{\dfrac{\text{变动后的价格} - \text{变动前的价格}}{\text{变动前的价格}}} = \frac{\Delta Q/Q}{\Delta P/P}$$

式中，E_S表示供给价格弹性系数，Q和ΔQ分别代表供给量和供给量的变动量，P和ΔP分别代表价格和价格的变动量。

做中学2-3

假设每千克鲜牛奶的价格从3元上升到3.3元，牧场主每月生产的牛奶量从1万千克增加到1.15万千克。在这种情况下，供给价格弹性是：

$$\text{供给价格弹性} = \frac{\dfrac{1.15-1}{1} \times 100\%}{\dfrac{3.3-3}{3} \times 100} = \frac{15\%}{10\%} = 1.5$$

在上面例子中，弹性为1.5，大于1，它反映了供给量变动的比例大于价格变动这一事实。

【注意】供给的价格弹性的含义与需求价格弹性的含义是相通的。唯一的差别在于：对供给而言，数量对价格的反应是正的；而对需求而言，其反应是负的。

（二）供给弹性的分类

根据弹性系数的大小，供给弹性也分为五种类型。

（1）$E_s>1$，表示供给富有弹性，是指一种商品供给量变动的百分比大于价格变动的百分比的状况。例如，图书、汽车和电视机这类制成品的供给就富有弹性。供给曲线相对平缓，如图2-15（a）所示。

（2）$E_s<1$，表示供给缺乏弹性，是指一种商品供给量变动的百分比小于价格变动的百分比。例如，资本技术密集型产品、土地等的供给就缺乏弹性。供给曲线相对陡峭，如图2-15（b）所示。

（3）$E_s=1$，表示供给单位弹性，是指一种商品供给量变动的百分比等于价格变动的百分比，如图2-15（c）所示。

（4）$E_s=\infty$，表示供给完全弹性。价格上升很小，就引起供给量上升无穷。在这种情况下，供给曲线是水平的，如图2-15（d）所示。

（5）$E_s=0$，表示供给完全无弹性，是指一种商品的价格无论如何变化，供给量总是不变的，如一些珍贵名画。供给曲线是一条垂线，如图2-15（e）所示。

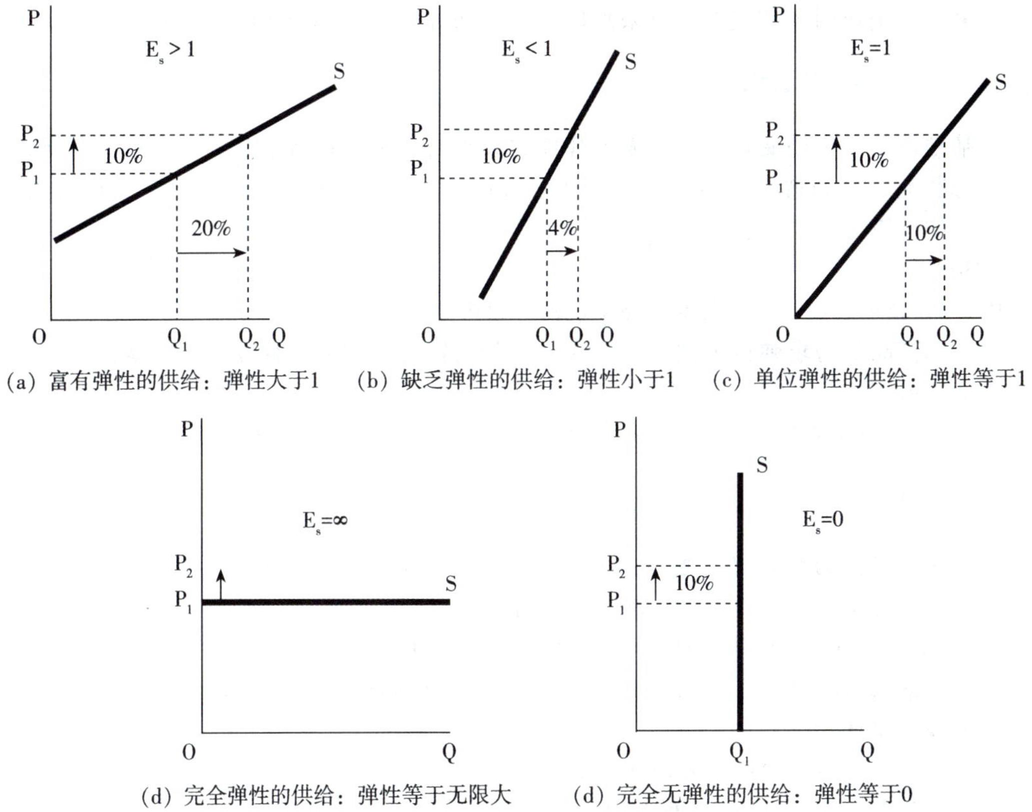

图2-15　供给弹性的五种类型

（三）影响供给弹性的因素

1.生产的难易程度

一般而言，在一定时期内，容易生产的产品，当价格变动时，其产量变动的速度快，因而供给弹性大；较难生产的产品，则供给弹性小。

2.生产规模和规模变化的难易程度

一般而言，生产规模大的资本密集型企业，其生产规模较难变动，调整的周期长，因而产品的供给弹性小；而规模较小的劳动密集型企业，则应变能力强，其产品的供给弹性大。

3.成本的变化

如果随着产量的提高，只引起单位成本的轻微提高，供给弹性大；而如果单位成本随着产量的提高而明显上升，则供给弹性就小。

4.时间的差异

当商品的价格发生变化时，企业对产量的调整需要一定的时间。在短期内，企业要及时地增加或减少产量，都存在不同程度的困难，如石油的开采等，相应地，供给弹性是比较小的。但是，在长期内，生产规模的扩大与缩小甚至转产，都是可以实现的，供给量可以对价格变动做出较充分的反应，供给弹性也比较大。

另外，企业的生产能力、对未来价格的预期等因素，都会影响供给弹性。

四、弹性理论的运用

某种商品的价格变动时，其需求弹性的大小与价格变动所引起的出售该商品所得到的总收益的变动情况密切相关，这是因为总收益等于销售量（需求量）乘以价格。总收益的计算公式如下：

$$TR=P \cdot Q$$

式中，TR表示总收益，P表示价格，Q表示销售量。

不同商品的需求弹性不同，价格变动引起的销售量的变动程度不同，从而总收益的变动也就不同。

（一）需求富有弹性（$1<E_d<\infty$）的商品与总收益的关系

做中学2-4

已知A商品的需求是富有弹性的，$E_d=2$，原来的价格$P_1=600$元，销售量$Q_1=200$件。如果价格下降或上升15%，那么总收益如何变化？

当$P_1=600$元，$Q_1=200$件时，$TR_1=P_1 \cdot Q_1=600\times200=120\ 000$（元）

（1）如果价格下降15%，即$P_2=600\times(1-15\%)=510$元，由于$E_d=2$，所以销售量增加30%，即$Q_2=200\times(1+30\%)=260$件。则：

总收益$TR_2=P_2 \cdot Q_2=510\times260=132\ 600$（元）

$TR_2-TR_1=132\ 600-120\ 000=12\ 600$（元）

这表明，A商品价格下降，总收益增加了。

（2）如果价格上升15%，即P_3=600×（1+15%）=690元，由于E_d=2，所以销售量减少30%，即Q_3=200×（1−30%）=140件，则：

总收益$TR_3=P_3 \cdot Q_3$=690×140=96 600（元）

TR_3-TR_1=96 600−120 000=−23 400（元）

这表明，A商品价格上升，总收益减少了。

【注意】需求富有弹性的商品，其价格与总收益呈反方向变动。当价格下降时，需求量的增加幅度大于价格的下降幅度，总收益增加；当价格上升时，需求量的减少幅度大于价格的上升幅度，总收益减少。这个结论可以解释“薄利多销”的市场现象。

（二）需求缺乏弹性（$0 < E_d < 1$）的商品与总收益的关系

做中学2-5

已知B商品的需求是缺乏弹性的，E_d=0.5，原来的价格P_1=2元，销售量Q_1=500千克。如果价格上升或下降20%，那么总收益如何变化？

当P_1=2元，Q_1=500千克时，$TR_1=P_1 \times Q_1$=2×500=1 000（元）

（1）如果价格上升20%，即P_2=2×（1+20%）=2.4元，由于E_d=0.5，所以销售量减少10%，即Q_2=500×（1−10%）=450千克。则：

$TR_2=P_2 \cdot Q_2$=2.4×450=1 080（元）

TR_2-TR_1=1 080−1 000=80（元）

这表明，B商品价格上升，总收益增加了。

（2）如果价格下降20%，即P_3=2×（1−20%）=1.6元，由于E_d=0.5，所以销售量增加10%，即Q_3=500×（1+10%）=550千克。则：

总收益$TR_3=P_3 \cdot Q_3$=1.6×550=880（元）

TR_3-TR_1=880−1 000=−120（元）

这表明，B商品价格下降，总收益减少了。

【注意】对于需求缺乏弹性的商品，其价格与总收益呈同方向变动。当价格下降时，需求量的增加幅度小于价格的下降幅度，企业的总收益减少；当价格上升时，需求量的减少幅度小于价格的上升幅度，企业的总收益增加。这一结论可以解释“谷贱伤农”的市场现象。

综上所述，需求价格弹性与总收益的关系见表2-3。

表2-3　需求价格弹性与总收益的关系

需求价格弹性 / 价格变动方向	$1 < E_d < \infty$	$E_d=1$	$0 < E_d < 1$
上升	总收益减少	总收益不变	总收益增加
下降	总收益增加	总收益不变	总收益减少

同步思考2-4

如果你是美容店老板，在妇女节到来之际，你会采取哪些措施以提高总收益？请利用经济学原理进行分析。

分析：美容服务这种商品富有弹性，价格与总收益呈反方向变动，即价格上升，总收益减少；价格下降，总收益增加。因此，应该采取打折促销、广告宣传等策略。

关键术语

需求　需求表　需求曲线　需求函数　需求定理　供给　供给表　供给曲线　供给定理　均衡价格　支持价格　限制价格　弹性　需求价格弹性　需求收入弹性　需求交叉弹性　供给价格弹性

应知考核

随堂测 2

一、单项选择题

1.在某一时期内，轿车的需求曲线向左平移的原因是（　　）。

A.轿车的价格上升　　B.消费者对轿车的预期价格下降

C.消费者的收入水平提高　　D.三轮车的价格上升

2.某种商品价格下降对互补品最直接的影响是（　　）。

A.互补品的需求曲线向右平移　　B.互补品的需求曲线向左平移

C.互补品的供给曲线向右平移　　D.互补品的供给曲线向左平移

3.商品的均衡价格会随着（　　）。

A.商品需求与供给的增加而上升　　B.商品需求的减少与供给的增加而上升

C.商品需求的增加与供给的减少而上升　　D.商品需求的增加与供给的减少而下降

4.假设个人计算机的供给和需求都增加且供给的增加大于需求的增加，则在个人计算机市场上，我们可以预期（　　）。

A.均衡数量增加，而均衡价格上升

B.均衡数量增加，而均衡价格下降

C.均衡数量增加，而均衡价格保持不变

D.均衡数量增加，而均衡价格的变动是无法确定的

5.适合进行薄利多销的商品是（　　）的商品。

A.需求缺乏弹性　　B.需求富有弹性　　C.需求有无限弹性　　D.需求完全无弹性

6.在下列因素中，（　　）的变动会引起商品供给量的变动。

A.生产技术　　B.原料价格　　C.商品价格　　D.居民收入

7.下列组合中，一种商品需求量与另一种商品价格呈反方向变动的是（　　）。

A.香蕉和苹果　　B.照相机和胶卷　　C.汽车和收音机　　D.面包和方便面

8.需求量与消费者收入呈反方向变动的商品称为（　　）。

A.正常商品　　B.低档商品　　C.生活必需品　　D.名贵物品

9.假如黄豆和烟草都能在相同的土地上种植，在其他条件相同时，烟草价格的增加将会引起（　　）。

A.黄豆的价格沿着黄豆供给曲线向上移动

B.黄豆的价格沿着黄豆供给曲线向下移动

C.黄豆供给曲线向右移动

D.黄豆供给曲线向左移动

10.假如汽车工人的工资大幅提高，在其他条件不变时，汽车的价格将会上涨，这是因为（　　）。

A.汽车的需求增加　　B.汽车的供给曲线向右移动

C.汽车的供给曲线向左移动　　D.汽车的需求减少

二、多项选择题

1.需求弹性主要包括（　　）。

A.需求价格弹性　　B.需求交叉弹性　　C.需求供给弹性　　D.需求收入弹性

2.农产品需求价格弹性的种类有（　　）。

A.缺乏弹性的　　B.富有弹性的　　C.刚性需求　　D.完全有弹性的

3.下列产品中，通常可以通过薄利多销的策略使企业总收益增加的有（　　）。

A.食品　　B.水果与蔬菜　　C.小汽车　　D.高档皮革制品

4.下列各组物品中需求交叉弹性大于零的有（　　）。

A.左脚鞋和右脚鞋　　B.康师傅绿茶和统一绿茶

C.螺丝与螺母　　D.美国车和日本车

5.下列属于供给弹性影响因素的有（　　）。

A.生产的难易程度　　B.产品生产规模和变化的难易程度

C.企业的生产能力　　D.成本的变化

三、判断题

1.需求就是家庭在某一特定时期内，在每一价格水平下愿意购买的商品量。（　　）

2.如果需求量增加，需求一定增加。（　　）

3.假定其他条件不变，某种商品价格下降将引起需求的增加和供给的减少。（　　）

4.当某种商品的价格上升时，其互补品的需求将上升。（　　）

5.假定供给不变，需求的减少将引起均衡价格的下降和均衡交易量的增加。（　　）

四、简答题

1.运用需求弹性原理解释“薄利多销”和“谷贱伤农”的含义并画图。

2.什么是需求？影响需求的因素有哪些？

3.什么是供给？影响供给的因素有哪些？

4. 均衡价格是怎样形成的？它在供给和需求发生变化的情况下将怎样变化？

5. 试分别用图形表示以下四种情形引起的均衡价格的变动：①消费者的货币收入增加；②互补品的价格上升；③生产技术和管理水平提高；④生产要素的价格上升。

五、计算题

1. 已知某一时期内某商品的需求函数为$Q_d=50-5P$，供给函数为$Q_S=-10+5P$。

（1）求均衡价格P_e和均衡数量Q_e，并绘制出几何图形。

（2）假定供给函数不变，由于消费者收入水平提高，使需求函数变为$Q_d=60-5P$。求相应的均衡价格P_e和均衡数量Q_e，并绘制出几何图形。

（3）假定需求函数不变，由于生产技术水平提高，使供给函数变为$Q_s=-5+5P$。求相应的均衡价格P_e和均衡数量Q_e，并绘制出几何图形。

2. 已知某商品的需求弹性系数为0.5，当价格为每千克3.2元时，销售量为1 000千克。若其价格下降10%，销售量是多少？该商品涨价后总收益是增加了还是减少了？增加或减少了多少？

3. 已知某商品的需求函数为$P=120-3Q$，供给函数为$P=5Q$，求均衡价格和均衡数量。

4. 某商品的价格由20元上升到30元后，需求量相应减少10%。请问该商品的需求弹性是多少？该商品的价格变化对总收益有何影响？

5. 已知某产品的需求价格弹性$E_d=0.5$，该产品原销售量$Q_d=800$件，单位产品价格$P=10$元。若该产品价格上调10%，计算其销售收入变动多少元？

6. 假定某消费者的需求价格弹性为1.3，需求的收入弹性为2.2。求：①其他条件不变时，商品价格下降2%对需求量的影响。②其他条件不变时，消费者收入提高2%对需求量的影响。

应会考核

观念应用

1. 如果考虑提高生产者的收入，那么对农产品应采取提价还是降价办法？对旅游产品呢？为什么？

2. 用供求图形分析劝导性的“吸烟有害健康”广告与征收高额烟草税对香烟市场的不同影响。

技能应用

1. 请同学们进行一次市场调查，了解某一家电产品在上市以后的价格变动情况，并尝试分析其原因，写出一份调查报告。

2. 分析我国政府房产调控政策对房产价格的影响。

背景资料：当前，我国各地房产价格呈节节上升的趋势，为保障房产市场的健康运行，国务院出台了调控房产市场的“新十条”，严格二套房贷管理，首付不得低于40%；并规定出地方政府对稳定房价、推进保障性住房建设工作不力，影响社会发展和稳定的，要追究责任。在此背景下，各地政府纷纷出台政策，在土地供应、保障房建设、房产税收、银行贷款等方面采取措施，控制房价。北京市也出台了相应政策，对房地产市场进行干预，但目前北京房产价格整体上仍呈现坚挺态势。

请大家从经济学的角度讨论：政府的干预政策对房产价格有什么影响？为什么这些政策的出台在某些城市已经见效，而在北京效果不是很明显呢？

■ 案例分析

谷贱伤农，多收了三五斗

万盛米行的河埠头，横七竖八停泊着乡村里出来的敞口船。船里装载的是新米，把船身压得很低。齐船舷的菜叶和垃圾给白腻的泡沫包围着，一漾一漾地，填没了这船和那船之间的空隙。河埠上去是仅容两三个人并排走的街道，万盛米行就在街道的那一边。早晨的太阳光从破了的明瓦天棚斜射下来，光柱子落在柜台外面晃动着的几顶旧毡帽上。

那些戴旧毡帽的大清早摇船出来，到了埠头，气也不透一口，便来到柜台前面占卜他们的命运。

“糙米五块，谷三块。”米行里的先生有气没力地回答他们。

“什么！”旧毡帽朋友几乎不相信自己的耳朵。美满的希望突然一沉，一会儿大家都呆了。

“在六月里，你们不是卖十三块么？”

“十五块也卖过，不要说十三块。”

“那里有跌得这样厉害的！”

“现在是什么时候，你们不知道吗？各处的米像潮水一般涌来，过几天还要跌呢！”

刚才出力摇船犹如赛龙船似的一股劲儿，现在在每个人的身体里松懈下来了。今年天照应，雨水调匀，小虫子也不来作梗，一亩田多收这么三五斗，谁都以为该得透一透气了。哪里知道临到最后，却得到比往年更坏的结果！

资料来源　节选自叶圣陶作品《多收了三五斗》.

请从经济学的角度讨论：

（1）为什么米行老板出的价格这么低？

（2）谷贱伤农的原因是什么？

项目三

学会理性消费——消费者行为理论

知识目标

理解：效用的评价方法；消费者均衡的条件；收入-消费曲线；恩格尔系数。
熟知：总效用与边际效用；消费可能线；替代效应与收入效应。
掌握：边际效用递减规律；消费者均衡；无差异曲线利益。

技能目标

注重消费者行为理论的实际应用；会运用边际收益递减规律解释现实经济问题。

素质目标

能够正确领会和理解经济运行的逻辑关系和基本规律，能够对消费者行为进行简单分析，具备初步分析问题的能力，树立正确的世界观、人生观和价值观，做到学思用贯通、知信行统一。

项目引例　　吃三个面包的感觉

美国总统罗斯福连任三届，曾有记者问他有何感想，总统一言不发，只是拿出一块三明治面包让记者吃。这位记者不明白总统的用意，又不便问，只好吃了。接着总统拿出第二块，记者还是勉强吃了。紧接着总统拿出第三块，记者赶紧婉言谢绝。这时罗斯福总统微微一笑：现在你知道我连任三届总统的滋味了吧。

资料来源　佚名. 吃三个面包的感觉［EB/OL］.［2020-02-27］. https：//www.shangxueba.com/ask/15572587.html.

分析：这个故事揭示了经济学中的一个重要原理：边际效用递减规律。总效用是消费一定量某物品与劳务所带来的满足程度，边际效用是某种物品的消费量增加一单位所增加的满足程度，我们就从罗斯福总统让记者吃面包说起。假定，记者消费一个面包的总效用是10个效用单位，第二个面包的总效用为18（10+8）个效用单位，如果记者再吃第三个面包，总效用还为18（10+8+0）个效用单位。记者消费第一个面包的边际效用为10个效用单位，第二个面包的边际效用为8个效用单位，如果记者再吃第三个面包，那么它的边际效用为0个效用单位。这几个数字说明记者随着消费面包数量的增加，边际效用是递减的。为什么记者不再吃第三个面包是因为再吃不会增加效用。

知识支撑

任务一　效用理论概述

一、欲望与效用概述

（一）欲望

欲望（Wants），也称作需要（Needs），是指人们的需要，或指一种缺乏的感觉与求得满足的愿望，是一种心理现象。马斯洛（Maslow）的需求层次理论分为：①基本的生理需要——生存的需要。②安全的需要——希望未来生活有保障，如免于伤害、失业等。③社会的需要——心理需要，如感情、归属感的需要。④受尊重的需要——需要有自尊心以及受到别人的尊重。⑤自我实现的需要——出于对人生的看法，需要实现自己的理想。当较低层次的欲望满足之后，就会产生新的欲望。欲望是多种多样的、无穷无尽的，但满足人们的欲望的方式是有限的。

（二）效用

效用（Utility），是指消费者通过消费某种物品或服务所能获得的满足程度。效用特点：①效用完全是个人的心理感觉。不同的偏好决定了对同一种商品效用大小的不同评价。②效用因时因地而异。我们常说：金窝银窝不如自己的草窝。③物以稀为贵。效用与其实际价值无关。消费者消费某种物品能满足欲望的程度高，说明效用大；反之，说明效用小。如果不仅欲望得不到满足，反而感到痛苦，就是负效用。在理解效用含义的时候，要强调以下几点：①效用的主观性。②效用本身不具有伦理学意义。③效用可大可小，可正可负。

二、效用的评价方法

用效用观点分析消费者行为的方法称为效用分析，它分为基数效用分析和序数效用分析。

（一）基数效用论

基数效用论产生于19世纪70年代，它认为效用的大小可以计量，并且不同消费者的效用可以进行加总计算，因此可以用基数1、2、3等来表示，其计数单位就是效用单位。基数效用论采用边际分析法分析消费者的均衡问题。例如，买一个包子的效

动画 3-1

基数效用论

用是5个单位，看一场足球比赛的效用是100个单位，买一件新衣服的效用是200个单位等。

基数效用论是建立在消费者主观心理感受基础上的消费者行为理论。由于消费者的主观心理实际上是无法测量的，商品给消费者带来的效用水平在很大程度上只能说明效用的大小，却不能说明究竟有多大。因此，20世纪30年代，多数经济学家开始使用序数效用论来度量效用水平。

（二）序数效用论

序数效用论产生于19世纪末20世纪初，是对基数效用论的补充和完善。它认为效用作为一种心理现象无法计量，也不能加总求和，只能表示出满足程度的高低与顺序，因此，效用只能用序数（第一、第二、第三……）来表示。序数效用论采用无差异曲线分析法分析消费者的均衡问题。序数效用论者认为，效用在理论上和实际上都是不可度量的，更谈不上加总求和了。商品之间效用大小的比较只能通过次序和等级先后表示出来，或者说，消费者宁愿首选哪一种商品消费。以看一场足球比赛和听一场音乐会为例，消费者要回答的是偏好哪一个，即哪个效用是第一，哪个效用是第二。或者说，要回答的是看一场足球比赛还是听一场音乐会。

序数效用论只表示偏好顺序而不表示效用数值。序数效用强调的是相对效用，它不像基数效用那样注重绝对效用。

【提示】现代微观经济学通常使用基数效用和序数效用含义，但大多数使用的是序数效用含义，只是在某些研究方面还继续使用基数效用含义。

【注意】基数效用论和序数效用论，是消费者行为理论中两个重要的理论，尽管两者的分析方法不同，但其分析目的、分析对象和结论却是一致的。

基数效用论和序数效用论两者的最主要区别见表3-1。

表3-1　基数效用论和序数效用论的区别

效用理论类型＼比较项目	主要观点	假设条件	分析方法	经济学家
基数效用论	效用可计量	苛刻	边际效用分析法	马歇尔
序数效用论	效用可比较	宽松	无差异曲线分析法	希克斯

同步思考3-1

基数效用论与序数效用论有何不同？

分析：基数效用论的效用大小可以测度，并可加总计量，一般采用边际效用分析法进行分析；序数效用论的效用可以排序，但不能加总计量，可通过无差异曲线进行分析比较。

视野拓展3-1　效用

基数效用论认为效用是可以计算的，但在现实中，效用是一种主观上的感受，会因人而异、因时而变，是无法用统一的客观标准去衡量的。俗话说“甲之砒霜，乙之佳肴”“穿衣戴帽，各好一套”，有人喜欢网络小说，有人喜欢宫崎骏漫画；有人喜欢古典音乐，有人喜欢流行音乐。我们可以说，某人对网络小说和古典音乐有一种偏好，但是要用具体的单位来说明网络小说是否比宫崎骏漫画好、古典音乐是否比流行音乐提供的满意程度高，显然是不现实的。虽然消费者不能说出自己对某种商品的效用量究竟是多少，但他可以说出自己对不同商品的偏好顺序。例如，他可以说出对网络小说的偏好高于宫崎骏漫画，对古典音乐的偏好高于流行音乐，等等。因此，可以用序数词第一、第二、第三……来分析偏好的顺序，以表示效用水平的高低。这种根据消费者对一系列商品偏好的不同，按次序排列分析效用的消费者行为理论就称为序数效用论。序数效用论是20世纪初，以意大利经济学家帕累托、英国经济学家希克斯等为代表的经济学家提出的。序数效用论用无差异曲线作为自己的分析工具来研究消费者行为的规律。

资料来源 作者根据相关资料改编.

任务二 了解基数效用理论

动画 3-2

总效用与边际效用

一、总效用与边际效用

（一）总效用

总效用（Total Utility，TU）是指消费者在一定时间内，从一定数量商品的消费中所得到的效用量的总和。根据上述对效用的理解，总效用是所有单位效用的加总，用数学语言可表述为：如果Q表示某种商品的数量，TU就是Q的函数，即：

$$TU=f(Q) \tag{3-1}$$

动画 3-3

边际效用

（二）边际效用

边际效用（Marginal Utility，MU）是指消费者在一定时间内，每增加一个单位商品的消费所得到的效用的增量，即每增加一单位商品消费所增加的效用。其数学表达式为：

$$MU=\Delta TU(Q)/\Delta Q \tag{3-2}$$

式中，MU为边际效用，ΔTU（Q）为总效用的增加量，Q为消费者对商品的消费数量，ΔQ为Q商品的增加量。

当商品的增加量趋于无穷小，即ΔQ→0时，边际效用也可以表示为：

$$MU=\lim_{\Delta Q \to 0}\frac{\Delta TU(Q)}{\Delta Q}=\frac{dTU(Q)}{dQ} \tag{3-3}$$

【注意】边际效用等于总效用增量与商品增量之比，其大小与总效用增量成正比，与商品增量成反比。

下面用表3-2来表示总效用与边际效用之间的关系。

表3-2　　总效用与边际效用

消费数量	总效用（TU）	边际效用（MU）
0	0	0
1	10	10
2	18	8
3	25	7
4	30	5
5	30	0
6	25	-5

（三）总效用与边际效用的关系

根据表3-2可以绘制出图3-1，以解释总效用与边际效用的关系。

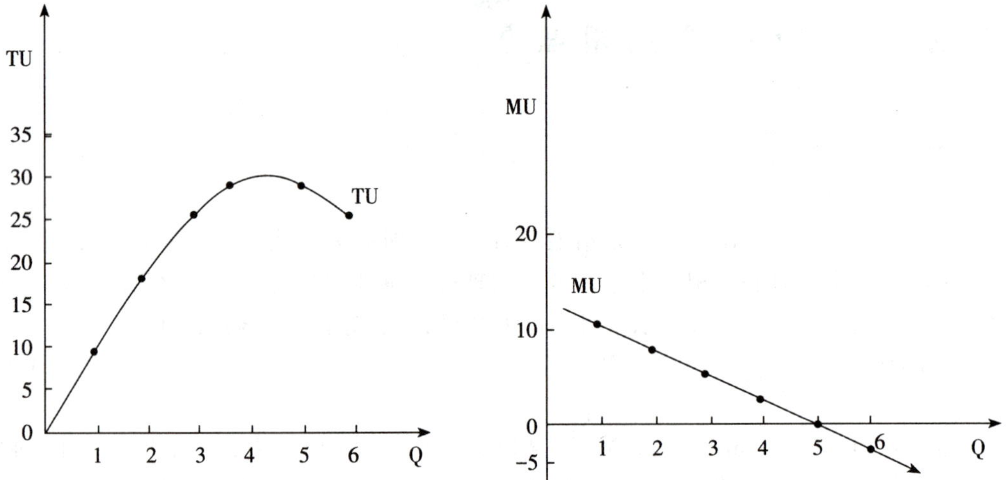

（a）总效用　　（b）边际效用

图3-1　总效用与边际效用

从图3-1中可以看出，横轴代表Q商品的数量，纵轴分别代表Q商品的总效用和边际效用，TU线和MU线分别代表总效用曲线和边际效用曲线。总效用曲线的变动趋势是先递增后递减；边际效用曲线的变动趋势是递减的。二者的关系为：MU为正值时，TU线呈上升趋势；MU为零时，TU线达到最高点；MU为负值时，TU线呈下降趋势。也就是说，当MU＞0时，TU上升；当MU＜0时，TU下降；当MU=0时，TU达到最大。

动画3-4

边际效用递减规律

二、边际效用递减规律

边际效用递减规律是基数效用论的基本定律，又称戈森第一定律，其主要内容是：在一定时间内，在其他商品的消费数量保持不变的条件下，随着消费者对某种商品消费量的增加，消费者从该商品连续增加的每一消费单位中所得到的效用增量，即边际效用是递减的。

边际效用递减规律告诉我们：在消费者偏好和商品使用价值既定的条件下，商品消费量越小，边际效用越大；商品消费量越大，边际效用越小；如果增加一个单位的消费量不能获得任何满足，则边际效用为零；当商品消费量超过一定数量时，继续增加消费的商品，不仅不能带来愉悦，反而会造成痛苦，边际效用变为负值。

一般来说，消费者所消费的X商品的数量增加时，在一定范围内所获得的总效用也会增加。如表3-2和图3-1所示，某消费者消费1个单位商品所获得的效用为10，边际效用也是10；消费2个单位商品所获得的总效用为18，边际效用（即消费第2个单位商品所增加的效用）是8；消费3个单位商品所获得的总效用为25，边际效用（即消费第3个单位商品所增加的效用）是7；消费4个单位商品所获得的总效用为30，边际效用（即消费第4个单位商品所增加的效用）是5；消费5个单位商品所获得的总效用没有增加，仍为30，边际效用（即消费第5个单位商品所增加的效用）是0；而第6个单位商品的消费不但不能增加总效用，反而使总效用减少了5个单位，即边际效用为-5。

同步思考3-2

一个农民在原始森林中建造了一座小木屋，独自在那里劳动和生活。他收获了5袋谷物，第一袋谷物是他维持生存所必需的，第二袋谷物是用来增强体力和精力的。此外，他希望有些肉可以吃，所以留第三袋谷物来饲养鸡、鸭等家禽。他爱喝酒，于是他将第四袋谷物用于酿酒。对于第五袋谷物，他觉得最好用它来养几只鹦鹉解闷儿。显然，这五袋谷物根据其不同用途，其重要性也不同。以数字来表示的话，维持生存的那袋谷物的重要性可确定为12，其余的依次确定为10、8、6、4。如果有一天小偷偷走了一袋谷物，农民将失去多少效用？

分析：丢失的那一袋谷物的效用为4，为最小的效用，因为丢失一袋并不会影响他最重要的那部分需要，如维持生存的需要，他可以照样生活下去。所以说，边际效用的大小取决于需要和供应之间的关系，供应越多，其重要性就越小，效用也就越小；供应越少，其重要性就越大，效用也就越大。

同步思考3-3

水的使用价值大于钻石，但水的价格却小于钻石的价格，为什么？

分析：这一悖论可以从需求和供给两方面来说明，因为价格是由需求和供给决定的。从需求方面看，价格取决于商品的边际效用，而不是总效用。虽然人们从水的消费中所得的总效用很大，但由于世界上水资源数量很大，因此，其边际效用很小，人们愿意支付的价格非常低。相反，钻石的用途虽远不及水大，但世界上钻石数量很少，因此，其边际效用很大，其价格也就相应地昂贵。从供给方面看，由于水资源数量很大，生产人类用水的成本很低，因而其价格也低。相反，钻石是非常稀缺的资源，生产钻石的成本也很大，因而钻石价格就相应地昂贵。综合需求和供给两方面的理论，关于水和钻石的“价格悖论”也就不难理解了。

案例鉴赏 3-1

分析提示

案例鉴赏3-1　春晚的怪圈

大约从20世纪80年代初期开始，我国老百姓在过春节吃年夜饭时增添了一项诱人的内容，那就是收看春节联欢晚会。1982年第一届春晚的出台，在当时娱乐事业尚不发达的我国引起了极大的轰动。晚会的节目成为全国老百姓在街头巷尾和茶余饭后津津乐道的话题。

晚会年复一年地办下来了，投入的人力和物力越来越大，技术越来越先进，场面设计越来越宏大，节目种类也越来越丰富。但不知从哪一年开始，人们对春晚的评价却越来越差了。原来街头巷尾和茶余饭后的赞美之词变成了一片骂声，春晚成了一道众口难调的“大菜”，晚会陷入了“年年办，年年骂；年年骂，年年办”的怪圈。请问：春晚的怪圈反映了什么经济学原理？

春晚的怪圈反映了边际效用递减规律。在文艺节目稀缺，人们精神生活贫乏时，第一届春晚横空出世必定能满足当时观众的好奇心。因为人们都乐意去关注新事物，春晚也不例外。然而春晚在30多年的成长历程中，几乎早已落入俗套，年复一年，缺乏新意，正如边际效用递减规律所阐述的那样，随着观众对春晚的收看次数增加，观众对春晚的评价越来越低。

资料来源　佚名．春晚为何年年办年年骂，年年骂年年办？［EB/OL］．［2020-02-27］．https：//www.docin.com/p-543695781.html.

问题：（1）举例说明什么是边际效用递减规律。

（2）边际效用递减规律的启示是什么？

三、消费者均衡

（一）消费者均衡的含义和假定条件

动画 3-6

消费者均衡

1.消费者均衡的含义

消费者均衡是指在既定收入和各种商品价格的限制下选购一定数量的各种商品，以达到最满意的程度。消费者均衡是消费者行为理论的核心。

2.消费者均衡的假定条件

（1）偏好既定。消费者在购买物品时，因对各种物品的购买需要程度不同，排列的顺序是固定不变的。比如一个消费者到商店去买盐、电池和点心，在去商店之前，对商品购买的排列顺序是盐、电池、点心，这一排列顺序到商店后也不会发生改变。这就是说，先花第一元钱购买商品时，买盐在消费者心目中的边际效用最大，电池次之，点心排在最后。

（2）收入既定。由于货币收入是有限的，货币可以购买一切商品，所以货币的边际效用不存在递减问题。因为收入有限，需要用货币购买的物品很多，但不可能全部都买，只能买自己认为最重要的几种。因为每一元钱的功能都是一样的，在购买各种商品时最后多花的每一元钱都应该为自己增加同样的满足程度，否则消费者就会放弃不符合这一条件的购买量组合，而选择自己认为更合适的购买量组合。

（3）价格既定。由于物品价格既定，消费者就要考虑如何把有限的收入分配于各种物品的购买与消费上，以获得最大效用。由于收入固定，物品价格相对不变，消费者用有限的收入能够购买的商品所带来的最大的满足程度也是可以计量的。因为满足程度可以比较，所以对于商品的不同购买量组合所带来的总效用可以进行主观上的分析评价。

（二）消费者均衡的条件

消费者均衡的条件是指在消费者收入和商品价格既定的情况下，消费者所消费的各种物品的边际效用与其价格之比相等，即每一单位货币所得到的边际效用都相等。

假定消费者用一定的收入I购买X、Y两种商品，两种商品的价格分别为P_X和P_Y，购买数量分别为Q_X和Q_Y，两种商品所带来的边际效用分别为MU_X和MU_Y，每一单位货币的边际效用为λ。那么消费者效用最大化的均衡条件可以表示为：

$$P_X \cdot Q_X + P_Y \cdot Q_Y = I \tag{3-4}$$

$$MU_X/P_X = MU_Y/P_Y = \lambda \tag{3-5}$$

（3-4）式表示消费预算限制条件。如果消费者的支出超过收入，其购买就是不现实的；如果消费者的支出小于收入，就无法实现其在既定收入条件下的效用最大化。

（3-5）式表示消费者均衡的实现条件。每单位货币无论是购买X商品还是Y商品，所得到的边际效用都相等。

案例鉴赏 3-2

某人在消费商品X和Y时的边际效用见表3-3，且P_X=10元，P_Y=20元，货币收入是100元，请说明此人的均衡条件。

表3-3 消费X商品和Y商品的边际效用

Q_X	1	2	3	4	5	6	7	8	9	10
Q_Y	1	2	3	4	5					
MU_X	5	4	3	2	1	0	−1	−2	−3	−4
MU_Y	6	5	4	3	2					

根据表3-3，可知此人的均衡条件，见表3-4。

从表3-4可以看出，只有在Q_X=4、Q_Y=3时，$MU_X/P_X=MU_Y/P_Y$，此时X商品所带来的总效用为14（5+4+3+2），也即MU_X的前四个数值；Y商品所带来的总效用为

表 3-4 均衡条件

组合方式	MU_X/P_X 与 MU_Y/P_Y	总效用
$Q_X=10$，$Q_Y=0$	$-4/10\neq0/20$	5
$Q_X=8$，$Q_Y=1$	$-2/10\neq6/20$	18
$Q_X=6$，$Q_Y=2$	$0/10\neq5/20$	26
$Q_X=4$，$Q_Y=3$	$2/10=4/20$	29
$Q_X=2$，$Q_Y=4$	$4/10\neq3/20$	27
$Q_X=0$，$Q_Y=5$	$0/10\neq2/20$	20

15（6+5+4），也即 MU_Y 的前三个数值。X 商品与 Y 商品所带来的总效用为 29。所以，只有这种组合才能带来最大效用。

消费者之所以按照这一原则来购买商品并实现效用最大化，是因为在既定收入的条件下，多购买 X 商品就要减少 Y 商品的购买。随着 X 商品购买量的增加，X 商品的边际效用就会递减，相应地，Y 商品的边际效用就会递增。为了使所购买的 X 商品、Y 商品的组合能够带来最大的总效用，消费者就不得不调整这两种商品的组合数量，其结果是增加对 Y 商品的购买，减少对 X 商品的购买。当消费者所购买的最后一个单位 X 商品所带来的边际效用与其价格之比等于其所购买的最后一个单位 Y 商品所带来的边际效用与其价格之比时，也就是说，无论是购买哪种物品，每一单位货币所购买的商品的边际效用都相等时，就实现了总效用最大化，即消费者均衡。两种商品的购买数量也随之确定，不再加以调整。

视野拓展 3-2　把每一分钱都用在“刀刃”上

假如 1 元钱的边际效用是 5 个效用单位，一杯咖啡的边际效用是 50 个效用单位，消费者愿意用 10 元钱购买这杯咖啡，因为这时 1 元钱的边际效用与用于一杯咖啡的 1 元钱的边际效用相等。此时消费者实现了消费者均衡，也就是说实现了消费（满足）的最大化。如果价格低于或大于 10 元钱，都没有实现消费者均衡。我们可以简单来说，在收入既定、商品价格既定的情况下，花钱最少，得到的满足程度最大，就实现了消费者均衡。

比如，你有稳定的职业收入，银行存款有 150 万元，但你非常节俭，吃、穿、住都处于温饱水平。实际上，这 150 万元足以使你实现小康生活。要想实现消费者均衡，你应该用这 150 万元的一部分去购房，一部分去买一些档次高的服装，银行也要有一些积蓄；相反，如果你没有积蓄，但购物欲望非常强，见到新的服装款式就会购买，甚至没有积蓄都要借钱去买，买的服装很多，而效用降低，如果遇到家庭风险，没有一点积蓄，则会使生活陷入困境。

再如，在现有的收入和存款条件下是买房还是买车，你会做出合理的选择。当你走进商场，见到琳琅满目的商品，你会选择你最需要的，而肯定不会买你已经拥有的。所以说，经济学是选择的经济学，而选择就是在你资源（货币）有限的情况下，实现消费满足的最大化，使每一分钱都用在“刀刃”上，这样就实现了消费者均衡。

资料来源　崔建华. 西方经济学［M］. 北京：北京邮电大学出版社，2011.改编.

任务三　了解序数效用理论

一、无差异曲线

（一）无差异曲线的含义

无差异曲线（Indifference Curve），又称效用等高线、等效用线，是用来表示两种商品不同数量的组合给消费者所带来的效用完全相同的一条曲线。或者说，在这条曲线上，无论两种商品的数量怎样组合，所带来的总效用是相同的。

假设有两种商品X和Y，它们在数量上可以有多种组合。表3-5列出了商品X、Y的六种组合，当然还可以列出更多组合，这些组合所代表的效用都是相等的。因此，表3-5又称无差异组合表。

表3-5　　无差异组合表

组合方式	X商品	Y商品
a	2	18
b	4	15
c	5	13
d	8	10
e	11	7
f	15	4

根据无差异组合表的数据，可以做出无差异曲线，如图3-2所示。

在图3-2中，横轴代表商品X的数量，纵轴代表商品Y的数量，I代表无差异曲线。在无差异曲线上的任何一点，X商品与Y商品不同数量的组合给消费者带来的效用都是相同的。

（二）无差异曲线的特点

（1）无差异曲线是一条向右下方倾斜且凸向原点的曲线，其斜率为负值。

① 无差异曲线向右下方倾斜，其斜率为负值，这是因为在收入和价格既定的条件下，消费者要得到同样的满足程度，在增加对一种商品的消费时，必须减少对另一种商品的消费。两种商品在消费者偏好不变的条件下，不能同时增加或减少。

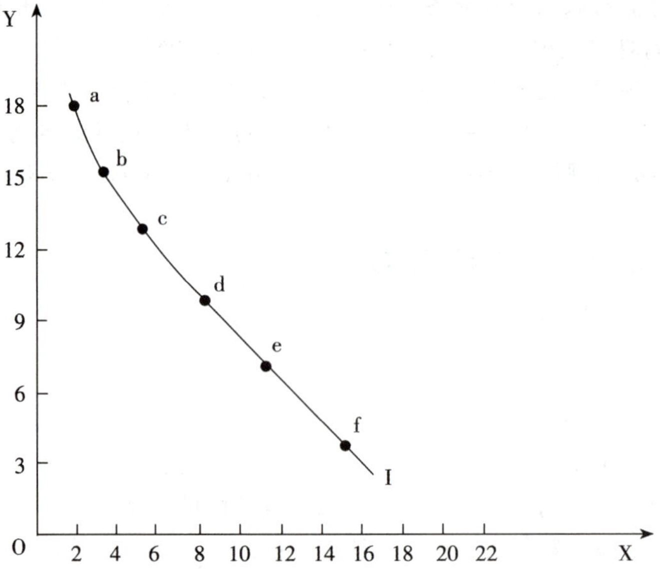

图3-2 无差异曲线

动画 3-6

边际替代率

② 无差异曲线向右下方倾斜且凸向原点，这是因为边际替代率递减。边际替代率（Marginal Rate of Substitution，MRS）是指为了保持同等的效用水平，消费者要增加一单位X商品就必须放弃一定数量的Y商品，表现为Y商品的减少量与X商品的增加量之比。假设ΔX为X商品的增加量，ΔY为Y商品的减少量，MRS_{XY}为以X商品代替Y商品的边际替代率，则有：

$$MRS_{XY}=\Delta Y/\Delta X \quad (3\text{-}6)$$

边际替代率的值应为负数，但人们一般取其绝对值。边际替代率之所以呈递减趋势，是因为无差异曲线存在的前提是总效用不变，是边际效用递减规律的结果。因此，X商品增加所增加的效用必须等于Y商品减少所减少的效用，用数学公式表示就是$\Delta X \cdot MU_X=\Delta Y \cdot MU_Y$，或者$\Delta Y/\Delta X=MU_X/MU_Y$，否则总效用就会改变。然而，由于边际效用递减规律的作用，随着Y商品的减少，它的边际效用在递增，因而每增加一定量的X商品，所能代替的Y商品的数量便越来越少，由此可见，如果X商品以同样的数量增加时，所减少的Y商品会越来越少，因而MRS_{XY}必然是递减的。

（2）同一个平面图上，可以有无数条无差异曲线。同一条无差异曲线代表相同的效用，不同的无差异曲线代表不同的效用。离原点越远的无差异曲线，所代表的效用越大；离原点越近的无差异曲线，所代表的效用越小。

（3）在同一平面图上，任意两条无差异曲线不能相交。因为在交点上两条无差异曲线代表了相同的效用，这会与上面第二个特点相矛盾。

（4）无差异曲线凸向原点。这说明无差异曲线的斜率是递减的。无差异曲线的斜率是两种物品的边际替代率。该曲线凸向原点，是由边际替代率递减所决定的。

（三）边际替代率与无差异曲线的形状

边际替代率作为无差异曲线的斜率，就决定了无差异曲线的形状。

（1）如果X、Y两种商品是完全替代性质的，则边际替代率是常数，无差异曲线就是一条从左上方向右下方倾斜的直线，如美元与人民币的兑换比例。

（2）如果X、Y两种商品是互补性质的，则边际替代率等于零，无差异曲线就是一条直角折线，如我们穿的鞋，需要一双，缺一不可。

（3）如果X、Y两种商品是独立的，那么无差异曲线就是一条垂线，如食盐与汽车。

二、消费可能线

消费可能线（Consumption Possibility Line），也称家庭预算线、等支出线，是一条表明在消费者收入与商品价格一定的条件下，消费者所能购买到的两种商品数量最大组合的线。消费可能线表明了消费者消费行为的限制条件。这种限制就是购买物品所花的钱不能大于收入，也不能小于收入。

【注意】大于收入是在收入既定的条件下无法实现的，小于收入则无法实现效用最大化。

这种限制条件可以写为：

$$P_X \cdot Q_X + P_Y \cdot Q_Y = I \tag{3-7}$$

根据预算方程，我们可以绘出预算线。例如，I=60元，P_X=20元、P_Y=10元，则Q_X=0时，Q_Y=6；Q_Y=0时，Q_X=3。于是可以做出图3-3。

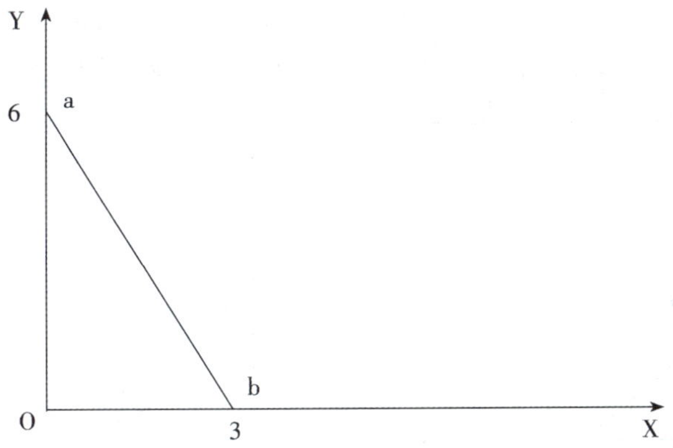

图3-3　消费可能线

在图3-3中，连接a、b两点的直线就是消费可能线。在消费可能线上的任何一点都是在收入与价格既定的条件下，能购买到的X商品与Y商品的最大数量的组合。消费可能线之外的消费组合超出了消费者的消费能力，是不可能实现的；而消费可能线之内的消费组合没有超出消费者的消费能力，是可以实现的。

消费可能线会发生移动，主要原因有两个：一是由于消费者收入变化引起移动；二是由于商品价格变化引起移动。具体如下：

（1）商品价格不变，消费者收入变化。如果商品价格不变，消费者收入增加，则消费可能线平行向右上方移动，即预算水平增加；反之，如果商品价格不变，消费者收入减少，则消费可能线平行向左下方移动，即预算水平减少。如图3-4所示，消费者收入增加，消费可能线ab平行向右上方移动到a_1b_1；消费者收入减少，消费可能线ab平行向左下方移动到a_2b_2。

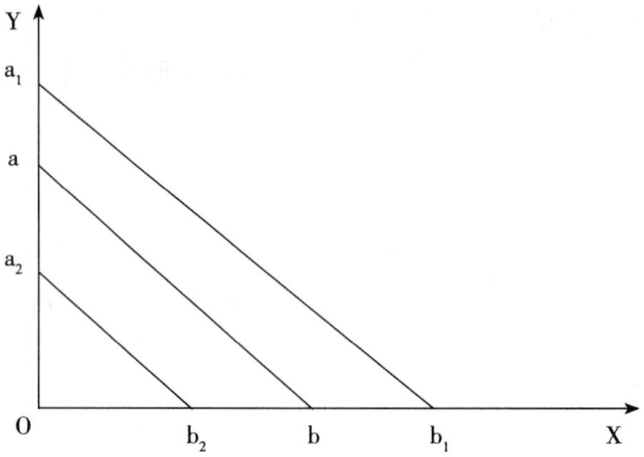

图3-4　消费者收入变化引起消费可能线的移动

（2）商品价格变化，消费者收入不变。如果消费者收入不变，而两种商品价格中的一种（如Y）不变，另一种（如X）上升或下降，则消费可能线变动如图3-5所示。该图中，Y商品价格不变，X商品价格上升，消费可能线ab向外移动到ab_2；X商品价格下降，消费可能线ab向内移动到ab_1。如果消费者收入不变，而两种商品价格中的一种（如X）不变，另一种（如Y）上升或下降，则消费可能线变动如图3-6所示。该图中，X商品价格不变，Y商品价格上升，消费可能线ab向上移动到a_2b；Y商品价格下降，消费可能线ab向下移动到a_1b。

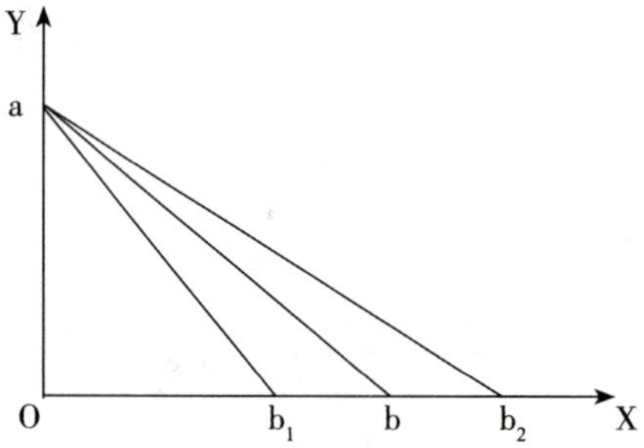

图3-5　商品价格变化引起消费可能线的移动（Y不变）

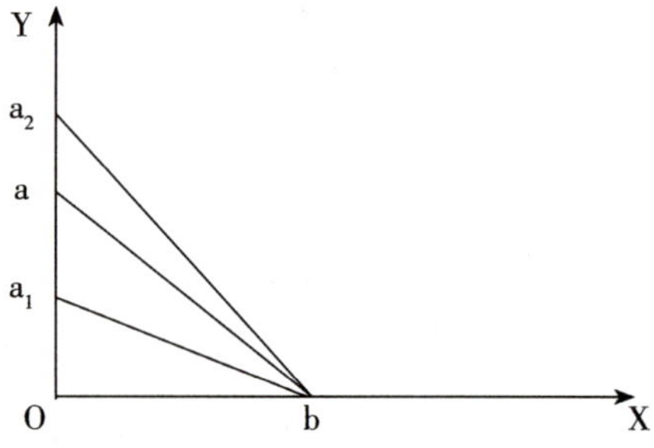

图3-6　商品价格变化引起消费可能线的移动（X不变）

三、消费者均衡的实现

根据序数效用论的无差异曲线分析法，在消费者的收入和商品价格既定的条件下，当无差异曲线与消费可能线相切时，消费者就实现了效用最大化。其条件是：两种商品的边际替代率等于这两种商品的价格之比，或无差异曲线的斜率等于消费可能线的斜率。其公式为：

$$MU_X/P_X=MU_Y/P_Y \quad 或 \quad MU_X/MU_Y=P_X/P_Y \tag{3-8}$$

如果无差异曲线与消费可能线结合在一个图上，那么，消费可能线必定与无差异曲线中的一条切于一点，在这个切点上就实现了消费者均衡。

如图3-7所示，图中三条无差异曲线效用大小的顺序为$I_1 < I_0 < I_2$。消费可能线ab与I_0相切于E点（此时消费可能线的斜率等于无差异曲线的斜率），这时实现了消费者均衡。这就是说，在收入与价格既定的条件下，消费者购买OX_1的X商品和OY_1的Y商品，就能获得最大的效用。

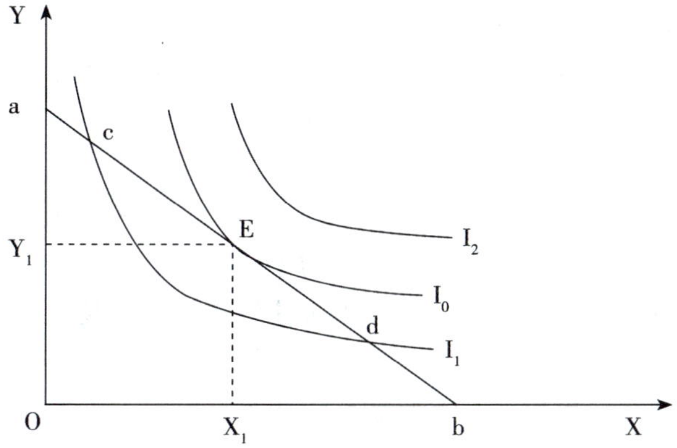

图3-7 消费者均衡

为什么只有在这个切点时才能实现消费者均衡呢？从图3-7可以看出：①只有在这一点上所表示的X商品与Y商品的组合才能达到在收入和价格既定的条件下，效用最大。②无差异曲线I_2所代表的效用大于I_0，但消费可能线ab同它既不相交又不相切，这说明达到效用I_2水平的X商品与Y商品的数量组合在收入与价格既定的条件下是无法实现的。③消费可能线ab同无差异曲线I_1有两个交点c和d，说明在c和d点上所购买的X商品与Y商品的数量也是在收入与价格既定的条件下的最大组合，但$I_1 < I_0$。在c和d点，X商品与Y商品的组合并不能达到最大的效用。此外，无差异曲线I_0除E之外的其他各点也在ab线之外，即所要求的X商品与Y商品的数量组合在收入与价格既定的条件下也是无法实现的。所以，只有E点才能实现消费者均衡。

任务四 消费行为分析

一、消费者剩余的含义和特征

（一）消费者剩余的含义

在消费者购买商品时，一方面，我们已经知道，消费者对每一单位商品所愿意支付的最高总价格取决于这一单位商品的边际效用。由于商品的边际效用是递减的，所以，消费者对某种商品所愿意支付的最高价格是逐步下降的。但另一方面，需要区分的是，消费者对每一单位商品所愿意支付的最高价格并不等于该商品在市场上的实际价格。事实上，消费者在购买商品时是按实际的市场价格支付的。于是，在消费者愿意支付的最高价格和实际市场价格之间就产生了一个差额，这个差额便构成了消费者剩余的基础。例如：某种面包的市场价格为3元，消费者在购买第一个面包时，根据这个面包的边际效用，认为值得付5元去购买，即他愿意支付的最高价格为5元。于是当这个消费者以市场价格3元购买这个面包时，就创造了额外的2元的剩余。在以后的购买过程中，随着面包的边际效用递减，他为购买第二个、第三个、第四个面包所愿意支付的最高价格分别递减为4.50元、4.00元和3.50元。这样，他为购买4个面包所愿意支付的最高总金额=5.00元+4.50元+4.00元+3.50元=17元。但他实际按市场价格支付的总金额=3.00元×4=12元。两者的差额=17元-12元=5元，这个差额就是消费者剩余。也正是从这种感觉上，他认为购买4个包是值得的，是能使自己的境况得到改善的。

消费者剩余（Consumers' Surplus）是消费者在购买一定数量的某种商品时愿意支付的最高总价格和实际支付的总价格之间的差额。消费者剩余可以用几何图形来表示。简单地说，消费者剩余可以用消费者需求曲线以下、市场价格线以上的面积来表示，如图3-8的阴影部分面积所示。图中，需求曲线以反需求函数的形式P_d=f（Q）给出，表示消费者对每一单位商品所愿意支付的最高价格。假定该商品的市场价格为P_0，消费者的购买量为Q_0。根据消费者剩余的定义，在产量0到Q_0区间需求曲线以下的面积表示消费者为购买Q_0数量的商品所愿意支付的最高总金额（即总价格），即相当于图中的面积OABQ_0；而实际支付的总金额（即总价格）等于市场价格P_0乘以购买量Q_0，即相当于图中的矩形面积OP_0BQ_0。这两块面积的差额即图中的阴影部分面积P_0AB，就是消费者剩余。

动画 3-7

消费者剩余

消费者剩余可用图3-8来说明。

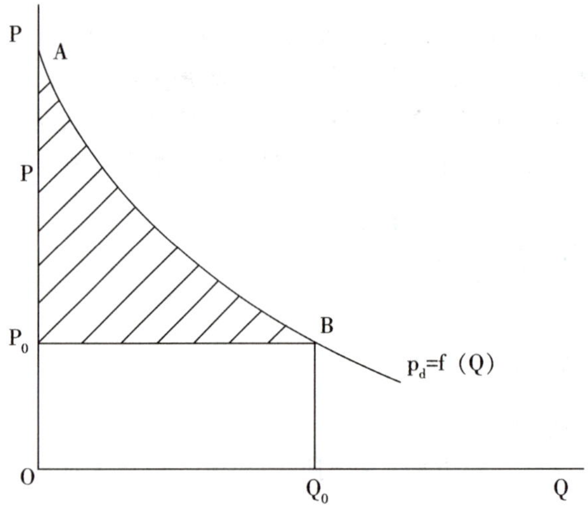

图3-8 消费者剩余

（二）消费者剩余的特征

消费者剩余的特征包括：①由于心理原因而产生，在于消费者对商品的主观心理评价与商品的客观市场价格之间的差异；②一般情况下，生活必需品的消费者剩余比较大；③边际效用递减规律的存在，使消费者剩余随着消费量增加而递减。

同步思考 3-4

你在商场里看中了一件100元的衬衫，购买时向老板还价，问他80元卖不卖，老板理解消费者的这种心理，往往会同意让些利，促使你尽快购买，否则你就会有到其他柜台看看的念头，讨价还价之后可能在90元成交。在这个过程中，消费者追求的是效用最大化吗？

分析：其显然不是，这实际上是你对这件衣服的主观评价而已，就是为所购买的物品支付的最高价格。如果市场价格高于你愿意支付的价格，这时消费者剩余就是负数，你就会因为觉得不值得而放弃购买；相反，如果市场价格低于你愿意支付的价格，你觉得很值就会购买，这时就有了消费者剩余。因此，我们也可以简单地把消费者剩余理解为：我们每一个人都是消费者，在购买物品时对所购买的物品有一种主观评价。由此我们可以得出：消费者剩余=消费者愿意支付的价格–消费者实际付出的价格。

做中学 3-1

若需求函数为Q=30–2P，求：

（1）当商品价格为10元时，消费者剩余是多少？

（2）商品价格由10元下降到5元时，消费者剩余又如何变化？

答：由消费者剩余定义：

消费者剩余=（消费者愿意支付的价格–消费者实际支付的价格）×需求量

（1）当P=10时，Q=10，当Q=0时，P=15，消费者剩余=（15–10）×10/2=25。

（2）当P=5时，Q=20，消费者剩余=（15–5）×20/2=100，消费者剩余增加了100–25=75。

二、替代效应与收入效应

（一）替代效应与收入效应概述

1.替代效应

动画 3-8

替代效应

替代效应（Substitution Effect）是指由商品的价格变动所引起的商品相对价格的变动，进而由商品的相对价格变动所引起的商品需求量的变动。例如，消费者把收入用于购买X和Y两种商品，如果X商品价格上升，则消费者可以减少对X商品的购买而增加对Y商品的购买，用增加的Y商品来代替减少的X商品，从而使总效用不变，所以，替代效应表现为均衡点在同一条无差异曲线上的移动。

2.收入效应

动画 3-9

收入效应

收入效应（Income Effect）是指由商品的价格变动所引起的实际收入水平变动，进而由实际收入的变动所引起的商品需求量的变动。一种商品价格下降可能产生消费者实际收入提高的效应，因为消费者因价格下降而导致的购买力的提高使得他有可能改变商品的购买量。

【提示】收入效应表现为均衡点随消费可能线的平行移动在不同无差异曲线上的移动。

3. 总效应

总效应（Total Effect）表示一种商品价格变化所引起需求量的总变化。

总效应=替代效应+收入效应

（二）正常商品、低档商品、吉芬商品的替代效应和收入效应分析

（1）对正常商品而言，商品价格下降的替代效应和收入效应都使得该商品的需求量增加；正常商品的替代效应为正，收入效应也为正，正常商品的替代效应与收入效应的方向一致，所以正常商品的需求曲线自左上方向右下方倾斜。

（2）对低档商品而言，价格下降的替代效应使得该商品的需求量增加，但收入效应却使得该商品的需求量下降。低档商品的替代效应为正，收入效应为负，低档商品的替代效应与收入效应的方向相反。

（3）对吉芬商品而言，如果为负的收入效应的绝对值大于替代效应，则会使得需求量随价格上升而上升。吉芬商品价格变动的替代效应为正，收入效应为负，并且收入效应大于替代效应，使得需求量随价格上升而上升，因此，吉芬商品的需求曲线向右上方倾斜。

综上所述，价格下降对正常商品、低档商品和吉芬商品的收入效应、替代效应和总效应的影响可以概括在表3-6中。

表3-6　正常商品、低档商品、吉芬商品的收入效应、替代效应和总效应

类　别	收入效应	替代效应	总效应
正常商品	增加	增加	增加
低档商品	减少	增加	增加
吉芬商品	减少	增加	减少

三、收入-消费曲线与恩格尔曲线

动画 3-10

收入–消费曲线

（一）收入–消费曲线

收入–消费曲线（Income Consumption Curve，ICC），也称收入扩展线，是在消费者的偏好和商品的价格不变的条件下，与消费者的不同收入水平相联系的消费者效用最大化的均衡点的轨迹。

收入–消费曲线反映的是消费长期变动趋势的曲线，强调的是收入变动对消费均衡的长期影响。一般来说，随着收入水平的提高，收入–消费曲线就是一条与收入水平方向一致的向右上方倾斜的曲线。如图3-9所示，把各个短期消费均衡点（E_1、E_0、E_2）连接起来所形成的曲线就是收入–消费曲线。

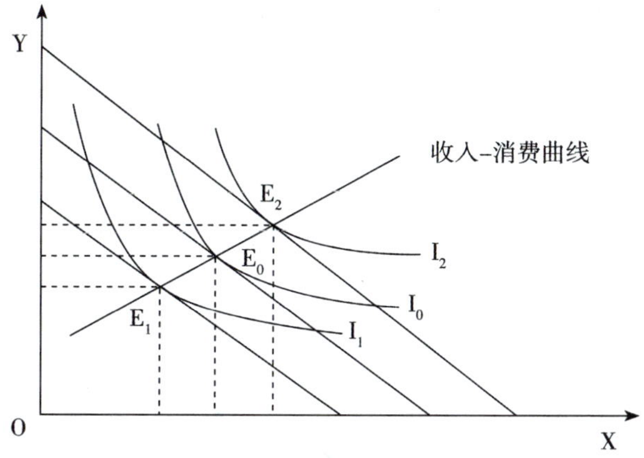

图3-9　收入–消费曲线

将收入和商品需求量的关系放在一个图上，从收入–消费曲线中可以引出恩格尔曲线。

（二）恩格尔曲线

动画 3-11

恩格尔曲线

恩格尔曲线（Engel Curve）是指消费者在每一收入水平对某商品的需求量，反映一种商品需求量与总收入关系的曲线。恩格尔曲线从收入–消费曲线中引出的过程如图 3-10 所示。图 3-10（a）表明 X 商品是正常商品（也称正常品），图 3-10（b）表明 Y 商品是低档商品（劣等品）。

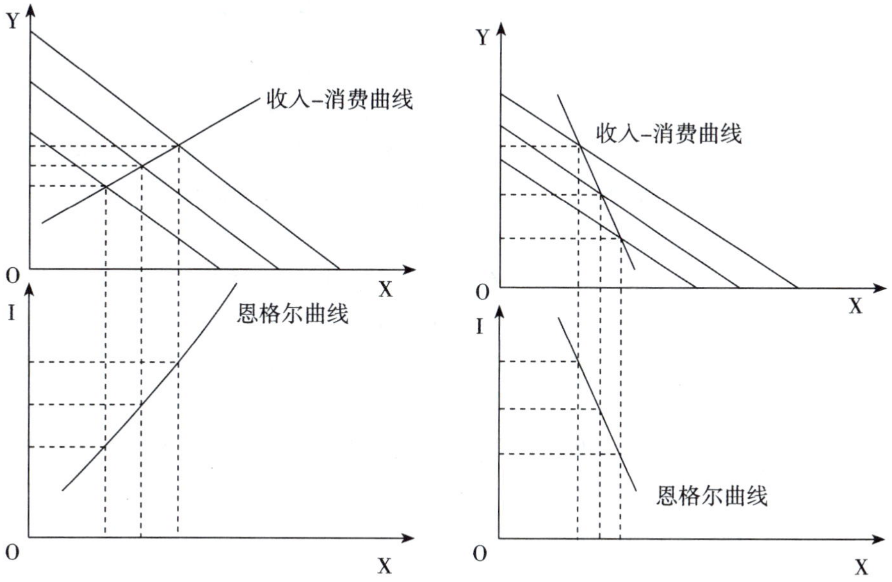

(a) 正常商品　　(b) 低档商品

图3-10　恩格尔曲线的形成

不同商品的恩格尔曲线的形状不同。必需品需求量的增加速度小于收入的增加速度，如购买油盐酱醋等；名贵物品需求量的增加速度大于收入的增加速度，如购买珠宝等；低档品随收入的增加需求量减少，如低档服装等。它们的恩格尔曲线分别见图3-11。

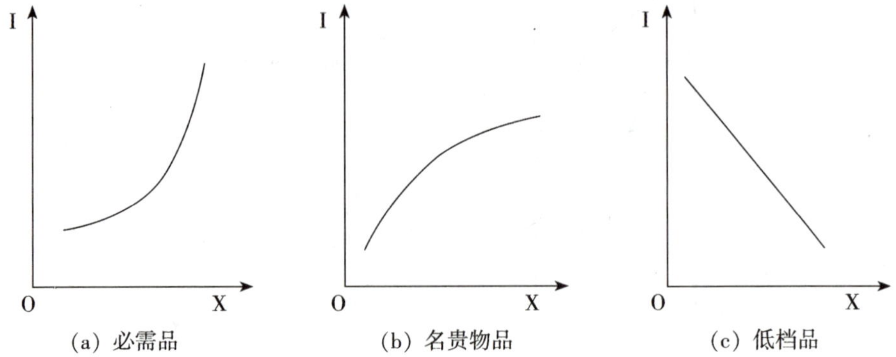

图3-11　必需品、名贵物品和低档品的恩格尔曲线

同步思考3-5

生活必需品的恩格尔曲线如何变化？

分析：消费者的收入是递增的，而消费者购买商品的数量是以递减的比率增加的，消费者收入的增加速度大于生活必需品需求量的增加速度，因此，生活必需品的恩格尔曲线是一条向右上方倾斜的曲线。

课程思政3-1　“子非鱼，安知鱼之乐”

中国古代哲学家庄子与惠子在一个桥上游玩，庄子看见鱼在水中自由地游来游去，感叹说：“儵鱼出游从容，是鱼之乐也。”惠子反驳说：“子非鱼，安知鱼之乐？”庄子说：“子非我，安知我不知鱼之乐？”这段对话讲庄子和惠子喜好辩论。但从现代经济学的角度看，我们可以把这段话作为对鱼儿快乐与否的判断。

思政感悟

如果鱼有感觉，它也要追求效用最大化。它在水中自由地游来游去是不得已而为之，还是在享受，只有鱼自己才能判断。效用或满足是一种心理感觉，只有自己能作出判断。所以惠子说得对，你又不是鱼，怎么能知道鱼是快乐还是不快乐呢？

三省吾身

消费者行为理论强调的是从个人出发来判断效用，正如要鱼儿自己判断自由地游来游去是否快乐一样。个人的感觉是研究消费者行为的出发点。当然，由于人的行为有共同之处，人对满足程度的判断表现为他的消费行为，所以，这种心理感觉仍是可以研究的，有共同的规律可探寻。这正是消费者行为理论的意义。

关键术语

欲望　效用　基数效用论　序数效用论　总效用　边际效用　消费者均衡　无差异曲线　消费者剩余　收入效应　替代效应　收入-消费曲线　恩格尔曲线

应知考核

随堂测 3

一、单项选择题

1.某个消费者逐渐增加对M商品的消费量，直至达到效用最大化，在这个过程中，M商品的（　　）。

A.总效用和边际效用不断增加　　B.总效用和边际效用不断下降

C.总效用不断下降，边际效用不断增加　　D.总效用不断增加，边际效用不断下降

2.序数效用论采用（　　）分析消费者的均衡问题。

A.边际分析法　　B.无差异曲线分析法

C.消费者剩余　　D.消费者均衡

3.已知商品X的价格为2元，商品Y的价格为1元，如果消费者从这两种商品得到最大效用时，商品Y的边际效用是26，那么商品X的边际效用应该是（　　）。

A.52　　B.13　　C.26/3　　D.26

4.某消费者处于消费者均衡中，这时消费点位于（　　）。

A.预算线上　　B.一条无差异曲线上

C.刚好与预算线相切的无差异曲线上　　D.以上选项都不正确

5.均衡点随消费可能线的平行移动在不同无差异曲线上的移动，称作（　　）。

A.替代效应　　B.收入效应　　C.总效用　　D.边际效用

6.总效用达到最大时，边际效用（　　）。

A.最大　　B.为零　　C.为正　　D.为负

7.消费者在购买一定数量的某种商品时，愿意支付的总价格与实际支付的总价格之间的差额是（　　）。

A.剩余价值　　B.利润　　C.消费者剩余　　D.消费者均衡

8.正常物品由于价格上升导致需求量减少的原因在于（　　）。

A.替代效应使需求量增加，收入效应使需求量减少

B.替代效应使需求量增加，收入效应使需求量增加

C.替代效应使需求量减少，收入效应使需求量减少

D.替代效应使需求量减少，收入效应使需求量增加

9.根据“消费者剩余”理论，超市商品打折、双十一网购优惠等价格差会给消费者带来（　　）。

A.心理上的满足感　　B.实际的收入增加　　C.成本的增加　　D.心理上的后悔

10.恩格尔曲线可以从（　　）导出。

A.价格-消费曲线　　B.收入-消费曲线　　C.需求曲线　　D.无差异曲线

二、多项选择题

1.总效用和边际效用的关系为（　　）。

A.当边际效用为零时，总效用最大　　B.当边际效用为负时，总效用递减

C.当边际效用为正时，总效用递增　　D.总效用和边际效用没有关系

2.消费者剩余指的是（　　）。

A.需求曲线以下，价格曲线以上的部分

B.供给曲线以上，均衡价格线以下的部分

C.消费者获得的最大满足程度

D.消费者从商品的消费中获得的满足程度大于他实际支付的价格的部分

3.无差异曲线表明（　　）。

A.用既定货币收入所购买的两种商品的不同组合对消费者所提供的效用相同

B.两种商品给消费者带来不同满足的所有不同组合

C.收入一定，同一条曲线上两种商品的不同组合是无差异的

D.同等数量的商品产生同等满足

4.效用分析包括（　　）分析。

A.基数效用　　B.序数效用　　C.规范方法　　D.实证方法

5.关于序数效用论和基数效用论的下列说法中正确的是（　　）。

A.序数效用论运用无差异曲线分析消费者行为

B.基数效用论运用绝对数值来衡量效用的大小

C.基数效用论运用边际效用论分析消费者行为

D.序数效用论运用表示次序的绝对数值来衡量效用的大小

三、判断题

1.同一杯水具有相同的效用。（　　）

2.无差异曲线表示不同的消费者消费两种商品的不同数量组合所得到的效用是相同的。（　　）

3.如果边际效用递减，则总效用下降。（　　）

4.消费者剩余是消费者的主观感受。（　　）

5.基数效用论采用的是无差异曲线分析法，而序数效用论采用的是边际分析法。（　　）

四、简答题

1.消费者剩余的特征。

2.简述无差异曲线的特点。

3.简述基数效用论和序数效用论的区别。

4.简要分析消费者均衡的假定条件。

5.如果你有一辆需要四个轮子才能行驶的车子，已经有了三个轮子，那么当你有第四个轮子时，这第四个轮子的边际效用似乎超过第三个轮子的边际效用，这是不是违反了边际效用递减规律？

五、计算题

1.假定消费者购买X、Y两种商品，最初的$\frac{MU_x}{P_x}=\frac{MU_y}{P_y}$，若$P_x$下降，$P_y$保持不变，又假定X商品的需求价格弹性大于1，Y商品的购买量应如何变化？

2.假设某商品的需求方程为Q=10-2P，试求价格$P_1=2$，$P_2=4$时的消费者剩余各为多少？

3.已知某家庭的总效用方程为$TU=14Q-Q^2$，Q为消费商品数量。试求：

（1）该家庭消费多少商品效用最大？

（2）效用最大是多少？

4.假设需求函数为Q=10-2P，求：

（1）当价格为2元时消费者剩余是多少？

（2）当价格由2元变化到3元时消费者剩余变化了多少？

应会考核

观念应用

对消费者实行补助有两种方法：一种是发给消费者一定量的实物补助，另一种是发给消费者一笔现金补助，这笔现金额等于按实物补助折算的货币量。试用无差异曲线分析法，说明哪一种补助方法能给消费者带来更大的效用。

技能应用

已知一件衬衫的价格为80元，一份肯德基快餐的价格为20元，在某消费者关于这两种商品的效用最大化的均衡点上，一份肯德基快餐对衬衫的边际替代率MRS是多少？

案例分析

消费者剩余的应用

假设在拍卖会上，有一张崭新的猫王首张专辑进行拍卖，你和三个猫王迷（张三、李四、王五）出现在拍卖会上。你们每一个人都想拥有这张专辑，但每个人为此付出的价格有限。你愿意用1 000元，张三愿意用750元，李四愿意用700元，王五愿意用500元。拍卖者为了卖出这张专辑，从100元开始叫价。由于你们四个买者愿意支付的价格要高得多，价格很快上升。当拍卖师报出800元价格时，你得到了这张专辑。要注意的是，这张专辑将归于对该专辑评价最高的买者。

资料来源　佚名．消费者剩余的应用［EB/OL］．［2014-10-06］．http：//blog.sina.com.cn/s/blog_dfcb5c270102v2kz.html.

问题：

（1）什么是消费者剩余？

（2）你用800元买到这张专辑，得到什么收益呢？

项目四

研究企业行为——生产者行为理论

知识目标

理解：生产及生产函数。

熟知：生产函数和技术函数。

掌握：短期生产函数和长期生产函数的内容。

技能目标

能够处理总产量、边际产量和平均产量之间的关系；注重边际收益递减规律、规模经济在实际中的应用。

素质目标

能够正确领会和理解经济运行的逻辑关系和基本规律，能够对生产者行为进行简单分析，具备初步分析问题的能力，树立正确的世界观、人生观和价值观，做到学思用贯通、知信行统一。

项目引例　　**糕点厂**

有一个小镇上的居民都喜欢吃糕点，他们常常自己在家做。后来，有人在镇上开了一家糕点厂，厂里的工人们分工明确，有人负责采购面粉、糖、香料和其他材料，有人负责控制和面机和烤箱，还有人负责包装和市场销售。这种专业化的生产团队比居民自己在家买材料、和面、加工糕点效率要高很多。由于糕点的定价并不高，所以很多居民不再自己做糕点，而选择购买糕点厂的糕点。

资料来源　作者根据相关资料整理.

这个故事告诉我们，运用专业化技能实现合理化生产是现代社会繁荣的一个原因，那么企业应该如何进行合理化生产呢?

在市场上，需求和供给两种力量相互作用，共同决定商品价格。本项目分析生产者行为理论。

知识支撑

任务一 生产函数概述

一、生产者类型

生产者又称企业，是指使用生产要素自主从事商品或劳务生产的单位。在市场经济中，企业一般采取三种形式：单人业主制企业、合伙制企业和公司制企业。

（一）单人业主制企业

单人业主制企业是由一个人所有并经营的企业，它的特点在于所有者和经营者是同一个人。这种企业形式产权明晰，责、权、利统一在一个人身上，激励和制约都显而易见。但这种企业有两个缺点：一是以一个人的财力和能力难以做大，这就无法实现规模经济、专业分工等好处；二是在市场竞争中这种企业寿命短，出现得快，消失得也快。

（二）合伙制企业

合伙制是由若干人共同拥有、共同经营的企业。这种企业比单人业主制企业大，其缺点是实行法律上的无限责任制，这种无限责任制使每一个合伙人都面临巨大风险，企业越大，每个合伙人面临的风险越大。此外，合伙制企业内部产权并不明晰，责、权、利不清楚，合伙者容易在利益分配和决策方面产生分歧，从而影响企业的发展。

（三）公司制企业

现代市场经济中最重要的企业形式是有限责任公司和股份有限公司（简称股份制企业）。股份公司是由投资者（股东）共同所有，并由职业经理人经营的企业，股东是公司的共同所有者。公司制企业的优点是：①公司是法人，不同于自然人。②公司实行有限责任制，这样就减少了投资风险，可以使企业无限做大。③实行所有权与经营权分离，由职业经理人实行专业化、科学化管理，提高了公司的管理效率。公司制企业的缺点是双重纳税，但公司最重要的问题在于所有权与经营权分离后，所有者、经营者、职工之间的关系复杂，以及由此可能引起的管理效率下降。

二、生产与生产要素

（一）生产

从经济学的角度看，生产是指投入各种不同的生产要素以制成产品的过程，也就是把投入变为产出的过程。

（二）生产要素

生产要素是指生产过程中所使用的各种资源。生产要素具体划分为四类：劳动、资本、土地和企业家才能。

（1）劳动。它是指劳动者所提供的服务，包括体力劳动和脑力劳动。其中，体力劳动是简单劳动，而脑力劳动是复杂劳动。

（2）资本。它是指生产中所使用的资金，包括无形的人力资本和有形的物质资本两种形式。前者是指体现在劳动者身上的身体、文化、技术状态，后者是指生产过程中使用的各种生产设备，如机器、厂房、工具、原材料等。在生产理论中，资本指的是物质资本。

（3）土地。它是指生产中所使用的、自然界中存在的各种自然资源，如土地、水、森林、矿产资源等。

（4）企业家才能。它是指经营管理企业的能力、创新的能力和承担风险的能力。

三、生产函数与技术系数

（一）生产函数

动画 4-1

生产函数

生产函数是指在一定的技术水平条件下，一定时期内，企业生产过程中所使用的各种要素的数量与它们所能生产出来的最大产量之间的函数关系。生产函数的一般表现形式为：

$$Q=f(L, K, N, E)$$

式中，Q代表产量，L、K、N、E分别代表劳动、资本、土地、企业家才能。由于土地资源是相对固定的，企业家才能难以估量，因此生产函数通常表现为：

$$Q=f(L, K)$$

这一生产函数表明，在一定的技术水平条件下，生产产量（Q）需要一定数量的劳动（L）与资本（K）的组合。同样，这一生产函数也表明，在劳动与资本的数量组合为已知时，就可以推算出最大的产量。

（二）技术系数

技术系数是指为生产一定量的某种产品所需要的各种生产要素的配合比例。例如，劳动与资本的配置比例为3∶1，即表示在生产中使用3个单位的劳动与1个单位的资本，这个3∶1的比例就是该生产函数的技术系数。技术系数包括固定技术系数和可变技术系数。

1.固定技术系数

固定技术系数是指在一定的技术水平条件下，生产某种产品所需要的各种生产要素的组合比例不发生变化。例如，生产某种化工产品，要求其化学元素的组合比例不能改变。固定技术系数的生产函数表明生产要素之间不能相互替代。

2.可变技术系数

可变技术系数是指在一定技术水平条件下，生产某种产品所需要的各种生产要素的组合比例可以发生变化。例如，生产同样产量的产品，既可以采用劳动密集型生产方式，也可以采用资本密集型生产方式。可变技术系数的生产函数表明生产要素之间可以相互替代。

【注意】一般而言，在短期内，技术系数是不变的；但在长期内，技术系数是变化的。

任务二　掌握短期生产函数

一、短期生产函数的含义

这里的“短期”，不是指一个具体的时间跨度，而是指企业不能根据其所要达到的产量来调整其全部生产要素的时期，企业的生产规模是不变的。不同行业中的“短期”也不同，这取决于投入品变动所需要的时间。短期生产函数是指在短期内所反映的投入-产出关系，通常表示为：

$Q=f(\bar{K}, L)$

式中，$\bar{K}$表示一个常数，只有劳动L是生产中的可变要素。

在资本K的上面加一横线表示它是一个常数，只有劳动L才是生产中的可变要素，因此短期生产函数也可表示为：

$Q=f(L)$

二、总产量、平均产量和边际产量

（一）总产量、平均产量和边际产量的含义

假定生产某种产品使用资本K与劳动L两种生产要素，其中资本在短期内是不变的常数，那么，各种产量将随着劳动的变化而变化。

1.总产量

总产量（Total Product，TP）是指投入一定量的生产要素所生产出来的全部产量，或是指在资本不变的条件下，一定的劳动投入量可以生产出来的全部产量。

$TP_L=f(L, \bar{K})$

2.平均产量

平均产量（Average Product，AP）是指平均每单位生产要素投入所生产的产量。

总产量与平均产量之间存在着如下关系：

$AP_L=TP_L(L, \bar{K})/L$

式中，AP_L表示劳动的平均产量，TP_L表示劳动的总产量，L表示劳动的投入量。

3.边际产量

动画 4-2

边际产量

边际产量（Marginal Product，MP）是指某种生产要素增加或减少一单位所引起的总产量的增加或减少。劳动的边际产量可以表示为：

$MP_L=\Delta TP_L(L, \bar{K})/\Delta L$

式中，MP_L表示劳动的边际产量，又称劳动的边际生产力，ΔTP_L表示劳动的总产量的增加量，ΔL表示劳动投入量的增加量。

（二）总产量、平均产量和边际产量之间的关系

总产量、平均产量和边际产量之间的关系可通过表4-1中的数据表现出来。

表4-1 总产量、平均产量和边际产量之间的关系

资本的投入量（K）	劳动的投入量（L）	劳动投入量的增加量（ΔL）	劳动的总产量（TP）	劳动总产量的增加量（ΔTP）	劳动的平均产量（AP）	劳动的边际产量（MP）
15	0	0	0	0		
15	1	1	5	5	5	5（5-0）
15	2	1	13	8	6.5	8（13-5）
15	3	1	22.5	9.5	7.5	9.5（22.5-13）
15	4	1	30.5	8	7.6	8（30.5-22.5）
15	5	1	38	7.5	7.6	7.5（38-30.5）
15	6	1	45	7	7.5	7（45-38）
15	7	1	45	0	6.4	0（45-45）
15	8	1	42	-3	5.3	-3（42-45）

总产量曲线、平均产量曲线、边际产量曲线之间的关系如图4-1所示。

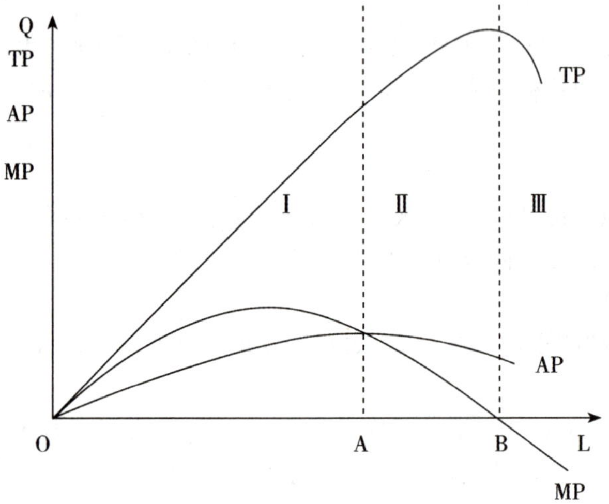

图4-1 总产量曲线、平均产量曲线、边际产量曲线

在图4-1中，横轴OL代表劳动的投入量，纵轴TP、AP、MP分别代表总产量、平均产量、边际产量。根据分析可以得出，总产量、平均产量和边际产量之间的关系呈现以下特点：

第一，在资本量不变的情况下，随着劳动量的增加，最初的总产量、平均产量和边际产量都是递增的，但各自增加到一定程度以后就分别递减。所以，总产量曲线、平均产量曲线和边际产量曲线都是先上升后下降。

第二，边际产量曲线与平均产量曲线相交于平均产量曲线的最高点。在相交点左侧，平均产量是递增的，边际产量大于平均产量（$MP > AP$）；在相交点右侧，平均产量是递减的，边际产量小于平均产量（$MP < AP$）；在相交点，平均产量达到最大，边际产量等于平均产量（$MP=AP$）。

第三，当边际产量为正数时（$MP > 0$），总产量就会增加；当边际产量为零时（$MP=0$），总产量达到最大；当边际产量为负数时（$MP < 0$），总产量就会减少。

三、边际报酬递减规律

（一）边际报酬递减规律的含义

动画 4-3

边际报酬递减规律的含义

边际报酬递减规律又称边际收益递减规律（Law of Diminishing Return），是指在其他技术水平不变的条件下，在连续等量地把一种可变要素增加到其他一种或几种数量不变的生产要素上去的过程中，当这种可变生产要素的投入量小于某一特定的值时，增加该要素投入所带来的边际产量是递增的；当这种可变要素的投入量连续增加并超过这个特定值时，增加该要素投入所带来的边际产量是递减的，这就是经济学中著名的边际报酬递减规律，并且是短期生产的一条基本规律。

【注意】边际报酬并不是一开始就是减少的，而是先增加到一个最大值然后才减少的。

同步思考 4-1

在农业生产中，如果在固定的土地面积上增施化肥，开始时，每增施1千克化肥所能增加的农作物的产量是递增的，但当所施化肥超过一定量时，每增施1千克化肥所能增加的农作物的产量就会递减，此时，如果继续增施化肥，不仅不会增加农作物的产量，甚至会导致农作物产量的减少。在工业生产中，如果劳动力增加得过多，超过了正常配置的固定资产和设备，就会使生产效率降低。

分析：在农业生产中，适度施加化肥可以增加农作物的产量；而工业生产中的“减员增效”，就是按边际收益递减规律办事的具体体现。

同步思考 4-2

规模大就一定经济吗？

分析：过度的规模扩大不但不会增收，反而会减少收益或带来负收益，这正是边际收益递减规律所揭示的问题。另外，某些产品的生产并不一定适合大规模生产。

（二）边际报酬递减规律注意的问题

首先，随着可变要素的连续增加，边际产品变化要经历递增、递减、最后变为负数的全过程。递增是因为固定要素在可变要素很少时潜在效率未发挥出来。一旦固定要素潜在效率全部发挥出来了，边际产量就开始出现递减。这个规律的意义在于：当一种要素连续增加时，迟早会出现边际产量递减的趋势，而不是规定它一开始就递减。

其次，边际报酬递减规律只适用于可变要素比例的生产函数。如果要素比例是固定的，这个规律也不成立。

最后，边际报酬递减规律的前提条件是技术水平不变。若技术水平发生变化，这个规律就不存在。

【提示】边际报酬递减规律只存在于技术系数可变的生产函数中。对于技术系数固定的生产函数，由于各种生产要素不可相互替代，因此其组合的比例是不可改变的，当改变其中一种生产要素的投入量时，边际产量就会突变为零，从而不存在依次递减的趋势。

边际报酬递减规律给我们提出了一个问题。既然可变要素投入的增加到最后反而引起总产量的减少，那么，对厂商来说就有必要了解可变要素的最佳投入量。这就涉及对产量三个阶段的分析。

（1）产量递增阶段，即这种可变生产要素的增加使产量或收益增加。因为在开始阶段，不变生产要素没有得到充分利用，所以可变生产要素的增加可以使产量增加。

（2）边际产量递减阶段，即这种生产要素的增加仍可使总产量增加，但增加的幅度，即增加的每一单位生产要素的边际产量是递减的。因为在这一阶段，不变生产要素已接近充分利用，所以可变生产要素的增加已不可能像第一阶段那样使产量迅速增加。

（3）产量绝对减少阶段，即这种生产要素的增加使总产量迅速减少。因为在这一阶段，不变生产要素已经充分利用，所以再增加可变生产要素，只会使生产效率降低、总产量减少。

【注意】边际报酬递减规律和边际效用递减规律一样，不需要提出理论证明。二者的区别是：边际报酬递减规律是从生产实践中得出来的基本生产规律，边际产量是可以计量的；而边际效用递减规律是从消费者心理感受中得出来的，边际效用是不可计量的。

课程思政 4-1　朱元璋与“珍珠翡翠白玉汤”——边际递减规律

明太祖朱元璋，在做皇帝之前有过这样一段凄凉的经历。在他很小的时候，就因家里贫穷而不得不给人家放牛，过着食不果腹、衣不蔽体的悲惨生活。到了十几岁的时候，朱元璋的家乡又发生了可怕的瘟疫，瘟疫夺走了亲人，让他无家可归，这下使得他的生活更加窘迫。万般无奈之下，朱元璋选择了当和尚，以图能够吃口饭，不至于被饿死。

他跑到皇觉寺受戒当了小和尚，尽管日子过得很苦，但毕竟还能吃上一口饭。可惜好景不长，和尚还没当上多久，就遇到了荒年，庙中的香火渐渐稀少，直接导致寺庙难以为继。为此，寺庙的住持不得不打发一些和尚出去化斋，以减轻寺庙的压力。可怜的朱元璋也被列在其中，就这样朱元璋又开始了他的化缘生活。

遇到这样的荒年，普通百姓自己吃饭都成了问题，哪里还顾得上这些化缘的和尚啊！饥肠辘辘已经是朱元璋的家常便饭了，有一次连续好几天都没有吃上一口饭，这下把他饿晕了。幸好被一位路过的好心老婆婆看见了，不然他可能早就被饿死了。老婆婆可怜朱元璋，但是自己又没有啥好吃的，只能将仅有的一小块豆腐和一些有点不太好的菠菜，稍微加点米粒和盐巴，煮好了让朱元璋吃下去了。朱元璋吃完后，自然也就清醒了，但心里一想："刚才吃的这个是什么东西啊，这么好吃！"于是除了感谢婆婆之外，还顺便问了一下吃的是什么东西。婆婆随口答了一下："珍珠翡翠白玉汤。"朱元璋再三拜谢之后，便走了。

后来朱元璋参加了反元起义，投奔了红巾军，由于他英勇作战，受到郭子兴的赏识，此后他一路升迁。郭子兴死后，他不仅广罗天下人才，还采取了"高筑墙、广积粮、缓称王"的策略，先后击败了陈友谅、张士诚等，最后当上了明朝的开国皇帝。

成为皇帝之后当然是天天山珍海味，美酒佳肴了。开始的时候感觉还可以，可惜时间长了，朱元璋就感觉无味了，甚至是腻烦了。于是便想起当年老婆婆给他做的"珍珠翡翠白玉汤"，他下令让御厨给他做，可是无论御厨们怎么去做这道菜，尽管味道再好，也没有使朱元璋满意。

资料来源　佚名. 朱元璋与珍珠翡翠白玉汤—边际递减规律［EB/OL］.［2016-12-08］. http：//www.kaoyan365.cn/jingjixue/80663.html.

思政感悟

就算你没有读过"珍珠翡翠白玉汤"这个故事，以我们的日常生活经验也能够感觉到这种情况的存在。比如说，我们在很饿的时候吃包子，吃第一个包子一定会感觉这个包子是美味佳肴，等到吃第二个包子的时候，味道就不像前面的那么好了，接着吃第三个、第四个……，直到你吃饱的时候，如果叫你再多吃一个包子，那时候你就会觉得味同嚼蜡，不会再有胃口了。

正如故事中的朱元璋，他在饿晕的时候，肯定会饥不择食，而且平时也很难吃到豆腐，所以这碗"珍珠翡翠白玉汤"对他来说，当然是极品的美味了。倘若在朱元璋吃饱之后，还继续让他吃，估计也不会认为"珍珠翡翠白玉汤"是美味了。在他当皇帝之后，天天锦衣玉食，山珍海味，就出现了像我们吃包子一样的情况，吃到最后肯定会烦的，也难怪会让他想起在落难时吃的"珍珠翡翠白玉汤"。这个现象在经济学中有个专业的名词——边际递减。

三省吾身

所谓"边际"是指增加最后一个东西所能够带来的收益。边际递减分为两种情况，第一是边际效用递减，主要针对消费者；第二是边际收益递减，主要针对生产者。

前者的定义是这样的：在一定条件下，消费者在消费某种物品时，随着所消费物品数量的增加，消费者得到的边际效用却是逐渐减少的，如图4-2所示。

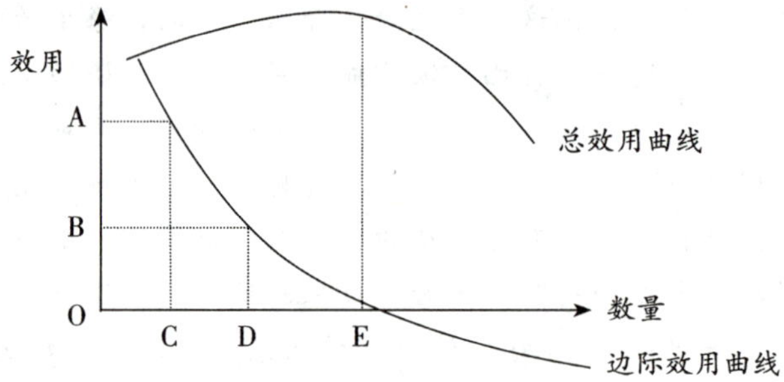

图4-2　边际效用递减

在图4-2中，横轴表示消费的数量，纵轴表示获得的效用，即获得的满足程度。我们可以看出随着数量从OC增加到OD，虽然总效用在不断地上升，但边际效用却由OA降到了OB。当消费数量达到OE时，边际效用就为零了，这个时候总效用也会下降了，此时再继续增加消费就划不来了。

后者是说：在技术水平不变的情况下，连续增加某种生产要素的投入，当其投入数量达到一定程度以后，增加一单位该要素所带来的收益是递减的，如图4-3所示。

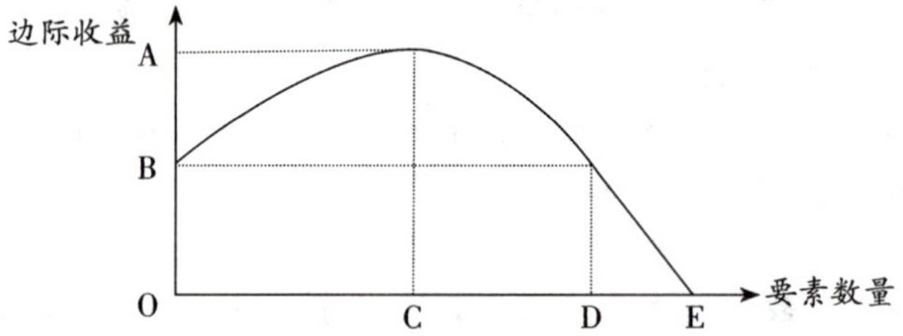

图4-3　边际收益递减

在图4-3中，横轴表示要素投入的数量，纵轴表示获得的边际收益。可以明显看出，在C点以前，收益是随着要素数量的增加而增加的，这个时候不存在边际收益递减，但到了C点以后，随着数量由OC增加到OD，边际收益却由最高点的OA降到OB。当边际收益达到负值，此时就应停止增加要素投入了，否则就会浪费资源。

“适可而止”“过犹不及”等都是说边际递减这个规律的。既然存在边际递减规律，那么我们就要尽量去减少这种现象，从而减少不必要的资源浪费，毕竟资源是稀缺的。

比如在工作的过程中常常会遇到这样的问题，即感觉身心十分疲惫的时候还在强迫自己继续工作，其实此时再工作给你带来的就是一种负效用了。与其痛苦地工作，还不如好好休息一下，等精力充沛之后再来工作。相信你在学习边际递减规律以后，会更加懂得如何合理安排工作和享受生活。

四、一种可变生产要素的短期生产函数的产量曲线

从上面分析可知，在生产一种产品所使用的各种生产要素中，除一种生产要素外，其余生产要素固定不变。根据总产量、平均产量和边际产量之间的关系，可以把可变要素的投入量划分为三个区间，如上图4-1所示。

第Ⅰ区间是投入劳动L从零增加到A点。其特点是：TP保持递增趋势；AP由零递增至最高点；MP > 0，并且MP > AP，MP在达到最大值后呈递减趋势；当MP=AP（AP的最高点）时，第一阶段结束。

第Ⅱ区间是投入劳动L从A点增加到B点。其特点是：TP保持递增趋势，AP呈递减趋势；AP > MP，MP > 0；当MP= 0时，TP达到最大值，第二阶段结束。

第Ⅲ区间是投入劳动L从B点增加到无限大。其特点是：TP呈递减趋势；AP继续保持递减趋势；MP < 0。

第Ⅰ区间和第Ⅲ区间都不是一种生产要素的合理投入范围。因为在第Ⅰ区间，边际产量大于平均产量，增加劳动不仅可增加总产量，还可以提高平均产量。而在第Ⅲ区间，边际产量小于零，增加劳动会使总产量绝对值减少。

一般而言，第Ⅱ区间为生产要素的合理投入区，也就是企业选择最优投入量的区间。但劳动量的投入究竟在这一区间的哪一点上，要视企业的目标而定。如果企业的目标是使平均产量达到最大，那么劳动量增加到A点即可；如果企业的目标是使总产量达到最大，那么，劳动量增加到B点即可；如果企业是以利润最大化为目标，那么必须结合成本、产品价格等因素来进行分析，因为平均产量为最大时，并不一定是利润最大；总产量为最大时，利润也不一定最大。

任务三 了解长期生产函数

一、长期生产函数的含义

长期生产函数中的“长期”是指企业根据所要达到的产量来调整其全部生产要素的时期。“长期”研究的是企业生产规模的收益率，可根据需求调整生产规模。在长期，企业的生产要素不再划分为不变投入和可变投入，而是所有的要素投入都可以改变。长期生产函数是指在长期内所反映的投入-产出关系。通常表示为：

$$Q=f(K, L)$$

二、等产量线、等成本线、最优要素组合

（一）等产量线

1.等产量线的含义

等产量线是在技术水平不变的条件下，生产同一产量的两种生产要素投入量的各种不同组合的轨迹。即两种生产要素的不同数量组合可以带来相等产量的一条曲线。

表4-2中表示了两种可变投入下的生产。

表4-2 劳动量、资本量和产量的关系

组合方式	劳动量（L）	资本量（K）	产量（Q）
A	1	7	100
B	3	5	100
C	5	3	100
D	7	1	100

根据表4-2，绘制出等产量线，如图4-4所示。

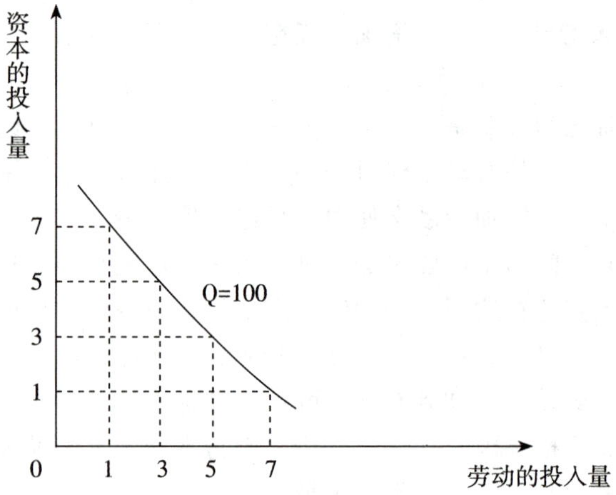

图4-4 等产量线

【提示】由于等产量线的几何特点与无差异曲线相似，因此，它又被称为生产无差异曲线。但两者也有区别：等产量线表示产量，无差异曲线表示效用；等产量线是客观的，无差异曲线是主观的。

2. 等产量线的特征

（1）等产量线是一条向右下方倾斜、凸向原点的曲线，线上每一点的斜率为负值。这个特征说明：在生产成本和生产要素的价格不变的情况下，为了实现同一产量，在增加一种生产要素的投入量的同时，必须减少另一种生产要素的投入量。生产者的成本是既定的，因此无法同时增加两种生产要素的投入量；又因为需要维持同一产量，不能使两种生产要素同时减少投入量。等产量线凸向原点是由边际技术替代率递减所决定的。

边际技术替代率（MRTS）是指在技术水平不变的条件下，增加一单位某种生产要素的投入量时所减少的另一种要素的投入量。劳动-资本的边际技术替代率指的是，在保持产出不变的前提下，多投入一单位劳动，资本的投入可以减少的量。假设ΔL表示劳动的增加量，ΔK表示资本的减少量，MP_L表示劳动的边际产量，MP_K表示资本的边际产量，$MRTS_{LK}$表示劳动对资本的边际技术替代率，则有：

$MRTS_{LK}=-\Delta K/\Delta L=MP_L/MP_K$

等产量线之所以是一条向右下方倾斜并凸向原点的曲线，是因为边际技术替代率递减。等产量线上任何一点的边际技术替代率，从几何学意义上看，是过该点作等产量线的切线的斜率，因为资本投入增加（减少），则劳动投入减少（增加），其变化方向相反，因此是负值。

（2）在同一平面图上，可以有无数条等产量线。同一条等产量线代表相同的产量，不同的等产量线代表不同的产量水平。离原点越远的等产量线所代表的产量水平越高，离原点越近的等产量线所代表的产量水平越低。

（3）在同一坐标平面上，任意两条等产量线不能相交。如果同一坐标平面上的两条等产量线相交，这两条等产量线在交点处的产量水平是相同的，则与第二个特征即不同的等产量线代表不同的产量水平是相矛盾的。

（4）等产量线是一条凸向原点的曲线。这一点可用边际替代率来说明。

同步思考 4-3

家具厂生产家具是多雇工人还是多买电动工具？

家具厂生产家具可以采用两种方法：一是多雇工人进行生产；二是少雇工人，多买电动工具。无论家具厂采用哪种方法，都可以生产出家具。作为家具厂的经理，要选择采用哪种方法进行生产？如果劳动力的价格很低，而电动工具价格不菲，厂长就会选择多雇工人而少用资本。这就涉及边际技术替代率，即用一种生产要素替代另一种生产要素在技术上的比例。

分析：家具厂生产家具是多雇工人还是多买电动工具，主要取决于在生产家具的过程中，劳动和资本这两种生产要素的替代性。

做中学 4-1

如果每小时劳动投入的边际产量是10个单位，而劳动对资本的边际技术替代率是5。则资本的边际产量是多少？

答：根据公式 $MRTS_{LK}=-\Delta K/\Delta L=MP_L/MP_K$

可得，$MP_K=MP_L/ MRTS_{LK}=10\div5=2$

即资本的边际产量为2个单位。

（二）等成本线

动画 4-4

等成本线

等成本线（Isocost Curve）也称企业预算线，是指在既定生产成本和生产要素价格的情况下，生产者所能购买到的两种生产要素最大数量组合的轨迹。等成本线表明了企业进行生产的限制条件，即企业购买生产要素的成本支出大于货币成本，生产就是不现实的；如果购买生产要素的成本支出小于货币成本，就无法实现产量最大化。等成本线可以写为：

$P_L\cdot Q_L+P_K\cdot Q_K=M$

式中，P_L表示劳动的价格，Q_L表示劳动的购买量，P_K表示资本的价格，Q_K表示资本的购买量，M代表货币成本。根据预算方程，就可以绘制出预算线。

做中学4-2

当 Q_L=0时，Q_K=50；当 Q_K=0时，Q_L=40。于是可以绘制出图4-5，连接ab两点的直线就是等成本线。在等成本线上的任何一点，都是在货币成本与生产要素价格既定的条件下，能购买到的劳动与资本的最大数量的组合。

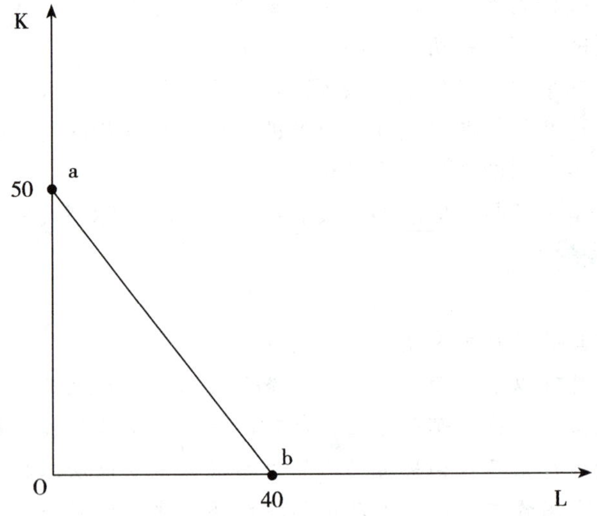

图4-5　等成本线

如果企业的货币成本和生产要素价格改变了，则等成本线就会发生变动。如果生产者的货币成本变动，则等成本线会平行移动。货币成本增加，等成本线向右上方平行移动；货币成本减少，等成本线向左下方平行移动。等成本线的移动如图4-6所示。

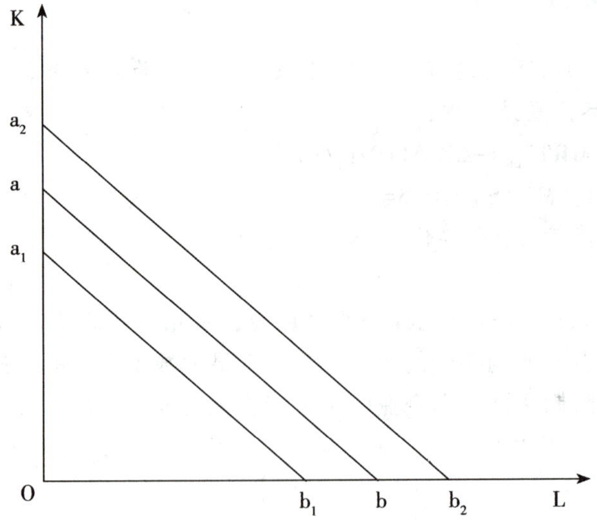

图4-6　等成本线的移动

在图4-6中，ab是原来的等成本线。当货币成本增加时，等成本线移动为a_2b_2；当货币成本减少时，等成本线移动为a_1b_1。

（三）最优要素组合

最优要素组合是指生产者在既定的成本下实现产量最大化，或者是在既定的产量下实现成本最小化。通过前面的分析可以知道，等产量线是企业为实现一定产量的两种生产要素投入量的组合，企业能够实现的产量又受到生产成本和生产要素价格的限制，即等成本线的限制，因此，我们运用等产量线和等成本线来分析生产要素的最优组合问题。

1.既定产量下的成本最小化

图4-7将等产量线和等成本线结合在一张图形上。图中，C_1、C_2、C_3代表三条不同的等成本线，由于产量既定，所以只有一条等产量线。假定Q是既定的等产量线，Q可以和许多等成本线相交，但只能和一条等成本线相切。图中Q和C_3相交，和C_2相切，和C_1不相交也不相切。可以看出，生产者只能选择等成本线C_2，其原因在于，虽然C_1具有较低的成本约束，但在此约束下，不可能生产出Q的产量水平；C_3可以生产出Q的产量，却不符合经济原则。可见，用成本C_2生产既定产量Q，既是可能的又是最经济的。

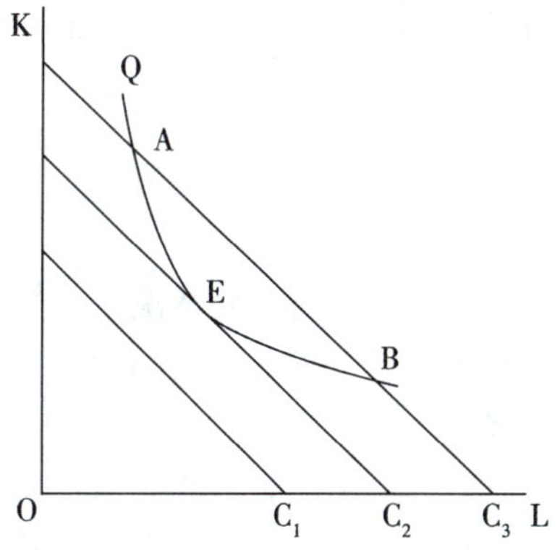

图4-7　产出一定、成本最小的均衡

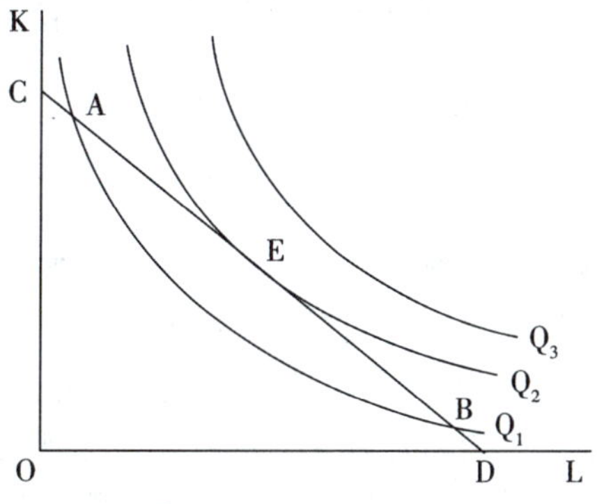

图4-8　成本一定、产量最大的均衡

2.既定成本下的产量最大化

如图4-8所示，Q_1、Q_2、Q_3代表三条不同的等产量线，由于成本既定，所以只有一条等成本线。假定CD代表生产者在一定成本约束下的等成本线，CD可以和许多等产量线相交，但只能和一条等产量线相切。在该图中，CD和Q_1相交，和Q_2相切，和Q_3不相交也不相切。可以看出，生产者只能选择等产量线Q_2，其原因在于，在既定成本约束下，生产者不可能达到Q_3的产量，虽然可以达到Q_1的产量，但这种生产不能使产量最大。可见，用既定成本CD生产产量Q_2，既是可能的，又是最经济的。

在图4-7和图4-8中，等产量线与等成本线的切点E称作生产者均衡点，是生产者成本最小或产量最大的组合点。在生产者均衡点上，生产者实现了利润最大化。

要素投入的最优组合是等产量线与等成本线的切点，这就要求等产量线的切线的斜率等于等成本线的斜率。由于等产量线的斜率是两种生产要素的边际技术替代率，等成本线的斜率是两种生产要素的价格之比，因此，生产者均衡的条件可以表示为：

$$MRTS=\frac{P_L}{P_K}$$

动画 4-5

生产者均衡

由于生产要素的边际替代率还等于生产要素的边际产量之比，因此，生产者均衡的条件也可以表示为：

$$\frac{MP_L}{MP_K}=\frac{P_L}{P_K} \text{ 或 } \frac{MP_L}{P_L}=\frac{MP_K}{P_K}$$

这便是生产者均衡或者说投入最优组合的条件。如果用文字来表达，生产者均衡的条件是：投入要素的边际产量之比，等于它们的价格之比。或者说，企业购买投入要素的每一单位货币所带来的边际产量都相等，即如果$\frac{MP_L}{P_L}>\frac{MP_K}{P_K}$，则每增加1元的劳动投入所增加的产量要大于每增加1元资本投入所增加的产量，生产者就会趋于用更多的劳动来代替资本，直至$\frac{MP_L}{P_L}=\frac{MP_K}{P_K}$为止，反之亦然。这一条件可以推广到采用多种生产要素进行生产的场合。

三、生产要素的最优组合

在技术系数可以变动，即两种生产要素的组合比例可以变动的情况下，这两种生产要素按什么比例配合最好呢？这就是生产要素的最优组合所研究的问题。

（一）生产要素的最优组合与消费者均衡的关系

消费者均衡是研究消费者如何把既定的收入分配于两种产品的购买与消费上，以实现效用最大化。生产要素的最优组合即生产者均衡，它是研究生产者如何把既定的成本分配于两种生产要素的购买与生产上，以实现利润最大化。两者所使用的分析方法基本相同，即边际分析法与等产量分析法。

动画 4-6

生产要素的最优组合

（二）生产要素最优组合的边际分析

与消费者均衡分析相似，生产要素最优组合的原则是：在货币成本与生产要素价格既定的条件下，应该使所购买的各种生产要素的边际产量与价格的比例相等，即要使每一单位货币成本无论购买何种生产要素都能得到相等的边际产量。

假定生产者用一定的货币成本M所购买的生产要素是资本K和劳动L，两种生产要素的价格分别为P_K和P_L，购买数量分别为Q_K和Q_L，两种生产要素所带来的边际产量分别为MP_K和MP_L，每一单位货币成本的边际产量为MP_M。那么，生产者利润最大化的均衡条件可以表示为：

$$P_K \cdot Q_K+P_L \cdot Q_L=M$$

$MP_K/P_K=MP_L/P_L=MP_M$

前一个公式表示限制条件。说明生产者拥有的货币量是既定的，购买两种生产要素的支出既不能超出这一货币量，也不能小于这一货币量。超出这一货币量的购买是无法实现的，而小于这一货币量的购买也达不到既定资源时的产量最大化。

后一个公式表示生产要素最优组合的条件。每一单位货币成本无论是购买资本K，还是购买劳动L，所得到的边际产量都相等。

把等产量线与等成本线结合在一个图上，那么，等成本线必定与无数条等产量线中的一条切于一点。在这个切点上就实现了生产要素的最优组合。在图4-9中，三条等产量线，产量大小的顺序为$Q_1 < Q_0 < Q_2$。等成本线AB与等产量线Q_0相切于E，这时实现了生产要素的最优组合。这就是说，在货币成本与生产要素价格既定的条件下，OL_1的劳动与OK_1的资本结合，可以实现利润的最大化，即既定产量下成本最小或既定成本下产量最大。

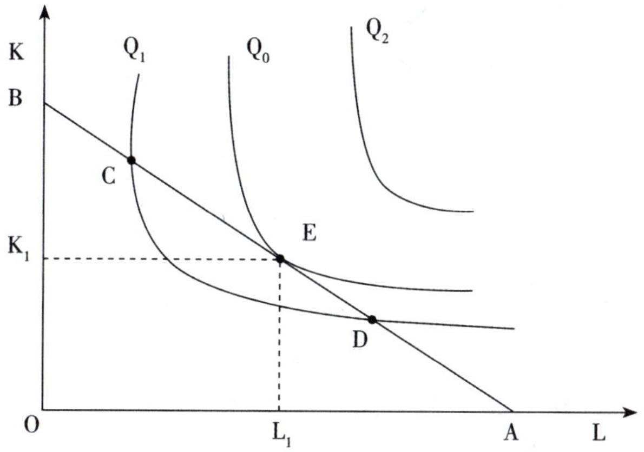

图4-9　生产要素的最优组合

为什么只有等产量线与等成本线的切点才是最佳组合呢？从图4-9中可以看出，只有在E点上所表示的劳动与资本的组合才能达到在货币成本和生产要素价格既定条件下的产量最大。离原点远的等产量线Q_2所代表的产量水平大于等产量线Q_0，但等成本线AB同它既不相交又不相切，这说明达到Q_2产量水平的劳动与资本的数量组合在货币成本与生产要素价格既定的条件下是无法实现的。而离原点近的等产量线Q_1，虽然等成本线AB同它有两个交点C和D，说明在C点和D点上所购买的劳动与资本的数量组合也是货币成本与生产要素价格既定的条件下的最大组合，但$Q_1 < Q_0$，因此C点和D点时的劳动与资本的数量组合并不能达到利润最大化。此外，在等产量线Q_0上，除E之外的其他各点也在AB线之外，即所要求的劳动与资本的数量组合在货币成本与生产要素价格既定的条件下也是无法实现的。

（三）生产扩张线

生产扩张线是指在生产要素价格和其他条件不变情况下，随着企业成本的增加，等成本线向右上方平行移动，不同的等成本线与不同的等产量线相切，形成不同的生产要素的最佳组合点，将这些点连接在一起所形成的轨迹。生产扩张线表示在生产要素价格、技术和其他条件不变的情况下，当生产过程的投入（成本）增加时，企业必然会沿着生产要素的最优组合来扩大其生产；当生产者沿着这条线扩大生产时，可以始终实现生产要素的最佳组合，从而使生产规模沿着最有利的方向扩大。生产扩张线如图4-10所示。

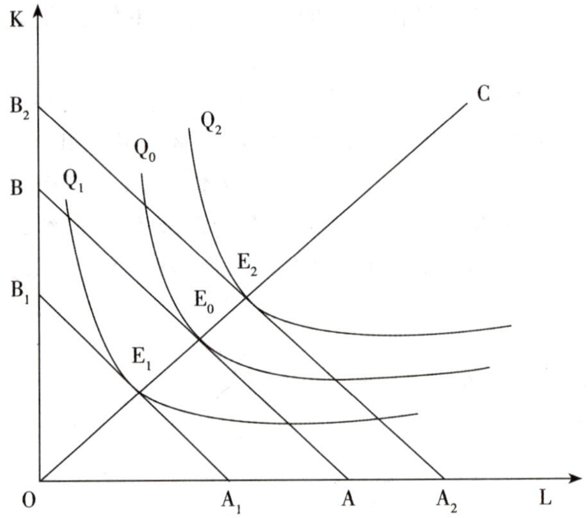

图4-10　生产扩张线

四、柯布-道格拉斯生产函数

动画 4-7

柯布-道格拉斯生产函数

柯布-道格拉斯生产函数最初是美国数学家柯布（C.W.Cobb）和经济学家保罗·道格拉斯（Paul H.Douglas）共同探讨投入和产出的关系时创造的生产函数，并以两人的名字命名，是在生产函数的一般形式上作出的改进，引入了技术资源这一因素。柯布-道格拉斯生产函数表达形式为：

$$Q=A\times L^{\alpha}\times K^{\beta}$$

Q是产量，L，K是劳动投入量和资本投入量，A，α，β是参数，$A>0$，$0<\alpha$，$\beta<1$）。

α和β的经济含义是：①$\alpha+\beta>1$，规模报酬递增，就是产量增加的比例大于生产要素的投入增加的比例；②$\alpha+\beta<1$，规模报酬递减，就是产量增加的比例小于生产要素的投入增加的比例；③$\alpha+\beta=1$，规模报酬不变，就是产量增加的比例等于生产要素的投入增加的比例。

五、规模报酬

（一）规模报酬的含义

规模报酬（Returns to Scale）是指在其他条件不变的情况下，企业内部各种生产要素按相同比例变化时所带来的产量变化。规模报酬分析的是企业的生产规模变化与所引起的产量变化之间的关系。企业只有在长期内才能变动全部生产要素，进而变动生产规模，因此企业的规模报酬分析属于长期生产理论问题。

在微观经济学中，将长期中厂商的规模变化定义为所有生产要素的同比例变化。企业的规模报酬变化可以分规模报酬递增、规模报酬不变和规模报酬递减三种情况，现在举例加以说明：

假设某大型啤酒厂月产5万吨啤酒，耗用资本为50个单位，耗用劳动为50个单位。现在扩大了生产规模，使用100个单位的资本和100个单位的劳动（生产规模扩大一倍），由此所带来的收益变化可能有如下三种情形：①产量大于10吨，产量增加的比例大于生产要素增加的比例，这叫作规模收益递增。②产量等于10吨，产量增加的比例等于生产要素增加的比例，这叫作规模收益不变。③产量小于10吨，产量增加的比例小于生产要素增加的比例，这叫作规模收益递减。

随着生产规模的变化，企业的规模收益也在发生变化。那么，使得规模收益变化的原因是什么呢？在经济学上，将这个原因称作“规模经济”和“规模不经济”。前者是指由于产出水平的扩大或者生产规模的扩大而引起产品平均成本的降低；而如果产出水平的扩大或者生产规模的扩大而引起产品平均成本的升高，则将其称作“规模不经济”。

动画 4-8

规模经济理论

规模经济（Economies of Scale）是指由于产出水平的扩大，或者说生产规模的扩大而引起的产品平均成本的降低。理解这一含义时要注意以下三点：

第一，规模经济发生作用的条件是以技术不变为前提的。

第二，在生产中使用的两种可变投入要素是按同样的比例增加的，且不考虑技术系数变化的影响，以及由于生产组织规模的调整对产量的影响。

第三，两种生产要素增加所引起的产量或收益的变动情况，就如同边际收益递减规律发生作用一样，也有规模收益递增、规模收益不变、规模收益递减三个阶段。

规模收益的变动如图4-11所示。在图4-11中，Oa曲线表示规模收益不变，Ob曲线表示规模收益递增，Oc曲线表示规模收益递减。

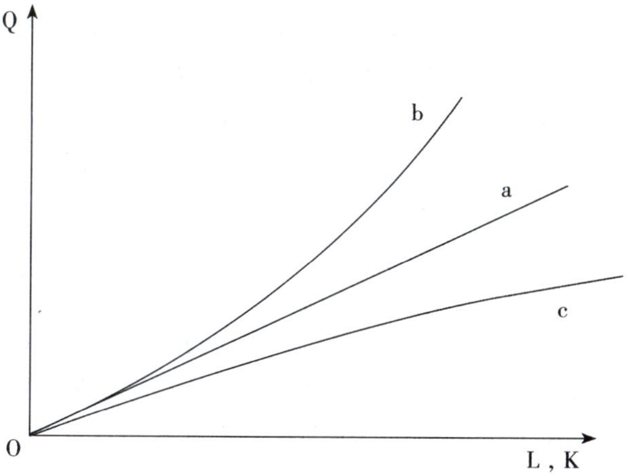

图4-11　规模收益的变动

同步思考4-4

如何理解“众人拾柴火焰高”与“三个和尚没水喝”?

分析：只有形成规模，才能发挥强大的力量。俗话说“人多力量大”“众人拾柴火焰高”，这些耳熟能详的口号总是能让人联想到冲天的干劲和建设热情。它说明一个道理：只有形成规模，才能发挥强大的力量。从经济学上讲，这涉及一个组织的规模，用专业术语描述，就是“规模收益”问题。它是指在其他条不变的情况下，企业内部各种生产要素按相同比例变化时所带来的产量变化。

“一根筷子容易折，一把筷子折不断”固然是实例，但“一个和尚挑水喝，两个和尚抬水喝，三个和尚没水喝”也是著名的故事。无数的事实早已证明，人多确实力量大，但未必一定会有更高的效率。

（二）影响规模经济变动的因素

1.内在经济

内在经济是指一个企业在生产规模扩大时，由自身内部因素所引起的收益或产量的增加。引起内在经济的主要因素有：①生产规模扩大，可以购置和使用更加先进的机器设备；可以提高专业化程度，提高生产效率；实现资源的综合开发和利用，使生产要素效率得到充分发挥。②巨大的工厂规模能使企业内部管理系统高度专业化，各部门的管理者容易成为某一方面的专家，从而提高管理水平和工作效率。③在大规模生产中，可以对副产品进行综合利用，从而更加快速地开发生产出许多相关产品，实行多元化生产。④在大规模生产中，可以对生产要素进行综合、大批量采购，对产品进行大批量运输，从而降低购销成本。同时，由于大规模生产，容易形成生产经营上的垄断，因此有利于获取生产经营上的优势，获得递增的规模收益。

2.内在不经济

内在不经济是指一个企业由于本身生产规模过大而引起产量或收益的减少。引起内在不经济的原因主要有：①企业规模过大，会导致管理层次复杂、管理幅度过大，同时，庞大的管理机构可能会降低企业的管理效率。②生产经营规模庞大、产品多样化，可能会引起销售费用增加。③生产规模大，可能会使生产要素、制成品和在制品积压，导致生产成本增加。

3.外在经济

外在经济是指由于整个行业生产规模的扩大，而给个别企业带来的产量与收益的增加。引起外在经济的原因主要有：①可以从整个行业的扩大中得到更加便利的交通辅助设施，可以获得各种市场信息。②能够在行业内部实行更好的专业化协作，提高生产效率。③可以得到更多的人才和熟练的技术工人。④可以更加方便地实现企业间的规模连锁经营和扩张经营。

4.外部不经济

外部不经济是指由于整个行业生产规模扩大，而给个别企业带来的产量与收益的下降。引起外部不经济的原因主要有：①行业规模过大，可能会加剧企业之间的竞争，从而降低收益。②行业规模过大，企业之间互相争购原材料和劳动力，可能会导致生产要素价格上升、货币成本增加。③行业规模过大，会产生环境污染、交通拥挤等不利影响。

（三）适度规模

适度规模是指两种生产要素的增加使规模扩大的同时，也使产量或收益递增达到最大。当收益递增达到最大时，就不再增加生产要素，并使这一生产规模维持下去。

对不同行业的企业来说，适度规模的大小是不同的，并没有一个统一的标准。在确定适度规模时，应该考虑的因素主要有：①企业的技术特点和生产要素的密集程度。一般来说，像钢铁、汽车、造船、重化工之类的资本密集型企业，投资规模大、技术复杂，适宜采用大规模生产；而像纺织业、服务业之类的劳动密集型企业，就适宜采用小规模生产。②市场需求的影响。一般来说，生产市场需求量大、标准化程度高的产品企业，适度规模就应该大；相反，生产市场需求小、标准化程度低的产品企业，适度规模就应该小。③自然资源状况。比如矿山储藏量的大小、水力发电站水资源的丰裕程度等。

关键术语

生产要素　生产函数　等产量线　等成本线　总产量　平均产量　边际产量　边际收益　递减规律　规模经济

应知考核

一、单项选择题

随堂测 4

1.现代市场经济中最重要的企业形式是（　　）。

A.独资企业　　B.合伙制企业　　C.公司制企业　　D.以上都可以

2.对生产函数 $Q=f(L,K)$ 和成本方程 $M=P_L \cdot Q_L+P_K \cdot Q_K$ 来说，在最优生产组合点上，（　　）。

A.等产量线和等成本线相切　　B.$MRTS_{LK}=P_L/P_K$

C.$MP_L/P_L=MP_K/P_K$　　D.以上说法都对

3.生产函数衡量了（　　）。

A.投入品价格对企业产出水平的影响

B.给定一定量的投入所得到的产出水平

C.在每一价格水平上企业的最优产出水平

D.以上都是

4.经济学中短期和长期生产函数的划分取决于（　　）。

A.时间长短　B.可否调整产量
C.可否调整产品价格　D.可否调整生产规模

5.根据等产量线与等成本线相结合分析，两种生产要素的最优组合是（　　）。
A.等产量线与等成本线相交之点　B.等产量线与等成本线相切之点
C.离原点最远的等产量线上的任一点　D.离原点最近的等产量线上的任一点

6.边际报酬递减规律成立的前提条件是（　　）。
A.生产技术既定
B.按比例同时增加各种生产要素
C.连续增加某种生产要素的同时保持其他生产要素不变
D.A和C

7.等产量曲线上的各点代表了（　　）。
A.为生产相同产量，投入要素的组合比例是固定不变的
B.为生产相同产量，投入要素的价格是不变的
C.生产相同产量的投入要素的各种组合比例
D.为生产相同产量，成本支出是相同的

8.当总产量达到最大值时，（　　）。
A.边际产量大于零　B.边际产量等于零
C.边际产量小于零　D.边际产量等于平均产量

9.边际产量曲线与平均产量曲线的相交点是在（　　）。
A.边际产量大于平均产量　B.边际产量小于平均产量
C.边际产量等于平均产量　D.边际产量等于总产量

10.在规模收益不变阶段，生产规模扩大了10%，带来（　　）。
A.产量增加10%　B.产量减少10%
C.产量的增加大于10%　D.产量的增加小于10%

二、多项选择题

1.以下各要素中属于经济学范畴生产要素的有（　　）。
A.劳动力　B.土地　C.企业家才能　D.资本

2.一般说企业家的才能通常是指企业家的（　　）。
A.组织能力　B.管理能力　C.创新能力　D.推销能力

3.以下现象发生在生产第二阶段的有（　　）。
A.平均成本达到最大值　B.平均成本开始下降
C.平均成本一直小于边际成本　D.平均成本大于边际成本

4.关于边际产量与平均产量的关系，下列说法正确的是（　　）。
A.边际产量与平均产量均是先上升后下降
B.边际产量交于平均产量的最高点
C.在相交点左侧，平均产量大于边际产量
D.在相交点右侧，平均产量大于边际产量

5.关于边际报酬递减，下列说法正确的有（　　）。

A.边际收益递减规律发生的前提条件是技术不变

B.在产量递增阶段，可变生产要素的增加使产量或收益增加

C.在边际产量递减阶段，增加的每一单位生产要素的边际产量是递减的

D.在产量绝对减少阶段，生产要素的增加使总产量迅速减少

三、判断题

1.生产函数指的是要素投入量和最大产出之间的一种函数关系，通常分为固定比例生产函数和可变比例生产函数两种类型。（　　）

2.等产量线凸向原点是由边际技术替代率递减所决定的。（　　）

3.边际收益递减规律是采用无差异曲线法。（　　）

4.边际收益递减规律是研究一种生产要素合理投入的出发点。（　　）

5.只要总产量减少，边际产量一定是负数。（　　）

四、简答题

1.什么是生产要素与生产函数？

2.用图形来说明生产要素的最适组合。

3.用图形说明总产量曲线、平均产量曲线和边际产量曲线的特征及其相互之间的关系。

4.什么是规模经济？影响规模经济的因素有哪些？

5.在确定适度规模时，应该考虑哪些因素？

五、计算题

1.假设某企业产品总产量函数为$TP_L=72L+15L^2-L^3$，求：

（1）当$L=7$时，边际产量MP_L是多少？

（2）L的投入量为多大时，边际产量MP开始递减？

2.假设某厂商的短期生产函数为$Q=35L+8L^2-L^3$，求：

（1）该企业的平均产量函数和边际产量函数。

（2）如果企业使用的生产要素的数量为$L=6$，是否处于短期生产的合理区间？为什么？

3.某消费者收入为3 000美元。红酒一杯3美元，奶酪一磅6美元。请画出该消费者的预算线。这条预算线的斜率是多少？

应会考核

观念应用

试用边际收益递减规律解释“一个和尚挑水喝，两个和尚抬水喝，三个和尚没水喝”的现象。

技能应用

表4-3是一种可变生产要素的短期生产函数的产量表。根据该表回答下列问题：

（1）在表中填空。

（2）指出该生产函数是否存在边际报酬递减？如果是，从第几单位的可变要素投入量开始的？

表 4-3　短期生产函数产量表

可变要素的数量	可变要素的总产量	可变要素的平均产量	可变要素的边际产量
1		2	
2			10
3	24		
4		12	
5	60		
6			6
7	70		
8			0
9	63		

案例分析

“美味之汤”是如何生产出来的？

一个陌生人来到一个小村庄，他向村子里的人说：“我有一块神奇的汤石，如果把它放进烧开的水中，立刻就会变出一锅美味的汤来。如果你们不相信，我现在就煮给你们看。”

于是，有人拿来了大铁锅，也有人提来了水，在村子的一片空地上，架起了炉子，煮了起来。这位陌生人小心地把汤石放入滚烫的锅中，然后尝了一口，很兴奋地说：太好喝了，不过如果再加一点洋葱就更好了。立刻有人冲回家拿了洋葱放入汤中。陌生人又尝了一口：“太棒了，如果再放一些肉片就更鲜了。”又有人快速端来一盘肉。“如果再有一些蔬菜就太完美了。”陌生人又建议道。

就这样在陌生人的指挥下，有人拿来盐，有人拿来酱油和其他佐料。当大家每人一碗在那里享用时，他们发现，这真是天底下最美味的汤了。

资料来源　高鸿业．微观经济学［M］．7版．北京：中国人民大学出版社，2018.

问题：

（1）人们的生产活动需要哪些东西？

（2）“美味之汤”是如何生产出来的？

项目五

回归生产理性——成本与收益理论

知识目标

理解：成本的分类，并注意区别。

熟知：长期成本的含义；长期平均成本的内容。

掌握：短期成本的含义与分类；利润最大化原则。

技能目标

明白成本在经济中的实际应用；能区分各类短期成本的变动规律及其关系。

素质目标

能够正确理解经济运行的逻辑关系和基本规律，能够对成本和收益进行简单分析，具备初步分析问题的能力，树立正确的世界观、人生观和价值观，做到学思用贯通、知信行统一。

项目引例　　桃子被丰收撞了一下腰

程远夫妻的选择更有利吗?

程远是你的好朋友，他空出自己在闹市居住的1楼，开了一个小区的家庭面馆。他们夫妻两个人辛苦了一个月，算算账，税后净赚了5 000元。为此，两个人感到很高兴，似乎勤劳致富的道路就在眼前。而有人却说他们这是吃力不讨好，做的是亏本生意，你同意这个人的说法吗？请说明理由。

这种说法有一定的道理。尽管表面上看开了一个面馆一个月赚了5 000元，但是如果仔细计算他们的经济利润的话，不见得是盈利的。也就是说，他们应该考虑两个人如果去其他地方打工的话能够赚的钱，以及房子出租能够获得的租金，如果这两项加起来大于5 000元的话，那么真的是吃力不讨好，做亏本生意了。

知识支撑

任务一　成本理论概述

一、成本的含义

成本是指企业在生产活动中使用的各种生产要素的价格。生产要素包括劳动、土地、资本和企业家才能，所以成本包括工资、地租、利息和企业家才能的报酬。

二、经济学中的成本分类

动画 5-1
会计成本

（一）会计成本

会计成本（Accounting Cost）是指企业在生产中按市场价格购买的生产要素的货币支出。会计成本可以用货币来计量，且能够在会计账目上直接反映出来。会计成本是过去的支出，因此也称为历史成本；同时，这种成本在企业中是显而易见的，因此又称为显性成本。例如，企业雇用工人支付的工资、向银行贷款支付的利息、租用土地支付的地租、购买原材料支付的费用等。

（二）经济成本

经济成本（Economic Cost）是指企业在生产过程中发生的显性成本与隐性成本之和。显性成本也称显成本，是指企业在生产要素市场上购买或租用所需要的生产要素的实际支出。隐性成本也称隐成本，是指生产者自有的资金、土地、厂房、人力等生产要素被用于该企业生产过程而支付的总价格。隐性成本包括生产者拥有的和使用的资源的成本。

课堂讨论 5-1　　请你当法官

上小学的欣欣有一天在学校上体育课，由于体育老师不正确的操作，导致欣欣在模拟跑步姿势时不小心摔倒，导致右胳膊骨折。欣欣被父母送到医院治疗。由于没法上课，欣欣请假3个月。欣欣的父母都是企业员工，他们也请了3个月的假来照顾欣欣。欣欣的姥姥退休在家，每天给欣欣做好吃的。欣欣父母的同事都认为此次事故是体育老师不正确的操作导致的。欣欣的父母也咨询了律师朋友，确定此次事故体育老师有不可推卸的责任。于是，欣欣的父母向学校提出索赔。

讨论：如果你是法官，你认为学校应该赔偿多少钱？如何计算？

同步思考 5-1

企业雇用经营管理人员付出的报酬是隐性成本还是显性成本？

分析：是显性成本。因为企业雇用经营管理人员付出的报酬可以在会计账目上直接反映出来。

（三）机会成本

机会成本（Opportunity Cost）是指当把一定资源用于生产某种经济物品时放弃的其他用途所能产生的最大收益，即生产者放弃的使用相同的生产要素在其他生产用途中所能获得的最高收入。

【注意】机会成本与会计成本的区别如下：①机会成本不是企业的实际支出，而会计成本是企业的实际支出。②机会成本在会计账目上反映不出来，又称为隐性成本；会计成本能够在会计账目上反映出来，又称为显性成本。

案例鉴赏5-1

某人拥有10 000元的资金，可用于以下A、B、C3种用途，所得收入及利润见表5-1。

表5-1　A、B、C用途所得的收入及利润情况　单位：元

项目 用途	A用途	B用途	C用途
预计各种用途可能获得的销售收入	12 000	16 000	19 000
预计各种用途可以得到的利润	2 000	6 000	9 000

案例鉴赏 5-1

分析提示

在表5-1中，把资金用于A用途，可以得到销售收入12 000元，那么会失去什么呢？

课程思政5-1　转行的机会成本有多大

李佳今年28岁，从事客户服务工作5年多了。最近，李佳越来越觉得客户服务工作没有太大的发展前景，加上年龄逐渐增长，她对自己的职业发展方向产生了迷惑。她一直想转行，但是一想到自己大学里学的是人力资源管理，也没什么特长，若是真要转行还需要一番苦功。

李佳先去做了市场调查，根据市场需求和实际情况，决定转行做律师：一来自己这么多年一直对法律感兴趣；二来考个律师证相对而言节省时间与金钱。当然还有最重要的一点，就是律师越老越值钱，再也不会为年龄发愁。

然而真正要转行时，李佳又犹豫了："28岁才想转行晚不晚呢？"

资料来源　根据佚名．你的转行机会成本有多大［EB/OL］．［2006-09-23］．http：//blog.sina.com.cn/s/blog_4a79ebf5010006nh.html.改编．

思政感悟

我们先来帮李佳算一笔经济账。考个律师证的成本：辅导班6 000元＋教材300元＋考试费220元=6 520（元）。

若是刚刚转行成为律师，薪水肯定没有现在高，但从长远利益来看，超过现在的水平只是一个时间和转行成功与否的问题。

据调查，大多数白领的职业生涯都呈现出这样的轨迹：工作1～4年担任基层职位，5～6年任经理，7～9年任高级经理/总监，10～12年任副总经理，13～20年任总经理，即30岁以上的白领普遍担任一定的管理职务。但是能够最终升至企业总监以上高级职务的概率只有10%，所以这时许多人感觉在企业内发展空间有限，缺乏工作动力。因此，28～33岁这个年龄阶段、有一定事业基础的白领是对职业最敏感的人群，他们渴求事业有大的突破。这时候就面临着是换行业还是换岗位的艰难抉择。

三省吾身

对李佳而言，转行是可行的，李佳的个性是敢于接受挑战和压力的，又准备从事自己感兴趣的工作；况且已经厌倦了现在工作的烦琐。所以，转行是可行的。当然，转行前要先接触与专业相关的行业，有这样一个过渡，可以使她更快地进入新的角色。其实，认清自己的弱点同样是优势，这样可以一切从零开始。

三、经济利润

企业的所有显性成本和隐性成本之和构成总成本。企业的经济利润指企业的总收益和总成本之间的差额，简称企业的利润。企业所追求的最大利润，指的就是最大的经济利润。经济利润也被称为超额利润。在经济学中我们还要区别正常利润和经济利润，正常利润通常指厂商对自己所提供的企业家才能的报酬支付。正常利润是厂商生产成本的一部分，它是以隐性成本记入成本的。由于正常利润属于成本，因此，经济利润中不包含正常利润。又由于厂商的经济利润等于总收益减去总成本，所以，当厂商的经济利润为零时，厂商仍然得到了全部的正常利润。

动画 5-2

正常利润

任务二　掌握短期成本曲线

动画 5-3

短期成本曲线

在短期内，由于生产要素不能全部根据生产规模变动进行调整，所以产品成本变动的特点是一部分费用可变、一部分费用相对不变。在短期成本分析中，主要研究由于产量变动所引起的总成本、平均成本和可变成本的变动规律，以及由此决定的企业生产经营规模的确定等问题。

一、短期成本的构成

短期成本包括短期总成本、短期平均成本和短期边际成本。

（一）短期总成本

短期总成本（Short-run Total Cost，STC）是指短期内生产一定量产品所需要的成本总和。短期总成本包括短期总可变成本和短期总固定成本，用公式表示为：

$$STC=STFC+STVC$$

上式中，STC表示短期总成本，STFC表示短期总固定成本，STVC表示短期总可变成本。

（二）短期平均成本

短期平均成本（Short-run Average Cost，SAC）是指短期内生产每一单位产品平均所需要的成本。短期平均成本等于短期总成本除以产量，用公式表示为：

SAC=STC/Q

上式中，SAC表示短期平均成本，Q表示产量。

短期平均成本包括短期平均可变成本和短期平均固定成本。短期平均可变成本是短期总可变成本除以产量，短期平均固定成本是短期总固定成本除以产量，用公式表示为：

SAFC=STFC/Q

SAVC=STVC/Q

SAC=SAFC+SAVC

上式中，SAFC表示短期平均固定成本，SAVC表示短期平均可变成本。

（三）短期边际成本

短期边际成本（Short-run Marginal Cost，SMC）是指企业每增加一单位产量所增加的总成本，用公式表示为：

SMC=ΔSTC/ΔQ

上式中，SMC表示短期边际成本，ΔSTC表示短期总成本的增量，ΔQ表示产量的增量。

【注意】短期总成本、短期平均成本、短期边际成本是互相联系、密切相关的，而其中短期边际成本的变动又是短期总成本和短期平均成本变动的决定性因素。

二、短期成本的变动规律及其关系

短期成本随产量增加而变动的规律及其关系，可以通过表5-2所列短期成本变动情况的数据表示出来。同时，根据表5-2还可以绘制出各类短期成本的曲线图。

（一）短期总固定成本、短期总可变成本和短期总成本

短期总固定成本线是一条平行于横轴的水平线，表明固定成本是一个既定的数量（表5-2中为64），它不随产量的增减而改变。短期总可变成本是产量的函数，短期总可变成本曲线是一条向右上方倾斜的曲线。其变动规律是从原点出发，随着产量的增加，成本相应增加。也就是说，短期总可变成本随产量的增加，先以越来越慢的速度增加，而后转为以越来越快的速度增加。

短期总成本曲线是由短期总固定成本线与短期总可变成本曲线相加而成，其形状与短期总可变成本曲线一样，且在短期总可变成本曲线的正上方，是短期总可变成本曲线向上平行移动一段相当于短期总固定成本大小的距离，即短期总固定成本线与

表 5-2 短期成本变动情况表

产量 Q(1)	短期总固定成本 STFC(2)	短期总可变成本 STVC(3)	短期总成本 STC(4)=(2)+(3)	短期边际成本 SMC(5)	短期平均固定成本 SAFC(6)=(2)÷(1)	短期平均可变成本 SAVC(7)=(3)÷(1)	短期平均成本 SAC(8)=(6)+(7)
0	64	0	64	—	—	—	—
1	64	20	84	20	64	20	84
2	64	36	100	16	32	18	50
3	64	51	115	15	21.3	17	38.3
4	64	64	128	13	16	16	32
5	64	80	144	16	12.8	16	28.8
6	64	111	175	31	10.7	18.5	29.2
7	64	168	232	57	9.1	24	33.1
8	64	320	384	152	8	40	48

短期总可变成本曲线在任一产量上的垂直距离之和等于短期总固定成本，但短期总固定成本线不影响短期总成本曲线的斜率。因此，短期总固定成本的大小与短期总成本曲线的形状无关，而只与短期总成本曲线的位置有关。短期总成本曲线也是产量的函数，短期总成本曲线的形状也取决于边际收益递减规律。

STFC、STVC 和 STC 线如图 5-1 所示，其中，横轴 OQ 表示产量，纵轴 OC 表示成本。

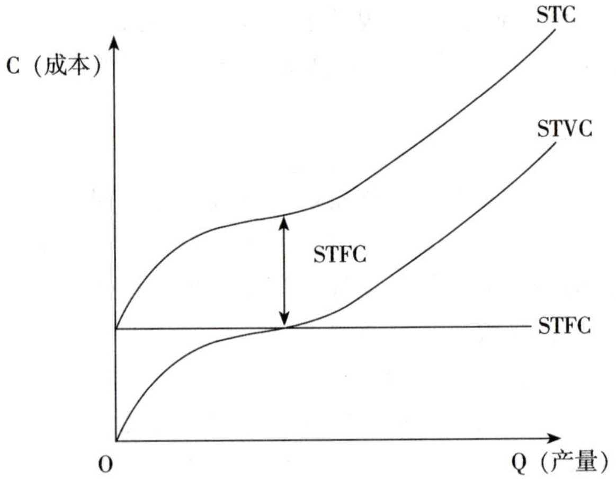

图5-1 STFC、STVC和STC线

（二）短期平均固定成本、短期平均可变成本和短期平均成本

短期平均固定成本曲线是一条向右下方倾斜的曲线，开始比较陡，以后逐渐平缓，这表示随着产量的增加，短期平均固定成本一直在减少，但开始时减少的幅度大，以后减少的幅度越来越小。短期平均可变成本曲线和短期平均成本曲线均是"U"形曲线，表明随着产量的增加，短期平均可变成本和短期平均成本都是先下降而后上升。短期平均成本曲线在短期平均可变成本曲线的上方，开始时，短期平均成本曲线比短期平均可变成本曲线下降的幅度大，此后二者的变动规律相似。SAFC、SAVC和SAC曲线如图5-2所示。

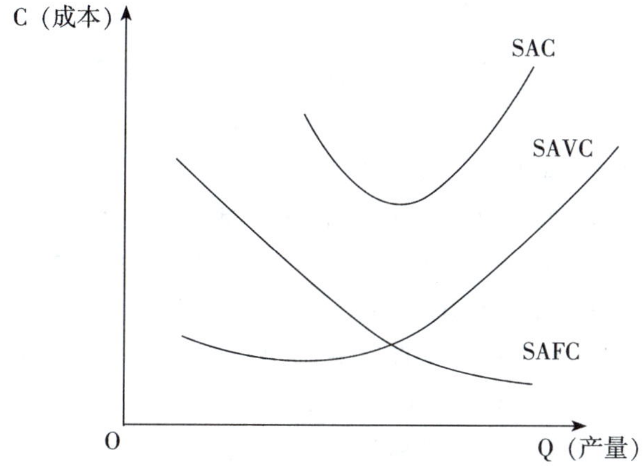

图5-2 SAFC、SAVC和SAC曲线

（三）短期边际成本、短期平均成本和短期平均可变成本

短期边际成本曲线是一条先下降而后上升的"U"形曲线，开始时，边际成本随产量的增加而减少；当产量增加到一定程度时，边际成本就随产量的增加而增加。

1.短期边际成本和短期平均可变成本的关系

造成SMC曲线和SAVC曲线呈"U"形的原因都是投入要素的边际成本的递减或递增，也就是边际收益率的递增或递减，但两种成本的经济含义和几何含义不同。SMC曲线反映的是STVC曲线上某一点的斜率。而SAVC曲线则是STVC曲线上任一点与原点连线的斜率。SMC曲线与SAVC曲线相交于SAVC曲线的最低点A。由于短期边际成本对产量变化的反应要比短期平均可变成本灵敏得多，因此，不管是下降还是上升，SMC曲线的变动都快于SAVC曲线，SMC曲线比SAVC曲线更早到达最低点。在A点上，SMC=SAVC，即短期边际成本等于短期平均可变成本；在A点左面，SAVC在SMC之上，SAVC一直递减，SAVC > SMC，即短期边际成本小于短期平均可变成本；在A点右面，SAVC在SMC之下，SAVC一直递增，SAVC < SMC，即短期边际成本大于短期平均可变成本。A点被称为停止营业点，即在这一点上，价格收入只能弥补短期平均可变成本，这时的损失是不生产也要支付短期平均固定成本。因此，如果低于A点，价格收入就不能弥补短期平均可变成本，生产者难以开工。如图5-3所示。

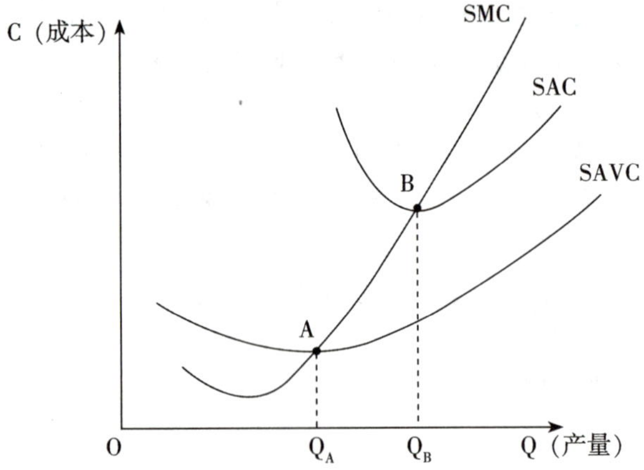

图5-3 SMC、SAC和SAVC曲线

2.短期边际成本和短期平均成本的关系

短期边际成本和短期平均成本的关系与短期边际成本和短期平均可变成本的关系相同。继续以图5-3为例来说明相关内容。SMC曲线与SAC曲线相交于SAC曲线的最低点B。在B点上，SMC=SAC，即短期边际成本等于短期平均成本；在B点左面，SAC在SMC之上，SAC一直递减，SAC > SMC，即短期平均成本大于短期边际成本；在B点右面，SAC在SMC之下，SAC一直递增，SAC < SMC，即短期平均成本小于短期边际成本。B点被称为收支相抵点，这时的价格为短期平均成本，短期平均成本等于短期边际成本，生产者的成本（包括正常利润在内）与收益相等。

视野拓展5-1　谨防被“沉没成本”所困

经济学中的沉没成本，指的是一种经济行为已经发生，无论目前做出何种选择都无法收回成本，包括金钱、时间和精力。行为科学研究发现，决策者在考虑问题时，常常受到先期投入的影响，总是以上一次选择是正确的为前提，继而表现出持续投入的强烈倾向，以致陷入恶性循环而难以自拔，无形中陷入“沉没成本”陷阱。

三、短期成本曲线的特征

短期成本曲线之间的关系如图5-4所示。

（一）曲线呈“U”形

边际成本（MC）与平均成本（AC）、平均可变成本（AVC）三条曲线呈“U”形。这一特征是由边际成本递增规律确定的：随着可变投入的增加，边际成本在开始时递减；随着可变投入的继续增加，边际成本最终会不断上升。

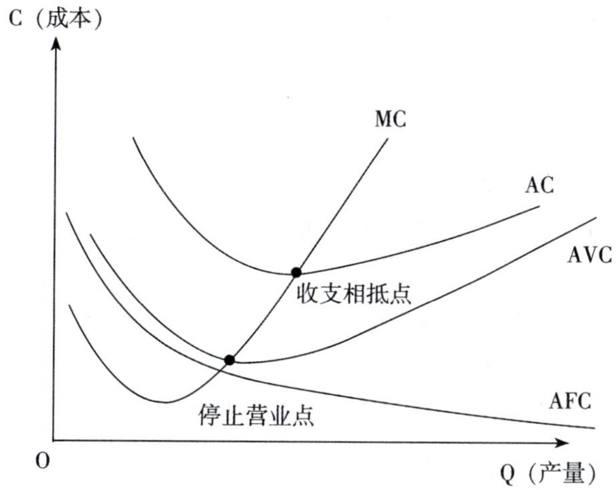

图5-4　短期成本曲线

视野拓展5-2

淡季的小型高尔夫球场

由于不同的季节收入变动很大，夏季度假区小型高尔夫球场必须决定什么时候营业和什么时候歇业。固定成本——购买土地和建球场的成本——是无关的。只要在一年的这些时间，收入大于可变成本，小型高尔夫球场就可以开业经营。

课堂讨论5-2

假设你经营一家鸡排店，如果每月炸1 000块鸡排，总成本为10 000元，其中6 000元为固定成本，4 000元为可变成本，则每块鸡排的平均成本为10元，每块鸡排的平均固定成本为6元，平均可变成本为4元。

如果售价为每块12元，每块鸡排可赚2元。如果售价为每块10元，不赔不赚，你会继续经营吗？若每块售价降到8元，每卖一块排鸡要亏2元钱，你还会经营下去吗？若每块为5元呢？

（二）边际成本和平均成本、平均可变成本之间的关系

边际成本（MC）曲线先穿过平均可变成本（AVC）曲线的最低点、后穿过平均成本（AC）曲线的最低点。

1.边际成本（MC）和平均成本（AC）之间的关系

从图5-4中可以看出，U形的AC曲线和MC曲线相交于AC曲线的最低点。相交前，MC小于AC，MC曲线位于AC曲线的下方，AC曲线必然会下降；相交后，MC大于AC，MC曲线位于AC曲线的上方，AC曲线必然会上升；在交点MC等于AC。当AC等于MC时，AC曲线既不上升，也不下降；且不管是上升还是下降，MC的变动均快于AC的变动。

如果企业销售商品的单价或平均收益等于MC和AC交点，那么，这个最低平均成本点便称为收支相抵点（或称盈亏平衡点），因为在这一点正好平均收益等于平均

成本，超过这点继续增加产量，平均收益小于平均成本，将导致亏损。

2.边际成本（MC）和平均可变成本（AVC）之间的关系

U形的AVC曲线和MC曲线相交于AVC曲线的最低点。相交前，MC小于AVC，AVC下降，相交后MC大于AVC，AVC上升。在交点上，MC等于AVC，AVC处于最低点。且不管是上升还是下降，MC的变动均快于AVC的变动。

如果企业销售商品的单价或平均收益等于MC和AVC相交点，那么，AVC最低点通常可称为停止营业点，如图5-4所示。因为在这一点正好平均收益等于平均可变成本，超过这点继续增加产量，平均收益小于平均可变成本，不仅收不回固定投入，连可变投入也不能完全收回，所以产量不能超过这点。

3.平均成本（AC）与平均可变成本（AVC）的关系

AC曲线始终位于AVC曲线的上方，AC曲线的最低点高于AVC曲线的最低点。AC大于AVC的部分就是AFC。

同步思考5-2

企业什么时候应该停止营业？

答：(1) AC的最小值对应的产量是收支相抵点，也称为盈亏平衡点产量。当价格P小于AC，企业亏损。

(2) 平均可变成本（AVC）的最小值对应的产量是停止营业点，也称为关门点。

当价格P小于AVC，企业应该停止营业。

动画5-4

成本函数

四、短期成本函数与短期生产函数

生产与成本是一个问题的两个方面，它们具有直接的对应关系。在技术水平和要素价格不变的条件下，一种变动投入的成本函数与生产函数之间的对应关系主要有：

（一）总成本（TC）、总可变成本（TVC）与总产量（TP）

由于TC与TVC都是总产量的函数。总产量TP先以递增的速度增加，然后以递减的速度增加；TC和TVC先以递减的速度增加，后以递增的速度增加。

（二）平均成本（AC）、平均可变成本（AVC）与平均产量（AP_L）

平均成本、平均可变成本与平均产量之间具有反向关系。AP_L先上升，到最高点后再下降，AC、AVC则都先下降，到最低点后再上升。AP_L达到最高点时，AVC达到最低点。

动画5-5

总产量、平均产量和边际产量的关系

（三）边际成本（MC）与边际产量（MP_L）

边际成本（MC）与边际产量（MP_L）间也具有反向变动关系。边际产量先上升，到达最高点，然后下降。边际成本先下降，到达最低点，然后上升，先后与平均可变成本及平均成本最低点相交。边际产量达到最高点时，边际成本达到最低点。

任务三　了解长期成本曲线

在长期内，企业可以根据产量的要求调整全部生产要素的投入量，甚至进入和退出一个行业。在长期内，所有的成本都是可变的。对企业长期成本的分析包括长期总成本、长期平均成本和长期边际成本。

【提示】为了区分短期成本和长期成本，从本任务开始，在短期成本、短期平均成本、短期边际成本的英文缩写前都冠以“S”，如短期总成本简写成STC等，在长期成本的英文缩写前都冠以“L”，如长期总成本简写成LTC等。

一、长期总成本

长期总成本（Long-run Total Cost，LTC）是指长期中生产一定量产品所需要的成本总和。长期总成本随产量的变动而变动，没有产量时就没有总成本。LTC曲线是一条由原点出发向右上方倾斜的曲线，表示长期总成本随着产量的增加而增加，如图5-5所示。在开始生产时，要投入大量生产要素，当产量少时，这些生产要素无法得到充分利用，因此成本增加的比例大于产量增加的比例。当产量增加到一定程度后，生产要素开始得到充分利用，这时成本增加的比例小于产量增加的比例，这也是规模经济的效益。最后，由于规模收益递减，成本增加的比例又大于产量增加的比例。

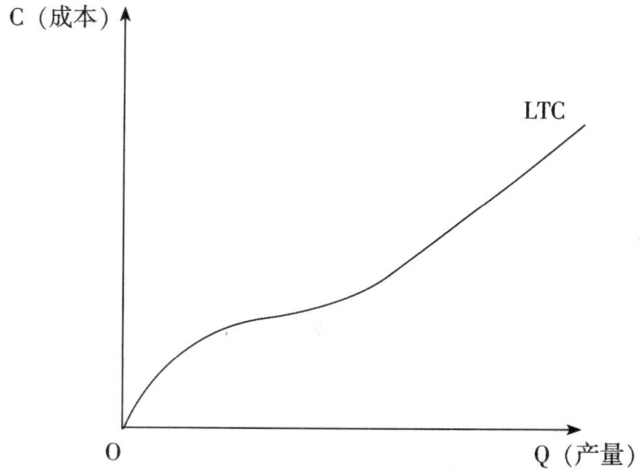

图5-5　LTC曲线

【提示】长期总成本曲线与短期总可变成本曲线的形状是一致的。不同的是，短期总可变成本曲线的形状是由可变投入要素的边际收益率先递增后递减决定的；而在长期，由于所有投入要素都是可变的，因此，这里对应的不是要素的边际收益率问题而是要素的规模报酬问题，长期总成本曲线的形状是由规模报酬先递增后递减决定的。

二、长期平均成本

（一）长期平均成本

长期平均成本（Long-run Average Cost，LAC）是指长期平均每一单位产品的成本。它等于长期总成本LTC与产量Q之商，用公式表示为：

LAC=LTC/Q

上式中，LAC表示长期平均成本，LTC表示长期总成本，Q表示产量。

（二）长期平均成本曲线的特征

动画 5-6

长期平均成本曲线

长期平均成本曲线表明当资本和劳动都可以变动时，可以达到的最低平均成本与产量之间的关系。长期平均成本曲线随着产量的增加而变动，开始时呈递减趋势，达到最低点后转而递增，是一条先下降然后缓慢上升的“U”形曲线。LAC曲线如图5-6所示。

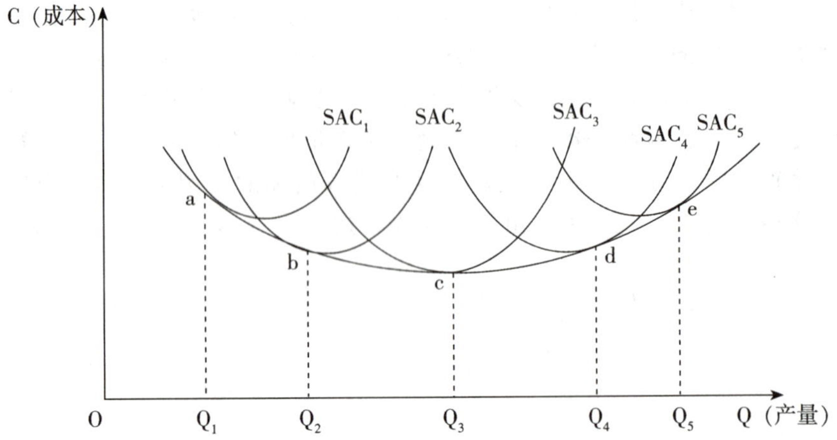

图5-6　LAC曲线

从图5-6可以看出，五条短期平均成本曲线分别表示不同生产规模下短期平均成本的变化情况，越是往右，代表生产规模越大，每条短期平均成本曲线与长期平均成本曲线相切，并且只有一个切点，从而形成一条包络曲线，这是为了降低成本而选择生产规模的结果。生产者要根据产量的大小来决定生产规模，其目标是使长期平均成本最低。

【注意】长期平均成本曲线并不是与所有的短期平均成本曲线的最低点相切，而只与其中的一条短期平均成本曲线的最低点相切，即图5-6中的c点，它也是长期平均成本曲线的最低点。其他规模的短期平均成本曲线则是与长期平均成本曲线的较低点相切。在c点的左侧，长期平均成本曲线与短期平均成本曲线最低点的左侧相切，如a点和b点；在c点的右侧，长期平均成本曲线与短期平均成本曲线最低点的右侧相切，如d点和e点。所以，长期平均成本曲线是由无数条短期平均成本曲线集合而成，从而表现为一条与无数条短期平均成本曲线相切的曲线。

在长期，生产者按这条曲线做出计划，确定生产规模，因此，这条长期平均成本曲线又称为计划曲线或包络曲线。

长期平均成本曲线与短期平均成本曲线的区别在于：长期平均成本曲线无论在下降时还是上升时都比较平坦，这说明长期平均成本无论是减少还是增加都变动较慢。这是因为在长期，全部生产要素都可以随时调整，从规模收益递增到规模收益递减之间有一个较长的规模收益不变阶段；而在短期，规模收益不变阶段很短，甚至没有。

（三）不同行业的长期平均成本

以上对长期平均成本的讨论都假设生产要素的价格是不变的。如果考虑到生产要素价格的变动，则各行业长期平均成本变动的特点又有所不同。根据长期平均成本变动的情况，一般可以把不同的行业分为三种情况：成本不变、成本递增、成本递减。

1. 成本不变的行业

这一行业中，各企业的长期平均成本不受整个行业产量变化的影响，无论产量如何变化，长期平均成本是基本不变的。这一行业成本不变的原因主要有：①这一行业在经济中所占的比重很小，也就是说，与其他行业相比，它是非常微小的。这样，它所需要的生产要素在全部生产要素中所占的比例也很小，从而它的产量变化不会对生产要素的价格产生影响。因此，这一行业中各企业的长期平均成本也就不会由于这一行业产量的变动而变动了。②这一行业所使用的生产要素的种类与数量同其他行业呈反方向变动。这样，它的产量的变动也就不会引起生产要素价格的变动，从而能够保持长期平均成本不变。

2. 成本递增的行业

这一行业中，各个企业的长期平均成本会随着整个行业产量的增加而增加。这一行业在经济中属于普遍情况。这一行业成本递增的原因主要是生产要素是有限的，因此整个行业产量的增加就会使生产要素价格上升，从而引起各企业的长期平均成本增加。这也就是以前说的由于外部因素，一个行业规模的扩大给其中一个企业所带来的“外部不经济”。这种情况在以自然资源为主要生产要素的行业中更为突出，如农业、采矿业等。

3. 成本递减的行业

这一行业中，各个企业的长期平均成本会随着整个行业产量的增加而减少。这也就是之前所说的规模经济中的“外部经济”。这一行业成本递减的原因主要是外部经济的影响。例如，在同一地区建立若干个汽车制造厂，各企业就会由于在交通、辅助服务等方面的节约而产生成本递减效应。但特别应该指出的是，这种成本递减的现象只是在一定时期内存在。在长期，外部经济必然会变为外部不经济。因此，一个行业内的成本递减无法长期维持下去。

三、长期边际成本

动画 5-7

长期边际成本

长期边际成本（Long-run Marginal Cost，LMC）是指长期中增加每一单位产品所增加的成本。用公式表示为：

$$LMC=\Delta LTC/\Delta Q$$

上式中，LMC表示长期边际成本，ΔLTC表示长期总成本的增量，ΔQ代表产量的增量。

长期边际成本是随产量的增加先减少而后增加的，因此，长期边际成本曲线也是一条先下降而后上升的“U”形曲线，但它比短期边际成本曲线要相对平坦一些。

长期边际成本和长期平均成本的关系与短期边际成本和短期平均成本的关系一样，即在长期平均成本下降时，长期边际成本小于长期平均成本（LMC < LAC）；在长期平均成本上升时，长期边际成本大于长期平均成本（LMC > LAC）；在长期平均成本的最低点，长期边际成本等于长期平均成本。LMC曲线如图5-7所示。

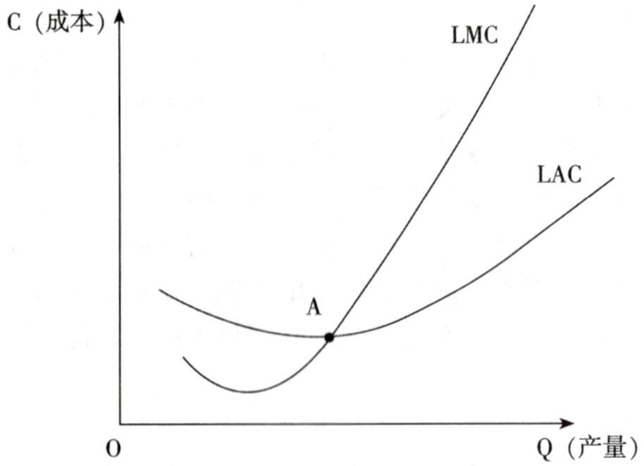

图5-7　LMC曲线

在图5-7中，LMC曲线为长期边际成本曲线，其与长期平均成本曲线LAC相交于LAC的最低点A。在A点，LMC=LAC，即长期边际成本等于长期平均成本。在A点之左，LAC在LMC之上，LAC一直递减，LAC > LMC，即长期平均成本大于长期边际成本；在A点之右，LAC在LMC之下，LAC一直递增，LAC < LMC，即长期平均成本小于长期边际成本。

任务四　收益利润分析

一、收益分析

（一）收益

企业收益（Revenue）是指企业出售产品得到的全部货币收入，即价格与销售量的乘积。收益中既包括了成本，又包括了利润。

【注意】收益并不等于利润，收益不是出售产品所赚的钱，而是出售产品所得到的钱。在所得到的钱中，既有用于购买各种生产要素而支出的成本费用，也有扣除成本费用后余下的利润。

（二）收益的分类

1. 总收益

总收益（Total Revenue，TR）是指企业销售一定量产品所得到的货币收入总额或全部的销售收入。它等于产品单价（P）乘以销售数量（Q），用公式表示为：

TR=P·Q

例如，如果奶牛场一升牛奶卖6元，出售1 000升，那么，它的总收益就是6 000元。

2. 平均收益

平均收益（Average Revenue，AR）是指企业销售每单位产品所得到的收入。它等于总收益除以总销售量，也就是单位产品的平均市场价格，用公式表示为：

AR=TR/Q=P·Q/Q=P

3. 边际收益

动画 5-8

边际收益

边际收益（Marginal Revenue，MR）是指企业每增加一单位产品的销售所增加的收益。它等于总收益的增量（ΔTR）除以总销售量的增量（ΔQ），用公式表示为：

MR=ΔTR/ΔQ

收益是产量与价格的乘积。所以，如果不考虑价格的因素，收益就是产量。以P代表价格，则总收益（TR）与总产量（TP）、平均收益（AR）与平均产量（AP）、边际收益（MR）与边际产量（MP）之间的关系应该是：

TP·P=TR

AP·P=AR

MP·P=MR

如果不考虑价格因素，则有：

TP=TR

AP=AR

MP=MR

【提示】总收益、平均收益和边际收益的变动规律与曲线形状和项目四中所介绍的总产量、平均产量和边际产量的变动规律与曲线形状是相同的。

视野拓展 5-3

流动人口个体成本收益分析

在个体成本收益分析框架下，建立流动人口流入地选择的成本收益分析模型，得到以下结论：

一是流动人口个体在流入地的净收入是进行流动人口流入地选择的重要因素之一，净收入的提高显著提高了流动人口选择“北上广”作为流入地的概率，现实的情况也是如此。另外，与实际收入囊中的现金收入相比，不同流入地的工资水平（也就是流动人口对收入的预期）对其选择流入地的影响更大，研究结果显示，城市平均工资提高1%，流动人口选择“北上广”地区的概率将提高上百倍。

二是“北上广”地区的高生活成本是抑制流动人口流入的因素，然而流动人口个体在流入地的总支出并没有抑制流动人口选择“北上广”，食品支出对流动人口流入“北上广”的概率具有正向作用，房租支出具有负向作用。

三是流入地的产业结构也是影响流动人口流入的重要因素之一，第三产业与第二产业的产值比对流动人口选择“北上广”的概率具有显著的正向作用。

四是“北上广”地区与其他流入地相比较高的政府财政支出，提高了流动人口选择“北上广”作为流入地的概率。

二、成本、收益与利润

在前面，我们把成本分为显性成本和隐性成本。这样总成本包括的内容不同也就形成了不同的利润。经济学中的利润概念是指经济利润（Economic Profit），它等于收益减去经济成本的差额，而经济成本既包括显性成本也包括隐性成本。因此，经济学中的利润概念与会计利润不一样，会计利润（Accounting Profit）仅仅是指企业的总收益减去企业的显性成本。值得注意的是，由于会计师忽略了隐性成本，所以通常情况下会计利润是大于经济利润的。这种差别可以由图5-8表示出来。

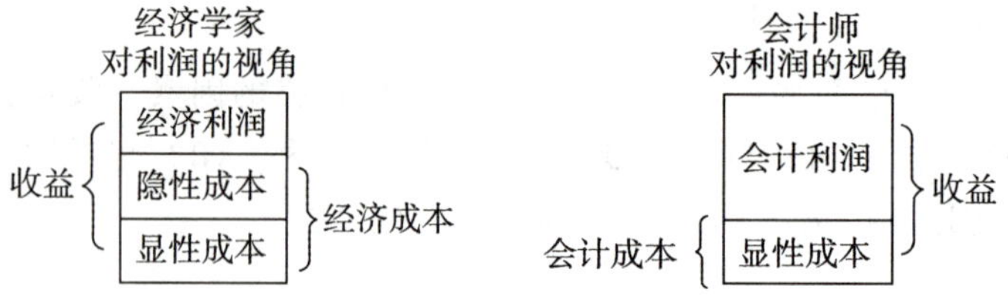

图5-8　经济学家与会计师对利润的不同视角

从前面的介绍已经知道，隐性成本是指稀缺资源投入任一种用途中所能得到的正常收入，如果在某种用途上使用经济资源所得的收入还抵不上这种资源正常的收入，该企业就会将这部分资源转向其他用途以获得更高的报酬。因此，将会计利润减去隐性成本，才是经济学中的利润概念，即经济利润。企业所追求的利润就是最大的经济利润。

经济利润可以为正、负或零。在经济学中经济利润对资源配置和重新配置具有重要意义。如果某一行业存在着正的经济利润，这意味着该行业内企业的总收益超过了全部的机会成本，所以经济利润也称作超额利润。当某一行业实现了超额利润，生产资源的所有者把资源从其他行业转入这个行业中是有利可图的。反之，如果一个行业的经济利润为负，生产资源将从该行业退出。经济利润是资源配置和重新配置的信号。正的经济利润是资源进入某一行业的信号；负的经济利润是资源从某一行业撤出的信号；只有经济利润为零时，企业才没有进入某一行业或从某一行业退出的动机。

上述利润和成本之间的关系可以用下列公式表示：

会计利润=总收益-显性成本

经济利润=总收益-经济成本

　　　　=总收益-（显性成本+隐性成本）

【提示】经济学家的总成本包括了显性成本和隐性成本，而会计师只衡量显性成本，所以，经济利润小于会计利润。

三、利润最大化原则

企业从事生产或出售商品的目的是赚取利润。如果总收益大于总成本，就会有剩余，这个剩余就是利润。如果总收益等于总成本，企业不亏不赚，只获得正常利润；如果总收益小于总成本，企业便要发生亏损。

【注意】利润是指超额利润，不包括正常利润，正常利润包括在总成本中。

利润是生产活动中一个重要的价值含义，是指生产中获得的总收益与投入的总成本之间的差额。如果以TR表示总收益，TC表示总成本，π表示利润，则有：

$$\pi=TR-TC$$

企业不仅要求获取利润，而且要求获取最大利润。利润最大化原则就是产量的边际收益等于边际成本，即 $MR=MC$，边际收益是最后增加一单位销售量所增加的收益，边际成本是最后增加一单位产量所增加的成本。这一利润最大化条件适用于所有类型的市场结构。

同步思考5-3

为什么边际收益等于边际成本时能实现利润最大化呢？

分析：(1) 如果边际收益大于边际成本，即 $MR>MC$，表明企业每多生产一单位产品所增加的收益大于生产这一单位产品所增加的成本。这时，对该企业来说，还有潜在的利润没有得到，企业可能会继续扩大产量，也可能有新企业进入该市场。也就是说，没有达到利润最大化。

(2) 如果边际收益小于边际成本，即 $MR<MC$，表明企业每多生产一单位产品所增加的收益小于生产这一单位产品所增加的成本。这时，对该企业来说，增加产量不仅不能增加利润，反而会亏损，更谈不上利润最大化了，因此企业必然要减少产量或退出市场。

(3) 无论边际收益大于还是小于边际成本，企业都要调整其产量，说明没有实现利润最大化。只有在边际收益等于边际成本时，企业才不会调整产量，表明企业已把该赚的利润都赚到，即实现了利润最大化。

关键术语

会计成本　经济成本　显性成本　隐性成本　机会成本　短期成本　长期成本　经济利润　会计利润

应知考核

随堂测 5

一、单项选择题

1.某企业每年从总收入中取出一部分作为自己提供的生产要素的报酬，这部分资金被视为（　　）。

A.显性成本　　B.隐性成本　　C.经济利润　　D.会计成本

2.当产量为9单位时，总成本是95元；当产量为10单位时，平均成本是10元，此时的边际成本等于（　　）。

A.1元　　B.10元　　C.0　　D.5元

3.下列项目中被称为可变成本的是（　　）。

A.管理人员的工资　　B.生产工人的工资

C.厂房的折旧　　D.机器设备的折旧

4.短期边际成本曲线与短期平均成本曲线的相交点是（　　）。

A.平均成本曲线的最低点　　B.边际成本曲线的最低点

C.平均成本曲线下降阶段的任何一点　　D.边际成本曲线的最高点

5.利润最大化的原则是（　　）。

A.边际成本小于边际收益　　B.边际成本等于边际收益

C.边际成本大于边际收益　　D.边际成本等于平均成本

6.一般来说，经济成本和经济利润具有（　　）的关系。

A.前者比会计成本大，后者比会计利润小

B.前者比会计成本小，后者比会计利润大

C.两者比相应的会计成本和会计利润小

D.两者比相应的会计成本和会计利润大

7.已知某企业生产的商品价格为10元，平均成本为11元，平均可变成本为8元，则该企业在短期内应（　　）。

A.停止生产且亏损　　B.继续生产且有利润

C.继续生产且亏损　　D.停止生产且不亏损

8.生产成本是由（　　）。

A.显性成本加固定成本构成　　B.显性成本加可变成本构成

C.固定成本加可变成本构成　　D.固定成本加隐含成本构成

9.经济学中的经济利润是指（　　）。

A.总收益与显性成本之间的差额　　B.正常利润

C.总收益与隐性成本之间的差额　　D.超额利润

10.由企业购买或使用任何生产要素发生的成本是指（　　）。

A.显性成本　　B.隐性成本　　C.变动成本　　D.固定成本

二、多项选择题

1.在下列表述中，关于机会成本的表述正确的是（　　）。

A.机会成本是一种观念上的成本或损失

B.机会成本是做出一种选择时所放弃的其他若干种可能选择中最好的一种

C.机会成本在会计账目上反映不出来，又称为隐性成本

D.运用机会成本要考虑被配置的资源有多种用途以及资源的用途不受限制

2.下列各项属于短期可变成本的是（　　）。

A.向银行贷款的利息　　B.购买原材料的支出

C.支付给高层管理者的年薪　　D.可以无偿解雇的工人的工资

3.以一个月的时间为限，下面哪些投入可被归为固定成本？（　　）

A.武大郎烧饼店的大型烘烤炉

B.麦当劳连锁店服务员提供的劳动

C.南京路上华伦天奴旗舰店支付的店面租金

D.农夫山泉公司用于生产果汁的鲜橙

4.关于长期平均成本曲线表述正确的是（　　）。

A.长期平均成本曲线是无数条短期平均成本曲线的包络线

B.长期平均成本曲线的最低点上有LAC=LMC=SAC=SMC

C.长期平均成本曲线总是与很多短期平均成本曲线的最低点相切

D.长期平均成本曲线是一条“U”形曲线

5.下面关于短期总成本曲线和长期总成本曲线表述正确的是（　　）。

A.短期总成本曲线和长期总成本曲线都是从原点出发的

B.短期边际成本曲线与长期边际成本曲线相交于它们的最低点

C.短期总成本曲线的形状受可变投入要素的边际收益率影响，而长期总成本曲线的形状受规模报酬的影响

D.长期总成本曲线是无数条短期总成本曲线的包络线

三、判断题

1.平均收益是指企业每增加一单位产品的销售所增加的收益。（　　）

2.长期成本分为长期固定成本和长期可变成本。（　　）

3.长期总成本随产量的变动而变动，没有产量时就没有总成本。（　　）

4.不随产量变动而变动的成本称为平均成本。（　　）

5.长期边际成本曲线呈“U”形的原因是边际效用递减规律。（　　）

四、简答题

1.什么是短期总成本、短期平均成本和短期边际成本？

2.短期边际成本与短期平均成本的关系是怎样的？

3.利润最大化的原则是什么？为什么？

4.简述机会成本与会计成本的区别。

5.短期平均成本、短期平均可变成本、短期边际成本之间存在什么关系？（画图说明）

五、计算题

1.张先生辞去了他在一家餐饮公司的工作并开办了自己的餐饮店。辞职前，他的工资为50 000元/年，他的餐饮店开在自己的另一套房子里，这套房子以前出租的租金为24 000元/年。餐饮店第一年的支出如下：支付给自己的工资40 000元，租金0，其他支出25 000元。

请计算张先生新办的餐饮店的会计成本和机会成本。

2. 已知某企业总成本函数为：$TC=0.2Q^2-12Q+200$；总收益函数为：$TR=20Q$。试问生产多少件时利润最大？其利润为多大？

3. 已知某企业的需求函数为：$Q=6\,750-50P$；总成本函数为：$TC=12\,000+0.025Q^2$。试求：

（1）利润最大化时的产量和价格是什么？

（2）最大利润是多少？

应会考核

观念应用

1. 短期平均成本曲线与长期平均成本曲线都呈“U”形，原因是什么？如何利用短期平均成本曲线说明长期平均成本曲线的形成？

2. 李先生正考虑开一家五金店。他计算，租仓库和买库存货物每年要花费50万元。此外，他要辞去每年5万元的兼职会计师工作。

（1）给“机会成本”下个定义。

（2）李先生经营一年五金店的机会成本是多少？如果李先生认为他一年可以卖出51万元的商品，他应该开这个店吗？请解释原因。

技能应用

某企业的短期成本变动情况见表5-3，请填写表5-3中的空缺部分。

表5-3 短期成本变动情况

产量	短期总固定成本	短期总可变成本	短期总成本	短期边际成本	短期平均固定成本	短期平均可变成本	短期平均成本
0	3	0					
1	3	0.3					
2	3	0.8					
3	3	1.5					
4	3	2.4					
5	3	3.5					
6	3	4.8					
7	3	6.3					
8	3	8.0					
9	3	9.9					
10	3	12.0					

案例分析

小王正在考虑从长沙到北京是坐飞机还是坐火车，飞机票价1 200元，飞行时间为2小时，普通直达火车票价为350元，需要13个小时。在下列情况下，小王最经济的旅行方式是什么？

（1）如果小王是一名企业家，他每小时的时间成本是400元；

（2）如果小王是一名学生，他每小时的时间成本是40元。

项目六

寻找市场规律——市场均衡理论

知识目标

理解：垄断竞争市场上的产品差别竞争；寡头市场的价格决定。

熟知：垄断市场上的短期均衡及长期均衡。

掌握：四种市场结构的含义以及完全竞争市场上的短期均衡与长期均衡。

技能目标

能对四种市场结构进行比较；能合理应用博弈论；会应用价格歧视解决现实经济问题。

素质目标

能够正确领会和理解经济运行的逻辑关系和基本规律，能够对四种市场理论进行简单分析，具备初步分析问题的能力，树立正确的世界观、人生观和价值观，做到学思用贯通、知信行统一。

项目引例　国家发改委：推进油气电力等垄断行业改革

行业垄断是我国经济发展中的一个重要障碍，如何打破这层障碍是国企混改的一道难题。在中国发展高层论坛2019年会上，国家发改委副主任宁吉喆表示，要稳步推进要素市场化改革，健全要素市场准入、监管退出机制，扩大重点领域混合所有制改革试点的范围，深入推进电力、油气、铁路领域改革，自然垄断行业根据不同行业特点实行网运分开，将竞争性业务推向市场。

网运分开是指基础设施与运用设施的生产商、供应商、用户实施市场主体的分离。通俗来说，这与之前铁路方面提出的“网运分离”十分相似。“网运分离”模式就是指把具有自然垄断性的国家铁路网基础设施与具有市场竞争性的铁路客货运输分离开，组建国家铁路路网公司和若干个客运公司、货运公司，实行分类管理。路网公司统一管理国家铁路的线路、桥梁、隧道、信号、供电设备等业务。

自然垄断行业的网运分开工作目前已有进展，这为在更大范围内推进网运分开奠定了基础。2014年中国铁塔股份有限公司正式成立，它是由三大运营商共同出资成立的大型基础设施建设维护企业，由三大运营商划拨自有铁塔站址资源成立。随着铁塔公司的成立，三大运营商不再自行建设基站铁塔，而是通过铁塔公司进行统一建设。

如何加快油气、铁路、电力等垄断行业的改革？油气行业要重点进行网运分开改革，改革油气管网运营机制，提升集约输送和公平服务能力，分步推进国有大型油气企业干线管道独立，实现管输和销售分开；铁路行业则要加快推动股份制改造，提升融资能力，提高管理水平、运输效率和效益等；电力行业改革的重点则是增配电改革，积极鼓励社会资本参与增量配电业务。

资料来源　佚名. 国家发改委：推进油气电力等垄断行业改革［EB/OL］［2019-03-25］. https：//baijiahao.baidu.com/s？id=1628913028383691412&wfr=spider&for=pc.有删减.

知识支撑

任务一　完全竞争市场

一、完全竞争概述

动画 6-1
完全竞争

完全竞争（Perfect Competition）又称纯粹竞争，是指一种竞争不受任何阻碍、干扰和控制的市场结构。“不受任何阻碍、干扰和控制”的含义是：不存在垄断现象、不受政府影响。实现完全竞争的条件包括以下方面：

（1）市场上有许多生产者与消费者。每个生产者与消费者的规模都很小，即任何一个市场主体所占的市场份额都很小，都无法通过自己的行为影响市场价格和市场的供求关系，因而每个主体都是既定市场价格的接受者，而不是决定者。

（2）市场上的产品是同质的，即不存在产品差别。产品差别是指同类产品在质量、包装、牌号或销售条件等方面的差别，如夏普彩电与TCL彩电的差别。它不是指不同种类产品之间的差别，如彩电与空调的差别。因此，企业不能凭借产品差别对市场实行垄断。

（3）各种资源都可以完全自由流动而不受任何限制。任何一个企业都可以按照自己的意愿自由地扩大或缩小生产规模，进入或退出某一完全竞争的行业。

（4）市场信息是畅通的。企业与消费者双方都可以获得完备的市场供求信息，双方不存在相互欺骗的现象。

具有上述条件的市场就称作完全竞争市场。很显然，在现实中很少存在这样的市场结构，比较符合条件的是农产品市场和没有大户操纵的证券市场。但是，分析完全竞争市场的企业行为具有重要的理论意义。

二、完全竞争市场上的供求和收益

（一）完全竞争市场上的供求

在完全竞争市场的条件下，对整个行业来说，需求曲线是一条向右下方倾斜的曲线，供给曲线是一条向右上方倾斜的曲线。整个行业的产品价格就由这种需求与供给决定，如图6-1（a）所示。但对个别企业来说，情况就不一样了。当市场价格确定之后，对个别企业而言，这一价格就是既定的，无论其如何增加产量，都不能影响市场价格。因此，市场对个别企业产品的需求曲线就表现为一条与横轴平行的水平线，如图6-1（b）所示。

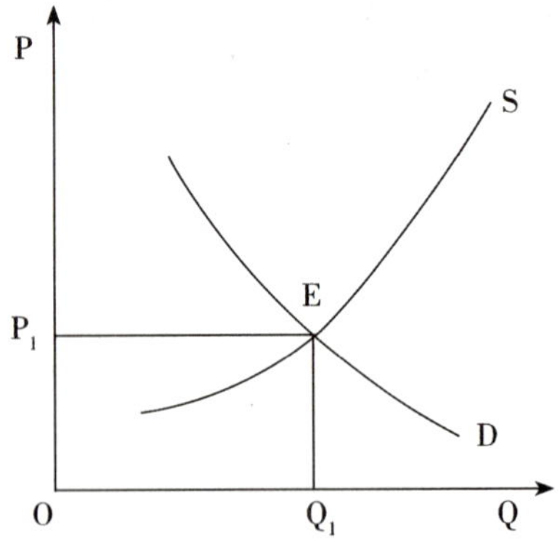

（a）市场供需与均衡

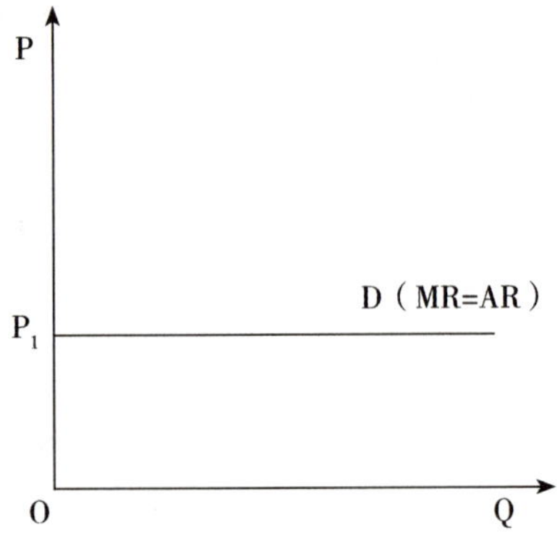

（b）个别厂商的需求曲线

图6-1　市场价格的决定与个别企业的需求曲线

在图6-1（b）中，需求曲线的需求价格弹性系数为无限大，即在市场价格既定时，对个别企业产品的需求是无限的。在完全竞争市场上，个别企业的需求曲线（D）与平均收益曲线（AR）和边际收益曲线（MR）三条线重合在一起。

（二）完全竞争市场上的收益

在各种类型的市场上，平均收益与价格都是相等的，即AR=P，因为每单位产品的售价就是其平均收益。只有在完全竞争市场上，对个别企业来说，平均收益和边际收益都与价格相等，即AR=P=MR，因为只有在这种情况下，个别企业销售量的增加才不会影响价格。在完全竞争市场上，企业每增加一单位产品的销售，市场价格仍然不变，从而每增加一单位产品销售的边际收益（MR）也不会变，边际收益也等于价格。

三、完全竞争市场上企业的短期均衡

当一个企业获得最大利润时，其既不会增加生产，也不会减少生产，所以其处于均衡状态。前面已经证明，边际收益等于边际成本，即MR=MC，是利润最大化的条件。短期均衡是企业不能根据市场行情调整其生产规模，也不能变换某一行业时的均衡。在完全竞争条件下，MR=AR=P，所以，完全竞争市场上企业的短期均衡即取得最大利润的必要条件是：边际成本（MC）=边际收益（MR）=平均收益（AR）=价格（P）。完全竞争市场上企业的短期均衡随着均衡价格的变化，可能会发生以下四种情况：

（一）供不应求状况下的短期均衡——企业获得超额利润

对个别企业来说，其需求曲线D是从行业市场价格（OP）引出来的一条平行线，该曲线同时也是平均收益曲线（AR）和边际收益曲线（MR）。SMC为短期边际成本曲线，SAC为短期平均成本曲线。

在产品供不应求的情况下，由于D曲线在短期平均成本曲线与短期边际成本曲线交点的上方，即市场价格大于个别企业的平均成本，因此该企业有利润存在。

企业为了实现利润最大化，就必须满足边际收益等于边际成本这个条件，即MR=MC。边际收益曲线（MR）与边际成本曲线（MC）的交点E决定了企业利润最大化时的产量为OQ^*。这时该企业的总收益（TR）等于平均收益（AR）乘以产量（OQ^*），即图6-2中的OQ^*EP^*区域；总成本（TC）等于平均成本（AC）乘以产量（OQ^*），即图中的OQ^*FG区域。由于总收益（TR）＞总成本（TC），因此该企业可获得的超额利润为图中的$GFEP^*$（TR-TC）区域。

由于超额利润的存在会吸引更多企业的进入，其结果是整个行业的投资增加、生产规模扩大、产出增加，从而使整个行业出现供过于求的状况，导致市场价格下降，部分企业出现亏损。

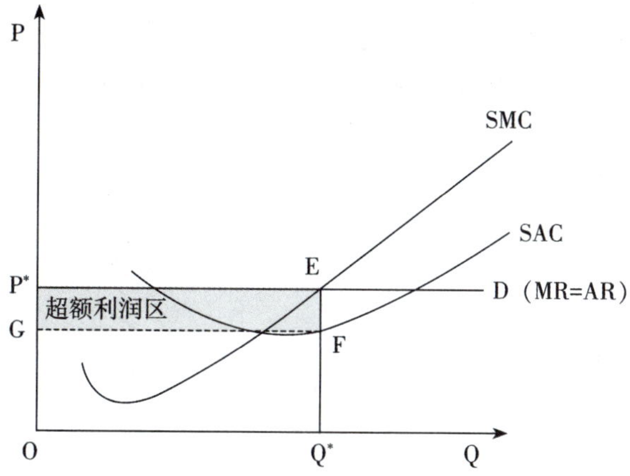

图6-2　供不应求状况下的短期均衡

（二）供求平衡状况下的短期均衡——企业获得正常利润

在供求平衡的情况下，由于D曲线通过短期平均成本曲线与短期边际成本曲线的交点，即市场价格等于个别企业的平均成本，因此边际收益（MR）=边际成本（MC）=平均收益（AR）=平均成本（AC），此时企业的总收益（TR）等于平均收益（AR）乘以产量（OQ^*），总成本（TC）等于平均成本（AC）乘以产量（OQ^*）。所以，总收益（TR）等于总成本（TC）。此时，企业没有超额利润，可以获得正常利润，因为正常利润是总成本的一部分。这时现有企业都不愿意离开这个行业，也没有新的企业愿意加入这个行业，如图6-3所示。

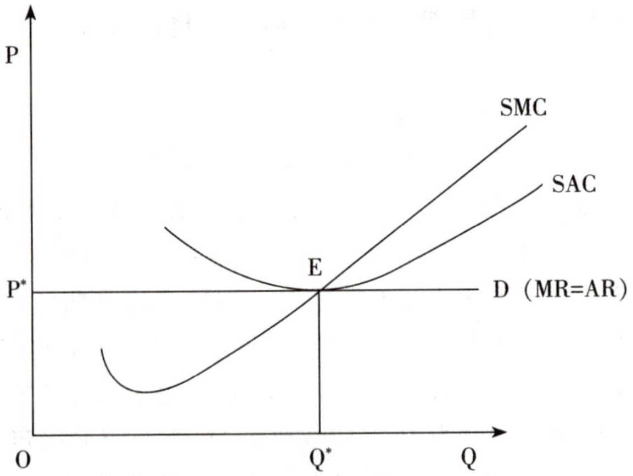

图6-3 供求平衡状况下的短期均衡

（三）供过于求状况下的短期均衡——企业遭受亏损

在供过于求的情况下，由于D曲线在短期平均成本曲线与短期边际成本曲线交点的下方，即市场价格低于个别企业的平均成本，因此平均收益（AR）＜平均成本（AC），该企业面临亏损。企业为了最大限度地减少亏损，必须满足边际收益等于边际成本（MR=MC）这个条件。边际收益曲线与边际成本曲线的交点E决定了企业亏损最小化时的产量为OQ*。这时，该企业的总收益（TR）等于平均收益（AR）乘以产量（OQ*），即图6-4中的OQ*EP*区域；总成本（TC）等于平均成本（AC）乘以产量（OQ*），即图中的OQ*FG区域。由于总收益（TR）＜总成本（TC），因此该企业的亏损区为图中的GFEP*（TR-TC）区域。

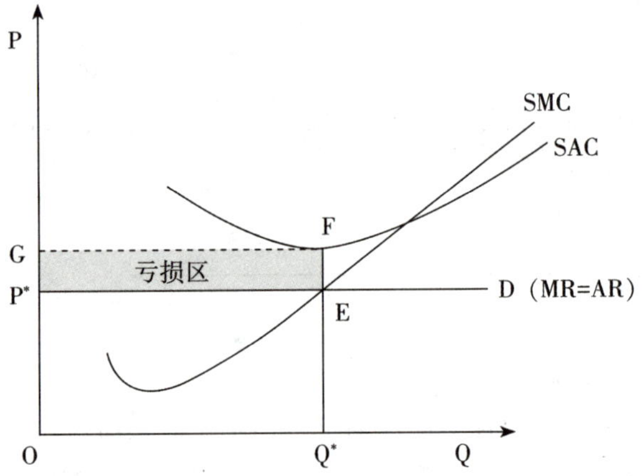

图6-4 供过于求状况下的短期均衡

由于亏损，部分企业退出该行业，其结果是整个行业的投资减少、生产规模缩小、产出下降，整个行业出现了供求平衡甚至供不应求的状况，从而使市场价格上升，最终出现行业盈利的状况。如此循环往复，最终会趋于市场的长期均衡。

（四）停止营业点

如果行业市场价格低于个别企业的平均成本，企业的平均收益不足以弥补平均成本的支出，该企业就面临着收支相抵的问题，至于是否要停止生产，还要看平均可变成本与行业市场价格之间的关系。

在图6-5中，SAC为短期平均成本曲线，SAVC为短期平均可变成本曲线。短期平均成本曲线与短期平均可变成本曲线之间的距离就等于短期平均固定成本。从项目五的分析可知，短期边际成本曲线（SMC）分别相交于这两条平均成本曲线的最低点（图6-5中的A点和B）。当市场价格高于OP_A时，如为OP_B，则平均收益高于平均可变成本，但仍小于平均成本。这时，虽然亏损发生，但企业进行生产还是值得的，因为所得到的收益能弥补一部分固定成本，使得亏损额比不生产时小一些；假如企业停止生产，那么企业将负担全部的固定成本损失。当市场价格低于OP_A时，企业所得的收益连可变成本也不能补偿。这时，停止生产所受的亏损比从事生产时要小一些。当价格等于OP_A时，平均收益恰好等于平均可变成本，企业从事生产和不从事生产所遭受的亏损是一样的，其亏损额都等于固定成本。这时，企业处于营业的边际状态。因此，价格等于最低的平均可变成本这一点（图6-5中的A点）就称作停止营业点。

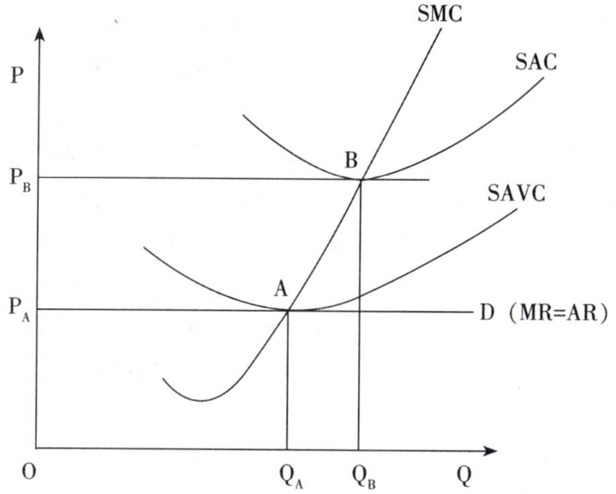

图6-5 停止营业点

四、完全竞争市场上企业的长期均衡

完全竞争市场上企业的长期均衡

完全竞争市场上企业的长期均衡是指在完全竞争市场条件下，每个企业都可以根据市场价格来调整全部生产要素，并可以自由进入或退出所属行业的均衡生产状态。这样，整个行业供给的变动就会影响市场价格，从而影响各个企业的均衡。

在完全竞争市场结构中，企业长期均衡的实现过程是动态性的。其作用过程如下：①当行业存在着超额利润时，新资本大量进入→行业规模扩大→供给增加→市场价格下降→AR（=MR=P）随之下降→超额利润逐渐消失；②当行业出现亏损时，部分资本退出→行业规模缩小→供给减少→市场价格上升→AR（=MR=P）随之上升→亏损消除；③当行业既无超额利润又无亏损时，整个行业的供求均衡，各个企业的产量也不再调整，于是就实现了长期均衡。完全竞争市场上企业的长期均衡如图6-6所示。

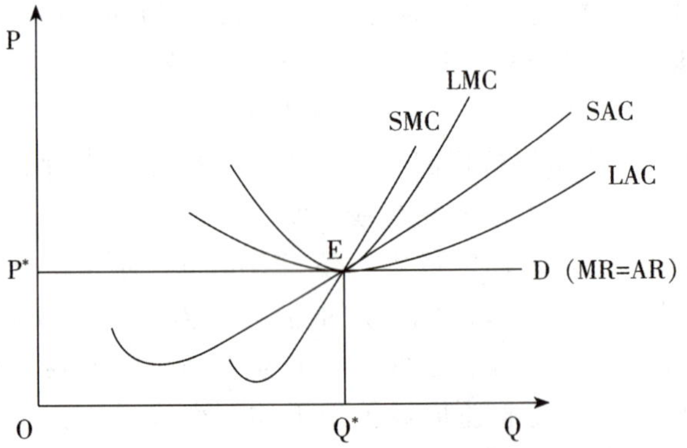

图6-6 完全竞争市场上企业的长期均衡

在图6-6中，完全竞争市场上企业将长期均衡于E点。均衡价格为OP*，均衡产量为OQ*。企业的需求曲线D与四条成本曲线（SMC、LMC、SAC、LAC）相切（或相交）于E点。所以，完全竞争市场上企业的长期均衡条件是：价格（P）=边际收益（MR）=短期边际成本（SMC）=短期平均成本（SAC）=长期边际成本（LMC）=长期平均成本（LAC）。

因此，在完全竞争市场上，企业在短期内可能会获得超额利润，也可能会遭受亏损；但在长期，企业能得到正常利润。短期均衡与长期均衡的区别在于：短期均衡不要求价格等于平均成本，但长期均衡要求价格等于平均成本。

理解完全竞争市场上企业的长期均衡应注意以下几点：①长期均衡点就是项目五所说的收支相抵点，即总成本=总收益（TC=TR）；②企业尽管没有超额利润，但可获得作为生产要素之一的企业家才能获得的报酬——正常利润；③企业只要获得正常利润，就实现了利润最大化，即满足边际收益（MR）=边际成本（MC）；④在长期均衡点上，由于长期边际成本（LMC）=边际收益（MR）=长期平均成本（LAC）=平均收益（AR）=价格（P），因此平均成本最小，表明在完全竞争市场条件下经济运行效率最高。

课堂讨论6-1

小张博士毕业后，开办了针对专升本考试的辅导班，前期办理许可证花费10 000元，聘用教师花费20 000元，教室租赁花费10 000元，每位学生资料费50元，参加补习班的学生每人交学费500元，业务员招生提成10%。请问需要招到多少学生才能做到损益平衡？试算损益平衡点人数（+1人）、（-1人）时辅导班的收益情况。

任务二 掌握垄断市场曲线

一、垄断市场概述

垄断市场是指整个行业中只有唯一一个厂商的市场组织。具体地说，垄断市场的条件主要有三点：①市场上只有唯一的一个厂商生产和销售商品；②该厂商生产和销售的商品没有任何相近的替代品；③其他任何厂商进入该行业都极为困难或不可能。在这样的市场中，排除了任何竞争因素，独家垄断厂商控制了整个行业的生产和市场的销售，所以，垄断厂商可以控制和操纵市场价格。形成垄断的原因主要有以下几个：

第一，独家厂商控制了生产某种商品的全部资源或基本资源的供给。这种对生产资源的独占，排除了其他厂商生产同种商品的可能性。

第二，独家厂商拥有生产某种商品的专利权。这使得独家厂商可以在一定时期内垄断该产品的生产。

第三，政府的特许。政府往往在某些行业实行垄断政策，如铁路运输部门、供电供水部门等，于是，这些企业就成了这些行业的垄断者。

第四，自然垄断。有些行业的生产具有这样的特点：一方面，企业生产的规模经济需要在一个很大的产量范围和相应很高的资本设备的生产运行水平上才能得到充分体现，以至于整个行业的产量只有由一个企业来生产时才有可能达到这样的生产规模；另一方面，只要发挥该企业在这一生产规模上的生产能力，就可以满足整个市场对该种产品的需求。在这类产品的生产中，行业内总会有某个厂商凭借雄厚的经济实力和其他优势，最先达到这一生产规模，从而垄断整个行业的生产和销售。这就是自然垄断。

如同完全竞争市场那样，垄断市场的假设条件也很严格。在现实的经济生活里，垄断市场几乎是不存在的。在经济学中，由于完全竞争市场的经济效率被认为是最高的，从而完全竞争市场模型通常被用来作为判断其他类型市场经济效率高低的标准。垄断市场模型就是从经济效率最低的角度来提供这一标准的。

案例鉴赏6-1 “良心油条”带来的附加值

案例鉴赏6-1 分析提示

刘洪安是某财经院校毕业的学生，虽然学的是会计专业，但他却自谋职业卖起了早点。早点铺主要卖豆腐脑和油条。

最初，刘洪安和其他经营者一样，为了节省成本，头一天用过的油第二天接着用，如此循环，没觉得有什么不妥。一次上网时，他看到一则新闻说，食用油反复加温会产生大量有害物质，会对人体造成很大危害。他很震惊。想着自己每天卖出去的油条居然会对他人的健康造成这么大的威胁，刘洪安有些良心不安。于是，他决定改用一级大豆色拉油炸油条，而且每天一换，只用一次。刘洪安称，自此他卖上了“良心油条”。

为了让顾客吃得放心，他在铺子旁写上“己所不欲，勿施于人”“安全用油，杜绝复炸”的白色醒目大标语，还在一张白纸上写下了鉴别复炸油的方法，贴在了邻近油锅的窗口上。同时，他还在油锅旁放了一个“验油勺”，顾客如果不放心，可以随时拿起勺子检验。

这些措施果然吸引了不少顾客，大家不怕多出钱，就怕吃得不健康。虽然刘洪安每天的成本增加了，油条的价格也随之上涨了1元，但可喜的是，来吃早餐的人却不减反增，生意越来越好，别人的铺子生意冷冷清清，而他这里却排起了长队。连当地媒体也被这家小吃铺吸引，纷纷前来采访报道。刘洪安一不小心成了新闻人物，并一跃成为网络红人，大家亲切地叫他“良心油条哥”。之后，刘洪安还当选了全国道德模范。

资料来源　佚名．刘洪安：卖的就是良心［EB/OL］．［2019-12-25］．http：//character.workercn.cn/c/2012/12/25/121225111250605798802.html.有改编．

问题：如何看待“良心油条”带来的附加值？

二、垄断市场的需求曲线和收益曲线

（一）垄断市场的需求曲线

由于垄断市场中只有一个厂商，所以，市场的需求曲线就是垄断厂商所面临的需求曲线，它是一条向右下方倾斜的曲线。假定垄断厂商的销售量等于市场的需求量，于是，向右下方倾斜的垄断厂商的需求曲线表示：垄断厂商可以用减少销售量的办法来提高市场价格，也可以用增加销售量的办法来压低市场价格，即垄断厂商可以通过改变销售量来控制市场价格，而且，垄断厂商的销售量与市场价格呈反方向变动。

（二）垄断市场的收益曲线

在垄断市场上，每一单位产品的售价就是它的平均收益，也就是它的价格，即AR=P。因此，平均收益曲线（AR）仍然与需求曲线（D）重合。

但是，在垄断市场上，当销售量增加时，产品的价格就会下降，从而边际收益减少，边际收益曲线就再也不会与需求曲线重合了，而是位于需求曲线的下方。而且，随着销售量的增加，边际收益曲线与需求曲线的距离越来越大，这表示边际收益比价格下降得更快，同时平均收益大于边际收益。总收益、平均收益、边际收益的关系可以用表6-1中的数据来说明。

垄断市场的需求曲线和收益曲线之间的关系可通过图6-7直观地表示出来。

在图6-7中，D是需求曲线，AR是平均收益曲线，MR是边际收益曲线。边际收益曲线（MR）在重合的需求曲线（D）与平均收益曲线（AR）的左下方。边际收益曲线（MR）、需求曲线（D）和平均收益曲线（AR）都向右下方倾斜。

表 6-1　总收益、平均收益、边际收益的关系

价格 P （1）	销售量 Q （2）	总收益 TR （3）=（1）×（2）	平均收益 AR （4）=（3）÷（2）	边际收益 MR （5）=Δ（3）÷Δ（2）
7	0	0	—	—
6	1	6	6	6
5	2	10	5	4
4	3	12	4	2
3	4	12	3	0
2	5	10	2	-2
1	6	6	1	-4

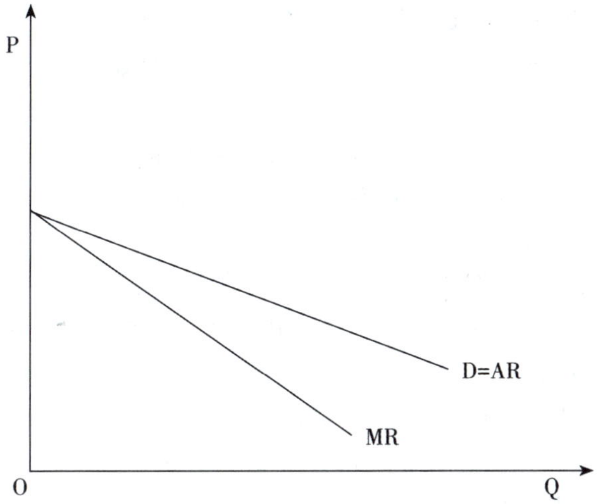

图6-7　垄断市场的需求曲线和收益曲线

三、垄断企业的短期均衡及长期均衡

（一）垄断企业的短期均衡

垄断企业也根据利润最大化原则（即 MR=MC）来决定产出数量和价格。在短期内，垄断厂商无法改变固定要素投入量，其在既定的生产规模下通过对产量和价格的调整来实现利润最大化，但垄断厂商也要考虑短期市场的需求状况。也就是说，垄断厂商也会面临供过于求或供不应求的情况。当出现供过于求时，就会出现亏损；当出现供不应求时，就会获得超额利润；当供求相等时，就会获得正常利润。在这里，对垄断企业短期均衡的分析，与对完全竞争企业短期均衡的分析基本上是一样的。垄断

企业不仅通过调整产量而且通过调整价格来实现利润最大化。

【注意】由于完全垄断市场的利润是由市场价格和企业产量同时决定的，两者并无严格的一一对应关系，所以完全垄断市场不存在确定性的短期供给曲线。在完全垄断市场上，完全垄断企业的均衡产量不仅取决于边际成本曲线，而且取决于需求曲线，即平均收益曲线和边际收益曲线。因此，如果需求曲线发生变动，有可能出现同一均衡价格对应不同均衡产量，或者同一均衡产量对应不同均衡价格的情况。也就是说，均衡价格和均衡产量并不唯一，无法通过连接各个均衡点形成短期供给曲线。

案例鉴赏6-2　卖菜钱不够付工人工资

案例鉴赏 6-2

分析提示

4月18日那天，油菜价跌到每斤5分。菜农梁平说，每斤油菜必须卖到6毛钱他才保本。去年油菜的价格一直比较坚挺，能卖到每斤1.7元。但今年，油菜最高也只能卖到每斤0.15元。

前不久，梁平请了12个工人收割一个大棚里的油菜，每个工人工作了9个多小时，人均工资是63元，中午请工人吃馒头花了20元，一共是776元，而整个大棚收割的6 000多斤油菜卖给田间收购者，只收到600多元钱，赔了近200元钱。

"越卖越亏。"梁平说，不如铲掉不卖。铲油菜，他最多支付100元人工钱。要是算上大棚租金、种子、化肥等成本，每斤油菜必须卖到0.6元，他才能保本。

垄断企业虽然可以通过调整产量和价格来实现利润最大化，但在短期内，产量的调整会受到固定生产要素无法调整的限制。与完全竞争企业一样，垄断企业在短期内可能会出现以下三种情况：

1. 供不应求状况下的短期均衡——企业获得超额利润

如图6-8所示，在供不应求的情况下，边际收益曲线与边际成本曲线的交点E决定了企业的产量为OQ^*，从Q^*点引向上的垂线与需求曲线D相交于H点，从而决定了价格水平为OP^*。这时该企业的总收益（TR）等于平均收益（AR）乘以产量（OQ^*），即图6-8中的OQ^*HP^*区域；总成本（TC）等于平均成本（AC）乘以产量（OQ^*），即图6-8中的OQ^*FG区域。由于总收益（TR）＞总成本（TC），因此该企业可获得的超额利润为图6-8中的$GFHP^*$（TR−TC）区域。

2. 供求平衡状况下的短期均衡——企业获得正常利润

如图6-9所示，在供求平衡状况下，总收益与总成本相等，都为OQ^*FP^*，所以收支相抵，只有正常利润。

3. 供过于求状况下的短期均衡——企业遭受亏损

如图6-10所示，在供过于求的情况下，企业的总收益（TR）为OQ^*HP^*，总成本（TC）为OQ^*FG。由于总收益（TR）＜总成本（TC），因此该企业的亏损区为图中的$GFHP^*$。平均可变成本（AVC）曲线与平均收益（AR）曲线相切于H点，可以维持产量OQ^*，此时H点为停止营业点，因为如果价格再低，就无法生产了。

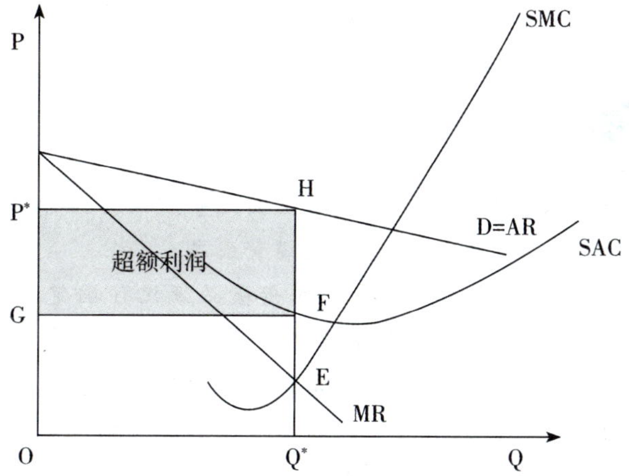

图6-8　供不应求状况下的短期均衡

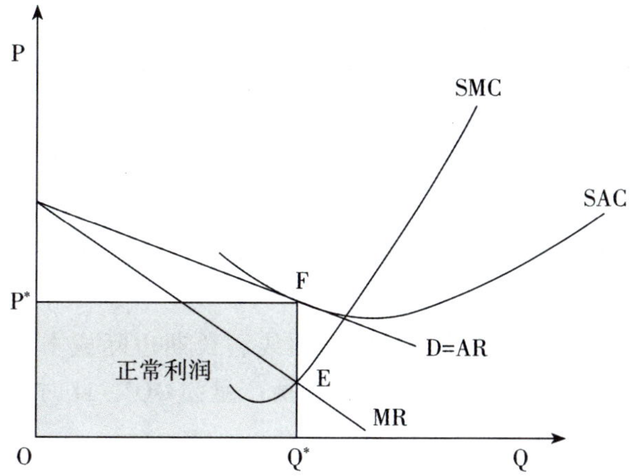

图6-9　供求平衡状况下的短期均衡

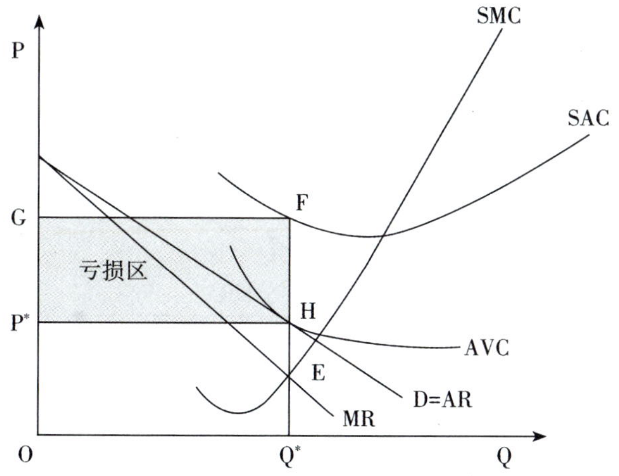

图6-10　供过于求状况下的短期均衡

【提示】垄断市场上企业的短期均衡条件是：SMC=MR，即短期边际成本=边际收益。

同步思考6-1

你是否曾经走进一家餐馆吃午饭，发现里面几乎没人？为什么这种餐馆还要开门呢？看来几个顾客的收入不可能弥补餐馆的经营成本。

分析：在做出是否经营的决策时，餐馆老板必须记住固定成本与可变成本的区别。餐馆的许多成本——租金、厨房设备、桌子、餐具等都是固定的。在提供午餐时，停止营业并不能减少这些成本。换句话说，在短期内这些成本是沉没的。当老板做出是否提供午餐的决定时，只有可变成本——增加的食物成本和额外的员工工资是相关的。只有在午餐时从顾客那里得到的收入少到不能弥补餐馆的可变成本时，老板才会在午餐时间关门。

（二）垄断企业的长期均衡

垄断企业的长期均衡是指企业根据市场需求的变化，不断调整生产规模，在长期内实现利润最大化的均衡生产状态。在长期生产过程中，由于垄断市场上只有一家企业，因此垄断企业有能力也有条件把价格和产量调整到对自己最有利的位置上，从而实现利润最大化。

【注意】垄断企业的长期均衡条件是：边际收益（MR）=长期边际成本（LMC）=短期边际成本（SMC）。

在图6-11中，短期边际成本（SMC）曲线、长期边际成本（LMC）曲线和边际收益（MR）曲线相交于E点，E点确定的均衡产量为OQ^*。此时，垄断企业可以在长期内获得最大利润，其垄断利润为$GFHP^*$。

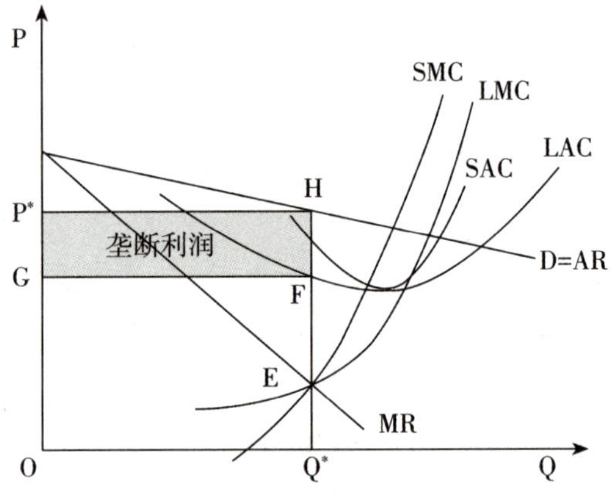

图6-11 垄断市场上企业的长期均衡

垄断企业在长期均衡中，如果想达到最优生产规模，不但要求边际收益（MR）=长期边际成本（LMC）=短期边际成本（SMC），还要求长期平均成本（LAC）最低。这就要求均衡产量（OQ^*）位于长期平均成本（LAC）曲线最低点的左边。由于长期边际成本（LMC）曲线一定在长期平均成本（LAC）曲线的最低点与长期平均成本

(LAC)曲线相交，所以当边际收益(MR)=长期边际成本(LMC)=短期边际成本(SMC)时，垄断企业在长期均衡中达到最优生产规模。如果边际收益(MR)曲线与长期边际成本(LMC)曲线的交点位于长期平均成本(LAC)曲线最低点的左边，说明垄断企业处于长期均衡时的规模小于最优生产规模；如果边际收益(MR)曲线与长期边际成本(LMC)曲线的交点位于长期平均成本(LAC)曲线最低点的右边，说明垄断企业处于长期均衡时的规模大于最优生产规模。

四、价格歧视

动画 6-3

价格歧视

价格歧视(Price Discrimination)是指垄断企业为了获得最大利润，在同一时间内对同一种产品向不同的购买者收取不同的价格。常见的价格歧视主要是依据顾客或产品特点的不同，制定不同的价格。

(一)实行价格歧视的条件

(1)市场上的消费者有不同的偏好，且这些不同的偏好可以被区分开来。这样厂商才能对不同的消费者或者消费群体收取不同的价格。

(2)不同的消费群体或者不同的销售市场是相互隔离的，这样就排除了中间商低价买进商品转手又高价出售商品从中获利的情况。

案例鉴赏 6-3　巴黎迪士尼面临价格歧视调查

案例鉴赏 6-3

分析提示

近来，法国巴黎迪士尼乐园陷入了“票价门”，很多前来度假的外国游客向欧盟投诉，指责巴黎迪士尼乐园视游客国别出售不同价格的套票，有价格歧视之嫌。据悉，巴黎迪士尼乐园价格不公的“有色眼镜”使欧洲不同国家游客购买假期高级套票的差价高达数百欧元。同样一组套票，德国游客需要支付2 447欧元，英国游客需要支付1 870欧元，而法国游客只需要支付1 346欧元。如果购买的是一日游门票，英国游客需要支付比法国游客高15%的价格。此外，还有很多游客投诉，巴黎迪士尼乐园不向法国和比利时游客以外的人出售诸如针对全家出游人群的优惠票。

面对外国消费者的不满和法新社的质询，巴黎迪士尼乐园方面回应称，欧盟委员会的指控是没有根据的，其票价在欧盟范围内都是严格一致的。巴黎迪士尼乐园副总裁表示，所有票价都依照最近几天的外币汇率统一制定，并强调消费者目前唯一能察觉到的差价是迪士尼乐园进行的特别优惠和促销活动，这些优惠不尽相同，也不会同时面向所有欧盟国家的游客。他具体举例说：“不同国家的游客有不同的需求，如针对意大利和西班牙游客，我们更倾向于提供餐饮或交通免费的报价。而对于法国游客，他们经常自驾前来，我们的折扣就体现在住宿上。此外，巴黎迪士尼乐园也会根据顾客群的不同习惯与不同预约时间做出价格调整。英国人习惯在游玩迪士尼乐园之前半年到一年进行预订，法国人则喜欢在假期前的4～6周进行预订，所以英国的网站会显示第二年的促销计划，而法国的网站则会提供暑期优惠。”

欧盟委员会已经对巴黎迪士尼乐园的票价问题展开调查，以确认其是否有视游客国别出售不同价格门票的违反欧盟规定的做法。法国必须保证巴黎迪士尼乐园的操作符合欧盟的相关商业法律。

资料来源　王远. 巴黎迪士尼面临价格歧视调查［EB/OL］.［2015-08-01］. http：//world.people.com.cn/n/2015/0801/c1002-27394863.html.

问题：如何看待该事件中的经济学行为？

（二）价格歧视的类型

动画 6-4
一级价格歧视

（1）一级价格歧视（First Degree Price Discrimination）：又称完全价格歧视，即厂商对每一单位产品都按照消费者所愿意支付的最高价格出售。假设某地区只有一个牙医，并且他清楚每一位患者愿意付的最高价格，他将对每一位患者收取不同的价格，使他们刚好愿意治疗，这样患者们的全部消费者剩余都转移到了牙医那里。

动画 6-5
二级价格歧视

（2）二级价格歧视（Second Degree Price Discrimination）：对不同的消费数量段规定不同的销售价格。比如，电信公司根据客户每月上网时间的不同，收取不同的价格。对于使用量小的客户，收取较高的价格；对于使用量大的客户，收取较低的价格。垄断卖方通过这种方式把买方的一部分消费者剩余据为已有。

动画 6-6
三级价格歧视

（3）三级价格歧视（Third Degree Price Discrimination）：垄断厂商对同一产品在不同市场上（或对不同的消费群体）收取不同的价格，它是最普遍的价格歧视。比如，有的旅游景点对外地游客和本地游客实行价格歧视，对外地游客收取较高的价格，对本地游客收取较低的价格。

课程思政6-1　完全垄断市场——不同乘车卡扣费数额也不同

你在乘坐公共汽车时会发现很多人在使用不同的乘车卡，除了普通的公交卡外，还有学生卡和老年卡。其中，普通卡乘车多为9折，部分没有编号的线路和小公共汽车无折扣；学生卡通常5折，每年年检，过期就变为普通卡；老年卡免费。

思政感悟

价格歧视是在同一时间内对同一成本的产品向不同的购买者收取不同的价格，或对不同成本的产品向不同的购买者收取相同的价格。只有垄断者才有可能实行价格歧视或差别价格。

三省吾身

价格歧视原理告诉我们，针对不同的服务群体可以灵活地运用多种价格形式。歧视定价就是一种重要的定价方式。优惠券、差异化包装及数量折扣，均可以作为实行价格歧视的手段。现在很多银行推行的所谓金卡、银卡客户策略，实际上也是价格歧视的一种。我们在今后的工作中可以灵活地运用价格歧视来进行定价。

任务三　熟悉垄断竞争市场

一、垄断竞争概述

动画 6-7
垄断竞争

垄断竞争（Monopolistic Competition）是一种既有垄断又有竞争，既不是完全竞争又不是完全垄断的市场结构。垄断竞争市场的主要特征有：

（1）市场上有众多的消费者和企业，每个企业所占的市场份额较小。一个企业竞争策略的制定和实施不必考虑其他企业的反应。也就是说，企业之间是彼此独立的。

（2）不同企业生产的产品存在着差别，即有很大的替代性，而这种差别的存在是垄断竞争形成的基本条件。企业之间的竞争不仅是价格竞争（完全竞争下的企业由于产品没有差别，因此企业之间的竞争只是价格竞争），而且存在着质量竞争、服务竞争等非价格竞争。

（3）企业面对的需求曲线是一条略微向下倾斜的曲线。需求曲线的倾斜程度与需求价格弹性有关，垄断竞争企业的需求价格弹性不再像完全竞争企业那样是无穷大的，这说明企业有了一定程度的价格制定权。因此，每个企业面对的需求曲线都是一条向右下方倾斜的曲线。

（4）企业进入或退出一个行业是自由的。由于企业的规模较小，所花费的资金较少，因此企业进入或退出一个行业比较容易。

【提示】在现实市场中，垄断竞争是一种普遍现象。最明显的垄断竞争市场有零售商店、饭店、轻工业品市场等。

案例鉴赏 6-4　大型互联网企业合并

案例鉴赏 6-4
分析提示

从相互“厮杀”到合并的戏码，在互联网行业又有新剧情上演。大众点评网与美团网联合发布声明，宣布共同成立一家新公司。作为被国内消费者熟悉、一直存在高频次竞争的两个对手，它们此次合并引发了广泛关注。联系到此前的一系列大型互联网企业合并事件，人们不禁要问：为何它们会从竞争走向联合？合并后是否会形成相关领域的垄断、抑制创新？是否会影响消费者的“红利”？

根据大众点评网和美团网的声明，新公司的重大决策将在联席CEO和董事会层面完成。两家公司在人员架构上保持不变，并将保留各自的品牌和业务独立运营，同时将加强优势互补和战略协同，推动行业升级。此前，滴滴与快的、赶集与58同城等互联网企业的合并事件曾引发广泛关注。业内人士称，互联网公司从竞争对手走向合并背后的原因趋同，那就是资本不允许它们在同样的业务线上重复开发。

资料来源　佚名. 三问大型互联网企业合并［EB/OL］.［2019-10-10］. https：//www.163.com/news/article/B5HUPKP400014AEE.html.有删减.

问题：如何看待大型互联网企业的合并？请从经济学角度进行分析。

二、垄断竞争市场上企业的短期均衡和长期均衡

（一）垄断竞争市场上企业的短期均衡

在短期均衡的实现过程中，垄断竞争市场与垄断市场一样，也会出现超额利润、收支相抵、亏损三种情况。与垄断企业不同的是，垄断竞争企业面对的市场需求曲线的斜率较小。在考虑生产成本因素之后，垄断竞争企业会选择在边际成本（MC）与边际收益（MR）相等的条件下生产，即图6-12中的E点。E点所决定的产量为OQ^*，价格为OP^*。由于此时的短期平均成本为OG，因此垄断竞争企业是有利润的，其利润为$GFHP^*$。所以，垄断竞争市场上企业的短期均衡条件是：边际收益（MR）=边际成本（MC）。

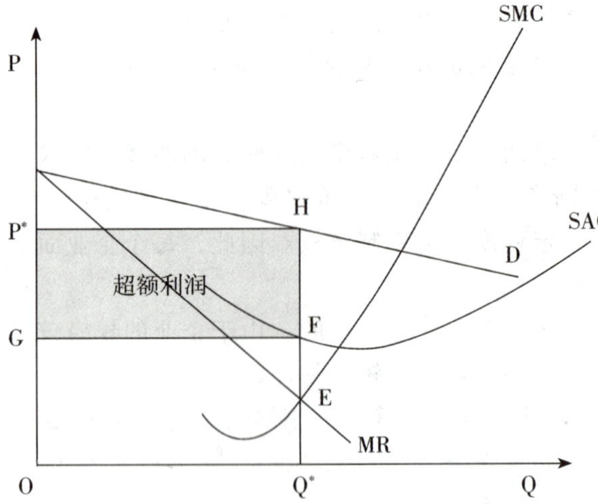

图6-12　垄断竞争市场上企业的短期均衡

垄断竞争企业决定产量和价格的方式与垄断企业完全相同。另外，垄断竞争企业也可能会有损失出现。在图6-12中的产量OQ^*下，如果短期平均收益低于短期平均成本，垄断竞争企业就会亏损。但无论是盈利还是亏损，在短期内都不会吸引其他企业加入或使原有企业退出。长期的情形则不同，因为在垄断竞争市场下，每家企业的规模都不大，而且企业数目很多，企业进出市场非常自由。所以，当企业在短期内有利润存在时，就会吸引新的企业加入；当企业有亏损时，就会有企业退出。

（二）垄断竞争市场上企业的长期均衡

在长期内，企业可以任意变动生产要素的投入。如果某一行业出现超额利润或亏损，该行业就会通过新企业的进入或原有企业的退出，最终使超额利润或亏损消失，因此在达到长期均衡时，整个行业的超额利润为零。所以，垄断竞争与垄断不同（垄断长期拥有超额利润），而是与完全竞争一样，在长期内由于总收益等于总成本，企业只能获得正常利润，如图6-13所示。

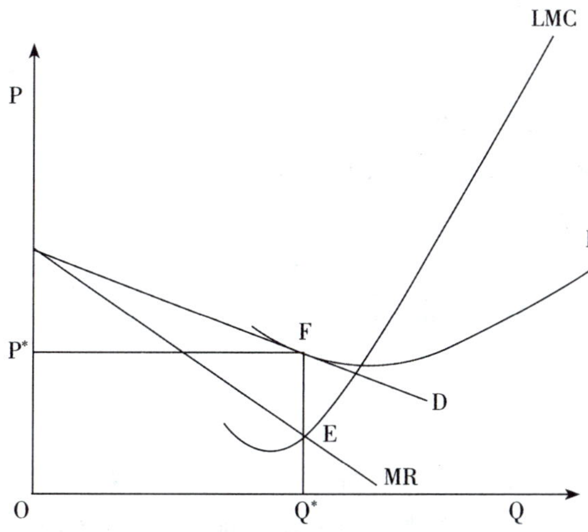

图6-13　垄断竞争市场上企业的长期均衡

在图6-13中，长期内，垄断竞争企业仍然会在边际收益（MR）=边际成本（MC）的条件下生产，即图6-13中的E点。E点所决定的产量为OQ^*，价格为OP^*。在长期均衡时，平均收益等于平均成本，因此利润为零。此时，垄断竞争企业达到长期均衡。综上，垄断竞争市场上企业的长期均衡条件是：边际收益（MR）=边际成本（MC），价格（P）=平均收益（AR）=平均成本（AC）。

三、垄断竞争市场上企业的非价格竞争

在垄断竞争市场上，企业之间不仅存在着价格竞争，而且存在着非价格竞争。非价格竞争的例子表现在更好的服务、产品保证、免费送货、更吸引人的包装和广告等方面。非价格竞争的结果是垄断竞争企业在长期中获得的经济利润为零，企业只能获得正常利润。如果一家创新企业发现一种把它的需求曲线向右移动的方法，如提供更优质的产品或更吸引人的广告，那么在短期内，它就可能获得利润。这意味着其他缺乏创新的企业的需求曲线将向左移动，这些企业损失的销售额转向了创新的竞争对手。

接下来，所有的企业都将效仿它们之中最成功者的做法。如果是产品更新使得某些企业取得了经济利润，那么其他企业都将进行产品更新；如果是广告起作用，那么所有企业都将卷入广告战。在长期，可以预测所有的垄断竞争企业都要开展广告宣传、重视售后服务以及采纳被行业中其他企业证明有盈利可能的任何措施。所有这些非价格竞争都要在企业广告、产品升级、员工培训等方面支付费用，而这些成本又必须包含在每个企业向上移动的平均成本曲线之中。

在短期内，企业可能盈利是因为有相对较少的竞争者，或是发现了吸引消费者的新方法。但在长期，盈利的企业会发现，由于新企业的进入，其成功的非价格竞争做法将被仿效，从而使它的需求曲线向左移动。最后，平均成本曲线与需求曲线相切，该企业仍将取得零经济利润。

同步思考 6-2

在垄断竞争市场上，企业在短期与长期能否获得经济利润？

分析：企业在短期可以获得正的或负的经济利润；但在长期，自由进入和退出将使每个企业取得零经济利润。

任务四　了解寡头垄断市场

一、寡头垄断概述

动画 6-8

寡头垄断

寡头垄断（Oligopoly）也称寡头垄断市场，是少数几家厂商控制整个市场的产品生产和销售的一种市场组织。其与垄断市场和垄断竞争市场不同。垄断市场上只有一家企业，这家企业的供给和需求就是一个行业的供给和需求。垄断竞争市场上则有较多的企业，每家企业只是行业中的一小部分。

寡头垄断市场形成的原因有：①这一行业产品的生产经营建立在规模经济基础上，这是寡头垄断市场形成的基本条件；②这一行业产品的生产技术不容易为一般中小型企业所掌握和模仿；③寡头企业采取了种种排他性措施；④政府对寡头企业的扶植和支持。

寡头垄断市场有两种类型：①无差别寡头（纯粹寡头），即寡头企业生产的产品无差别，如冶金、石油等行业的寡头；②有差别寡头，即寡头企业生产的产品有差别，如飞机、香烟等行业的寡头。

寡头垄断市场的特征包括：

（1）寡头企业之间存在着相互依存性，关系密切。由于行业中只有少数几家大企业，因此它们的供给量均占有较大的市场份额，各个寡头企业之间容易达成某种形式的妥协。

（2）寡头企业之间的决策互相影响，其决策产生的结果具有很大的不确定性。因为任何一个寡头企业在做出决策时，都必须考虑竞争对手可能会做出的反应。

（3）寡头企业之间的竞争手段是多种多样的，价格和产量一旦确定，就具有相对的稳定性。也就是说，各个寡头企业由于难以捉摸对手的行为，一般不会轻易变动已确定的价格与产量水平。

二、寡头垄断市场上的价格决定

寡头垄断市场上的价格决定要区分是否存在勾结。在不存在勾结的情况下，价格决定的方法是价格领先制和成本加成法；在存在勾结的情况下，价格决定的方法则是卡特尔。

（一）价格领先制

价格领先制（价格领导制）是指一个行业的价格通常由某一寡头率先制定，其余寡头追随其后确定各自的价格。领价者往往既不是自封的，也不是共同推选的，而是自然形成的。这种自然形成的领价者或者说价格领袖，一般有以下三种情况：

（1）支配型价格领袖。领先确定价格的企业是本行业中最大、最具有支配地位的企业。由于在市场上占有的份额最大，因此其对价格的决定举足轻重。支配型寡头企业根据自己利润最大化的原则确定产品价格及其变动幅度，其余规模较小的寡头就像完全竞争企业一样，是价格的接受者，需根据支配型寡头企业的价格来确定自己的价格和产量。

（2）“晴雨表”型价格领袖。这种企业在本行业中并不一定规模最大、成本最低、效率最高，但其在掌握市场行情变化或其他信息方面明显优于其他企业。这种企业的价格变动实际上是首先传递了某种市场信息，因此，其价格在该行业中具有“晴雨表”的作用，其他企业会参照这家企业的价格变动而调整自己的价格。

（3）效率型价格领袖。这种企业是本行业中成本最低、效率最高的企业。其对价格的确定也使其他企业不得不随之变动。高成本企业如果按自己的利润最大化原则来确定价格，就会丧失销路，得不偿失。

（二）成本加成法

成本加成法是寡头垄断市场上最常用的定价方法。这种方法是指在核定成本的基础上，加上一个百分比或预期利润额来确定价格。这是按利润最大化原则事先确定利润目标的定价方法。成本加成法之所以能为市场接受，是因为寡头企业控制着生产和市场销售的最大份额。

（三）卡特尔

卡特尔（Cartel）是生产同类产品的企业在划分销售市场、规定商品产量、确定商品价格等方面签订协议而成立的同盟。通过建立卡特尔，几家寡头企业协调行动，共同确定价格，就有可能像垄断企业一样，使整个行业的利润最大化。但由于卡特尔各成员之间的矛盾，有时达成的协议很难兑现，还有可能导致卡特尔解体。此外，各寡头还会通过暗中串通（Collusion）来确定价格。

三、古诺模型

动画 6-9

古诺模型

古诺模型又称古诺双寡头模型（Cournot Duopoly Model），或双寡头模型（Duopoly Model），是早期的寡头模型。它是由法国经济学家古诺于 1838 年提出的。古诺模型是纳什均衡应用的最早版本，通常被作为寡头理论分析的出发点。古诺模型的结论可以很容易地推广到三个或三个以上寡头厂商的情况中去。

古诺模型分析的是两个出售相同产品的生产成本为零的寡头厂商的情况。古诺模型的假定是：市场上只有 A、B 两个厂商生产和销售相同的产品，它们的生产成本为零；它们共同面临的市场需求曲线是线性的，A、B 两个厂商都准确地了解市场的需求曲线；A、B 两个厂商都是在已知对方产量的情况下，各自确定能够给自己带来最大利润的产量，即每一个厂商都是消极地以自己的产量去适应对方已确定的产量。

四、博弈论的运用

博弈论（Game Theory）是研究人们在各种策略的情况下如何行事的方法。这里的“策略”是指每个人在决定采取什么行动时，必须考虑其他人对这种行动会做出什么反应。由于寡头垄断市场上企业的数量很少，因此每个企业都必须按策略行事。每个企业都知道，自己的利润不仅取决于自己生产多少，而且取决于其他企业生产多少。在做出生产决策时，寡头市场上的每个企业都必须考虑自己的生产决策会如何影响其他企业的生产决策。

“囚徒困境”是博弈论中最经典的例子之一，讲的是A、B两名嫌疑人作案后被警察抓住，隔离审讯，警方的政策是“坦白从宽，抗拒从严”。如果两人都坦白，则各判8年；如果一人坦白，另一人不坦白，坦白的放出去，不坦白的判10年；如果都不坦白，则因证据不足，各判1年，见表6-2。由此可以推想，对A、B而言，无论对方选择坦白还是抗拒，自己总是选择坦白最有利。如果对方坦白，则自己坦白要比抗拒少判2年徒刑；如果对方抗拒，自己坦白便可无罪释放。显然，两个囚徒最终都会“聪明”地选择坦白。“囚徒困境”反映了个人理性追求利益最大化的行为将导致集体非理性的矛盾。

表6-2 囚徒困境

类别		囚徒B	
		坦白	抗拒
囚徒A	坦白	8，8	0，10
	抗拒	10，0	1，1

寡头在力图取得垄断结果时的博弈也类似于两个处于困境中的囚徒的博弈。垄断结果对寡头们来说是共同理性，但每个寡头都有违背协议的激励。正如利己主义使囚徒坦白一样，利己主义也使寡头难以取得低产量、高价格和垄断利润的合作结果。

视野拓展6-1 从“纳什均衡”看质量博弈

纳什均衡是博弈论中的一个重要术语，以博弈论创始人约翰·纳什的名字命名。在一个博弈过程中，无论对方的策略选择如何，当事人一方都会选择某个确定的策略，则该策略被称作支配性策略。如果在其他所有参与者的策略确定的情况下，任意一位参与者选择的策略是最优的，那么这个组合就被定义为纳什均衡。纳什均衡对人们理解社会制度，包括法律、政策和社会规范是非常重要的。纳什均衡是一个分析工具，它本身并不包含价值判断。所以，既存在好的纳什均衡，也存在坏的纳什均衡。

质量作为一项关乎每个人利益的事项，同样会在市场竞争和公共管理方面存在博弈，也会存在好的纳什均衡和坏的纳什均衡。尤其是在坏的纳什均衡方面，突出的表现就是“行业潜规则”现象，即市场上有的商家不讲质量和诚信，依靠制假售假或降低质量等行为牟利。这属于典型的不合作行为，最终将导致“劣币驱逐良币”，整个行业的质量水平无法提升。

行业潜规则的盛行，与博弈论中的经典案例——囚徒困境类似。对一些在行业中追求高质量、讲究诚信的企业来说，当它们发现竞争对手在用偷工减料等方式降低成本占领市场之后，它们就面临着囚徒困境——是继续坚持质量第一，还是为了占领市场使用潜规则。大多数企业博弈的结果是选择潜规则，最终就有了全行业潜规则的盛行。“对方使手段，我也得使，谁不使谁倒霉”，这就是一个坏的纳什均衡。为什么假冒伪劣产品会屡禁不止？为什么大家宁愿遵守行业潜规则而不讲究质量诚信？一个重要的原因是只考虑短期利益，而不考虑长远利益。要打破这样的囚徒困境，建立一个好的纳什均衡，就需要发挥质量管理和质量规则的作用，建立质量法律体系或制度。如果质量法律体系或制度本身就是一个纳什均衡的话，大家自然会去遵守它。

值得一提的是，在质量体系中，标准作为“规范”，对构建纳什均衡至关重要。如果标准本身能够形成纳什均衡的话，标准各方自然愿意遵守这样的规则；否则，就有可能形成“上有政策、下有对策”，博弈的结果很容易演变成坏的纳什均衡。

无论是理解还是建立质量规范（包括法律、政策、制度等），纳什均衡都十分有益。毕竟，任何制度，只有构成一个纳什均衡，才会让人们自觉遵守。

五、四种市场结构的比较

（一）四种市场结构的特点比较

四种市场结构的特点比较见表6-3。

表6-3 四种市场结构的特点比较

项目＼市场结构	完全竞争市场	垄断竞争市场	寡头垄断市场	垄断市场
产量	最大	中等	较小	最小
长期平均成本	最低	中等	较高	最高
市场价格	最低	中等	较高	最高
超额利润	零	零	有	有
经济运行效率	最高	中等	较低	最低
企业数目	非常多	许多	几个	一个
产品性质	无差别	有差别	标准或有差别	唯一
价格与产出决策	MR=MC	MR=MC	需要考虑企业之间相互依存程度	MR=MC
进出市场情况	进出市场容易	进出市场容易	进入市场困难	几乎无法进入
举例说明	农副产品、证券业	餐饮业、服饰业	汽车行业、电子产品行业	公用事业、水电行业

（二）四种市场结构的优缺点比较

完全竞争市场的优点：①可以实现社会供给与需求的大体均衡；②通过完全竞争和资源的自由流动，生产要素能够得到比较有效的利用；③消费者在既定收入下能够得到较多的消费者剩余。缺点：①各个企业的平均成本最低并不一定就是社会成本最低；②“产品没有差别”这一假设是不现实的。

垄断竞争市场的优点：①在平均成本上，垄断竞争市场的平均成本高于完全竞争市场，低于垄断市场；②在价格上，垄断竞争市场的价格水平高于完全竞争市场，低于垄断市场；③在产量上，垄断竞争市场的产量水平高于垄断市场，低于完全竞争市场；④垄断竞争有利于刺激企业进行创新。缺点：在垄断竞争条件下，企业的销售成本会增加，从而使总成本和平均成本增加。

寡头垄断市场的优点：①可以实现规模经济，降低成本，提高经济效益；②可以促进科技的进步。缺点：寡头之间往往会达成价格协议，共同抬高价格，从而使消费者利益和整个社会的经济福利受损。

垄断市场的优点：垄断企业的经济实力雄厚，可以促进技术进步，尤其是政府对某些公用事业的垄断，并不是追求垄断利润。缺点：①在垄断市场上，垄断企业可以通过高价销售获得超额利润，但销量较少，使资源无法得到充分利用；②垄断企业完全左右市场价格，使消费者剩余减少；③垄断利润是垄断企业对整个社会的剥削，会导致社会收入分配不公。

同步思考 6-3

列举现实中“囚徒困境”的实例。

分析：两个国家的军备竞赛；当两个企业用广告来吸引相同的顾客时，这两个企业面临与囚徒困境类似的问题；在公共资源的占有方面也存在着囚徒困境问题。

关键术语

完全竞争　完全垄断　价格歧视　垄断竞争　寡头垄断　价格领先制　成本加成法

应知考核

随堂测 6

一、单项选择题

1. 下面不属于价格歧视的是（　　）。

A. 超级市场里，顾客出示会员卡或积分券，就能买到便宜货

B. 提前半年通过旅行社预订的机票价格，与即买即走的机票价格相比，相差好几倍

C. 餐厅里同样的一桌饭菜，如果客人最近一个星期曾经光顾过，就可以打个八折

D. 日本汽车比德国汽车便宜

2. 在某一产量水平上，企业的平均成本达到了最小值，则（　　）。

A. 企业的经济利润为零　　　　B. 企业获得了最小利润

C.企业获得了最大利润　　D.边际成本等于平均成本

3.寡头垄断市场上最常用的定价方法是（　　）。

A.成本加成法　　B.卡特尔　　C.价格领先制　　D.博弈论

4.寡头垄断市场形成的基本条件是（　　）。

A.对资源或技术的控制　　B.产品差别的存在

C.某些行业规模经济的要求　　D.企业数量很多

5.企业之间关系最密切的市场是（　　）。

A.完全竞争市场　　B.寡头垄断市场　　C.垄断竞争市场　　D.完全垄断市场

6.在完全竞争市场上，平均收益与边际收益、市场价格之间的关系是（　　）。

A.平均收益大于边际收益、市场价格　　B.平均收益等于边际收益、市场价格

C.平均收益小于边际收益、市场价格　　D.无法衡量

7.如果消费者剩余最小，企业采取的是（　　）。

A.一级价格歧视　　B.二级价格歧视　　C.三级价格歧视　　D.无差别价格

8.最需要进行广告宣传的市场结构是（　　）。

A.完全竞争市场　　B.完全垄断市场　　C.寡头垄断市场　　D.垄断竞争市场

9.形成垄断竞争最基本的条件是（　　）。

A.产品有差别　　B.企业利用国家赋予的某种权力

C.企业的数量相当多　　D.完全信息

10.产品差别是指（　　）。

A.海信牌彩电与TCL牌彩电的差别　　B.彩电与收音机的差别

C.河南小麦和河北小麦的差别　　D.汽车与石油的差别

二、多项选择题

1.在完全竞争市场上，企业处于长期均衡时，（　　）。

A.P=MR=SMC　　B.MR=SAC=LMC

C.LMC=LAC　　D.AR=MR=P

2.在完全竞争条件下，与平均收益曲线重合的有（　　）。

A.价格曲线　　B.需求曲线　　C.边际收益曲线　　D.总收益曲线

3.在短期内，完全垄断企业（　　）。

A.有可能获得正常利润　　B.有可能发生亏损

C.永远获得超额利润　　D.永远处于亏损状态

4.寡头垄断市场的特征包括（　　）。

A.寡头企业之间存在着相互依存性　　B.寡头企业之间的决策互相影响

C.寡头企业之间的竞争手段多种多样　　D.市场上有许多生产者和消费者

5.垄断竞争市场的特征包括（　　）。

A.市场上有很多生产者和消费者　　B.行业中企业生产的产品是有差别的

C.行业中企业生产的产品是无差别的　　D.企业进入或退出一个市场是自由的

三、判断题

1. 完全竞争企业面对的需求曲线由市场价格所决定，故其完全缺乏弹性。（　　）

2. 垄断就是一家企业控制了某种产品的市场结果。（　　）

3. 如果一个企业的平均销售收入低于平均成本，则该企业应当停产。（　　）

4. 一个垄断企业可以随心所欲地制定价格，以取得最大利润。（　　）

5. 完全竞争市场上的短期均衡要求价格等于平均成本。（　　）

四、简答题

1. 简述垄断市场形成的条件及形成垄断的原因。

2. 如何理解寡头垄断市场上的价格决定？

3. 简述四种市场结构的异同。

4. 用图形解释完全竞争市场上企业的短期均衡。

5. 简述完全竞争市场上企业的短期均衡和长期均衡。

应会考核

观念应用

电商行业为什么会发生价格战？从长远看，这种价格战对社会是有利还是不利？政府是否应该限制？为什么？

技能应用

某企业的产量、总成本与总收益之间的关系见表6-4。根据表6-4，计算每一产量时的利润、边际收益，以及企业达到利润最大化时的产量。

表6-4　某企业的产量、总成本与总收益之间的关系

产量（件）	0	1	2	3	4	5	6	7
总成本（元）	8	9	10	11	13	19	27	37
总收益（元）	0	8	16	24	32	40	48	56

案例分析

老张家的那口井是个“宝贝”，传说乾隆下江南时，喝过井里的水，喝完之后赞不绝口。这井水清凉甘甜，据说老张用这口井发家致富了。

老张是个头脑灵活的人，改革开放后，就用家里这口井的水在公路边摆了个水摊。那时候骑车的人多，尤其是夏天，许多人喜欢到老张的水摊上喝上一杯。对四里八乡的人，老张是童叟无欺，一分钱一杯，价格公道；可是对路过的外乡人，老张就没那么“客气”了。那年夏天，气温近40℃，两个看起来是城里大学生模样的人走近了水摊。老张一看，这两个人八成是骑车出来旅游的，一看就是随身带的水喝光了，渴了一段时间了。于是，当两人问起水多少钱时，老张毫不犹豫地说：“一毛钱一杯。”两人大呼太贵，但由于实在太渴，经过讨价还价，最后以每杯水8分钱成交。一杯水显然不解渴，两人提出每人再买一杯，讨价还价的结果是每杯7分钱成交。两

人要每人再买第三杯时，老张开始坚持每杯仍是7分钱，但两人说："第三杯还卖这个价的话，我们就不买了，继续上路，有已经喝下的两杯水垫底，我们骑上一会儿，到前面的镇上肯定能买到水。"在两人的"威胁"下，老张最后以每杯4分钱的价格出售了第三杯水。与平时卖的水比起来，这次卖出的六杯水都很贵，但两位大学生却心满意足地离开了。

后来，市场上出现了一种叫矿泉水的瓶装水，老张喝过这种水，觉得还没有自家井里的水好喝，但用瓶子把水装起来卖看起来是一个不错的主意。于是，老张和家人商量，开了一个小水厂，将家中井里的水装到瓶子里卖。老张家的水，一是价格便宜，二是开了这么多年的水摊，好多人喜欢喝。还别说，这水卖得真不错，四里八乡买水的人真不少。为了扩大销路，老张决定对水按量进行定价，10瓶以上算批发，价格是零售的60%。这样一来，附近村子的小商店也到老张这里进水去卖，水的销量一下子提高了。

再后来，村里开发旅游，将村后那座山作为一个旅游景点，往来的游客还真不少。见景点游人多，老张和村委会商量，买下了旅游区商品水的独家经营权，出卖自家的井水。在水的定价上，老张可真是动了脑筋。在景区，游客的休息点一共有三个，山脚下一个、半山腰一个、山顶一个。老张认为，在这三个休息点上，水的价格不能一样。山脚下的水应该最便宜，因为这时游客们还不是很渴，水运到山脚下也比较省力，还有就是有些游客带了水，在这里并不想买水。半山腰上的水要贵一些，这主要是考虑游客到这里已经比较渴了，买水的需求比较大，另外就是水运到这里比较费力，要从山下搬上来。山顶上的水是最贵的，除了搬运成本较高外，还有就是游客对水的需求也比较大，如果游客未在半山腰买水的话，到这里已经是嗓子"冒烟"了，就是带了水的人到这里也该把水喝得差不多了，由不得他不买。

资料来源　作者根据相关资料整理.

问题：

（1）案例中，老张卖水的三个阶段分别体现了价格的哪级差别？

（2）三级价格差别是针对不同市场制定的，在价格弹性较小的市场和价格弹性较大的市场，老张是如何利用价格差别来实现利润最大化的？

（3）在经营过程中，老张算不算垄断经营？

项目七

通识社会分配——分配理论

知识目标

理解：生产要素的概念、工具和需求。
熟知：洛伦兹曲线和基尼系数；劳动的需求和供给。
掌握：生产要素之间的联系、利润理论、收入分配差距的衡量和调节。

技能目标

具备对完全竞争情况下生产要素市场需求理论、劳动力市场工资决定理论、劳动价格决定理论的应用能力，并明白洛伦兹曲线和基尼系数的含义。

素质目标

能够正确领会和理解经济运行的逻辑关系和基本规律，能够对分配理论进行简单分析，具备初步分析问题的能力，树立正确的世界观、人生观和价值观，做到学思用贯通、知信行统一。

项目引例

漂亮的收益

漂亮就能得到更高的收益吗？美国经济学家丹尼尔·哈莫米斯与杰文·比德尔在《美国经济评论》上发表了一份调查报告，根据这份调查报告，漂亮的人的收入比长相一般的人高5%左右，长相一般的人的收入又比丑一点的人高5%～10%。两个条件大致相同的人，由于漂亮程度不同，收入不同。这种由漂亮引起的收入差别，即漂亮的人比长相一般的人多得到的收入称为“漂亮贴水”。对不漂亮的人来说，这简直就像个噩梦，让她们觉得非常不公平。有可能就因为两个人的长相不一样，长相漂亮的受人欢迎，而长相普通的很有可能比她的美丽的同伴路途坎坷，收入相对要低一些。

在现实中大家感觉也确实如此，长得漂亮的人通常会有更高的收益，有的还可能由于其他原因得到比别人多但是大家又认为很不平等的收益。经济学家认为，人的收入差别取决于人的个体差异，即能力、勤奋程度和机遇的不同。

漂亮对生产率来说是重要的，在一些讲究外表的工作中，有魅力的员工对企业而言更重要，需要为其支付更高的工资；漂亮与能力间接相关，成功设计了其形象的人在工作中可能比其他人更有竞争力。

知识支撑

任务一　生产要素

一、生产要素概述

生产要素（Factors of Production）是用于生产产品或服务的投入。企业在决定生产什么、生产多少、如何生产的时候，生产要素报酬是非常重要的制约因素。企业购买土地使用权来建厂房，要支付地租；借贷资金去购买机器、设备、原材料以及使用电力能源，要支付利息；雇用劳动者、管理者，要支付工资或薪金等。生产者为获得生产要素进行现实的生产，必须向要素所有者支付报酬，这对企业来说，形成其生产经营成本；对要素所有者来说，则形成收入。这种关于劳动、土地和资本如何取得报酬的理论被称为新古典分配理论。

在要素市场上，一种要素的报酬取决于供给与需求，而一种要素的需求取决于其边际生产率。在均衡时，每种要素都赚到了其边际产量值，但两者也有所区别，两者在需求者与供给者之间换位。

在产品市场上，需求者是家庭，供给者是企业；在要素市场上，需求者是企业，供给者是家庭。换句话说，家庭在产品市场上作为需求者出现，在要素市场上作为供给者出现；企业在产品市场上作为供给者出现，在要素市场上作为需求者出现。此外，生产要素的需求是衍生需求（或派生需求）。也就是说，企业的生产要素需求是从它向另一个市场供给的产品的决策中衍生出来的。产品市场上的需求，是家庭对各种消费品的直接需求，目的是通过消费达到效用最大化；而要素市场上的需求，则是企业由追求利润最大化的目的所派生出来的需求。企业购买生产要素不是为了自己的直接需要，而是为了生产和出售产品以获得收益。

生产要素市场上的价格与产品价格一样，也取决于供求关系，因此生产要素分配理论实际上是前面理论的延伸。但是生产要素市场上的价格决定具有特殊性。在产品市场中，消费者支付价格，就购买了产品本身；但在要素市场中，一般来说，要素的价格并非指它本身的价格，而是指它在生产中所提供的某种形式服务的价格。

在现代生产中，几乎没有一个企业可以只用一种要素来进行生产，生产通常是多种生产要素共同作用的结果，即企业同时需要劳动、资本、土地和企业家才能，企业对生产要素的需求是一种联合需求。一种要素的供给变动时，会影响其他要素市场。

二、生产要素的需求

1.生产要素需求的性质

（1）派生需求（Derived Demand）（也称衍生需求）。它是由于对产品的需求而引起了对生产要素的需求。企业之所以需要生产要素，是为了用它生产出各种产品，实现利润最大化。

（2）联合需求（Joint Demand）（也称相互依存的需求）。任何生产所需要的生产要素都不只一种，而是多种生产要素，这样各种生产要素之间就是互补的。如果只增加一种生产要素而不增加另一种，就会出现边际收益递减现象。而且，在一定的范围内，各种生产要素也可以互相代替。生产要素相互之间的这种关系说明它们的需求之间是相关的。

2.影响生产要素需求的因素

（1）市场对产品的需求及产品价格。这两个因素影响产品的生产与企业的利润，从而影响对生产要素的需求。一般而言，市场对某种产品的需求越大，该产品的价格越高，则对生产这种产品所使用的各种生产要素的需求也越大。

（2）生产技术状况。生产技术决定了对某种生产要素需求的大小。如果技术是资本密集型的，则对资本的需求大；如果技术是劳动密集型的，则对劳动的需求大。

（3）生产要素的价格。各种生产要素之间有一定程度的替代性，如何进行替代，在一定范围内取决于各种生产要素本身的价格。企业一般用价格低的生产要素替代价格高的生产要素，从而使生产要素的价格对其需求产生重要影响。

3.完全竞争企业的生产要素需求

在完全竞争市场上，要想实现利润最大化，企业必须使购买最后一单位生产要素所支出的边际成本与其所带来的边际收益相等，即边际收益等于边际成本，又等于生产要素价格。

在完全竞争市场上，对一家企业来说，要素价格是不变的。由此可见，企业对生产要素的需求取决于该要素的边际生产力。边际生产力（Marginal Productivity）是指在其他条件不变的情况下，每增加一个单位生产要素的投入所增加的产量。以实物来表示生产要素的边际生产力，称为边际物质产品（MPP）；以收益来表示生产要素的边际生产力，称为边际收益产品（MRP）。在图7-1中，横轴OQ表示生产要素需求量，纵轴OP表示生产要素价格，MRP曲线表示生产要素的边际收益曲线，也就是生产要素的需求曲线。

由于边际收益递减规律的存在，生产要素的边际收益曲线是一条向右下方倾斜的曲线，这条曲线就是生产要素的需求曲线，如图7-1所示。

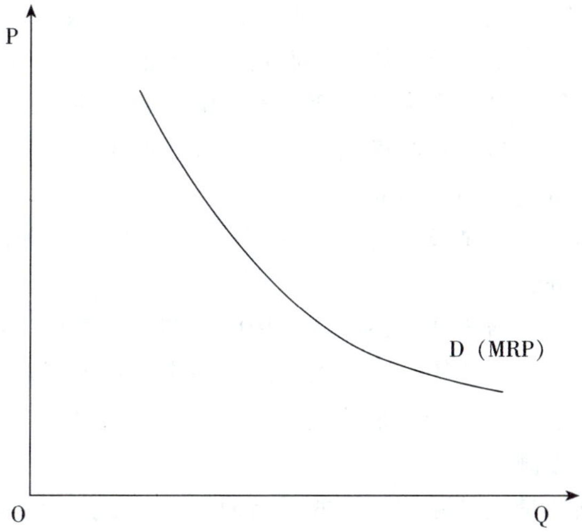

图7-1　生产要素的需求曲线

4.不完全竞争企业的生产要素需求

在不完全竞争（即垄断竞争、完全垄断、寡头垄断）市场上，对一个企业来说，价格是可变的。因此，边际收益不等于生产要素价格。边际收益取决于生产要素的边际生产力与价格水平。因此，生产要素的需求曲线仍然是一条向右下方倾斜的曲线。

三、生产要素的供给

生产要素的供给是指在不同的报酬条件下，生产要素市场上所提供的要素数量。生产要素的供给价格是指生产要素所有者对提供一定数量生产要素所愿意接受的最低价格。一般来说，如果某种生产要素的价格提高，这种生产要素的供给就会增多；反之，这种生产要素的供给就会减少。生产要素的供给数量与价格呈同方向变化。所以，生产要素的供给曲线是一条向右上方倾斜的曲线，如图7-2所示。

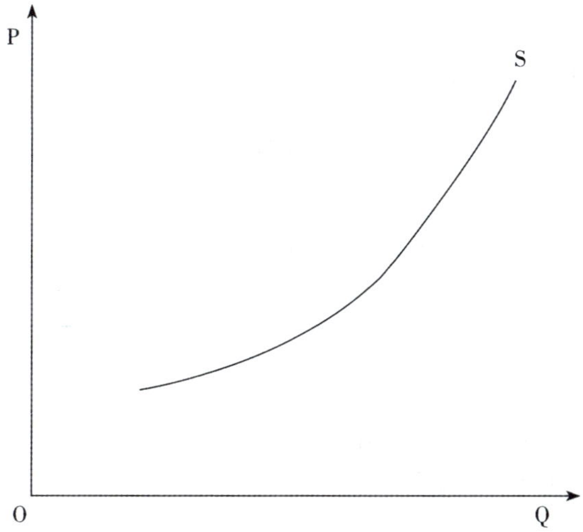

图7-2　生产要素的供给曲线

在图7-2中，横轴OQ表示生产要素供给量，纵轴OP表示生产要素价格，S代表生产要素的供给曲线。完全竞争市场的特点是：要素的需求者和供给者数量众多，单个卖者和买者的要素供给量和需求量的变化不影响要素价格。所以，在完全竞争市场上，生产要素的供给曲线是一条与横轴平行的直线；在不完全竞争市场上，生产要素的供给曲线是一条向右上方倾斜的曲线。

市场上有各种各样的生产要素，不同种类的生产要素各有自己的特点。一般来说，可以把生产要素分为以下三类：

（1）自然资源，主要指土地。在经济分析中，假定这类资源的供给是固定的。

（2）资本。它是利用其他资源生产出来的。一个行业的产品往往是另一个行业的生产要素。因此，资本这种生产要素的供给与一般产品的供给一样，与价格同方向变动，供给曲线向右上方倾斜。

（3）劳动。其供给量先是随着价格的提高而增加，之后则随着价格的降低而转变为不变或者减少。

四、生产要素价格的均衡

生产要素的价格是由生产要素的供给和需求共同决定的。但由于企业对要素的需求取决于人们对商品的需求，而商品的供求与要素的供求之间存在着相互依存和相互制约的关系，因此对要素需求的分析要比对商品需求的分析复杂一些。在对生产要素的供给和需求进行分析时，还必须区分各种不同情况。

（1）完全竞争市场条件下。如图7-3所示，在完全竞争市场条件下，生产要素的供给曲线与需求曲线相交于E点，相对应的均衡价格为OP_e，均衡数量为OQ_e。

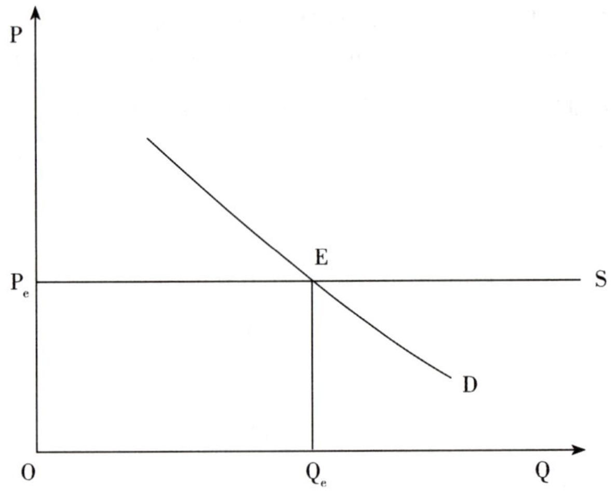

图7-3　完全竞争市场上的企业均衡

（2）不完全竞争市场条件下。如图7-4所示，在不完全竞争市场条件下，生产要素的供给曲线与需求曲线相交于E点，相对应的均衡价格为OP_e，均衡数量为OQ_e。

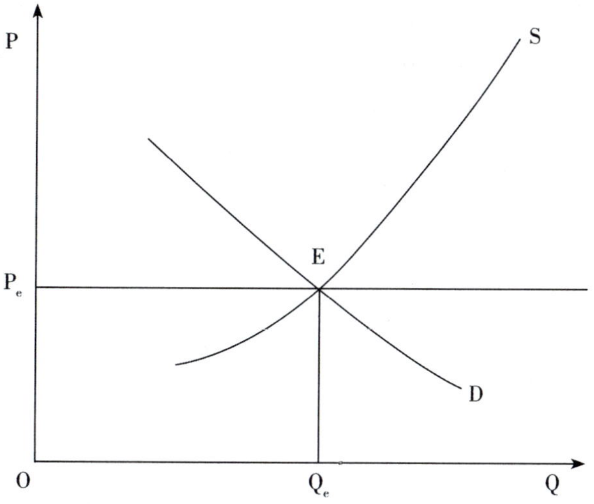

图7-4　不完全竞争市场上的企业均衡

任务二　熟悉劳动供需曲线

对大多数人来说，收入主要由人们所从事的那一类工作来决定。经济学家从劳动力市场上需求与供给的角度来说明工资的决定。这里以完全竞争的劳动力市场为例来说明工资的决定机制。完全竞争的劳动力市场是指无论劳动力的买方还是卖方都不存在垄断情况。在完全竞争的劳动力市场上，工资是由劳动力的需求和供给共同决定的。

一、劳动力的需求

（一）生产函数与劳动力的边际产量

为了做出雇佣决策，企业必须考虑工人数量是如何影响产量的。表7-1用数字说明了该企业的生产函数。

表7-1　竞争企业如何决定雇用的工人数量

劳动力（工人数量）	每小时产量（件）	劳动力的边际产量（件）	单价等于3元的时候边际收益（元）	单价等于5元的时候边际收益（元）
0	0	—	—	—
1	9	9	27	45
2	17	8	24	40
3	24	7	21	35
4	30	6	18	30
5	35	5	15	25
6	39	4	12	20
7	42	3	9	15
8	44	2	6	10

在讨论企业的生产决策时，通常用生产函数来描述生产中要素的投入量与产量之间的关系。根据表7-1可以绘制出该企业的生产函数，如图7-5所示。横轴代表工人数量，纵轴代表产量。

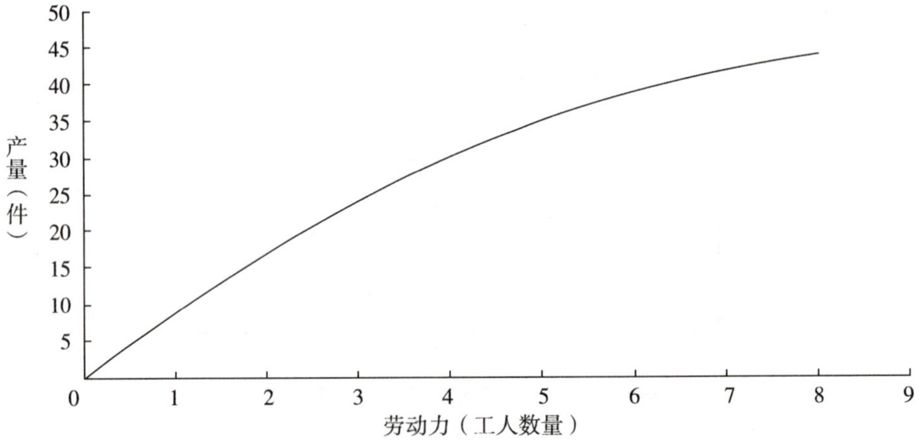

图7-5　企业的生产函数

表7-1第三纵栏给出了劳动力的边际产量，即增加一个单位的劳动力引起的产量的增加量。把工人从1个增加到2个的时候，每小时产量从9件增加到17件，因此，第二个工人的边际产量是8件。

一般情况下，假定资本中设备数量不变，随着劳动投入量的增加，劳动的边际收益是递减的。这是因为劳动投入量增加以后，由于设备总量不变，每单位劳动所使用的设备量逐渐减少，劳动生产率受到影响，生产过程表现出边际产量递减。在该企业中，随着工人数量的增多，增加的工人不得不等待专用工具。另外，工人之间还有可能产生冲突等。因此，随着雇用的工人越来越多，每个增加的工人对产量的贡献越来越小，反映在图7-5中，生产函数随着工人数量的增加变得越来越平坦。

（二）边际收益和劳动需求

企业在决定要不要雇用工人、雇用多少工人时，不是为了解决工人的就业或生活问题，而是为了生产利润。企业考虑的是增加一个工人所创造的收益是不是大于付给该工人的工资。由于利润等于总收益减去总成本，因此，增加一个工人的利润等于工人对收益的贡献减去其工资。这种情况用经济学语言来讲就是：企业需要多少劳动力，是由劳动的边际收益和边际要素成本的对比决定的。企业为了使利润最大，一定会把劳动量用到劳动的边际收益等于边际成本为止。

所谓劳动的边际收益，是指增加一单位劳动所增加的收益；所谓劳动的边际成本，是指增加一单位劳动所增加的成本（即工资），确切来说就是工资率。

根据表7-1和图7-5，当该企业产品单价为3元时，在雇用第3个工人时，企业增加1单位劳动的边际产量是7件产品，则劳动的边际收益为21元，这时候只要工人工资小于21元，使用这1单位劳动对企业来说就是划算的，企业会考虑雇用第3个工人；如果高于21元，对企业来说就是不划算的，企业就不会雇用了。假设现行工人的工资是19元/小时，企业就会雇用3个工人，因为前三个工人的边际收益都高于19元的工资，因此，每个人都增加了利润，但是第4个工人的边际收益是18元，因此雇用了第4个人就减少了利润。假设现在工人的工资是13元/小时，企业就会雇用5个工人，雇用第6个工人就会使其利润降低。

当该企业产品单价为5元时，在雇用第3个工人时，企业增加1个单位劳动的边际产量是7件产品，则劳动的边际收益为35元，假定该企业增加这1单位劳动支付的工资在35元以下，使用这1单位劳动对企业来说是划算的，企业会考虑雇用第3个工人。假定工资在35元以上，对企业来说是不划算的，企业就不会雇用了。假设现在工人的工资是19元/小时，企业就会雇用6个工人，因为这6个工人的边际收益都高于19元的工资，因此，每个人都增加了利润，但是第7个工人的边际收益是15元，因此雇用了第7个人就减少了利润。假设现在工人的工资是13元/小时，企业就会雇用7个工人，雇用第8个工人就会使其利润降低。

在其他条件不变的情况下，工资率越低，劳动的需求会越大。也可以这样理解：在其他条件不变时，工资率越低，即产品中劳动成本越低，企业生产每单位产品获得的利润就越多。这就是说，劳动的需求量会随工资率的下降而增加。

图7-6描述了边际收益情况，图中还包括一条市场工资水平线。为了使利润最大化，企业雇用的工人数要达到这两条线的相交点。低于这个雇用水平，边际收益大于工资，因此再雇用一个工人时会增加利润；高于这个雇用水平，边际收益低于工资，雇用该边际工人是无利可图的。因此，以利润最大化为目标的完全竞争条件下的企业雇用的工人数要达到使劳动的边际收益等于工资的那一点。

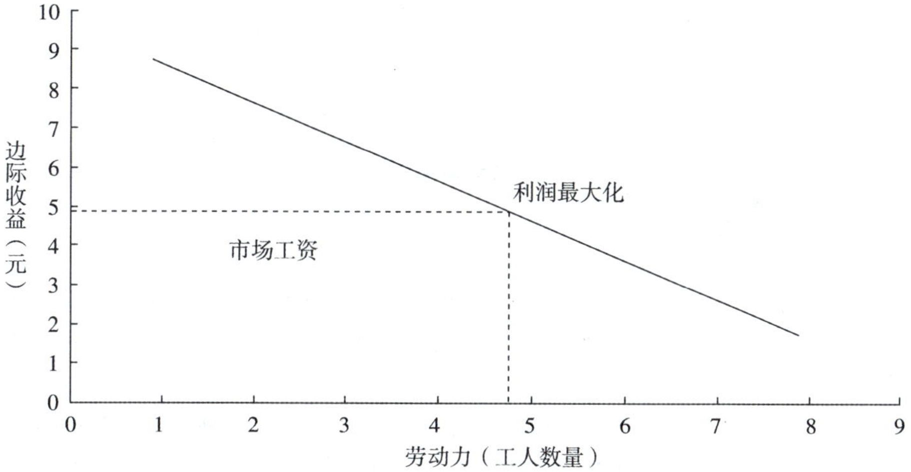

图7-6 劳动边际收益

（三）劳动需求曲线移动

对一个完全竞争条件下追求利润最大化的企业来说，边际收益曲线也是其劳动需求曲线。那么，在什么情况下劳动需求曲线会发生移动呢？

1.产品价格因素

从上述中可以看出，产品价格会直接影响到边际收益（边际收益=边际产量×单价），当产品价格发生变动时，边际收益变动，劳动需求曲线也会移动。例如，某工艺品的价格上升增加了每个工人的边际收益，从而增加了工人的劳动需求；相反，产品价格下降，也减少了劳动需求。

2.技术变革

一般情况下，技术进步可以增加劳动的边际产量，增加边际收益，从而增加劳动需求，使劳动需求曲线向右移动。但是也会出现技术变革减少劳动需求的情况，如由于机器的发明及其广泛应用，企业可以用不熟练的工人并以低得多的成本生产产品，从而减少了对劳动的需求。

3.其他生产要素的供给

一种生产要素的可获得量会影响其他生产要素的边际产量。例如，在某工艺品作坊中，由于场地减少，将减少工人的边际产量，从而减少对工人的需求。

劳动需求曲线移动示意图如图7–7所示。

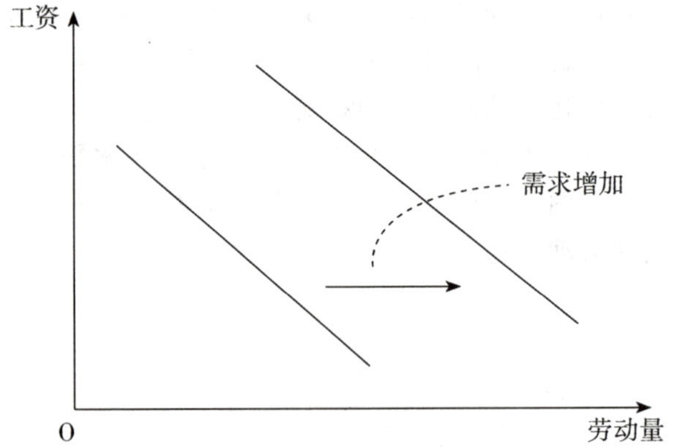

图7–7　劳动需求曲线移动

课堂讨论7-1

“春节过后，洗车工100元一天都招不到人。”据一家汽车美容店的胡经理介绍，洗车行一般开出的待遇是包吃包住，2 100元底薪加提成，一个洗车工人一个月能拿到2 700元。

胡经理说，顾客过年用车多，初六开门以后，门口大批车辆排队等候洗车。由于人手紧缺，他们不得已提高了洗车价格，从平时的每辆车30元提高到每辆车60～80元。“就算涨了工资，还是没人愿意来。”胡经理说。

火星镇一家洗车行的经理说，洗车是没有多少技术含量的活儿，在这一行工作的很多是年龄偏大的男性，而且本地人少，所以人员流动性较大。洗车属于劳动密集型行业，劳动强度很大，不是每个人都能干的。

在一家洗车行，记者遇到一位洗车工小熊。来自邵阳的他今年22岁。“问了很多人，他们说洗车工工资偏低，每个月在2 700元左右，但管吃管住，所以先做下了。”小熊说，他有几个老乡就是因为嫌洗车辛苦、工资低，回乡就业了。

“洗车这一行工资太低了，我希望尽快学一些经验练成熟手，多赚些钱。”小熊的话代表了很多洗车工的心声。记者随后与一位回老家就业的洗车工小吴取得了联系，他之前在长沙洗了两年车。小吴表示，洗车既辛苦又赚不到钱。“我现在在家里帮着爸妈做点小生意，一个月同样可以赚3 000多元，何必去长沙洗车呢！”

资料来源　作者根据相关资料整理.

讨论：春节过后，洗车店老板为什么增加了洗车工的工资？增加了工资为什么还是招不到洗车工？洗车工的工资是由什么决定的？

二、劳动的供给

（一）劳动供给决定因素

劳动的供给来源于劳动者，劳动者既是劳动的提供者，也是商品的消费者。劳动者提供劳动是需要支付成本的。这种成本有两类：①实际成本，即维持劳动者及其家庭生活必需的生活资料的费用，以及培养、教育劳动者的费用；②心理成本，劳动者提供劳动是以牺牲闲暇时间为代价的，劳动会给劳动者的心理带来负效应。劳动者需要取得收入（在完全竞争市场条件下，劳动的边际收益等于工资率），劳动者提供劳动时，也会按照边际收益等于边际成本的原则决定劳动供给量。

【提示】劳动的边际成本，是增加一单位的劳动时间给劳动者带来的负效用，这种负效用随着劳动时间的增加逐渐增强，这主要是因为劳动者的剩余闲暇时间越少，闲暇资源越稀缺，牺牲单位闲暇时间所带来的负效用就越大。另外，劳动者工作时间越长、越劳累，负效用就越大。

（二）工作与闲暇的权衡取舍

从单个劳动者看，劳动的供给有一个生理极限。一天24小时，总要分为两部分：劳动时间和闲暇时间。劳动者在劳动时间从事生产活动，在闲暇时间吃饭、休息、娱乐和社交。这两类时间此消彼长，劳动时间多了，闲暇时间就少了；反之，劳动时间短，则闲暇时间就多。劳动者不可能选择闲暇时间为零，因为闲暇实质上是劳动者维持自身再生产的条件，对劳动者来说也是必需的。但劳动者可以选择一天只劳动8小时或者加班加点劳动12小时。

劳动者愿意提供的劳动小时数，取决于多种因素。身体状况、家庭其他成员的收入、家庭负担等，都会影响劳动者的劳动供给决策。撇开众多的因素，只看劳动供给量与工资率的关系，一般来说，工资率上升时，劳动供给量会增加；反之，工资率下降，劳动供给量减少，劳动的供给曲线会呈现出向上倾斜的态势。那么，是不是在任何情况下涨工资都能刺激劳动者增加劳动时间呢？仔细观察现实经济生活，我们会发现未必如此。在好多情况下，随着工资率的上升，劳动供给量反而减少。也就是说，劳动力供给曲线也有可能是向左弯曲的，如图7-8所示。如何解释这种经济现象呢？

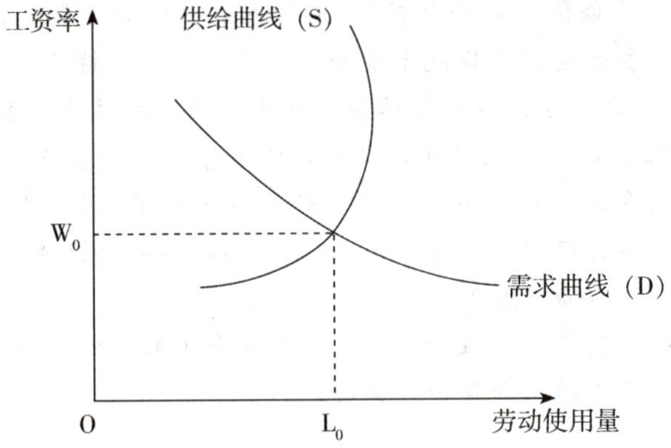

图7-8　劳动供给曲线

为什么人们对更高工资的反应既有可能是增加工作时间也有可能是减少工作时间呢？可以从高工资的收入效应与替代效应中得到答案。经济学家认为，工资率提高，劳动供给会同时产生两种效应——替代效应和收入效应。替代效应是指工资率提高后，少劳动多休闲所遭受的损失会增加，促使人们更看重劳动，因而选择增加劳动来替代休闲。收入效应是指工资率提高，人们收入高了，有条件购买更多的商品，其中包括在闲暇时间进行消费享受，从而更看重休闲，会选择少劳动多休闲。

由于收入效应和替代效应的作用，一般认为，随着工资的上升，起初人们会增加工作时间；但工资继续上升到一定水平后，人们反而会减少工作时间，因此，劳动的供给曲线是一条先向右上方倾斜，后又向左弯曲的曲线，如图7-8所示。

同步思考7-1

最近，公司职员小杨面临两难决策。当每小时工资为40元时，他每天要工作9小时；当每小时工资上升到60元时，他决定每天减少工作2个小时，将更多的时间用于休息和陪伴家人。如何解释小杨对工资上升的反应呢？

分析：作为追求效用最大化的消费者，小杨要把一天24小时在工作和闲暇之间进行分配，以获得最大效用。如果每小时工资为40元，他一天工作24小时，则每天可获得960元，但没有闲暇时间；相反，如果他把一天时间全部用来休闲，那么他就没有任何收入。如果他每天工作9小时，那么他可以享受15小时的休闲和获得360元的收入。

从理论上来说，工资增加使小杨的工作时间增加还是减少并没有明确的预期。对小杨来说，如果替代效应大于收入效应，他就增加工作时间；如果收入效应大于替代效应，他就减少工作时间。显然，当工资从40元每小时上升到60元每小时时，对小杨来说是收入效应超过了替代效应，因此小杨将工作时间从每天9小时减为每天7小时。

在现实的企业管理中，当雇员的工资水平不高时，提高工资水平、发放加班费和奖金可以起到激励雇员加班加点增加劳动量的作用；但是当雇员的收入达到相当高的水平之后，单纯依靠增加工资等物质刺激手段难以产生激励效应，必须辅之以表彰先进、实行轮休制等精神奖励。这就是适应了劳动供给的这种规律性。

（三）劳动供给曲线移动

只要人们改变他们在某一既定工资时的工作量，劳动供给曲线就会发生移动，如图 7-9 所示。现在我们来考虑可能会引起这种移动的一些因素。

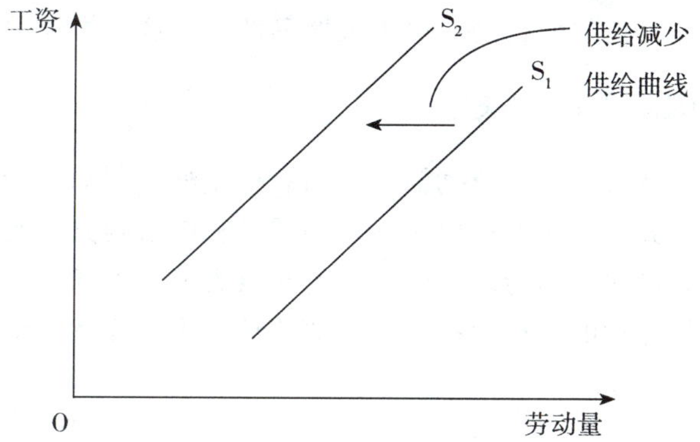

图7-9　劳动供给曲线移动

1. 嗜好变动

由嗜好变动引起的新生代农民工进城，增加了城市劳动力供给。农民工是我国在特殊的历史时期出现的一个特殊的社会群体。当前，农民工数量越来越大，主要原因就是其嗜好或对工作态度的改变。尤其是“90后”农民工，他们与老一辈农民工相比，在学历、思想和职业诉求上都发生了相当大的变化，他们从小就上学，上完学以后就进城打工，相对来讲，对农业、农村、土地等不是那么熟悉。另外，他们也渴望进入并融入城市生活。

视野拓展 7-1

当前，技工荒正成为制约我国工业区发展的软“瓶颈”。在近期的工资改革中，国内众多企业大幅上调技术工人的工资比重，上海、山东、广东、浙江等地不断传出高级技工月薪七八千元、年薪甚至十几万元的新闻。不少地方还正酝酿出台向一线高级技工倾斜的工资政策，有的地方政府甚至在公开的工资指导价文件中，将汽车修理工等技术工人的最高年薪定在相当于或高于博士的水平上。在令许多面临求职困境的高校毕业生羡慕的高工资情形下，我国各行业依然有超过八成的企业处于技工尤其是高级技工“断档”的状态。

曾经，进工厂是很多人的梦想。现在，对办公室白领的推崇，让城镇居民普遍认为上大学才是子女最好的出路，他们热衷于让孩子从幼儿园起就上补习班，进名园、入名校，而对重视实践能力的技术教育不屑一顾，甚至直接将其归入“没文化、没出息”的被迫选择。

2. 可供选择的机会改变

在任何一个劳动市场上，劳动的供给都取决于其他劳动市场上可以得到的机会。

如果某一行业工资收入大幅度提高，其他行业的工人倾向于选择该职业，从而使原来行业的劳动供给减少。

3.劳动者数量的变化

劳动的供给来源于劳动者，劳动者数量的变化必然导致劳动供给曲线的变化。工人从一个地区向另一个地区或从一个国家向另一个国家的流动是劳动供给（曲线）移动的另一个重要来源，前面分析的农民工进城等都属于这一类来源。

三、劳动市场上均衡工资的决定

在劳动市场上，所有企业对劳动需求的加总构成整个劳动市场的需求，所有劳动供给的加总构成整个劳动市场的供给。劳动的需求和供给两方面的力量共同决定劳动的市场价格。劳动需求曲线和劳动供给曲线的交点为劳动市场的均衡点，该点对应的工资即均衡工资，是劳动的均衡价格，对应的劳动量为实际就业量。如图7-10所示。

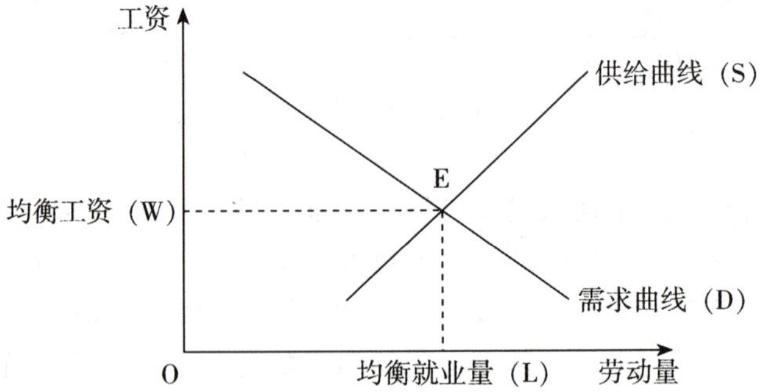

图7-10 劳动市场的均衡

劳动市场均衡理论告诉我们：当某种劳动供不应求时，市场出现工资上升的压力，促使工资水平提高，劳动的需求量因此调整，劳动供求趋于均衡；当某种劳动供过于求时，则出现相反的变动态势。从长期看，改变劳动供求状况的因素，都可能改变劳动的均衡价格（即均衡工资）。

先看劳动供给变动引起均衡工资变动的情况。假定劳动需求不变，即需求曲线不变，劳动供给曲线向左移动，即劳动供给减少，如图7-11所示，供给曲线从S_1移动到S_2，均衡工资从W_1上升到W_2，劳动量（就业量）则从L_1降到L_2。

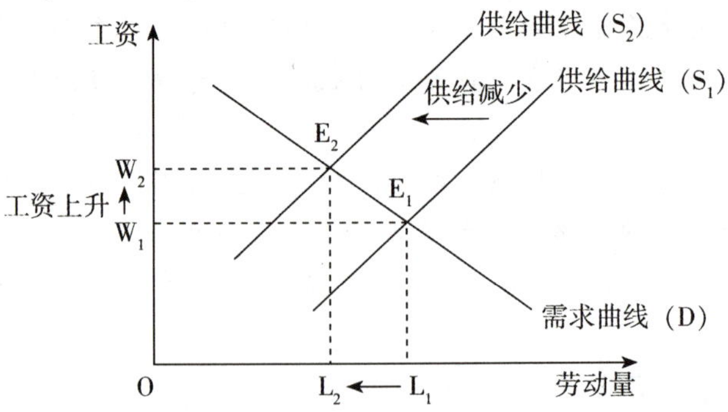

图7-11 劳动供给曲线移动

再来看劳动需求变动引起均衡工资变动的情况。假定随着城市居民收入的提高，人们对家政服务的需求增加，即使供给不变，均衡工资也会上升。如图7-12所示，当劳动需求曲线从D_1向D_2移动时，均衡工资从W_1上升到W_2，均衡劳动量（就业量）从L_1增加到L_2。

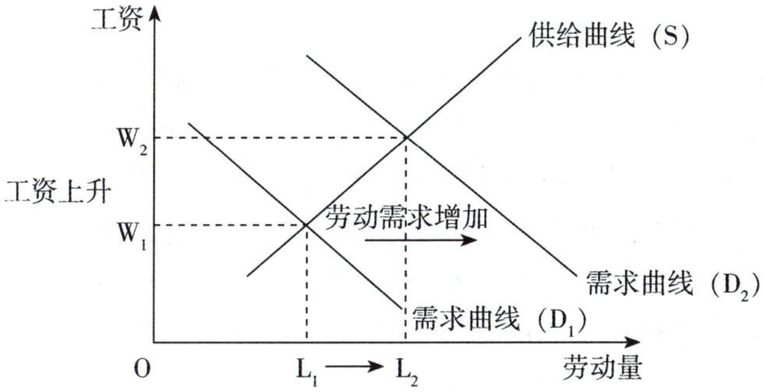

图7-12　劳动需求曲线移动

四、劳动市场工资的差异

劳动报酬是劳动者利益的体现，工资率是由劳动的供给和需求决定的，但在实际生活中，行业之间、个人之间广泛存在着工资差异，其原因是多方面的。

（一）补偿性工资差别

补偿性工资差别也称非货币利益差别。当一个工人决定是否接受某项工作时，工资仅仅是其考虑的众多因素之一。如殡葬师工作，工作强度不一定多大，但是要承受世俗观念的压力。小到个人的一言一行，大到婚姻大事都可能受到很大的制约和影响。其他行业提倡微笑服务，而殡葬业的工作人员必须要严肃，而且有很多禁用语，如“欢迎光临”“欢迎再来”等。不同职业在安全、劳累程度、环境和声誉等方面不同，对劳动者产生的心理成本不同，或者说给劳动者带来的非货币利益不同。在市场经济条件下，劳动市场供求规律的作用，将必然给那些大家都不愿意从事的工作以较高的报酬。

（二）人力资本

人力资本是一种特殊类型的生产资本，它是劳动者为了提高其对雇主的价值而接受的教育和培训，是劳动者积累的有用的和有生产力的知识。毋庸置疑，具有较多人力资本的工人平均收入高于人力资本较少的工人。从供给和需求的角度可以很容易地解释为什么教育提高了人们的工资。企业愿意提供更高的工资，是因为受教育程度高的工人有着较高的边际生产率。经济学可以用同样的理由解释为什么一个名模可以签数百万元的合同，远高于一般模特的报酬。名模的薪水一部分是劳动的报酬，一部分是稀缺才能的报酬，还有一部分则是人力资本的利息。

（三）能力、努力和机遇

对从事各种职业的人们来说，天赋都是重要的。由于先天遗传和后天培养，人们在体力与脑力上的特征都不一样。这些个人特征决定了生产能力，由此在他们工资收入的决定中起着重要作用。与能力密切相关的是努力，那些工作勤奋的人生产能力更强和工资更高就不会令人奇怪了。另外，在工资决定中，机遇也起着一定的作用。虽然现在还无法精确衡量能力和机遇在决定工资过程中的重要程度，但是有一点可以肯定，它们都起着非常重要的作用。

（四）劳动市场中的非竞争性

劳动市场中的非竞争性也是导致工资水平差异的原因之一。在现实经济生活中，劳动市场往往是不完全竞争的。非竞争性意味着劳动市场被分割，新的劳动者难以进入该行业，使某些地区、某些行业形成了一些非竞争性群体，从而产生工资水平的差异。我国现阶段也存在类似现象。如我国一线城市的户籍制度，在相当程度上阻碍了外地劳动力向某些行业的流入，使城市居民的工资保持在较高的水平上。又如，在我国，由于电力、烟草等行业垄断的存在，造成这些行业人员的工资水平明显高于一般行业人员的工资水平。

课堂讨论7-2 **中国“大学生殡葬师”成紧俏人才**

在乌鲁木齐市殡仪馆里，有10名为逝者守灵、敬灵的专业殡葬礼仪师，其中有9名是应届大学毕业生。据了解，很多大学毕业生之前是看不上殡葬行业的，但这样的情况近年来有所改变。为什么大学毕业生会选择殡葬行业？某专家解释说，理由很简单：收入高，并且工作稳定。他认为，当前的就业压力和学生就业观念的转变，加上市场需求，使殡葬专业招生和就业火爆。统计数据显示，殡葬专业毕业的学生，初入殡葬相关单位，月收入超过3 000元，转正后，月工资最低也在6 000元以上，并且不含各种奖金和津贴等。

据新华社报道，随着人口老龄化加速，殡葬行业员工队伍不断扩大。不少民政类高校和中等专业学校率先开设了“现代殡仪技术与管理”专业，招生和就业十分火爆。然而，进入殡葬行业的年轻人在收入稳定的同时，也遭遇了生活中的很多不便。

讨论：为什么殡葬师的工资高于其他工种？

任务三　掌握资本利润理论

一、资本与利息

劳动收入有一个容易理解的含义，但资本收入的含义就不那么明显了。实际上，企业通常从自己所拥有的资本中赚得收入。资本的这些收入最终要支付给家庭。一些以利息的形式支付给借钱的家庭，一些以红利的形式支付给家庭；另外，企业不一定将所有收入都支付出去，它会留存一部分，这部分被称作留存收益。无论是以何种形式支付给家庭，或是留在企业，资本的收入都是根据资本的边际效益来向资本付酬的。下面以利息为例，说明资本收入的形成机制。

利息是企业在一定时期内使用资本的生产力所支付的代价，或者说是资本所有者在一定时期内让渡资本使用权所获得的报酬。利息是由资本的供求关系决定的。

（一）资本的需求与供给

资本的需求是指一定时期内企业在不同利率水平上所需要的资本总额。我们知道企业投资的目的在于获取利润，因此企业对资本的需求取决于其对新增投资的预期利润率或资本的边际生产力。假定市场利息率为5%，企业借入1单位资本的预期利润率高于5%，假定是7%，那么该企业借入1单位资本可获利2%，对企业来说追加投资是有利的。但是如果该企业的预期利润率低于5%，投资收益小于投资成本，企业就宁可储蓄也不愿意投资。由此可见，假如预期利润既定，利息率高，对资本的需求量减少；利息率低，对资本的需求量增加。需求曲线是从左上向右下倾斜的，如图7-13所示。

资本的供给是资本所有者在各个不同的利息率水平上愿意并且能够提供的资本数量。对资本的供给者来说，借出资本，让渡一定时期资本的使用权，是有损失和风险成本的。比如，某人年初时拥有100万元，按照当时的房地产市场价格，可以买单价1万元的公寓100平方米。到年底时，同样的房子价格上涨到每平方米1.2万元，买100平方米公寓，需要120万元。可见，人们推迟购买，不仅损失消费商品带来的满足，而且要承担价格波动的风险。利息是对资本供给者抑制或推迟眼前消费的一种补偿，利息率越高，补偿越多，人们愿意提供的资本也就越多。因此，一般来说，资本的供给与利息率同方向变化，资本的供给曲线是向右上方倾斜的，如图7-13所示。

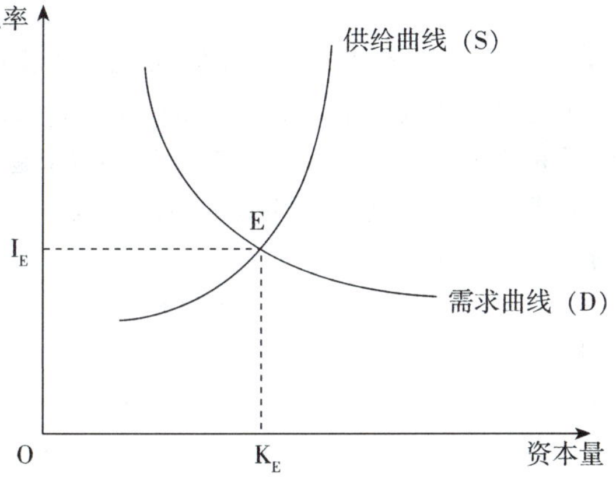

图7-13　均衡利息率

在图7-13中，横轴代表资本量，纵轴代表利息率。和前面分析的生产要素价格决定一样，资本的价格——利率也是由供求关系平衡所决定的。资本需求曲线与供给曲线的交点E为均衡点，该点所对应的利息率I_E为均衡利息率。在均衡利息率水平上，资本的需求量与供给量相等，市场达到均衡。

（二）差别利率

均衡利率的出现，并不意味着所有现实的利率都处在一个相同的水平上。它只代表资本市场平均的利率水平或资本回报率，代表市场上任何一笔投资的机会成本，代表不同行业利率的一个趋同点。这种趋势是通过资金的自由流动实现的。比如，在某一时期投资建造一家炼钢厂比用同样投资建造一个发电厂能获得更多的收益，资本就会投向炼钢厂。钢材供应的增加会使市场上钢材价格下降，从而使投资炼钢厂的回报降低。同样，由于投资减少，发电厂的投资回报将提高。一段时间后，投资者会把资本从炼钢生产中拿出来，转而投向电力生产，直到两个行业的投资回报相等为止。

在现实经济生活中，不仅各行各业的贷款，甚至同一行业中的每一笔贷款，利率都有可能出现差异。形成利率差异的原因很多，归根到底取决于风险。具体而言，取决于债务人的信用级别和贷款期限。债务人的信用级别越高，其违约的可能性越小，风险越小，利息率可以低一些；相反，债务人的信用级别越低，其违约的可能性越大，风险越大，利息率应该高一些，因为风险需要补偿。

一般来说，长期贷款利率比短期贷款利率要高一些，因为贷款的期限越长，债务人偿债能力变化的可能性越大，风险也就越大。购房贷款利率视还贷年限的长短而异，30年还贷的利率远高于10年还贷的利率就是因为这个道理。

二、土地与地租

土地及自然资源在生产中被使用，它的拥有者必然要求获得回报。地租是对土地作为生产要素提供服务的报酬，是企业在一定时期内利用土地所支付的代价。地租是由土地市场的需求和供给决定的。

（一）均衡地租

对土地的需求取决于土地边际生产力。我们知道，随着社会对土地需求量的增加，人们只能使用越来越贫瘠的土地，因而土地的边际生产力递减，即每增加1单位土地使用所增加的收益是递减的。地租越高，对土地的需求越小；地租越低，对土地的需求越大。土地的需求曲线与其他生产要素的需求曲线一样，是一条向右下方倾斜的线，如图7-14所示。

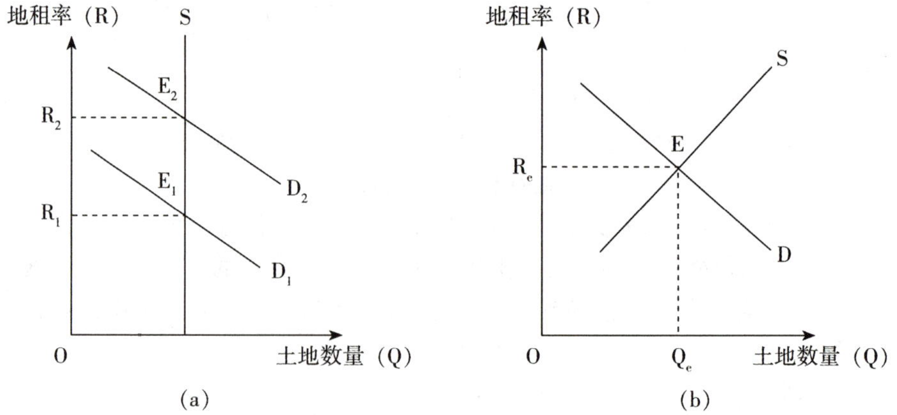

图7-14 地租的决定

一个国家或一个地区在一定时期内利用的土地总是有限的，这是因为土地不能移动、不可再生。这样，土地的供给曲线是一条与横轴垂直的直线，即无论地租怎样变动，土地供给是个固定的量，如图7-14（a）所示。

在图7-14（a）中，横轴代表土地数量，纵轴代表地租率（即单位土地的租金）。S曲线为土地供给曲线，D曲线为土地需求曲线。土地需求曲线D_1与供给曲线相交于E_1，决定地租率为R_1。如果社会对土地的需求增加，需求曲线从D_1移动至D_2，则地租率上升至R_2。由此可见，土地供给固定时，地租的高低取决于对土地的需求并与需求同方向变化。所以，随着经济的发展、人口的增加，一个国家或地区对土地的需求增加，地价和房价会有增长的趋势。

从一个行业或一个企业的角度看土地的供给，则供给量是可变的，会随着地租的变化而变化。比如，农田用来种植蔬菜的收益高于种植粮食时，原本种植粮食的土地会转用于种植蔬菜；当土地被用来建造住宅产生较高的收益、获得较高的地租时，用以种植的土地会逐步转用于房产开发。图7-14（b）显示的是一个行业或一个地区的土地供求曲线。在此，土地的供给曲线不是横轴的垂直线，而是向右上方倾斜，即土地供给量随着地租的上涨而增加，随着地租的下降而减少。土地供给曲线与需求曲线相交，均衡地租为R_e。

（二）级差地租

企业租用不同等级的土地，向土地所有者支付的地租是不同的，经济学把这种由土地贫瘠程度和地理位置不同引起的地租称为级差地租。下面让我们来看级差地租是怎样形成的。

一般来说，对土地的使用会根据土地上生产的产品的需求情况，从优至劣依次进行。最先使用的是相对优等的土地，随着经济的发展和人口的增加，对土地上生产的产品的需求增加，如果供给不变，产品价格就会上升。价格上升驱动产品生产企业租用劣等土地，以增加产品供给。在这种情况下，租用优等土地的企业由于成本消耗低于劣等土地产品的平均成本，能够获得超额收益。这一超额收益由于土地经营者争相租用优等土地最终会落到土地所有者手中，形成级差地租。

在市场经济条件下，即使使用劣等土地也要支付一定的代价，否则土地所有者宁可让土地闲置。这种使用任何一种等级的土地都要支付的地租，经济学上称为绝对地租。级差地租是使用高等级土地而支付的高于绝对地租的地租，随着新的土地的开发和利用，级差地租有逐步上升的趋势。

课堂讨论7-3

某年第二季度北京王府井商圈依然以每平方米每月人民币2 300元的租金水平领跑北京零售市场，西单商圈则以每平方米每月人民币1 800元的租金位居第二。相比之下，中关村商圈的优质零售物业租金仍然维持在每平方米每月人民币775元的低位。

讨论：上述三地租金出现差异的原因。

（三）准地租和经济地租

由以上分析可知，地租是供给完全缺乏弹性时土地的使用价格。在现实经济中，有些生产要素也具有类似于土地的供给曲线，如厂房、大型设备等。这些资源固定性强、不易转产，其供给曲线在一定时期内是垂直的，即无论租金如何变动，供给总是不变的。经济学称这类资源的租金为准租金。

在长期内，一切生产要素都是流动的，某些行业为了留住一些重要资源，支付的报酬往往超过它们转移到其他行业所能获得的最大报酬，这个超过的部分，称为经济地租（或经济租金）。体育明星、歌星和名模的收入之所以远高于一般的体育运动员、音乐教师和模特，其实就是为其支付了经济租金。由于经济租金是生产要素提供者所得到的超过其愿意接受的最低收入部分，因此又称作生产者剩余。

三、生产要素之间的联系

生产要素的价格取决于该要素的边际收益，其边际产量又取决于可以得到的那种要素的量。生产要素的供给与需求决定了其价格。但是，一个企业并不是只使用单一生产要素，多数情况下，生产要素是以一种组合方式被使用的，这就使得每种要素的生产率都取决于生产过程中（使用的）其他要素的可获得量。结果，任何一种生产要素的供给发生变化都会改变所有要素的收益。任何一种要素收益的变动，都可以通过分析某个事件对该要素边际收益的影响来确定。

视野拓展7-2　黑死病经济学

14世纪的欧洲，鼠疫（也被称为黑死病）的流行在短短几年内夺去了大约1/3人的生命。由于相当数量的农民死于黑死病，领主们如果不想让自己的土地荒废，只有两个选择：花高价雇用劳力，或者把土地出租给邻村或城镇里幸存下来的农民。租用土地的农民们成了领主土地上的佃农。疾病和死亡进一步消耗着劳动力资源，佃农们不得不招募人手来帮助自己工作，这些人包括没有土地的流民和城镇中幸存下来的人。城镇中劳动力的减少，使得那些仅存的劳动人口在谈判桌前占据了优势，他们的工资也相应提高了。除非农场主配置额外的资本，如耕牛和种子，否则佃农们不愿意接受租赁契约。在城镇里，工具和机器取代了人力。同时，规模经济被用在远洋运输业中，但这就需要更先进的造船工艺和导航技术，经济更加多元化，资本更为集约地利用，技术创新更为重要，财富也得到重新分配。

这一时期，工资翻了将近一番，而租金减少了50%甚至更多。黑死病给农民阶级带来了较高的收入，而减少了有土地人士的收入。

由于边际产量递减在相反方向起作用，人口减少增加了劳动的边际产量，所以工资水平得以提高。又由于土地和劳动共同作用于生产，人口供给减少也影响了另一个主要生产要素——土地。可用于耕种土地的人口减少，增加一单位土地所生产的（产品）额外产量减少，即土地的边际产量减少，土地的租金也会相应降低。这就是经济学上所谓的生产要素的替换：当生产要素相对价格变化而维持产出不变时，会引起生产要素间的相互替代——廉价的土地和资本代替了昂贵的劳动力。

四、利润理论

在经济学上，一般把利润分为正常利润和超额利润。这两种利润的性质与来源都不相同。

（一）正常利润

正常利润是企业家才能的价格，也是企业家才能这种生产要素所得到的收入。它包含在成本中，其性质与工资类似，也是由企业家才能的需求与供给决定的。不同的是，由于企业家才能需求和供给的特殊性（边际生产力大和培养成本高），因此正常利润的数额远远高于一般劳动所得的工资。

由于正常利润包含在经济学分析的成本中，所以收支相抵就是获得了正常利润。在完全竞争市场中，利润最大化就是获得正常利润。超过正常利润的超额利润在完全竞争市场中并不存在。

（二）超额利润

超额利润是指超过正常利润的那部分利润，又称为纯粹利润或经济利润。根据来源和性质的不同，超额利润具体可分为以下三种情况：

1.垄断与超额利润

由垄断而产生的超额利润称为垄断利润。垄断可以分为卖方垄断和买方垄断。卖方垄断是指对某种产品出售权的垄断。垄断者可以抬高商品卖价，通过损害消费者的利益而获得超额利润。例如，一家企业享有某种产品的专利权或声誉卓著的商标，因此它能够赚得超过正常利润的垄断利润。买方垄断是指对某种产品或生产要素购买权的垄断。垄断者可以压低收购价格，通过损害生产者或生产要素供给者的利益而获得超额利润。垄断产生的超额利润是不合理的，是市场竞争不完全的结果。

2.创新与超额利润

创新是指企业家对生产要素实行新的组合。它主要涉及五个方面：①提供新产品；②发明新技术和新工艺；③开辟新市场；④控制原材料的新来源；⑤建立新的组织形式。创新是社会进步的动力，能够提高生产效率、促进经济增长。因此，由创新获得的超额利润是合理的，是对创新者的鼓励和补偿。

3.风险与超额利润

超额利润也可以被看作企业进行冒险所承担风险的一种报酬。风险是指企业决策所面临的亏损的可能性。决策大多是面向未来的，而未来是不确定的，因此企业决策总是存在着风险。一家企业可以从未曾预料到的事件中获得意外的利润，也可能蒙受意外的损失。其中，意外的利润与其他超过正常利润的企业利润一样，可以被列入超额利润的范畴。由于承担风险而产生的超额利润也是合理的，因此，从事具有风险的生产就应该以利润的形式得到补偿。

总之，利润是经济社会进步的动力，它能够激励企业家努力工作，有利于节约资源，也有利于资源的合理配置。

任务四　掌握收入分配理论

一、收入分配差距的衡量

（一）贫困率和贫困线

常用的收入分配的判断标准是贫困率。贫困率是家庭收入低于贫困线绝对水平的人口百分比。贫困线是指国家为救济社会成员因自然、社会、经济、生理和心理等方面原因收入减少或中断难以维持基本生活而制定的社会救济标准。根据这一标准给予经济或实物方面的救济使其能维持基本生活的制度，即贫困线救济制度。贫困线根据价格水平的变动进行调整。各个国家的贫困线并非一致，基本上是根据本国的实际生活水平制定的。

国际贫困线标准（International Poverty Line Standard）实际上是一种收入比例法。经济合作与发展组织在1976年组织了对其成员的一次大规模调查后提出了一个贫困线标准，即将一个国家（或地区）社会中位收入或平均收入的50%作为这个国家（或地区）的贫困线。世界银行在1990年将370美元作为衡量各国贫困状况的国际通用标准，该标准后来被简化成“1天1美元”的贫困线标准，被各界熟知并广泛接受。世界银行2015年宣布，将国际贫困线标准从每天生活费1.25美元提升至1.90美元。

（二）洛伦兹曲线和基尼系数

美国著名统计学家M.O.洛伦兹提出了一种表示一个国家一定时期收入分配差距的方法：将一国总人口按收入由低到高的累计百分比分成若干组，再统计各组得到的收入在总收入中的累计百分比，在坐标系中标明这些数据，横轴代表人口百分比，纵轴代表收入百分比，然后找出这两个累计百分比的对应关系点并连接起来，可以得到一条表示该国收入分配差距的曲线。该曲线被称为洛伦兹曲线（Lorenz Curve）。表7-2是根据世界银行的相关数据整理的某一年某国的收入分配资料，图7-15是与表7-2相对应的洛伦兹曲线。

动画 7-1

洛伦兹曲线

表7-2　某一年某国的收入分配　单位：%

群　体	本群体收入百分比	人口累计百分比	收入累计百分比
最低的20%	5.2	20	5.2
第二个20%	8.3	40	13.5
第三个20%	11.9	60	25.4
第四个20%	17.8	80	43.2
最高的20%	56.8	100	100

资料来源　根据世界银行集团发展研究局网站资料整理.

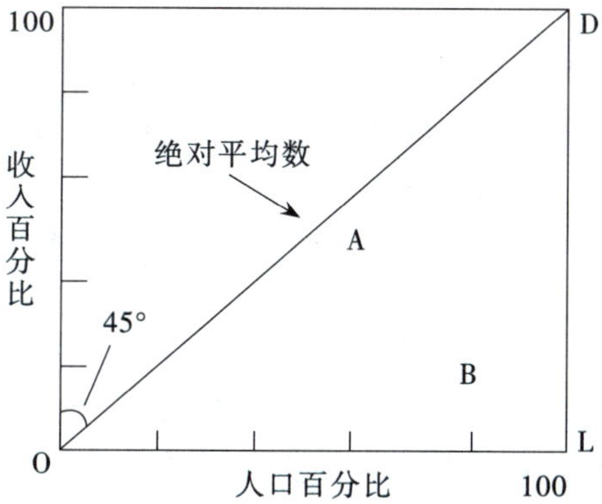

图7-15　某年某国的收入分配洛伦兹曲线

从表7-2和图7-15中可以看出，收入最低的20%的人口所得的收入仅占总收入的5.2%，80%的人口只得到43.2%的收入，而最富有的20%的人口得到了56.8%的收入。通过原点的45°线OD，代表绝对平等线，显然该年该国的洛伦兹曲线是向横轴凸出的。洛伦兹曲线与45°线之间的面积A被称作“不平等面积”，A的面积越大，表明收入分配差距越大，越不平等。当收入达到完全不平等时，洛伦兹曲线成为一条折线OLD。这条折线与45°线之间的面积A+B就是完全不平等面积。不平等面积A与完全不平等面积之比，称为基尼系数。用公式表示为：

$$基尼系数（G）=\frac{A}{A+B}$$

基尼系数是现在国际上通行的用来衡量一国居民贫富差距的标准。显然，基尼系数不会大于1，也不会小于0，而是$0\leqslant G\leqslant 1$。G=0时，表示国民收入完全平等分配；G=1时，则表示国民收入完全不平等分配。有数据表明，北欧福利型国家的基尼系数较小，某些发展中国家的基尼系数较大。

按照国际惯例，基尼系数在0.2以下，表示居民收入分配“高度平均”，0.2～0.3为“相对平均”，0.3～0.4为“比较合理”。同时，国际上通常把0.4作为收入分配/贫富差距的“警戒线”，认为0.4～0.6为“差距偏大”，0.6以上为“高度不平均”，意味着收入分配严重不公，社会问题严重。

动画7-2

基尼系数

（三）收入分配差距衡量时应注意的问题

1.实物转移支付

收入分配和贫困率基于家庭的货币收入，但是，通过各种政府计划，穷人会得到许多非货币性物品，如低保补贴、经济适用房等。以物品和劳务的形式而不是以货币的形式给予穷人的转移支付称为实物转移支付。上述两种衡量方法并没有考虑实物转移支付造成的影响。一般情况下，实物转移支付是针对穷人的，穷人实际的生活水平并非如收入货币计算出的结果那样贫困。另外，可能还有一部分非贫困阶层，也享受着上述实物转移支付，如医院的高干病房补贴以及单位发放的福利等，都会影响到对收入分配差距的衡量。

2.经济生命周期

人的一生中收入并不是一成不变的，而是随着年龄的变化而不断变化。刚刚毕业的大学生收入相对较低。随着年龄的增长和经验的增加，收入也不断增加。一般企业员工收入在45～50岁达到高峰，退休后收入又开始降低。这种规律的收入变动形式称为经济生命周期。比如，人们在年轻的时候贷款，在中年赚钱的高峰期时存款，老年时享用银行储蓄。

3.暂时收入与持久收入

人一生的收入不仅因为预期的生命周期而变动，还会因为暂时力量或随机事件而变动。例如，2008年汶川地震使得许多企业损失严重，部分企业主的收入大幅降低。但是这些企业主可以依靠国家的相关救助政策进行低息或无息贷款，甚至享受国家补贴，恢复生产。在这个意义上，收入的暂时变动并不一定影响其生活水平。家庭生活水平取决于其持久收入，即正常的或平均收入。衡量家庭生活水平，持久收入的分配相比年度收入的分配有更大的相关性。人们更多根据其持久收入来消费，因此持久收入分配比当期暂时收入分配更能体现平等程度。

案例鉴赏7-1　“高油价时代”的生活链

案例鉴赏 7-1

分析提示

对于汽油、柴油涨价甚至严重缺乏的消息，你可能因为自己没有车而漠不关心。不过，如果告诉你，由于油价上涨，我们的公共交通可能会涨价，水价也可能会涨，大米也会受牵连，我们的旅游休闲、经济都会受到影响，你还会觉得与己无关吗？石油被称为“黑色的金子”“工业的血液”，事实上，除了上述提到的，石油在其他领域对我们生活的影响也非常大。具体到现实生活中，油价上涨对百姓来说，最明显的变化就是交通燃料和液化气价格不断攀升。而食品、工业消费品等的价格不会出现明显的上涨，但实际工资会下降。我们每个月拿到的工资，在经济学上有一个专门的名词叫作“名义工资”，它剔除了通货膨胀对工资的影响。而实际上，衡量我们收入的应该是实际工资，也即我们拿到的以货币计算的工资实际上可以买到多少产品或服务。如果买到的产品或服务少了，那么实际上工资就是下降了。石油上涨对我们的影响是实际工资下降。

资料来源　作者根据相关资料整理改编.

问题：从经济性角度对此进行分析。

二、公平与效率

公平指人与人之间的利益关系及利益关系的原则、制度、做法、行为等都合乎社会发展的需要。公平是一个历史范畴，不存在永恒的公平。不同的社会，人们对公平的观念是不同的。公平观念是社会的产物，按其所产生的社会历史条件和社会性质的不同而不同。公平又是一个客观的范畴，尽管在不同的社会形态中，公平的内涵不同，不同的社会、不同的阶级对公平的理解不同，但公平具有客观的内容。公平是社会存在的反映，具有客观性。

效率是生产产出与资源投入的比率。人类的任何活动都离不开效率问题，人作为智慧动物，其一切活动都是有目的的，都是为了实现既定目标。在实现目标的过程中，有的人投入少，但实现的目标多，即我们所说的事半功倍；而有的人投入多，但实现的目标少，或者实现不了其目标，即我们所说的事倍功半。前者是高效率，后者是低效率。所以效率就是人们在实践活动中的产出与投入的比值，或者叫效益与成本的比值。如果比值大，效率就高，即效率与产出或者收益的大小成正比，而与投入或成本成反比。也就是说，如果想提高效率，必须降低成本或投入，提高效益或产出。

【提示】公平与效率是一致的，公平促进效率，不公平导致低效率。

公平与效率的关系体现在以下三个方面：

（1）制度、政策公平促进效率。制度、政策属于上层建筑范畴，其公平与否直接影响到效率。制度、政策的公平有利于效率的提高，最典型的莫过于资本主义制度的确立对生产效率的促进；反之，制度、政策的不公平、不合理，则导致低效率。

（2）人类的任何活动都有效率问题。经济效率，是指经济资源的配置和产出状态。对一个企业或社会来说，最高效率意味着资源处于最优配置状态，从而使特定范围内的需要得到最大满足，或福利得到最大增进，或财富得到最大增加。经济效率涉及生产、分配、交换和消费各个领域，涉及经济力、经济关系和经济体制各个方面。

（3）效率与公平的关系是辩证统一的。一个有效率的社会，其资源配置、管理体制、运作机制应该是合理的、公正的；同样，一个公正的社会，其资源一定能得到合理的配置，人的积极性、创造性能得到最大限度的发挥。效率的提高有助于公平的实现，社会的公平也有助于效率的提高。但是，在现实生活中，效率与公平难以很好地协调起来；相反，其矛盾突出。追求公平，效率就打折扣；追求效率，便有失公允。其结果必将影响经济的发展、社会的稳定。因此，强调注重效率与维护社会公平相协调显得非常重要。

三、收入分配的调节

（一）收入分配调节的政治哲学

收入分配不仅仅是经济问题，也是政治问题。对此，国外有三种分配理念或称政治哲学。

1.功利主义

政治哲学中一个主要学派是功利主义哲学。功利主义的出发点是效用——人们从其所处环境中得到的幸福或满足程度。其观点是政府的正确目标是使社会中每个人的效用总和最大化。根据边际效用递减理论，一个穷人1美元的额外收入给这个人带来的额外效用大于富人1美元的额外收入带来的效用。换句话说，随着一个人收入的增加，从1美元收入中带来的额外福利是递减的。这样，把富人手中的1美元拿来分给穷人所带来的社会总效用是增加的。因此，总收入再分配增加了社会总效用。在这种观点支持下的政策就是富人多缴税，然后收入低的人得到转移支付。

2.自由主义

自由主义认为社会的平等衡量标准应该脱离每个人所处的环境客观评价，应该是在所有人都处于相似状况下进行的公平协商或谈判的结果。自由主义者提出一个思想实验：设想在任何人出生之前，所有人都要到一起开会设计这个社会的规则。用这种方法设计公共政策和制度，能够使我们在判断什么政策为公正的时候保持客观。他们认为，处于原始状态的人会特别关注处于收入分配最底层的可能性（每个人都不知道未来自己会是什么样，会按照最坏的结果设计）。因此，在设计公共政策时，目标应该是提高社会中状况最差的人的福利，此规则被称作最大最小准则。他们认为，应该把富人的收入转移给穷人，从而增进最不幸者的福利。

3.自由至上主义

上述两种观点都把社会总收入作为达到某种社会目标而能够自由地再分配的共享资源。与此相反，自由至上主义者认为，政府不应该为了实现一种收入分配目标而拿走一些人的收入并给予另一些人。他们认为，当收入是以不公正手段实现的时候，如小偷偷东西，政府有权利也有义务解决这个问题。但当收入是以公正手段实现的时候，政府不应该拿走这些人的收入。自由至上主义者的结论是，机会平等比收入平等更重要。政府应该强调个人的权利，以确保每个人有同样的发挥自己才能并获得成功的机会。一旦建立了这些规则，政府就没有理由改变由此引起的收入分配。

（二）收入分配调节中公平与效率之间的矛盾

理论与实践告诉我们，公平与效率之间存在着互相矛盾、对立的关系。公平和效率虽然难以兼得，但还是要兼顾，兼顾不仅是必要的，而且是可能的。兼顾的基础是：

1.在效率优先的原则下兼顾公平

从长期来看，经济社会应把保持和提高效率放在首位，这是因为，效率是提高社会生产力、增加社会产品的条件，是推进公平的物质基础。在一个经济落后、产品匮乏的经济社会里，所谓公平是一句空话，没有意义。当然，效率优先不等于说可以让收入差距越来越大，而是应该在效率优先的原则下尽可能考虑公平的要求，把差距控制在一个适当的限度内。

2.公平和效率的重点可以转换

在经济社会某一发展阶段上，应当根据公平与效率关系中矛盾的主要方面来确定解决问题的重点，协调两者之间的关系。当效率受到影响时，应适当拉开收入差距；当公平问题严重时，要注意缩小收入差距。每一时期都应该有重点，而且不同时期的重点应当是可以转化的。社会正是在不断地追求公平与效率目标的交替过程中实现发展的。

3.以较小的替代成本寻求公平与效率的结合点

公平与效率之间的替代需要付出代价。当我们拉开收入差距时，实际上牺牲了公平；当缩小收入差距、限制公共福利时，势必会影响效率。我们应当以尽可能小的不公平牺牲来换取尽可能高的效率，或者以尽可能小的效率损失换取尽可能大的公平。

（三）收入分配的标准和政策

1.社会收入分配的标准

经济学家认为，收入分配有三个标准：第一个是贡献标准，即按生产要素的价格进行分配；第二个是需要标准，即按社会成员对生活必需品的需要来分配；第三个是平均标准，即按公平的准则来分配。

第一个标准有利于提高经济效率，但会引起社会的不平等；第二、第三个标准有利于社会平等，但却有损经济效率。于是引出经济学中永恒的矛盾：公平与效率问题。但在市场经济国家中，分配原则是效率优先的，收入不公问题主要通过经济政策来解决。

2.社会收入分配政策

（1）实行税收调节政策。其目的是通过税收手段来缩小收入差距。实行税收调节政策的主要手段是征收个人所得税，以调节社会成员收入分配的不公平状况。

（2）实行社会福利政策。其特点是通过给穷人补助来实现收入分配的平等化。西方国家社会福利政策的主要内容有：①各种形式的社会保障与社会保险；②向贫困者提供就业机会与培训；③医疗保险和医疗援助等。

（3）增加教育费用支出。这一方面可以使低收入者获得赚取较高收入的能力，有助于缩小社会的收入差距，以利于公平的实现；另一方面可以使全社会受益，提高整个社会的劳动生产率，也有利于经济效率的提高。

（4）改善住房条件。其主要措施有：以低房租向穷人出租国家兴建的住宅；对私人出租的房屋实行房租限制等。这种政策的实施既可改善穷人的住房条件，也有利于实现收入分配平等化。

（5）实行最低工资标准。最低工资保障制度是我国的一项劳动和社会保障制度。最低工资标准是国家为了保障劳动者的基本生活，在劳动者提供正常劳动的情况下，而强制规定用人单位必须支付给劳动者的最低工资报酬。最低工资标准每年会随着生活费用水平、职工平均工资水平、经济发展水平的变化而由当地政府进行调整。

课堂讨论 7-4　调节收入分配，机会均等更重要

政府工作报告中提出，“双创”是以创业、创新带动就业的有效方式……是促进机会公平和社会纵向流动的现实渠道。这句话虽然是直接针对“持续推进大众创业、万众创新”而言的，但对调节收入分配同样有积极意义。一个固化的社会，缺乏依靠自身努力实现纵向流动的正常渠道，将会形成经济社会可持续发展过程中难以逾越的“鸿沟”。大众创业、万众创新蓬勃发展，能够给勤劳致富的人提供难得的契机，使每个人都能大有可为、大有作为。

国务院2017年对外公布了《“十三五”推进基本公共服务均等化规划》，确定了公共教育、劳动就业创业、社会保险、医疗卫生、社会服务、住房保障、公共文化体育、残疾人服务八大领域的基本公共服务清单，每个清单均明确了服务对象、服务指

导标准、支出责任、牵头负责单位等，确定了政府的兜底责任，其核心就是促进机会均等。将此规划与政府工作报告的有关内容结合起来，就更容易理解政府在调节收入分配中的角色，即着力健全促进机会均等的机制，对调节收入分配将具有事半功倍的效果。

讨论：什么是机会均等？在收入分配上，公平和效率的内涵及其关系是怎样的？

课程思政 7-1　经济全球化与收入分配趋势

当前，经济全球化成为一种不可阻挡的趋势。这将给各国经济带来重大影响。从收入分配的角度看，在长期，经济全球化会带动各国经济的发展，有利于各国收入和福利的增加。韩国、新加坡以及其他亚洲和拉丁美洲国家正是在经济全球化的进程中成长为新兴工业化国家，实现由穷变富的。但应该看到，经济全球化也会给各国的收入分配带来不利影响，在一定时期内使各国之间和一国国内不同阶层之间的收入差距拉大。

思政感悟

从全球情况来看，在经济全球化进程中，一方面，一些原来落后的国家经济得到迅速发展，它们与发达国家之间的收入差距缩小了；另一方面，对于世界上最落后的一些国家，其经济发展和收入水平与发达国家的差距更大了。这是马太效应在全世界范围内发生作用的结果。这也正是一些人反对经济全球化的重要原因之一。

就一国内部而言，经济全球化也会扩大收入差距。经济全球化对一国经济各部门之间的影响是不一样的。一些部门在全球化进程中发展迅速，使这些部门的人的收入迅速提高。比如，出口部门或为出口服务的部门会出现这种情况。另一些部门则受到进口的打击，处于衰落状态，成为夕阳产业，这些部门的人的收入会减少。这就加剧了国内收入差距。

三省吾身

经济发展可能会使高收入者的收入迅速增加，但低收入者的收入没有增加，即收入差距明显扩大。这种情况与经济全球化相关。经济全球化进程中各国之间和一国国内收入分配差距拉大是一个值得注意的现象，只有妥当地解决这一问题才能使经济全球化给人类带来更大的福利。

关键术语

生产要素　要素价格　要素需求　要素供给　要素的边际收益　边际要素成本　洛伦兹曲线　基尼系数　贫困线

应知考核

随堂测 7

一、单项选择题

1.在完全竞争市场上，企业生产要素的边际收益取决于该要素的（　　）。

A.边际生产力　　B.平均收益　　C.价格水平　　D.平均产量

2.随着工资水平的提高，（　　）。

A.劳动的供给量会一直增加

B.劳动的供给量先增加，但工资提高到一定水平后，劳动的供给量不仅不会增加，反而会减少

C.劳动的供给量增加到一定程度后就不会增加也不会减少了

D.劳动的供给量变化无定数

3.地租不断上升的原因是（　　）。

A.土地的供给与需求共同增加　　B.土地的供给不断减少而需求不变

C.土地的需求日益增加而供给不变　　D.土地的供给与需求共同减少

4.土地的供给曲线是一条（　　）。

A.向右上方倾斜的线　　B.与数量轴平行的线

C.与数量轴垂直的线　　D.向右下方倾斜的线

5.衡量一国居民贫富差距的标准是（　　）。

A.贫困率　　B.贫困线　　C.基尼系数　　D.洛伦兹曲线

6.企业对生产要素的需求是一种（　　）需求。

A.派生　　B.联合　　C.最终　　D.直接

7.工资率上升引起的替代效应是指（　　）。

A.工作同样长的时间可以得到更多的收入

B.工作较短的时间也可以得到相同的收入

C.工人宁愿工作更长的时间，用收入带来的效用代替闲暇的效用

D.以上都对

8.劳动的供给增加将（　　）。

A.增加劳动的边际产量值，并提高工资　　B.减少劳动的边际产量值，并减少工资

C.增加劳动的边际产量值，并减少工资　　D.减少劳动的边际产量值，并增加工资

9.（　　）的观点是政府的正确目标是使社会中每个人的效用综合最大化。

A.功利主义者　　B.自由主义者　　C.自由至上主义者　　D.只有A和B

10.不属于收入分配标准的是（　　）。

A.贡献标准　　B.需要标准　　C.平均标准　　D.绝对标准

二、多项选择题

1.下列属于准租金的有（　　）。

A.厂房　　B.大型设备　　C.体育明星、歌星　　D.名模

2.劳动市场工资的差异因素有（　　）。

A.补偿性工资差别　　B.人力资本

C.能力、努力和机遇　　D.劳动市场中的非竞争性

3.衡量收入分配差距时应注意的问题有（　　）。

A.实物转移支付　　B.经济生命周期　　C.暂时收入　　D.持久收入

4.在社会收入分配政策上可以采取的措施有（　　）。

A.实行税收调节政策　　B.实行社会福利政策

C.增加教育费用支出　　D.改善住房条件和最低工资标准

5.利润是企业家的报酬，利润的种类有（　　）。

A.正常利润　　B.平均利润　　C.超额利润　　D.绝对利润

三、判断题

1.企业需要多少劳动是由劳动的边际收益和边际要素成本的对比决定的。（　　）

2.联合需求也称为相互依存的需求。（　　）

3.生产的技术决定了对某种生产要素需求的多少。（　　）

4.超额利润是对企业家才能这种特殊生产要素的报酬。（　　）

5.A、B两国的基尼系数分别为0.3和0.4，说明A国的收入分配要比B国平等。（　　）

四、简答题

1.为什么一般情况下工作经验多的工人得到的工资高于同等教育水平、工作经验少的工人？

2.三种生产要素之间的关系是怎样的？举例说明一种生产要素的供求关系变动对其他生产要素价格的影响。

3.影响生产要素需求的因素有哪些？

4.简述劳动市场工资的差异。

5.阐述洛伦兹曲线和基尼系数。

五、计算题

假设某一特定劳动市场是完全竞争的，劳动的供给函数为L_s=800W，L_s为劳动供给的小时数；劳动的需求函数为L_d=24 000−1 600W。

试计算：当劳动的供求达到均衡时，均衡工资（W）和均衡劳动小时各是多少？

应会考核

观念应用

20世纪80年代初，我国收入分配领域改革的重点是反对平均主义。邓小平同志提出要“让一部分地区、一部分人先富起来”，同时指出到20世纪末21世纪初时，考虑让已经富起来的地区和人们帮助落后的地区和人们，实现共同富裕。你对这个政策是如何理解的？

技能应用

用图形来解释地租的决定水平，并分析闹市中心的商店、餐馆租金价格比较高的原因。

案例分析

效益工资和最低工资法案

在旧社会一个村中有两个地主，一个叫赵恶人，一个叫王善人。假设两个地主各有100亩地种小麦，每亩产量200斤，预计收成为2万斤，每斤小麦2毛钱，预计收入

4 000元。在收割小麦时，每人雇用5名短工，假设当时短工市场均衡工资为每天1元，同时负责吃住。赵恶人支付每天1元的市场均衡工资，同时吃住很差，每人每天仅2毛钱。王善人支付高于市场均衡水平的工资，每天1.5元，同时吃住较好，每人每天3毛钱。赵恶人实际支出1.2元，王善人实际支付1.8元。

王善人支付的实际工资高，短工当然想给王善人干活，王善人则可以选到最好的短工。而且在高工资的激励下，短工工作勤奋、认真。这样12天就高质量地完成了收割工作，且没有损失。王善人共计支付费用108元（1.8×5×12）。赵恶人支付的实际工资低，只能在剩下的短工中再选，素质比较低。由于待遇低，短工出工不出力，收割不认真，结果15天才干完，且损失产量2%。赵恶人的实际支出为90元（1.2×5×15），产量损失80元（4 000元×2%），总计为170元。

为什么王善人支付工资高，反而劳动成本低呢？王善人支付的工资在经济学上被称作效率工资，即为了提高劳动生产率而支付的高于均衡水平的工资。同样支付高于均衡水平的工资情况还有政府的最低工资标准。

问题：为什么效率工资能够降低劳动成本，并图解说明最低工资标准的颁布对劳动者就业有何影响。

项目八

调节市场行为——市场失灵与政府干预理论

知识目标

理解：导致政府干预失效的因素。

熟知：政府干预的理由及方式。

掌握：公共物品、外部性的含义和种类。

能力目标

能解释垄断、信息不对称所引起的市场失灵；会运用逆向选择和道德风险说明现实的经济问题。

素质目标

能够正确领会和理解经济运行的逻辑关系和基本规律，能够对市场失灵与政府干预进行简单分析，具备初步分析问题的能力，树立正确的世界观、人生观和价值观，做到学思用贯通、知信行统一。

项目引例　苹果和华为垄断高端手机市场，谁能打破垄断局面？

三星退出国内市场后，国内高端手机市场只有苹果和华为两个玩家了。不可否认，小米、OPPO和vivo也在发力高端市场，但还没有打破现有市场格局。调研机构IDC的数据显示，在国内600美元以上价格的手机市场中，苹果的市场份额为44%，华为的市场份额也为44%。

显然，在国内高端手机市场，苹果和华为两个品牌近乎垄断了市场，毕竟两家的市场份额加起来接近九成。相比之下，小米、OPPO和vivo这三个品牌只有12%的份额。坦白说，除了华为外，没有一个国产品牌能够与苹果对抗。

相比中、低端市场，高端手机市场的利润更丰厚，这也是华为手机业务崛起的一个原因。刚刚上市的iPhone 12系列，入门价格下探到5 500元的价格区间。而华为Mate和P系列两大旗舰，入门版的价格在5 000元左右，与苹果的定价非常接近。

当然了，在利润方面，华为高端手机与苹果还有一定的差距。不过，华为高端手机业务的崛起已经威胁到了苹果的市场地位。公开数据显示，华为P30系列出货量突破2 000万台，华为Mate 30系列出货量也将突破2 000万台。

资料来源　佚名. 苹果和华为垄断高端手机市场 谁能打破垄断局面？[EB/OL]. [2020-10-18]. https://www.sohu.com/a/425587660_116296.

请问：(1) 材料中是否涉及垄断？(2) 你认为是什么原因导致苹果和华为可以垄断市场？

知识支撑

任务一　分析市场失灵原因

一、市场失灵的含义

动画 8-1
市场失灵

市场失灵（Market Failure）是指由于市场价格机制在某些领域、场合不能或不能完全有效地发挥作用而导致社会资源无法得到最有效配置的情况。导致市场失灵的原因是多方面的，包括垄断、外部性、公共物品和信息不对称等。

二、垄断

（一）垄断的含义及形成原因

垄断一般是指对市场的直接控制或操纵。存在垄断的情况下，市场机制不能完全发挥作用。产生垄断的原因主要包括边际成本降低、技术专利、财政补贴或特许经营。

1.边际成本降低

关于市场垄断的形成，一个很重要的原因是边际成本降低，即用户越多、产量越大、成本越低。电网就有这样的特点：建好了一个电网，增加的用户越多，它的平均成本越低。我们知道，一个生产企业的边际成本即每增加一单位产品企业要支付的成本，这个成本的高低会直接影响企业的收益。电网或者电信公司的网络搭建好以后，它的成本并不会因为多一个客户或多一张SIM卡就增加很多。而随着规模效应发挥作用，企业的成本直到最后几乎接近于零。这样现有的企业就形成了垄断，新企业进入就变得十分困难。

2.技术专利

技术专利也可能造成垄断。我们知道，目前很多产品（如汽车、手机、电脑等）的核心技术都申请了专利。专利一方面保护了技术开发者的利益，但另一方面在客观上也造成了拥有这些专利的企业在生产、销售活动中的独有性，使其他企业或新进入者无法从事相关生产活动，造成了垄断。

3.财政补贴或特许经营

政府的财政补贴或特许经营也会造成垄断。比如，在我国，伐木、开矿需要取得政府主管部门的特许；烟草等领域存在不同程度的特许经营。这些特许制度从积极意义上来说，是为了规范企业的经营行为，然而在客观上由于特许总是掌握在少数企业的手中，势必会导致这些企业在取得特许之后，就有其他企业不具备的优势，从而导致垄断。

（二）垄断的表现形式

（1）滥用市场优势地位限制竞争。例如，中石油、中石化等企业在某种程度上具有对其产品的定价权，并且限制其他相关企业的进入。

（2）经营者与经营者之间以垄断协议限制竞争。寡头垄断行业的寡头之间通常会成立战略联盟，对产品价格等达成协议，从而使消费者无从选择。

（3）行政垄断限制竞争。行政垄断，如政府特许经营、政府补贴等，造成一些企业在经营中成本低于其他新进入的企业，从而达到垄断的目的。

（三）垄断所造成的危害

1.垄断造成市场效率低下

在垄断市场条件下，垄断企业为实现自身利益最大化，也会像竞争企业一样努力将生产定在边际收益等于边际成本的点上，但与竞争企业不同的是，垄断市场的价格不是等于而是高于边际收益。因此，垄断企业最终会选择在价格高于边际成本的点上组织生产。垄断企业不需要被动地接受市场价格、降低成本，而可以在既定的成本水平之上加上垄断利润形成垄断价格。

【提示】垄断市场的价格比竞争市场高，产量比竞争市场低。

一方面，垄断导致企业丧失了降低成本、提高效率的动力；另一方面，抬高的垄断定价成为市场价格，扭曲了正常的成本价格关系，对市场资源配置产生误导，造成了一种供不应求的假象，导致更多的资源流向该行业。

视野拓展8-1

垄断药品与非专利药品

药品市场具有垄断市场和竞争市场的结构。当一个企业开发一种新药时，专利法使企业垄断了这种药品的销售，但在药品专利过期后，任何公司都可以生产并销售这种药品。这时，市场就从垄断市场变为竞争市场。

在药品专利过期后，其他公司迅速进入并开始销售所谓的非专利药品。这种药品的化学成分与之前垄断者的药品相同，而非专利药品的价格大大低于垄断者之前的价格。

但是，专利到期并没有使垄断者失去全部的市场。一些消费者仍然忠于有品牌的药品，这也许是因为他们担心新的非专利药品的成分与品牌药品的成分不一样。因此，以前的垄断者可以继续收取至少比新竞争者略高一点的价格。

资料来源　佚名. YACOO:垄断药降阶打响第一枪[EB/OL]. [2014-09-28]. https://www.yacoo.com.cn*thematicfocus/2224.有删减.

2.垄断造成社会福利损失

垄断对社会福利造成的损失主要表现为使消费者剩余大大减少。消费者剩余是指消费者愿意为某种商品或服务支付的最高价格与他实际支付的价格之差。垄断造成社会福利损失如图8-1所示。

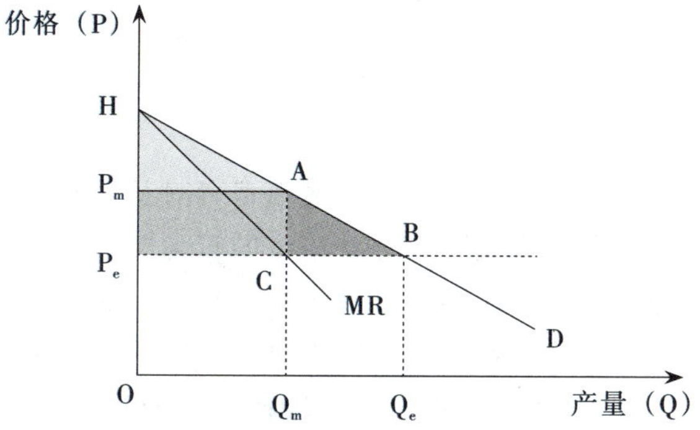

图8-1　垄断造成社会福利损失

在图8-1中，Q代表产量，P代表价格，D是需求曲线，MR是边际收益曲线。在完全竞争条件下，在均衡价格P_e的价格水平线以上、需求曲线D以下的部分，即HBP_e部分就是消费者剩余。在垄断条件下，在垄断价格P_m的价格水平线以上、需求曲线D以下的部分，即HAP_m部分就是消费者剩余。显然，前者大于后者，两者之差是梯形AP_mP_eB部分。其中矩形ACP_eP_m部分为垄断利润，而ABC部分就是社会福利损失，即垄断对社会福利造成的损失。

3.垄断造成寻租

寻租（Rent Seeking）通常是指那些通过公共权力参与市场经济，从而牟取非法收益的非生产性活动。在垄断市场条件下，垄断企业为获取垄断利润，就必须保持其垄断地位，为此而付出的花费和开支就是寻租成本。向政府游说或贿赂立法者、采取合法手段规避政府的管制以及进行反垄断调查等发生的费用都属于寻租成本。由于寻租成本未用于生产性经营活动，因此会造成社会资源的浪费和社会福利水平的降低。

同步思考8-1

如何度量垄断造成的社会福利损失？

分析：垄断造成的社会福利损失可以用消费者剩余的减少来度量。

（四）政府对垄断的管制

当市场机制本身无法消除和避免垄断的时候，政府一般会通过以下三种方式来解决市场失灵。

（1）价格管制。制定行业最高限价或者规定最低保护价。

（2）出台反垄断相关政策。一般是由国家制定一系列法律规定来反对垄断，如对犯法者由法院提出警告、罚款、改组公司甚至判刑，或者强行进行行业重组。例如，美国将微软公司强行一分为二；中国将中国邮电拆分为中国电信、中国联通、中国移动等。这些事例体现了政府在防止过度垄断方面所做的调控工作。

（3）鼓励竞争。对于一些完全垄断的行业，政府也积极鼓励新加入者来共同经营。例如，我国的航空公司都从完全垄断走向寡头垄断了。

三、外部性

（一）外部性的含义及种类

外部性是指在实际经济活动中，生产者或消费者对其他生产者或消费者带来的非市场性影响。换句话说，外部性是一个经济单位的行为对另一个经济单位的福利所产生的效果，而这种效果并没有从货币关系或市场贸易中反映出来。

到目前为止，我们讨论的经济理论，特别是其中的“看不见的手”的原理要依赖于一个隐含的假定：单个消费者或生产者的经济行为对社会上其他人的福利没有影响，即不存在外部性。但是，在实际经济中，这个假定往往并不能够成立，即实际经济中存在外部性。

外部性主要有两种类型，分别是外部经济和外部不经济。

动画 8-2

经济外部性

1.外部经济

外部经济，也称正外部性，是指某个人（生产者或消费者）的某项经济活动能给其他人带来收益，而其他人却不必付费的情况。此时，这个人从其活动中得到的私人收益就小于该活动所带来的社会收益。例如，私人花园的美景给路人带来美的享受，但路人不用付费，可以说，私人花园的主人就给路人带来了外部经济。

（1）生产的外部经济是指一个生产者所采取的行为给社会中其他成员带来了利益，而该生产者自己却不能从中得到补偿。例如，一个企业对其所雇用的工人进行培训，而这些工人可能会跳槽到其他企业去工作，该企业并不能从其他企业索回培训费用或得到其他形式的补偿。因此，该企业从培训工人中得到的私人收益就小于该活动的社会收益。

（2）消费的外部经济是指一个消费者所采取的行为给社会中其他成员带来了利益，而该消费者自己却不能从中得到补偿。例如，当某个人对自己的房屋和草坪进行保养时，他的邻居也从中得到了好处。再如，一个人对自己的孩子进行教育，把他们培养成更值得信赖的公民，这显然也使其邻居甚至整个社会都得到了好处。

2.外部不经济

外部不经济，也称负外部性，是指某个人（生产者或消费者）的某项经济活动给其他人造成损失，而其他人却不能得到补偿的情况。此时，这个人为其活动所付出的私人成本就小于该活动所造成的社会成本。例如，某户居民的音响声音开得太大影响了周围居民的休息，可以说，该居民给周围居民带来的就是外部不经济。

（1）生产的外部不经济是指一个生产者采取的行动使社会中的其他成员付出了代价却又未给社会其他成员以补偿。例如，一个企业可能因为排放污水而污染了河流，或者因为排放烟尘而污染了空气，这种行为使附近的居民和整个社会都遭受损失。

（2）消费的外部不经济是指一个消费者采取的行动使社会中的其他成员付出了代价却又未给社会其他成员以补偿。与生产者造成污染的情况类似，消费者也可能造成污染而损害他人利益。例如，吸烟者的吸烟行为危害了被动吸二手烟者的身体健康，但并未为此而付出任何代价。此外，在公共场所随意丢弃果皮、瓜子壳等也可能带来外部不经济。

上述各种外部性可以说是无处不在、无时不在。尽管就单个生产者或消费者来说，他造成的外部经济或外部不经济对整个社会也许微不足道，但是所有这些消费者和生产者加总起来，所造成的外部经济或外部不经济的总的效果将是巨大的。

课堂讨论8-1

“我真搞不明白，一些经济学家老是说一些污染是有效的。我的意思是，污染肯定是不好的，我们不需要任何的污染，即污染的最好情况是零污染。”请你对此进行评析。

（二）外部性对资源配置的影响

为什么外部性会导致资源配置的失当？一般而言，在存在外部经济的情况下，私人活动的水平常常要低于社会所要求的最低水平；而在存在外部不经济的情况下，私人活动的水平常常要高于社会所要求的最高水平。各种形式的外部性的存在造成了一个严重后果：完全竞争条件下的资源配置将偏离帕累托最优状态。换句话说，即使假定整个经济仍然是完全竞争的，但由于存在外部性，整个经济的资源配置也不可能达到帕累托最优状态。“看不见的手”在外部性面前失去了作用。

（三）外部性导致市场失灵

在完全竞争的市场中，当存在只增加社会福利而不增加个人收益的正外部性时，企业和个人的产量可能会低于社会最优产量；当存在只增加社会成本而不增加个人成本的负外部性时，企业和个人的产量可能会超过社会最优产量。因此，外部性的存在，使私人的边际成本或边际收益与社会的边际成本或边际收益发生背离。所以，个人在做决策时，为了实现个人利益最大化，往往会忽略其行为带给他人或其他企业的效益或成本，从而使竞争的结果变得没有效率，资源的配置达不到最优水平，最终导致整个社会福利下降。

（四）政府治理外部性的政策

1.征税和发放津贴

国家应该对造成外部不经济的企业征税，其数额应该等于该企业给社会其他成员造成的损失，从而使该企业的私人成本恰好等于社会成本。例如，在生产者污染环境的情况下，政府向污染者征税，其税额等于治理污染所需要的费用。反之，对造成外部经济的企业，国家则可以采取发放津贴的办法，使得企业的私人收益与社会收益相等。无论是何种情况，只要政府采取措施使得私人成本和私人收益与相应的社会成本和社会收益相等，则资源配置便可达到帕累托最优状态。

2.企业合并

例如，一个企业的生产影响到另外一个企业，如果影响是正的（外部经济），则前一个企业的生产就会低于社会最优水平；反之，如果影响是负的（外部不经济），则前一个企业的生产就会高于社会最优水平。但是如果把这两个企业合并为一个企业，则此时的外部影响就“消失”了，即被“内部化”了。合并后的单个企业为了自己的利益将把自己的生产确定在其边际成本等于边际收益的水平上。而由于此时不存在外部影响，故合并企业的成本与收益就等于社会的成本与收益，于是资源配置达到帕累托最优状态。

3.规定财产权

在许多情况下，外部影响之所以导致资源配置失当，是由于财产权不明确。如果财产权是完全确定并得到充分保障的，则有些外部影响就可能不会发生。例如，某条河流的上游污染者使下游用水者受到损害，如果给予下游用水者使用一定质量水源的财产权，则上游的污染者将因把下游水质降到特定质量之下而受罚。在这种情况下，上游污染者便会同下游用水者协商，将这种权利从他们那里买过来，然后再让河流受到一定程度的污染。同时，遭到损害的下游用水者会使用他们出售财产权而得到的收入来治理河水。总之，由于污染者为其不好的外部影响支付了费用，故其私人成本与社会成本之间不存在差别。

课堂讨论8-2　当火车驶过农田的时候

两代经济学家遇到同一类问题，却得到截然不同的两种答案。

20世纪初的某天，列车在绿草如茵的英格兰大地上飞驰。车上坐着英国经济学家庇古。他一边欣赏风景一边告诉同伴，列车在田间经过，机车喷出的火花（当时是蒸汽机车）飞到麦穗上，给农民造成了损失，但铁路公司并不用向农民赔偿。这正是市场经济无能为力之处，称为“市场失灵”。

将近70年后，1971年，美国经济学家乔治·斯蒂格利茨和阿尔奇安同游日本。他们在高速列车上（这时已是电气机车）见到窗外的稻田，想起了当年庇古的感慨，就询问列车员铁路附近的农田是否受到列车的损害而减产。列车员告诉他们的是，恰恰相反，飞速驰过的列车把吃稻谷的飞鸟吓走了，农民反而受益了，但铁路公司没有向农民收取相应的费用。这同样是市场经济无能为力的，也称为“市场失灵”。

同样的事情在不同的时代与地点结果不同，两代经济学家的感慨也不同。但从经济学的角度看，火车通过农田无论结果如何，其实说明了一件事：不管外部经济或外部不经济，从社会的角度看都会导致资源配置失效，即造成市场失灵。对于正外部性，我们积极提倡，但是对于负外部性，应该如何解决呢？

资料来源　佚名．当火车驶过农田的时候［EB/OL］．［2021-01-10］．http：//www.duokongdao.com/492.html.有删减．

（五）科斯定理

动画 8-3

科斯定理

科斯定理指出只要财产权是明确的，并且其交易成本为零或者很小，则无论在开始时将财产权赋予谁，市场均衡的最终结果都是有效率的。下面我们举一个具体的例子来说明科斯定理：

假设有一个工厂，其烟囱冒出的烟尘使得居住于工厂附近的5户居民所晾晒的衣服受到污染，由此造成的损失为每户75元，从而5户的损失总额为5×75=375元。再假设存在着两种治理污染的办法：一是在工厂的烟囱上安装一个除尘器，其费用为150元；二是给每户居民提供一个烘干机，使他们不需要到外面去晒衣服，烘干机的费用为每户50元，5户的成本总和是250元。显而易见，在这两种解决办法中，第一种的成本低，因而代表着最有效率的解决方案。

按照科斯定理的含义，在上面的例子中，不论给予工厂以烟囱冒烟的权利，还是给予5户居民以晒衣服不受烟尘污染的权利（即财产权的分配），只要工厂与5户居民协商时其协商费用（即交易成本）为零或者很小，那么，市场机制（即自由进行交易）总是可以得到最有效率的结果（即采用安装除尘器的办法）。

为什么会如此呢？按照科斯等经济学家的解释，如果把排放烟尘的财产权给予工厂，即工厂有权排放烟尘，那么，5户居民便会联合起来，共同给工厂的烟囱义务安装一架除尘器，因为除尘器的费用只有150元，远远低于5架烘干机的费用250元，更低于未装除尘器时晾晒衣服所受到的烟尘之害（375元）。另外，如果把晒衣服不受烟尘之害的财产权给予5户居民，那么，工厂便会自动地给自己安装除尘器，因为在居民具有不受烟尘之害的财产权的条件下，工厂就有责任解决污染问题，而在两种解决污染的办法中，安装除尘器的费用较低。因此，科斯定理宣称，只要交易成本为零或者很小，则不论财产权归谁，自由的市场机制总会找到最有效率的办法，从而达到帕累托最优状态。

当然，科斯定理的结论只有在交易成本为零或者很小的情况下才能得到。如果不是这样，结果就会不同。例如，假设在工厂具有排放烟尘的财产权的条件下，如果5户居民联合起来共同行动的成本很高，例如为125元，那么，为了共同行动给工厂安装除尘器，他们的总支出就是125+150=275元。在这种情况下，5户居民便会各自去购买一台烘干机，因为这样做总共只需要花费250元。然而，这却不是最有效率的方案。

同步思考 8-2

公共牧地的悲剧

设想有一个小镇，该镇的人从事许多经济活动，其中最重要的一种活动是养羊。镇上的许多家庭有自己的羊群，并依靠出售用来做衣服的羊毛来养家。

所有居民的羊都在镇上的草地上吃草，这块地被称为公共牧地。这块牧地不归任何一个家庭所有，而是归镇上的居民集体所有，允许所有的居民在草地上放羊。只要草地足够好，每个人都可以得到他们想要的优质牧草，每个人都是幸福的。

随着小镇的繁荣，镇上的人口在增加，镇上的羊也在增加。由于牧地的面积是固定的，因此牧地开始失去了自我养护的能力。随着在牧地上放牧的羊越来越多，牧地也变得寸草不生。没有了草，养羊就不可能了，羊毛也就没有了，许多家庭失去了生活的来源。这个悲剧产生的原因是什么？

资料来源 佚名. 公共牧地悲剧［EB/OL］.［2019-10-10］. http: //www.chinavalue.net/wiki/showcontent.aspx? titleid=26194.

分析：这个悲剧的产生是因为负外部性。当一个家庭的羊群在公共牧地上吃草时，它降低了其他家庭可以得到的牧草数量。由于人们决定自己养多少羊时并不考虑这种负的外部性，结果是羊的数量过多，就产生了公共牧地的悲剧。

四、公共物品

（一）私人物品的含义

在讨论公共物品之前，我们先讨论私人物品的含义。在经济学中，我们讨论的物品是指私人物品，如我们用的衣服、鞋子等。私人物品是指数量随任何人对其消费的增加而减少的物品。私人物品在消费上具有两个特点：一是竞争性，二是排他性。竞争性是指一个人使用一种物品，需要支付一定的成本，而且将减少其他人对该物品使用的特性。排他性是指一种物品具有的可以阻止其他人使用该物品的特性。

【注意】市场机制只有在具备上述两个特点的私人物品上才真正起作用，才有效率。

动画 8-4

公共物品

（二）公共物品的含义

在经济学中还存在着一些不满足竞争性或排他性特点的商品。公共物品（Public Goods）也称为公共产品，是指私人不愿意或无能力生产而由政府提供的具有非排他性或非竞争性的物品。一国的国防、警务、公共卫生、道路等都属于公共物品。一种物品要成为公共物品，必须具备以下特性：

1.非排他性

非排他性是指无论是否付费，任何人都无法排除他人对该物品的消费。之所以会出现“不支付便消费”的状况，是因为技术上不允许或由于收费的成本太高而放弃收费。

2.非竞争性

非竞争性是指任何人对某一物品的消费，都不会给他人对该物品的消费造成影响，即人们无法排斥他人对同一物品的共同享用，也不会由于自己的加入而减少他人对该公共物品享用的质量与数量。

3.不可分割性

不可分割性是指公共物品的供给与消费不是面向哪一部分人或利益集团，而是面向所有人；公共物品也不能分成细小的部分，只能作为一个整体被大家享用。

（三）公共物品的种类

根据公共物品所具有的非排他性和非竞争性的程度，公共物品可以分为纯公共物品和准公共物品两类。

1.纯公共物品

纯公共物品（Pure Public Goods）是指同时具有非排他性和非竞争性的物品，如国防、外交、天气预报等。纯公共物品必须以不拥挤为前提，否则随着消费者数量的增加，就会影响他人的消费，从而影响公共物品的性质。例如，在节日期间，免费的露天广场往往由于拥挤而具有了竞争性。

2.准公共物品

准公共物品（Quasi Public Goods）是指具有不完全排他性和竞争性的物品。其分为两类：一类是俱乐部物品，即具有非竞争性和排他性的物品，如有线电视、社区绿化等；另一类是公共资源，即具有非排他性和竞争性的物品，如公海中的鱼类资源、拥挤的免费道路等。

由此，我们可将物品的分类用表8-1来表示。

表8-1 物品的分类

性　质	非排他性	排他性
竞争性	公共资源	私人物品
非竞争性	纯公共物品	俱乐部物品

课堂讨论8-3

张某住在市区的某单位宿舍楼，经常抱怨有陌生人敲门，或推销物品，或塞小广告，很不安全。后来，他对未预约的敲门声高度警觉，邻里关系也因此受到了影响。终于，有人倡议，在楼道统一安装对讲防盗门，以有效解决推销人员的干扰。于是，有热心人士对各家各户进行了调查，征求意见，并要求每户填写愿意支付的费用，准备集资安装防盗门。结果发现各户愿意支付的费用总额不足以购买最便宜的防盗门。后来，这位热心人士又提出一种方案，按照安装防盗门的预算，各户平摊费用，再让各住户确认的时候，发现有几户表示不愿意出资安装防盗门，并历数不装防盗门的各种好处。于是，张某所住的宿舍楼最终没有装上防盗门。联系实际情况，运用所学理论进行分析。

（四）公共物品的特性导致市场失灵

1.公共物品的非排他性导致市场失灵

非排他性使得任何购买公共物品的人都不能独自占有该物品所能提供的全部效用或收益，都不能阻止他人无偿地享用该物品。因此，尽管公共物品的社会潜在收益大于它给单个购买者带来的收益，但潜在的购买者在做出支付决策时并不会将他人的潜在收益考虑在内，公共物品的提供者就要独自承担提供该物品的全部成本。这样一来，任何人都想无偿地享用他人提供的公共物品，继而出现了“搭便车”行为。“搭便车者”的增多，就会使得公共物品的提供者减少或几乎没有，最终导致资源配置效率低下，造成市场失灵。

视野拓展8-2 **“搭便车者”一词的由来**

“搭便车者”一词的英文是“Free Rider”，它来源于美国西部城市道奇城的一个故事。当时，美国西部到处都是牧场，大多数人以放牧为生。在牧场露天圈养的大量马匹对一部分人产生了诱惑，于是出现了以偷盗马匹为业的盗马贼。为避免自己的马匹被盗，牧场主就联合组织了一支护马队伍，每个牧场主都必须派人参加护马队伍并支付一定的费用。但是，不久就有一部分牧场主退出了护马队。因为他们发现，即使自己不参加，只要护马队存在，他们就可以免费享受别的牧场主给他们带来的好处。这些退出的人就成了“Free Rider”。后来，几乎所有人都想通过自己退出护马队伍来占集体的便宜。于是，护马队解散了，盗马贼又猖獗起来。后来，人们把这种为得到某种收益但避开为此支付成本的行为称为“搭便车”，这样的人称为“搭便车者”。

资料来源　李贺. 财政学［M］. 2版. 上海：上海财经大学出版社，2019.

2.公共物品的非竞争性导致市场失灵

公共物品的非竞争性使得任何一个消费者消费一单位商品的成本为零。也就是说，没有任何消费者要为他所消费的公共物品去与其他任何人竞争，那么他就会尽量少支付给生产者以换取消费公共物品的权利。如果每个消费者都这样行事，那么消费者们支付的数量就将不足以弥补公共物品的生产成本。这样，任何私人部门都不愿意或不能充分提供公共物品。最终，市场机制在公共物品的提供上不能较好地发挥作用，导致市场失灵。

同步思考8-3

由政府提供的物品一定是公共物品吗?

分析：不一定。判断某一物品是否是公共物品，要看它是否具备公共物品的特性，即非排他性、非竞争性和不可分割性。政府提供的物品，如养老金、失业保险等，并不是公共物品。

课堂讨论8-4 **鄱阳湖水域的捕鱼活动**

鄱阳湖是我国最大的淡水湖，该水域盛产鲢鱼、鲫鱼等淡水鱼，被誉为“鱼米之乡”。但长期的滥捕使鄱阳湖水域的鱼类数量自20世纪80年代初期开始明显减少。一些渔民为了能捕到鱼，使用的渔网的网眼越来越小，从而使小鱼也难逃厄运。有的渔民甚至在水中使用电网，将鱼电击而死后让其浮出水面，这使得大片水域里的幼小鱼苗也无法生存。虽然渔民都知道这是竭泽而渔，但也清楚今天我不这样做，明天别人还是会这样做，所以还不如今天我抢到一点捕鱼的利益。政府有关部门也查禁过使用电网和小网眼渔网捕鱼，但水域之大使得查禁成本太高，查禁效果微弱。公共水域的渔业管理看来还是任重而道远。

资料来源　佚名. 鄱阳湖水域的捕鱼活动［EB/OL］.［2020-01-11］. https://wenku.baidu.com/view/dbb848fb48fe04a1b0717fd5360cba1aa9118c5d.html.

问题：如何解决公共资源的管理问题呢？

五、信息不对称

（一）信息不对称的含义及原因

1.信息不对称的含义

信息不对称（Asymmetric Information）是指市场交易的各方所拥有的信息不对等，买卖双方所掌握的商品或服务的价格、质量等信息不相同，即一方比另一方占有较多的相关信息，处于信息优势地位，而另一方则处于信息劣势地位。例如，商品的卖方要比买方掌握更多的关于产品质量和数量等方面的信息。

动画 8-5

信息不对称

2.信息不对称的原因

造成信息不对称的原因有：①获取信息需要成本；②由于人们认识能力的局限性和差异性使其不可能掌握全部的信息；③充分占有信息的一方会为了自身利益而向另一方隐瞒信息。

（二）逆向选择

逆向选择（Adverse Selection）是指市场的一方不能察知市场另一方的商品的类型或质量时，市场中大量的劣货会排挤好货并最终占领市场的过程。在这种情况下，买者要承担商品质量低的风险。在信息不对称时，买者对所购买的物品的“选择”可能是“逆向的”。

逆向选择最经典的例子是二手车市场。在该市场上，既有质量较好的二手车，也有质量很差的二手车，但只有卖者掌握车的质量信息，而买者对车况缺乏了解。因此，在该市场上，双方的信息是不对称的。买方担心自己买回去的不仅是“旧品”，而且是“次品”。买方由于无法识别商品质量的优劣，此时的出价会介于质量较好的二手车价格与质量很差的二手车价格之间。这样一来，质量较好的二手车，质量高于价格，车主会不愿进入或退出此市场；而质量很差的二手车，价格高于质量，车主愿意进入或留在此市场，最终导致该市场上的车都是质量较差的二手车。优质品价格被低估而退出市场，结果只有劣质品成交，这就进入一个恶性循环，甚至可能导致整个二手车市场的萎靡。

另一个例子出现在保险市场上。例如，购买医疗保险的人比保险公司更了解自己的健康状况。由于有较多隐蔽性健康问题的人比其他人更可能购买医疗保险，因此，医疗保险的价格反映的是病人的成本而不是普通人的成本。结果，高价格可能会阻止正常、健康的人购买医疗保险。

（三）道德风险

道德风险（Moral Hazard）是指人们享有自己行为的收益，而将成本转嫁给别人，从而造成他人损失的可能性。也就是说，从事经济活动的人在最大限度地增加自身效用的同时，会做出不利于他人的行为。

例如，对有车族来说，他们在购买保险之前，都会十分在意自己汽车的安全问题，他们会采取非常严密的防盗措施。如果他们已经为自己的汽车投保，当赔偿额较低时，他们依然会比较注意做好防盗措施，因为一旦汽车丢失，他们要承担大部分损失；当赔偿额较高时，他们可能会较少地关注汽车安全问题，因为此时大部分损失由保险公司承担；当保险公司赔偿全部损失时，他们可能不会再关心汽车的安全问题，也不再采取相应的防范措施，因为如果汽车失盗，他们将得到全额赔付，自己几乎没有损失，而采取安全措施除了会给他们带来费用之外，几乎没有任何收益。

再比如，投保了火险的房东可能很少买灭火器，因为房东要承担买灭火器的费用，而保险公司却因此得到了许多利益。保险公司并没有关于房东谨慎程度的完全信息，道德风险问题不可避免。

经济生活中的信息不对称，使逆向选择和道德风险问题普遍存在。一方面造成了交易市场的严重萎缩，另一方面导致社会资源的极大浪费，影响了资源的配置效率。

课程思政 8-1　　**邻人献玉——信息不对称**

从前魏国有这样一组邻居——其中一家人都不认识玉，而另一家则是可以识别玉的，因此就发生了下面这样的故事。

农耕时节到了，有一天那个不认识玉的农夫赶牛来到了自家的田里，开始耕地。地才犁了一会儿，突然他听到“嘎吱”一声，他不知道发生了什么，于是他喝住耕牛，停下了活儿，来到犁旁边，刨开土层一看，原来是犁铧碰到了一块石头。农夫将石头捡起来，抹去表面的泥土，发现这石头竟有一尺多宽而且有光泽，从来没有见过这样的石头，也不知为何物，农夫很是好奇。

农夫抱着这块石头找到了邻居，准备让邻人去辨认，看看究竟是什么。邻人不愧是行家，一眼就看出这“石头”是美玉，但他又不想说出实情，于是便想欺骗农夫。他随口编了一个谎言：“这石头是鬼怪变成的不祥之物，迟早会给你带来麻烦的，劝你趁早扔掉。”农夫一听这话，还真有点犹豫，只是觉得如此好看的石头，扔了怪可惜的，最后还是将信将疑地把石头抱回家。回到家里，家人看到如此美丽的石头后，都认为这明明是一块很好的石头啊，怎么会是鬼怪变成的呢。就这样，农夫决定留着石头，并把石头放在家中。

夜幕降临，“石头”开始发光，而且随着夜越来越深，“石头”的光也越来越显眼，最后把整个屋子都照亮了。农夫全家人都不知道是怎么回事，第二天清早就去问邻人。邻人故弄玄虚地说：“昨天不是告诉你这块石头是鬼怪变的，肯定是它在作祟。”农夫一听就吓坏了，立刻扔掉石头。过了几天，认识玉的邻人捡回了“石头”。

不久，邻人就抱着玉石去献给魏国国君。魏王召来工匠，让其评估玉石的价值。工匠一见玉石，为之一震，立刻向魏王说道："恭喜大王，贺喜大王！"

魏王奇怪地说："何喜之有？"

工匠继续说："大王您得到的是一件价值连城的稀世珍宝啊！"

"那你看看这块玉值多少钱啊？"魏王继续问道。

"这个东西是没有办法用金钱去衡量的啊，大王！"工匠继续说。

魏王听后，立刻就赏给邻人许多金银财宝。

资料来源　佚名. 1个小故事，让你读懂经济学里的"信息不对称原理"[EB/OL]. [2018-06-25]. http: //www.360doc.com/content/18/0625/08/42044851_765159098.shtml.

思政感悟

邻人献玉这个故事很简单，今天让我们从经济学的角度去仔细想想以下两个问题：第一，邻人凭什么能够"骗取"农夫手中的玉石？第二，工匠为何就认定这块玉石价值连城？其实邻人就是利用了农夫对玉石的信息不对称而轻而易举地获得了玉石。与农夫相反的是，邻人和工匠对玉石是信息对称的，从而导致了两种完全不同的结果。

在晋文公退避三舍的故事里，我们得知每个人都是理性经济人，其实这个假设有一个非常重要的前提，那就是信息是完全的，也就是不存在"信息不对称"现象。如果存在，那么理性经济人的假设将不再成立。这个故事的结局将会重写——献玉的肯定是农夫自己。因此我们也可以说信息对称或完全信息也是经济学中一个极为重要的假设前提。接下来，让我们来具体看看信息不对称问题。

三省吾身

信息不对称问题因美国著名经济学家阿克洛夫在1970年发表的《柠檬市场》而引起人们的注意。自亚当·斯密之后的绝大多数经济学家在研究经济学时，都假设信息是对称的，2001诺贝尔经济学奖颁给了3位研究信息不对称市场的美国经济学家，他们是阿克洛夫、斯彭斯和斯蒂格利茨。

所谓信息不对称是指在日常的经济活动中，我们无法拥有其他人拥有的一切信息，从而造成一些人知道而另外一些人不知道的情况。信息不对称大致分为两种情况，其一是事前的信息不对称——道德风险，其二是事后的信息不对称——逆向选择。

道德风险常见于保险市场，即那些身体不好的人总是想去保险公司为自己买各种各样的保险，以便在自己发生不测的时候获得一大笔补偿。长此以往，将不会有健康的人去保险公司投保，结果就是保险公司面临倒闭。逆向选择则常见于二手货市场，我们知道在二手货市场，那些价格更加便宜的二手货更容易被人接受，因为质量差的二手货不会一下就被发现，结果慢慢就会将质量好一点价格也高一点的二手货挤出市场，最后导致的结果是整个二手货市场充斥的都是质量差的二手货。

在现实生活中，信息不对称现象也很多，如一个普通人可以通过造假文凭或各种假证书去人才市场找工作，这样的人如果越来越多，最后很有可能将真正的人才全部挤出人才市场。

俗话说“买的不如卖的精”，这就是说，卖家掌握的信息总比买家多，造成买家与卖家之间的信息不对称。卖家在允诺给买家各种优惠时，只有卖家自己心里清楚是不是真的优惠了。因此在学习了“信息不对称”这个经济学知识以后，大家在平时买东西时，特别是购买大件物品时，就要做到货比三家，尽可能地多收集信息，可以通过问朋友或同事，也可以自己利用网络去查询，尽量减少信息的不对称，从而减少自己不必要的损失。

任务二　了解政府干预方法

市场失灵产生以后，私人部门已无法很好地解决资源的配置问题，此时往往需要政府部门的介入，即采取政府干预的手段来提高资源配置效率。

一、政府干预的理由

（一）社会收入分配不公

现实生活中，由于人们在家庭出身、生活习惯、受教育机会以及拥有的生产资源数量等方面的差异，往往会出现收入不均、贫富悬殊等问题。这些问题的出现，一方面不利于社会的安定和经济的发展；另一方面，市场自身无法解决，必须靠政府出面才能实现社会公平。

（二）恶性竞争和垄断

适度的竞争有利于市场的发展，但竞争一旦发展成恶性竞争或形成垄断，则会降低经济效率，导致整个社会资源的浪费和社会福利的减少。政府可以通过制定反不正当竞争法和反垄断法等法律规章来规范经济主体的行为，鼓励竞争。

（三）信息不对称

市场机制不能解决所有的信息不对称和信息不完全问题，而政府可以通过提高市场透明度等方法对信息进行管理和调控，使交易参与者得到较为充分和正确的信息。

（四）负外部性导致的环境污染

环境污染问题越来越成为阻碍经济发展的一大社会问题。国家可以通过制定环境保护法规等政策来维持一个良好的生态环境，以最大限度地降低社会成本、增加社会收益。

（五）公共产品供给

公共产品的性质使私人部门不能或无法全部提供，而政府可以在这方面发挥较大的作用。

二、政府干预的方式

（一）针对公共物品导致的市场失灵

针对公共物品导致的市场失灵，政府干预的方式主要是决定是否提供公共物品以及提供多少公共物品，往往采用成本效益分析法。首先，估算提供某一公共物品的成本和获得的收益；其次，将两者加以比较；最后，根据结果确定该公共物品是否值得提供。如果有几个可供选择的公共物品，则分别比较各自的成本与收益，最后选择提供社会净收益较大的公共物品。

政府往往通过以下方式提供公共物品：①由政府直接经营企业并生产公共物品；②政府与私人部门签订合同，共同提供公共物品；③政府以授权、许可的形式委托私人部门提供公共物品；④政府对私人部门提供补贴，鼓励其提供公共物品。

（二）针对外部性导致的市场失灵

针对外部性导致的市场失灵，政府干预的方式主要有：

1.税收与补贴

政府对产生负外部性的企业征税，其数额应该等于该企业给社会其他成员造成的损失，从而使其私人成本等于社会成本。例如，在产生污染的情况下，政府向污染企业收税，其税额应等于治理污染所需要的费用。同时，政府对产生正外部性的企业进行补贴，使其私人收益等于社会收益。无论何种情况，只要是政府采取措施使得私人成本和私人收益与相应的社会成本和社会收益相等，则资源配置就可以达到最优。

2.实行“内部化”政策

一个企业对另一个企业可能产生正外部性或负外部性，但当政府将两个企业进行合并，在合并后的企业内部核算成本与收益时，就消除了外部性的影响，使其“内部化”了。

3.界定财产权

在多数情况下，外部性之所以导致资源配置失当，是由于财产权不明确。如果财产权是完全确定的并得到充分保障，则有些外部性就可能不会发生。例如，河流上游的污染者使下游用水者受到损害。如果给予下游用水者以使用一定质量水源的财产权，则上游的污染者将会因为把下游的水降低到特定质量之下而受罚，而罚金就可以用来治理受到污染的河水；或者上游污染者可以把这种权利从下游用水者那里买过来，下游用水者出售权利的收入就可以用来治理河水。总之，污染者为其负外部性付出了代价，使其私人成本与社会成本相等。

这种界定“财产权”的政策，可以看成一般化的科斯定理。科斯认为，只要解决了财产权的界定和交易费用过高的问题，则无论将财产权赋予谁，都完全可以通过市场交易解决外部性问题。

案例鉴赏 8-1　　**为什么黄牛没有绝种？**

历史上，许多动物遭到灭绝的威胁。即使现在，像大象这种动物也面临着这样的境况，偷猎者为了得到象牙而进行疯狂捕杀。但并不是所有有价值的动物都面临这种威胁。例如，黄牛是人们的一种有价值的食物来源，却没有人担心它会由于人们对牛肉的大量需求而绝种。

为什么象牙的商业价值威胁到大象，而牛肉的商业价值却成了黄牛的护身符呢？这就涉及财产权的界定问题。因为野生大象没有确定的财产权，而黄牛属于私人所有。任何人都可以捕杀大象获取经济利益，而且捕杀的越多，获取的经济利益就越大。黄牛生活在私人所有的牧场上，每个农场主都会尽最大努力来保护自己牧场上的牛群，因为他们能从这种努力中得到收益。

政府试图用两种方法解决大象的问题。肯尼亚、坦桑尼亚、乌干达等非洲国家把捕杀大象并出售象牙作为一种违法行为，但由于法律实施难度较大，收效甚微，因此大象数量仍在继续减少。而同在非洲，纳米比亚和津巴布韦等国家则允许捕杀大象，但只能捕杀自己土地上作为自己财产的大象，结果大象数量开始增加了。由于私有财产权和利润动机在起作用，非洲大象或许会像黄牛一样摆脱灭顶之灾。

案例鉴赏 8-1

分析提示

资料来源 佚名. 为什么黄牛没有绝种［EB/OL］.［2019-02-06］. http：//www.360doc.com/content/19/0206/22/28415032_813400332.shtml.有删减.

（三）针对垄断导致的市场失灵

1.制定反垄断法

例如，美国在1890—1950年曾先后制定并颁布实施了许多法律。这些法律可以起到削弱或分解垄断企业、防止垄断产生的作用。《中华人民共和国反垄断法》自2008年8月1日起开始施行，这标志着我国在反垄断领域进入了有法可依的阶段。2020年1月2日起，国家市场监督管理总局就《中华人民共和国反垄断法》修订草案公开征求意见（2020年1月31日截止）。

2.公共管制

政府对垄断的管制主要是政府对垄断价格进行管制。价格管制就是使管制之下的垄断企业制定的价格等于边际成本。这样可以将垄断造成的社会福利损失降到最低，以实现资源的优化配置。

（四）针对信息不对称导致的市场失灵

1.解决逆向选择问题的方式

具体包括：一是政府规定企业对自己出售的产品提供质量保证；二是政府引导企业对自己出售的产品提供不同的产品保修年限；三是政府鼓励企业树立品牌，通过“声誉”来分辨优质产品与劣质产品；四是政府鼓励企业通过广告等宣传方式来区分优质产品与劣质产品；五是政府鼓励企业实现产品标准化。

2.解决道德风险问题的方式

对于保险方面的道德风险问题，可以通过保险单的免赔责任和免赔条款来防范。对于雇员的道德风险问题，可以通过预付保证金、订立合同、实行绩效工资等来防范。

同步思考 8-4

政府提供公共物品与生产公共物品相同吗？

分析：不同。前者是指政府通过预算安排或政策安排等某种适当方式将公共物品委托给私人企业进行生产；后者是指政府建立企业直接生产公共物品。

三、导致政府干预失效的因素

政府干预也有失效的时候，我们称为政府失灵。导致政府干预失效主要有以下几个因素：

1.政府的偏好

政府同个体一样，也有自己的偏好和利益目标。当下级政府的目标与上级政府的政策出现矛盾时，下级政府有时会做出与上级政府的政策相悖的选择，从而导致政府失灵。同时，政府在制定政策时，其偏好也起着重要作用，稍有不慎，出现失误也会导致政府失灵。

2.官员的素质

通常，官员的素质较经济学家、科学家要低。因此，他们在制定和执行政策时会存在不当之处；同时，有些官员把公共权力当作私人权力来满足个人偏好，权钱交易、权权交易现象普遍，人们对政府不信任，致使政府干预失效。

3.利益集团的寻租行为

当政府制定政策时，利益集团的游说活动、个体的寻租活动都会使政府的决策偏离社会最优选择，制定的政策往往只代表利益集团的利益而不是全社会的利益。当政府执行政策时，寻租活动会使政策的执行效率下降或执行过程偏离政策本身。

4.信息不对称

当信息不对称现象普遍存在时，政府不可能全面把握遇到的问题，这会使其制定的政策存在偏差，出现政府失灵。同时，信息不对称还会影响政府对其各部门和代理人的监督，并会引起政策在传递过程中的耗散，从而导致政策在执行阶段出现政府失灵。

5.政府干预的成本与收益

由于意识形态等方面的影响，很难对政府干预的作用进行实证的评价。

6.法令、政策的刚性

政府实行干预的法令、规章等都具有刚性，不能根据经济的具体情况变化及时进行调整，从而导致政府对经济干预的盲目性。

同步思考 8-5

你认为要达到帕累托最优，即实现资源的最优配置，应让市场机制自发起作用还是采取政府干预的形式？

分析：采取任何一种形式都无法达到帕累托最优。因为在经济生活中，市场失灵与政府失灵同时存在，两者在某一时间、某一领域都可能无法发挥或不能充分发挥调节资源配置的作用。只有两者相互作用、相互配合、相互补充，才有可能最终实现资源配置的最高效率。

关键术语

市场失灵　垄断　外部性　科斯定理　私人物品　公共物品　信息不对称

应知考核

随堂测 8

一、单项选择题

1. 市场失灵是指（　　）。

A. 在私人部门和公共部门之间资源配置不均

B. 不能产生任何有效成果的市场过程

C. 市场价格机制不能发挥作用导致资源无法有效配置

D. 收入分配不平等

2. 某一经济活动存在外部不经济是指该活动的（　　）。

A. 私人成本小于社会成本　　B. 私人成本大于社会成本

C. 私人收益小于社会收益　　D. 私人收益等于社会收益

3. 为了使负外部性内在化，适当的公共政策的反应应是（　　）。

A. 禁止所有具有负外部性的物品的生产

B. 政府控制具有负外部性的物品的生产

C. 补贴具有负外部性的物品

D. 对具有负外部性的物品征税

4. 为了使正外部性内在化，适当的公共政策的反应应是（　　）。

A. 禁止具有正外部性的物品的生产

B. 政府生产物品直至增加单位的价值为零

C. 补贴具有正外部性的物品

D. 对具有正外部性的物品征税

5. 如果一个人消费一种物品减少了其他人对该物品的使用，可以说这种物品是（　　）。

A. 公共资源　　B. 由自然垄断生产的物品

C. 竞争性的　　D. 排他性的

6. 私人市场难以提供公共物品是由于（　　）。

A. 公共物品不具有排他性　　B. 公共物品不具有竞争性

C. 消费者可以“免费搭便车”　　D. 以上三种情况都是

7. 上游工厂污染了下游居民的饮水，按照科斯定理，（　　）问题就可解决。

A. 不管财产权是否明确，只要交易成本为零

B. 只要财产权明确，且交易成本为零

C. 只要财产权明确，不管交易成本有多大

D. 不论财产权是否明确，交易成本是否为零

8. 解决外部不经济可采取（　　）。

A.征税的办法　　B.规定财产权的方法

C.将外部性内在化的方法　　D.以上各项都可行

9.在下列产品或劳务中，市场失灵问题最不显著的是（　　）。

A.国防　　B.教育　　C.电视节目　　D.饮料

10.“搭便车”现象源于（　　）问题。

A.公共物品　　B.私人物品　　C.社会福利　　D.不完全信息

二、多项选择题

1.形成市场失灵的主要原因有（　　）。

A.垄断　　B.信息不对称　　C.供求关系　　D.外部性

2.私人物品的基本特征是（　　）。

A.竞争性　　B.非竞争性　　C.排他性　　D.非排他性

3.经济学上的外部性是指（　　）。

A.私人成本高于社会成本　　B.私人成本低于社会成本

C.私人收益低于社会收益　　D.私人收益高于社会收益

4.经济学上的外部经济可以分为（　　）。

A.生产的外部经济　　B.生产的外部不经济

C.消费的外部经济　　D.消费的外部不经济

5.解决外部性的对策有（　　）。

A.征税　　B.补贴　　C.企业合并　　D.规定财产权

三、判断题

1.私人生产的物品不具备消费的非排他性和非竞争性。（　　）

2.私人物品的非排他性和非竞争性，会引起“搭便车”问题。（　　）

3.公共物品实际上就是公用的物品。（　　）

4.公共物品会引起“搭便车”问题。（　　）

5.汽车的尾气排放具有负外部性。（　　）

四、简答题

1.导致市场失灵的因素主要有哪些？

2.为什么信息不对称会导致市场失灵？

3.当出现外部性导致市场失灵时，政府干预的方式有哪些？

4.2015年，国家发改委认定高通公司滥用市场支配地位实施排除、限制竞争的垄断行为成立，并开出了60.88亿元人民币的罚单。请结合经济学理论，论述垄断产生的原因、影响以及政府对垄断的管制措施。

5.“搭便车”行为产生的原因及后果是什么？

五、计算题

上游化工厂排放的废水给下游渔民造成了15 000元的损失。如果双方谈判的成本是每方各承担5 000元，界定财产权对该问题的解决是否有效？如果成本是每方各承担20 000元呢？

应会考核

观念应用

市场制度为什么无法有效地保证公共物品的供给？政府能够有效地供给公共物品吗？

技能应用

国防、钢铁厂的污染、特大企业的存在往往会引起市场失灵，它们各自引起市场失灵的原因是什么？应该如何解决？

案例分析

新冠疫苗是公共产品吗？

2021年1月9日，国务院联防联控机制就近期疫情防控和疫苗接种有关情况在国务院新闻办举行发布会。国家医疗保障局副局长李滔介绍，在知情自愿的前提下，居民接种新冠病毒疫苗所产生的疫苗费用和接种服务费用将由医保基金和财政共同负担，个人不负担。

2020年，有关方面多次重申，新冠疫苗将作为公共产品，这一承诺让人十分期待。但如何体现该疫苗的“公共属性”，公众不得而知。2020年最后一天的新闻发布会上，国家卫健委副主任、国务院联防联控机制科研攻关组疫苗研发专班负责人曾益新表示，疫苗的基本属性是公共产品，价格可能会根据使用规模的大小有所变化，但是一个大前提是，为全民免费提供。

“全民免费”首次出现后，引发了舆论高度关注。不少人一时没有读懂上述表态，既然承诺“全民免费”，为何又涉及定价问题？既然不用居民个人付费，谁来为此埋单？

资料来源　冯海宁．让公众听懂“新冠疫苗全民免费”很重要［EB/OL］．［2021-01-09］．https：//baijiahao.baidu.com/s？id=1688407929112391122&wfr=spider&for=pc.有删减．

问题：什么是公共物品？请结合经济学的知识，对此案例进行分析。

项目九

开启宏观经济——国民收入核算与决定理论

知识目标

理解：国内生产总值的含义及核算方法；简单的国民收入决定理论。

熟知：乘数理论；理解IS-LM模型以及该模型作为宏观经济政策理论根据的意义；总需求和总供给变动对均衡国民收入和价格的影响。

掌握：支出法、收入法和部门法核算GDP；投资乘数、政府购买乘数等原理和计算。

技能目标

能通过网络等手段获取我国国民收入的相关数据；能对获取的我国国民收入的相关数据进行简单的分析。

素质目标

能够正确领会和理解经济运行的逻辑关系和基本规律，能够对国民收入核算进行简单分析，具备初步分析问题的能力，树立正确的世界观、人生观和价值观，做到学思用贯通、知信行统一。

项目引例　2019年全国居民收入和消费情况：稳定增长，居民生活水平再上新台阶

2019年，全国居民收入和消费支出稳定增长，人均可支配收入超过3万元。农村居民收入增长继续快于城镇居民，城乡居民收入差距进一步缩小。居民服务性消费增长较快，恩格尔系数继续下降，居民生活质量不断提高。2019年，全国居民人均可支配收入30 733元，比上年增加2 505元，首次超过3万元，为居民生活水平再上新台阶打下坚实基础。2019年，全国居民人均可支配收入名义增长8.9%，比上年加快0.2个百分点，也是近5年来的相对较高水平。扣除价格因素影响后，全国居民人均可支配收入实际增长5.8%，快于人均国内生产总值增速0.1个百分点，收入增长与经济增长基本同步。就业形势总体平稳，为居民工资性收入

增长奠定基础。党中央、国务院把稳就业作为“六稳”之首，坚持实施就业优先政策，全国就业形势持续稳定，就业规模不断扩大。2019年全国累计实现城镇新增就业超过1 300万人；全年农民工总量增长0.8%，月均收入增长6.5%。全国居民人均工资性收入增长8.6%，比上年提高0.3个百分点。2019年，全国居民人均消费支出21 559元，首次超过2万元，名义增长8.6%，比上年提高0.2个百分点；扣除价格因素影响，居民人均消费支出实际增长5.5%，比上年回落0.7个百分点。

资料来源　佚名．方晓丹：居民收入和消费稳定增长　居民生活水平再上新台阶［EB/OL］．［2020-1-19］．http：//www.ce.cn/xwzx/gnsz/gdxw/202001/19/t20200119_34154564.shtml.

请问：居民的收入和消费有关联性吗？是如何相互影响的？体现了宏观经济的哪些方面？

宏观经济学以整个国民经济活动作为考察对象，它研究的是整个国家的经济运行情况，如物价或通货膨胀问题、就业或失业问题、经济增长与经济周期问题。其核心理论是国民收入决定理论。要想从总体上把握整个国民经济活动，就必须明确总产出或总收入的含义并有一套计量总产出或总收入的方法，这套方法就是通常所说的国民收入核算体系。

知识支撑

任务一　国民收入核算

一、国内生产总值的含义

动画 9-1

国内生产总值

国内生产总值（Gross Domestic Product，GDP）是指一国或一个地区在一定时期内运用生产要素所生产的全部最终产品（商品和服务）的市场价值。理解GDP应该注意以下几个方面的内容：

（1）GDP是一个市场价值的含义，用货币来衡量。其计算公式为：

市场价值=单位价格×产量

（2）GDP只测定最终产品（包括商品和服务）的价值，而不计算中间产品价值。最终产品是指最后使用者购买的全部商品和服务；中间产品是指用于再出售和供生产别种产品用的产品和劳务。在实际经济中，某些产品既可以作为最终产品，也可以作为中间产品。例如，煤炭在用作燃料发电时是中间产品，而用作人们生活中的燃料时是最终产品。为了解决这个问题，在实际计算当中采用增值法，即只计算在各生产阶段上所增加的价值。

案例鉴赏 9-1

一件上衣从生产到消费者最终使用要经过5个阶段，即种棉—纺纱—织布—制衣—销售。最终产品价值的核算如图9-1所示。

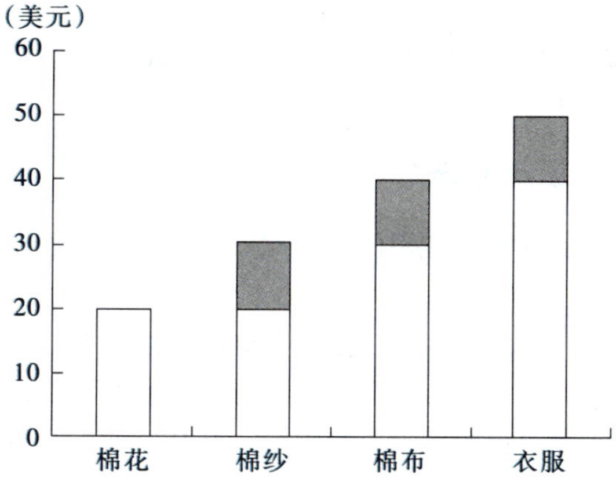

图9-1　最终产品价值的核算

最终产品价值=各个环节增加值总和

在此例中，上衣作为最终产品，其价值采用增值法计算为50美元（20+10+10+10），如果不区分最终产品和中间产品，则会得到140美元的总价值，其中含重复计算的90美元的产品价值。可见，用增值法可以避免重复计算。

（3）GDP一般以1年为统计核算期限。也就是说，某年的GDP不能包括以前年度生产出来的商品和服务，只能是当年生产出来的商品和服务。按此规则，出售以前年度生产的存货所得就不能计入当年的GDP。

（4）GDP是一个地域含义，是指一个国家境内创造的全部最终产品的市场价值，而不管境内的生产要素是不是本国的，它主要侧重衡量一国本土所具备的生产能力。

（5）GDP只衡量市场活动所产生的价值。而用于自己消费的自给性商品和服务，因为不用于市场交换，因而没有价格，所以不能计入GDP。例如，家政公司的家政工作人员给别人打扫房屋时获得的收入要计入GDP，而家庭主妇清扫自家房屋时却没有收入，也无法反映到GDP中去。

视野拓展 9-1

“绿色”GDP

传统的GDP衡量不排除污染成本和不可再生资源的损耗，也不对不可再生的矿产资源“收费”。一些评论家认为，采用传统的GDP衡量，会高估经济福利。美国政府曾采取一些试验性措施来纠正这些因素的影响。此项研究的第一阶段就发现了令人惊讶的现象。

统计学家估算了1958—1991年美国年矿产资源存量，目的是测算消费量。尽管美国在这33年中使用了大量的矿产资源，但他们发现被证实的资源供给几乎没有下降。这是怎么回事？

当然，从纯粹物理学角度这是不可能的。美国1991年的地下矿藏储量当然比1958年的少，然而同一时期里，新的矿产资源不断被发现，新技术的应用使得某些原先难以得到的或不经济的矿产资源变得可供利用。因此，被证实的资源供给在33年中并没有下降，对矿产资源消耗的调整对官方的GDP数据没有产生任何影响。

资料来源 佚名. “绿色”GDP［EB/OL］.［2018-03-21］. https://www.doc88.com/p-1078449925140.html? r=1.

二、国内生产总值的核算方法

在国民经济核算体系中，计算国内生产总值的方法主要有支出法、收入法和部门法。

图9-2是宏观经济行为的环形图，可以看出，环形图上部人们支出货币来购买最终产品，他们每年花费的货币总流量就是一种对国内生产总值的衡量。环形图下部衡量的是产出成本的年流量，企业以工资、租金、利息、股息和企业留利形式支付，构成居民的收入流。用这两种思路计算出的GDP必定是相等的。支出法、收入法就是建立在该思路上的衡量方法。

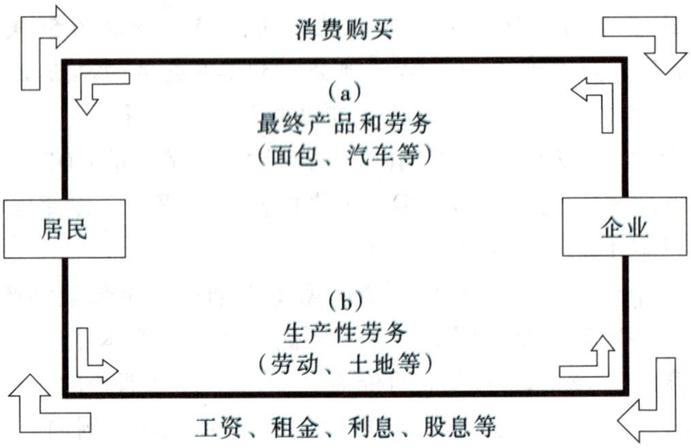

图9-2 宏观经济行为的环形图

（一）支出法

支出法（Expenditure Approach）又称最终产品法，是通过核算在一定时期内整个社会购买最终产品的总支出（即最终产品的总卖价）来计量GDP的方法。该方法从产品的使用出发，把一年内购买各项最终产品的支出加总，计算出该年内生产出的最终产品的市场价值，即把购买各种最终产品所支出的货币价值加在一起，得出社会最终产品的流动量的货币价值的总和。

1.消费支出（C）

消费支出（Consumption）是居民个人用于物品和劳务的支出。“物品”包括汽车与家电等耐用品，以及食品和衣服等非耐用品。“劳务”包括理发、医疗和教育这类无形的服务。居民购买住房或建房用材料的支出不计入消费，代表住房服务的房租支出计入消费。

2.投资支出（I）

投资支出（Investment）是指国内的企业在一年内建造厂房、设备的支出以及库存的增加，包括固定资产投资和企业存货投资等。固定资产投资是新厂房、新设备、新商业用房等的增加。企业存货投资是指企业掌握的存货价值的增加或减少。

3.政府购买（G）

政府的财政支出包括政府购买支出和政府转移支付。政府购买（Government）是指各级政府购买产品与服务的支出，如政府花钱修建公路、国防支出、开办学校等，这部分政府支出计入GDP。

【注意】当政府向一个老人支付社会保障津贴时，这种政府支出称为转移支付，不能计入GDP，因为它并不用于交换现期生产的物品与劳务。

4.净出口（NX）

净出口（Net Export）等于外国购买国内生产的物品（出口）的支出减去国内购买外国物品（进口）的支出。当出口总值与进口总值相等时，称为“贸易平衡”；当出口总值大于进口总值时，称为“贸易顺差”；当进口总值大于出口总值时，称为“贸易逆差”。

如果用C表示消费支出，I表示投资支出，G表示政府购买，NX表示净出口，GDP用Y表示，则：

GDP（Y）=C+I+G+NX

（二）收入法

收入法（Income Approach）又称要素支付法，或称要素收入法，是通过计算一定时期内整个社会所有的生产要素获得的收入来核算国内生产总值的方法。严格来说，最终产品市场价值除了生产要素收入构成的成本外，还有间接税、折旧和企业未分配利润等内容。其计算公式为：

GDP=工资+利息+租金+非公司业主收入+公司税前利润+企业转移支付+企业间接税+资本折旧

1.工资、利息和租金等生产要素的报酬

工资包括所有工作的酬金、津贴和福利费，也包括工资收入者必须缴纳的所得税和社会保险费。利息是指企业所提供的货币资金获得的利息收入，如银行存款利息、企业债券利息等，但政府公债利息和消费信贷利息不包括在内。租金包括出租土地、房屋等获得的收入，以及专利、版权等收入。

2.非公司业主收入

非公司业主收入包括医生、律师、农民和小店铺主的收入，他们使用自有资金并且自我雇用，其工资、利息、利润和租金等经常混在一起作为非公司业主收入。

3.公司税前利润

公司税前利润是公司销售收入扣除工资、利息、租金后的剩余，包括企业所得税、社会保险费、股东红利和企业未分配利润等。

4.企业转移支付和企业间接税

企业转移支付和企业间接税虽然不是生产要素创造的收入，但要通过产品价格转嫁给购买者，故也应该视为成本。企业转移支付包括对非营利组织的社会慈善捐款和消费者呆账；企业间接税包括货物税或销售税、周转税等。

5.资本折旧

资本折旧是指在经济活动核算期内损耗的固定资本价值，这些虽不是要素收入，但包括在总投资中，也应该计入GDP。

（三）部门法

部门法是按提供物质产品与劳务的各个部门的产值来计算国内生产总值的方法。这种计算方法反映了国内生产总值的来源，所以又称生产法。

这里所指的部门是产业部门。国民经济产业部门可以按三产业分类。第一产业，主要是农业，以自然物品为对象进行分类。第二产业，主要是工业和建筑业，以加工物品为对象进行分类。第三产业，主要是服务业，以自然人和法人为对象进行分类。

部门法（生产法）下GDP的计算公式为：

GDP=总产出-中间投入=第一产业增加值+第二产业增加值+第三产业增加值

在用这种方法计算时，各物质生产部门要把所使用的中间产品的产值扣除，仅计算本部门的增加值；商业和服务业等部门也按增值法计算；卫生、教育和行政等无法计算增加值的部门，则按该部门职工的工资收入来计算，以工资代表他们所提供的劳务的价值。

支出法、收入法和部门法从不同的角度来衡量和计算国内生产总值，在实际中，由于统计误差和相关数据可获得性的差异，这三种方法计算得出的结果往往并不一致。国民经济核算体系以支出法为基本方法，即以支出法所计算出的GDP为标准，如果按收入法和部门法计算的结果与此不一致，就要进行误差调整，使之一致。

三、国内生产总值的意义和局限性

（一）国内生产总值的意义

GDP说起来宏大而抽象，但它却有非常现实的应用价值。比如，我们通过支出法可以看到政府拉动经济增长有“三驾马车”：①刺激总消费；②加大总投资；③鼓励出口。因此，做大一国的经济总量，增强一国的总体经济实力，政府会在“三驾马车”上做文章。这对我们理解政府的经济政策很有帮助。

（二）国内生产总值的局限性

GDP只是对我们社会生产的物品与劳务的总价值的测量，它还远远不是人们福利的完全测度。例如，它没有反映分配是否公平；它没有说明环境污染到了什么程度。然而，仅作为人们一般物质福利测度而言，GDP还是一个有用的指标。

任务二　了解国民收入总量

一、国民收入核算中的五个基本总量及其相互关系

在国民收入核算体系中，除了国内生产总值以外，还有国民生产总值、国内生产净值、国民生产净值、国民收入（狭义）、个人收入和个人可支配收入等相关指标，这些指标和国内生产总值一起统称为国民收入。

（1）国民生产总值（GNP）是指一个国家或地区在一定时期内，本国国民拥有的全部生产要素所生产的全部最终产品（商品和服务）的市场价值。

（2）国内生产净值（NDP）是指一国国境以内在一年内创造出来的净增加值。而GDP是一个国家一年内全部最终产品的市场价值，最终产品的价值既包括当年新增加的产值，也包括生产过程的资本消耗，即折旧的价值。

（3）国民生产净值（NNP）与国内生产净值一样，是指一国国民在一年内创造出来的净增加值，是国民生产总值扣除折旧后的价值。

（4）国民收入（NI）（这里的国民收入是指狭义的国民收入）是指一国生产要素在一定时期内提供服务所获得的报酬的总和，即工资、利息、租金和利润的总和。从国民生产净值中扣除企业间接税和企业转移支付，加上政府补助金就得到这一狭义的国民收入。企业间接税和企业转移支付是列入产品价格的，但并不代表生产要素创造的价值或者收入，因此计算狭义的国民收入时必须扣除。相反，政府给企业的补助金不列入产品的价格，但属于生产要素收入，因此应当加上。

（5）个人收入（PI）是指个人实际得到的收入。国民收入不是个人收入，一方面，国民收入中有三个主要项目不会成为个人收入，即企业未分配利润、企业所得税和社会保险费；另一方面，政府转移支付（包括公债利息）虽然不属于国民收入（生产要素报酬），却会成为个人收入。因此，从国民收入中减去企业未分配利润、企业所得税和社会保险费，加上政府转移支付，就得到个人收入。

（6）个人可支配收入（PDI）是指缴纳了个人所得税以后留下的可以为个人所支配的收入，即人们可以用来消费或储蓄的收入。

国民收入各总量指标的关系可以用以下等式表示：

GNP=GDP-外国人在本国的收入+本国人在外国的收入

NDP=GDP-折旧

NI=NDP-企业间接税-企业转移支付+政府补助金

PI=NI-企业所得税-企业未分配利润-社会保险金+政府转移支付

PDI=PI-个人所得税

同步思考 9-1

为什么要核算GDP以外的其他经济总量？

分析：GDP指标有其自身的核算角度和目标，不能全面、精确地反映和衡量一国经济发展总体水平与国民生活水平，所以需要核算GNP等其他指标加以补充。

二、实际国内生产总值与名义国内生产总值

名义GDP是用生产商品和服务的那个时期的价格计算出来的GDP，而实际GDP（Real GDP）是用基年的价格计算出来的GDP。例如，某国2020年的GDP有两种核算方法：一种是用2020年的价格乘以2020年生产的全部最终产品的数量，这样得到的是2020年名义GDP；另一种是用2010年的价格（假设基年为2010年）乘以2020年生产的全部最终产品的数量，这样得到的是2020年实际GDP。

假设某国只生产两种产品——方便面和夹克，以2010年为基年，现在需要核算2020年的名义GDP和实际GDP，2010年和2020年最终产品的数量和价格见表9-1。

表9-1　名义GDP与实际GDP

	2010年名义GDP	2020年名义GDP	2020年实际GDP
方便面	15万单位×1美元=15万美元	20万单位×1.5美元=30万美元	20万单位×1美元=20万美元
夹克	5万单位×40美元=200万美元	6万单位×50美元=300万美元	6万单位×40美元=240万美元
合计	215万美元	330万美元	260万美元

从表9-1中可以看出，从2010年到2020年，GDP名义上从215万美元增长到330万美元，但实际GDP只增长到260万美元，即扣除物价上涨因素，GDP只增长了20.9%［（260-215）÷215×100%］，而名义上却增长了53.5%［（330-215）÷215×100%］。

通过比较2020年名义GDP和实际GDP，可以得到当年与基期年份相比价格变动的程度为126.9%［（330÷260）×100%］，说明从2010年到2020年该国平均价格水平上升了26.9%，其中，126.9%称为GDP折算指数。可见，GDP折算指数是名义GDP和实际GDP的比值。名义GDP、实际GDP和折算指数三者的关系是：

实际GDP=名义GDP÷GDP折算指数

三、国内生产总值与国民生产总值

国内生产总值与国民生产总值的区别在于两者统计的对象不同。

GDP按照国土原则，以地理上的国境为统计标准，是指一年内在本国领土所生产的最终产品的市场价值总和。其人口包括居住在本国的本国公民和居住在本国的外国公民，不包括居住在外国的本国公民。

GNP按照国民原则，以本国公民为统计标准，是指一年内本国常住居民所生产的最终产品的市场价值的总和。本国常住居民包括居住在本国的本国公民和暂居外国的本国公民，不包括居住在本国的外国公民。例如，中国海尔在美国工厂的利润，应作为美国GDP的一部分，但应被计入中国的GNP。

任何一个对外开放的国家都可以核算出GDP和GNP，而且在大多数情况下，这两个数值并不相等，两者的关系是：

GNP=GDP+本国居民来自国外的要素收入-本国支付给外国居民的要素收入

随着国际经济联系的加强，强调身份区别的GNP的相对重要性下降，重视地域范围的GDP的相对重要性上升，从而使GDP成为一项越来越重要的总产出指标。

四、国内生产总值与经济福利

GDP作为国民收入核算体系中最重要、最核心的指标，代表了一国国民在一定时期内可以消费的商品和服务的数量，因而能从总体上代表一国国民的经济福利水平，但GDP也并非衡量经济福利的完美指标。其原因主要有以下几个方面：

（1）国内生产总值不能完全反映一国的真实产出。GDP的统计数据是依据市场交换获得的，因此至少有两个方面的产出得不到反映：一是非市场性经济活动，如自给性产品和家务劳动；二是地下经济活动，包括赌博、走私、贩毒和黑市交易等非法活动，以及通过现金交易，避开政府税务系统，少缴或不缴增值税、所得税等逃税行为。

【注意】一国国民的总经济福利水平有可能比GDP要高。

（2）国内生产总值不能完全反映一国居民的真实生活水平。GDP所衡量的实质上是一个国家的产出水平。一方面，产出并不等于消费，有些产品生产出来后却销售不出去，不能提高人们的生活水平；另一方面，闲暇、工作是人们生活中重要的组成部分，而国内生产总值却不能反映这方面的状况。

（3）国内生产总值不能反映经济增长的代价及经济增长的效率和效益。例如，有些国家的经济增长带来了巨大的环境污染和生态破坏，在这种情况下，尽管GDP增长了，人们的实际生活水平却不一定会提高。

（4）国内生产总值无法反映一国的商品和服务的分配情况。如果A国与B国的国内生产总值总量相同，但A国的收入分配比较均衡，而B国的收入差距悬殊，显然这两国国民的生活水平是不相同的。

可见，GDP并不能与一国国民的经济福利水平完全画等号。尽管还存在着诸多不足，GDP还是被作为衡量一国经济总体发展水平和经济福利水平的重要指标。

视野拓展9-2 季节性周期和季节性调整

由于实际GDP和其他收入衡量指标反映了经济运行状况，所以经济学家注重研究这些变量在不同季节的波动。经过研究，他们发现这样一个事实：所有这些收入衡量指标都表现出一种有规律的季节性变动。例如，多年来美国经济中产出的增加在每年第四季度达到顶点，然后在下一年的第一季度下降，这种有规律的季节性变动是相当大的，从第四季度到第一季度，实际GDP平均下降8%。

实际GDP遵循一种季节性周期变化规律并不奇怪。在这些变动中，有一些是由于人们生产能力的变动，如在寒冷的冬天，建筑房屋要比在其他季节困难。此外，人们具有季节性嗜好，如很多人喜欢在冬天休假、在圣诞节采购商品等。

当经济学家研究实际GDP和其他经济变量的波动时，他们通常想消除由于可预期的季节性变动所引起的那部分波动。报纸上刊登的大部分经济统计数字进行了季节性调整。准确的统计程序十分复杂，但本质上包括减去收入中可以根据季节变动而预期到的那部分收入变动。因此，当你观察到实际GDP或任何其他数字系列上升或下降时，你必须注意在解释时要排除季节性周期的影响。

资料来源　卢欢. 经济学基础［M］. 上海：上海财经大学出版社，2018.

任务三　熟悉国民经济运行

一、两部门国民经济流程模型

两部门经济是指一个经济体系中只存在企业与居民两个主体的经济。居民出卖劳动力，到企业去工作，挣来钱去购买企业生产的产品；企业生产出产品，把产品卖出去，收回钱来继续生产。一国的宏观经济要想平衡，其条件是：居民挣的钱全花了，企业生产的产品全卖了，这样宏观经济就能够正常运行了。宏观经济平衡的最重要条件是：

储蓄（S）=投资（I）

在两部门经济中，总需求分为居民的消费需求和企业的投资需求。即：总需求=消费+投资。如果以AD代表总需求，以C代表消费，以I代表投资，则可以把上式写为：

AD=C+I

总供给是全部产品与劳务供给的总和，产品与劳务是由各种生产要素生产出来的，所以，总供给是各种生产要素供给的总和：总供给=消费+储蓄。如果以AS代表总供给，以C代表消费，以S代表储蓄，则可以把上式写为：

AS=C+S

总需求与总供给的恒等式就是：C+I= C+S，如果两边同时消去C，则可以写为：

I=S

在凯恩斯的宏观经济模型中，两部门经济要想正常运行，平衡的条件是储蓄一定要等于投资，如图9-3所示。

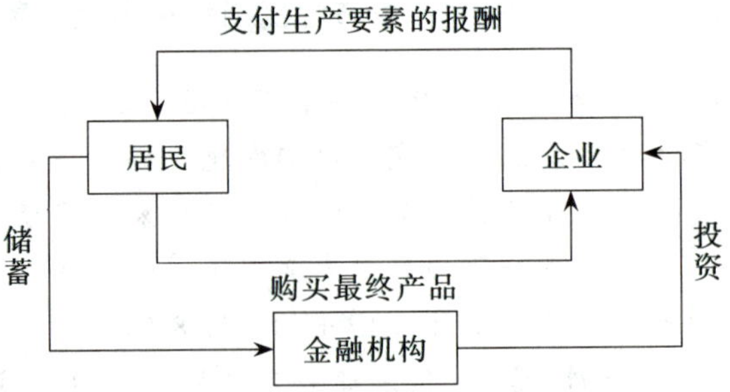

图9-3　两部门国民经济流程模型

二、三部门国民经济流程模型

三部门经济是由居民、企业与政府组成的经济社会。政府在经济中的作用，主要通过政府支出与税收表现出来。政府支出分为对产品和劳务的购买与转移支付两部分：政府购买是指政府为了满足政府活动的需要而进行的对产品和劳务的购买；政府转移支付是不以换取产品为目的的支出，如各种补助金、救济金等。当我们每个人拿到收入时，要缴个人所得税，企业有了收入要缴企业所得税，还要缴增值税等。当大家把这些钱缴给政府，政府有了收入后，就要支付出去。这样，整个宏观经济才可能正常运转。如果政府的财政收入不等于财政支出的话，就会出现财政赤字或财政盈余。三部门国民经济流程模型如图9-4所示。

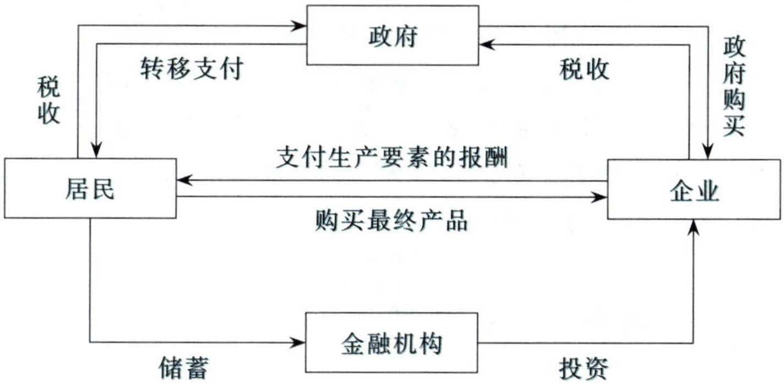

图9-4　三部门国民经济流程模型

三部门经济中总需求与总供给的恒等式就是：AD=AS，即：I+G=S+T。①

三、四部门国民经济流程模型

经济要素配置和供求关系不仅仅在一个封闭的国家内部进行，还涉及与国外的生产要素和产品的交换。四部门国民经济是指由企业、居民、政府和国外这四种经济单位所组成的经济社会。在这种经济系统中，一方面，国外部门作为供给者向国内三部门提供产品，即进口；另一方面，国外部门作为需求者购买国内产品，即出口。当国外部门加入进来后，宏观经济平衡的条件是：出口等于进口。

如果出口大于进口，就会出现贸易顺差。出口多，进口少，赚到的钱就多了，外汇就会流进来。在中美贸易中，我们是贸易顺差。如果一国的进口大于出口，出口少，进口多，就会表现为贸易逆差，就像中美贸易中的美国。无论是贸易顺差，还是贸易逆差，都是宏观经济不平衡的表现。这时，经济循环流程模型如图9-5所示。

四部门经济中总需求与总供给的恒等式就是：

I+G+X=S+T+M②

---

① I代表投资（Investment）；G代表政府支出（Government）；S代表储蓄（Save）；T代表税收（Tax）。
② X代表出口（Export）；M代表进口（Import）。

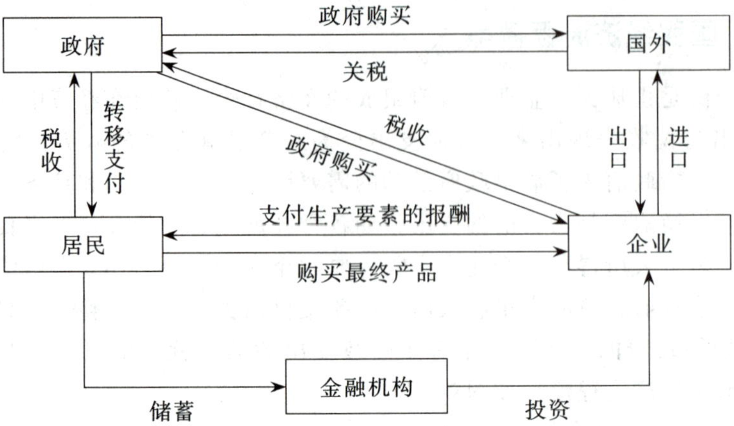

图9-5　四部门国民经济流程模型

在国民收入核算中，这种恒等式是一种事后的恒等关系，即在一年的生产与消费之后，从国民收入核算表中所反映出来的恒等关系。这种恒等关系，也是国民收入决定理论的出发点。但在一年的生产活动过程中，总需求与总供给并不总是相等的。有时总需求大于总供给，也有时总供给大于总需求。

任务四　熟悉国民收入模型

一、简单的国民收入决定模型简介

（一）总需求决定均衡的国民收入水平

总需求表示在一定的收入水平、价格水平等条件下，居民、企业、政府和国外想要购买的本国生产的物品和劳务的总和。所以，它由消费需求、投资需求、政府部门需求和出口四部分构成。总需求中任何一部分的增加都会使国民收入增加。

当不考虑总供给这一因素时，均衡的国民收入水平就是由总需求水平所决定的。我们可用图9-6来说明这一原理。

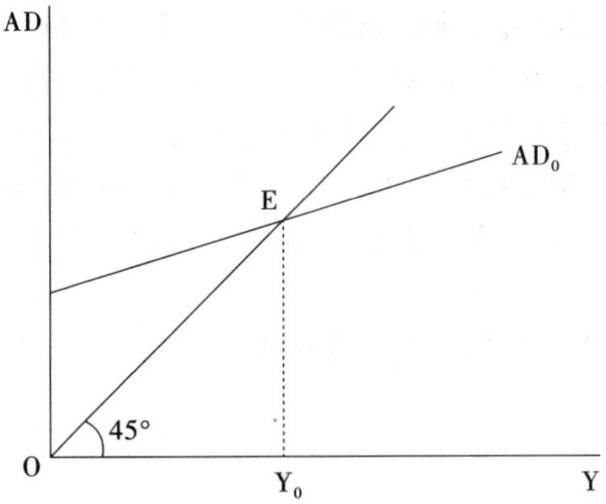

图9-6　总需求与国民收入决定

在图9-6中，横轴代表国民收入，纵轴AD代表总需求，45°线表示总需求等于总供给。AD_0代表总需求水平，当AD_0与45°线相交于E时，决定了均衡的国民收入为Y_0。这就说明了均衡的国民收入水平是由总需求水平所决定的。

总需求的变动必然引起均衡的国民收入水平的变动。总需求水平的高低，决定了均衡的国民收入的大小。所以，总需求的变动会引起均衡的国民收入同方向变动，即总需求增加，均衡的国民收入增加；总需求减少，均衡的国民收入减少。我们可以用图9-7来说明这一点。

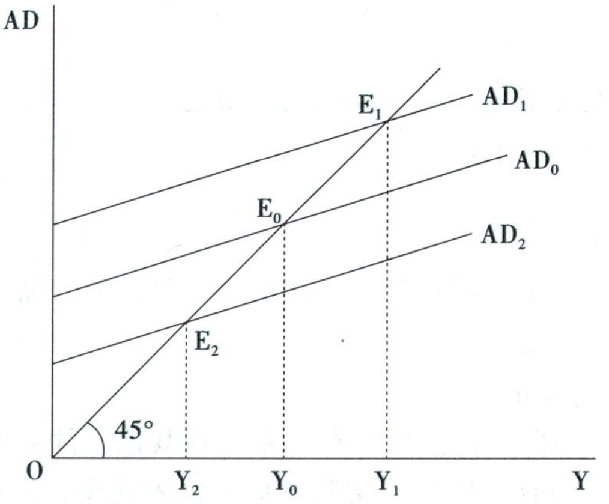

图9-7　总需求与国民收入水平的变动

在图9-7中，总需求曲线向上方移动，即从AD_0移动到AD_1，表示总需求增加；总需求曲线向下方移动，即从AD_0移动到AD_2，表示总需求减少。当总需求为AD_0时，国民收入为Y_0。当总需求为AD_1时，国民收入为Y_1。$Y_1 > Y_0$，这就说明由于总需求水平由AD_0增加到AD_1，而使均衡的国民收入由Y_0增加到Y_1。当总需求为AD_2时，国民收入为Y_2。$Y_2 < Y_0$，这就说明由于总需求水平由AD_0减少到AD_2，而使均衡的国民收入由Y_0减少到Y_2。由此可以看出，总需求中任何一部分的增加都会使国民收入增加。

由于消费和投资是总需求的两个主要组成部分，所以，下面着重介绍决定消费和投资的因素。

（二）消费函数与储蓄函数

1.消费函数（Consumption Function）

在日常生活中，影响家庭消费的因素很多，经济学家凯恩斯认为，这些因素中最有决定意义的是家庭收入。在现实生活中，对消费品的需求并不是固定不变的，而是随收入的增加而增加的。高收入家庭比低收入家庭消费得更多，高收入国家一般具有更高的消费水平。消费与收入之间的依存关系以消费函数表示。如果以C代表消费，Y代表收入，则消费函数就是：

$$C=f(Y)$$

如果两者是线性的，其公式为：

$$C=a+bY$$

式中，C为消费，Y为可支配收入，a为自发消费，b为边际消费倾向，bY为收入引致的消费。

消费与收入之间的关系可以用边际消费倾向来说明。边际消费倾向（Marginal Propensity to Consume，MPC）是指增加的消费在增加的收入中所占的比例。如果以MPC代表边际消费倾向，以ΔC代表增加的消费，以ΔY代表增加的收入，则：

$$MPC=\frac{\Delta C}{\Delta Y}$$

做中学9-1

2019—2020年，某国消费支出增加了2 770亿美元，可支配收入增加了2 850亿美元，其边际消费倾向就等于：

$$MPC=\frac{\Delta C}{\Delta Y}=\frac{2\,770\text{亿美元}}{2\,850\text{亿美元}}=0.97$$

边际消费倾向递减规律：随着收入的增加，消费也会增加，但是消费增加的幅度越来越小于收入增加的幅度。

2.储蓄函数（Saving Function）

储蓄函数表示储蓄与收入之间的依存关系。在其他条件不变的情况下，储蓄随收入的变动同方向变动，即收入增加，储蓄增加；收入减少，储蓄减少。如果以S代表储蓄，则储蓄函数就是：

$$S=f（Y）$$

如果两者是线性的，则储蓄函数公式为：

$$S=Y-C=Y-（a+by）=-a+（1-b）y$$

式中，-a为负储蓄；（1-b）为边际储蓄倾向（即MPS），表示收入引致的储蓄。

储蓄与收入之间的关系，可以用边际储蓄倾向来说明。边际储蓄倾向（Marginal Propensity to Save，MPS）是指增加的储蓄在增加的收入中所占的比例，以MPS表示边际储蓄倾向，以ΔS代表增加的储蓄，则：

$$MPS=\frac{\Delta S}{\Delta Y}$$

3.消费函数与储蓄函数的关系

增加的全部收入分为增加的消费与增加的储蓄，所以：

$$MPC+MPS=1$$

根据以上性质，消费函数和储蓄函数中只要有一个确定，另一个随之确立，当消费函数已知时，就可求得储蓄函数，当储蓄函数已知时，就可求得消费函数。

简单的国民收入决定理论表明：决定国民收入大小的力量是总需求。总需求增加，则国民收入水平提高；总需求减少，则国民收入水平下降。因此，要使国民收入增加，就必须增加总需求，也就是要增加消费、投资、政府支出和出口；相反，如果要使国民收入减少，则要减少消费、投资、政府支出和出口。

（三）投资与利率

1.投资的影响因素

企业投资的目的在于营利，因而在考虑风险的条件下，企业是否投资取决于投资收益与筹资成本的比较。投资的收益由预期利润率决定，筹资的成本由市场的利息率决定。如果购买一项资本品的预期利润率大于使用资本的利息率，企业进行投资是有利可图的，投资是可行的；反之，企业就不会进行投资。因此，投资取决于预期利润率是否大于市场利息率。

做中学9-2

假如一个企业现在有4个可供选择的投资项目，项目A的投资量是100万美元，预期利润率是10%。项目B的投资量是50万美元，预期利润率是8%。项目C的投资量是150万美元，预期利润率是6%。项目D的投资量是80万美元，预期利润率是4%。显然，如果市场利率是10%，只有项目A值得投资，如果市场利率为8%，则项目A和项目B都值得投资。如果市场利率降低到4%或者4%以下，则项目D也值得投资。可见，对这个企业来说，利率越低，投资总额或投资需求量越大。

2.投资函数

在决定投资的因素中，利率是首要因素。利率上升时，企业投资的成本就会增加，投资需求就会减少；利率下降时，投资成本降低，投资需求就会增加。这种利率与投资之间的反方向变动的关系就是投资函数。如果投资用I表示，利率用r表示，投资函数可表达为：

$I=f(r)$

在几何图形中，投资需求与利率之间的关系可用图9-8表示。投资曲线描绘出在每一利率上企业愿意进行的投资总量，它是向右下方倾斜的曲线。高利率引起低投资支出。由于投资（I）是总支出（C+I+G+NX）的一部分，因此，当利率升高时，总支出下降。

如果由于某种原因，比如投资者对资本收益的预期增加导致资本的边际效率增加，那么，在同一利率下投资量会增加，表现为投资曲线向右上方移动，如在图9-8中，I_1移动到I_2；反之，投资曲线向左下方移动。

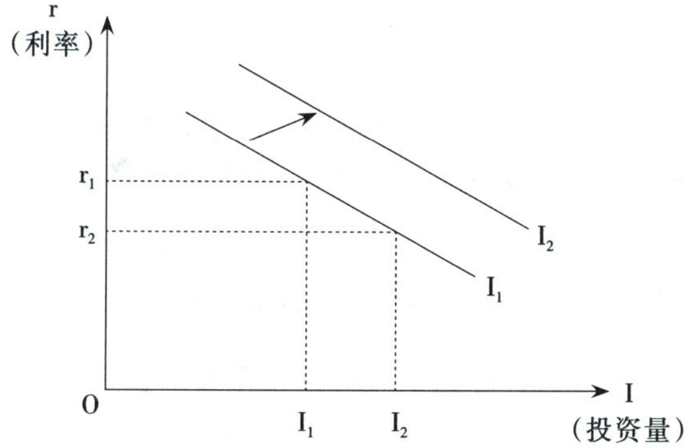

图9-8　投资曲线

一般来说，为分析的简便，投资函数以线性形式表示，即：

$$I=I_0-d\cdot r$$

上式中，I_0称为自主投资，不随利率的变化而变化；（$-d\cdot r$）则是由利率的变动引起的投资的变动，称为引致投资。线性投资函数在几何图形上表现为一条向右下方倾斜的直线。本任务是在利率一定的条件下讨论投资对国民收入的影响，因此这里的投资只有自主投资，即$I=I_0$，这样可以使分析更加简单。

二、乘数理论

（一）乘数的含义及计算

在宏观经济体系中，各种经济变量是相互制约、相互影响的，一个变量的变化必然引起其他相关变量的连锁反应。例如，如果某人增加一笔消费支出，这笔支出会形成另一个人的收入；如果另一个人再将其支出出去，又会形成第三个人的收入；第三个人再将其支出出去，又会形成第四个人的收入……如此下去，由某一人引发的消费支出链条就可以无限地延续下去，社会总消费需求也会无限地扩张下去。这种由某一变量初始的微小变动所引致的另一变量（国民收入）的最终巨大变动就是乘数原理。而国民收入增加量与引起这种增加量的总需求增加量之间的比率就是乘数。

以消费乘数为例。假设有位李先生，车窗玻璃不知被谁砸了。无奈之下，花100元换了新的。假定社会边际消费倾向为0.8，那么，修车行经理得到100元收入，花80元买了衣服，20元用于储蓄。服装店老板也和修车行经理一样，拿收入的80%买了食品。食品店从得到的64元中，再拿出80%去买面粉……这种收支不停地进行下去，可以算出李先生买玻璃支出的100元，最终竟给其他人带来了500元的收入。

也就是说，国民收入的增加量，是消费支出的5倍。若用数学方法计算，其过程如下：

$$\begin{aligned}\Delta Y&=100+100\times0.8+100\times0.8\times0.8+\cdots+100\times0.8^{n-1}\\&=100\times(1+0.8+0.8^2+\cdots+0.8^{n-1})\\&=100\times\left(\frac{1}{1-0.8}\right)\\&=500\text{（元）}\end{aligned}$$

尽管这只是一个假设的例子，但同样的情况每天都在真实世界中发生。例如，一个新小区交付使用之后，会对家电、家具等行业产生乘数效应。通过消费乘数的作用，产品供给更加丰富，经济总量成倍增长。

由此可见，新增加100元消费最终可以增加500元的产出。因此，消费乘数$=\frac{500}{100}=5$。若以K代表乘数，以MPC代表边际消费倾向，则乘数的公式是：

$$K=\frac{1}{1-MPC}$$

乘数的大小取决于边际消费倾向。边际消费倾向越高，乘数就越大；边际消费倾向越低，乘数就越小。这是因为边际消费倾向越高，收入中就有更多的部分用于消费，从而使总需求和国民收入增加得更多。

（二）几种常见的乘数

1.投资乘数

如果投资增加，必然提高有效需求，引起产出水平的增加，而且产出水平增加是投资增加的倍数，这个倍数就称作投资乘数。如果以ΔY代表增加的收入量，以ΔI代表增加的投资量，以K_I代表投资乘数，则有：

$$K_I=\frac{\Delta Y}{\Delta I}=\frac{1}{1-MPC}$$

2.政府购买支出乘数

政府购买支出乘数是指政府支出的增加，如果用于消费则推动消费乘数，如果用于投资则启动投资乘数，结果都会使国民产出成倍增长。如果以ΔG代表政府购买支出的增加量，以t代表边际税率，以K_G代表政府购买支出乘数，则有：

$$K_G=\frac{\Delta Y}{\Delta G}=\frac{1}{1-MPC(1-t)}$$

3.税收乘数

政府税收是对公共收入的扣除，居民会因此而减少可支配收入。居民可支配收入减少，在边际消费倾向不变的条件下，支出会随之减少。而支出减少会发生乘数效应，使国民产出成倍地减少；反之，降低税收也会发生相反的过程而使国民产出成倍增长。所以，单纯税收的增减而引起的国民产出变动额是反向运动的。如果以ΔT代表政府税收的增加量，以K_t代表税收乘数，则有：

$$K_t=\frac{\Delta Y}{\Delta T}=\frac{-MPC}{1-MPC}$$

课程思政9-1　蜜蜂的寓言

从1929年开始，资本主义世界爆发了空前的大危机。3 000多万人失业，1/3的工厂停产，整个经济倒退回了第一次世界大战前的水平。经济处于极度混乱之中，传统的经济学无法解释更无法解决这一问题，理论界纷纷进行探讨，这时英国经济学家凯恩斯从一则古老的寓言中得到了启示。这则寓言说：从前有一群蜜蜂，它们在一个蜂王的领导下，都过着挥霍、奢侈的生活，整个蜂群兴旺发达，百业昌盛。后来，老蜂王去世了，换了一个新蜂王，它们改变了原有的生活习惯，开始崇尚节俭朴素，结果社会凋敝，经济衰落，终于被敌人打败而逃散。凯恩斯在这则寓言的启示下，提出了他的国民收入决定理论，并由此引发了凯恩斯革命，从而建立了宏观经济学。

资料来源　佚名. 蜜蜂的寓言［EB/OL］.［2017-01-17］. https://www.sohu.com/a/124605396_552596.

思政感悟

凯恩斯从这则寓言中悟出了需求的重要性，他看到蜂群的兴旺发达，正是由于它们的挥霍奢侈，创造了足够的需求。而当它们变得节俭以后，由于有效需求不足，所以经济衰落，凯恩斯认为我们的社会也和蜂群一样。

三省吾身

凯恩斯的国民收入决定理论主要是由以下几个方面构成的：①宏观经济理论分析的主要对象是国民收入。国民收入大小取决于经济中的总需求。总需求由消费需求和投资需求构成，所以，国民收入取决于消费和投资。②消费由消费倾向和收入决定。③消费倾向是比较稳定的。因而，国民收入的波动主要来自投资的变动。④投资由利率和资本边际效率决定，与利率呈反方向变动关系，与资本边际效率呈同方向变动关系。⑤利率取决于流动偏好与货币数量。⑥资本边际效率由预期收益和资本资产的供给价格或者说重置成本决定。根据其国民收入决定理论，出现资本主义经济萧条的根源是消费需求和投资需求所构成的总需求不足以实现充分就业。

任务五　掌握 IS-LM 模型

一、货币需求与货币供给

（一）货币需求

动画 9-2

货币需求

货币需求是指人们愿意以货币形式保存财富的数量。按照凯恩斯主义的说法，人们需要货币出于三个动机：

1. 交易动机

交易动机是指企业和个人需要货币是为了进行正常的交易活动。就个人或家庭而言，一般是定期取得收入，经常需要支出。为购买日常所需的生活资料，人们经常要在手中持有一定数量的货币。

2. 预防动机

预防动机是指人们为了应付不可预见的事件所要进行的支付的动机。人们需要持有一定数量的货币以防万一。可见，预防动机的产生是由于人们对未来收入和支出的不确定性。这部分货币需求也与收入成正比。

出于交易动机和预防动机的货币需求对利率不太敏感，因为这两种用途所保留的货币在生活和生产中是不可缺少的，机会成本再大也要保持。

3. 投机动机

投机动机是指由于市场利率的不确定，人们为了避免资产损失或增加资本收益，需要及时调整资产结构，因而形成的货币需求。凯恩斯认为，用于投机目的的货币需求对利率极为敏感。利率升高，人们将不愿意持有货币而情愿将货币转换为其他形式的财产（如债券、股票等）。现实生活中，债券未来的市场价格是随利率的变化呈反方向运动的，所以预期未来利率下降、债券价格上涨的人就会抛出货币购进债券，以备日后债券价格上涨时高价抛出，此时，货币的投机需求减少；反之，则货币的投机需求增加。

【提示】货币的投机需求与收入关系不大，它受利率的影响最大，且二者呈反向变动关系，即利率越高，投机的货币需求越少；反之，利率越低，投机的货币需求越多。

如果用横轴表示货币的需求量，用纵轴表示利率，那么货币的需求曲线（MD）向右下方倾斜，表明货币需求量随利率下降而增加，如图9-9所示。

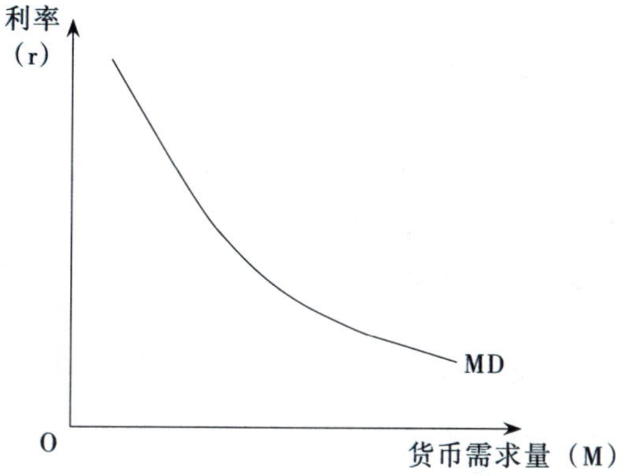

图9-9　货币需求曲线

同步思考9-2　货币的需求动机

骆明和小欣是一对感情不错的情侣，今年同时从一所名牌大学毕业，骆明进了某国家机关，待遇很不错，每个月可以拿5 500元左右工资，可惜，遇到住房政策改革，不能分到房子了。而小欣进了一家国际贸易公司，做对外贸易工作，她的工资和奖金加在一起，每个月大概有8 000元。看来这对情侣的前途一片光明。不过前几天，他们为了存钱的问题着实大吵了一架。

骆明以为现在他们刚刚大学毕业，虽然单位都不错，工资也不低，但将来用钱的地方还很多，所以要从毕业开始，除了留下平常必需的花费以及预防发生意外事件的钱外，剩下的钱要定期存入银行，不能动用，这样可以获得稳定的利息收入，又没有损失的风险。而小欣大概是受外企的工作环境的影响，她以为，上学苦了这么多年，一直过着很节俭的日子，现在终于自己挣钱了，考虑那么多将来干什么，更何况银行利率那么低。她说发下工资以后，先要买几件名贵服装，再美美地吃上几顿，然后她还想留下一部分钱用来炒股，等着股市形势一好，立即进入。大学时看着别人炒股她一直很羡慕，这次自己也要试试。但骆明却认为中国股市行情太不稳定，运行不规范，所以最好不进入股市，如果一定要做，那也只能投入很少的钱。

资料来源　佚名. 货币的需求动机［EB/OL］.［2016-06-27］. http：//www.51mokao.com/forumpostscont.html? id=223849.

问题：

1.根据上面两个人的争论，说明有哪些货币需求动机。

2.分析上述三种动机导致的货币需求的决定因素，并给出货币的总需求函数。

分析：

1.人们的货币需求主要是出于以下三种不同的动机：

（1）交易动机，是指人们为了应付日常交易而在手边留有货币的动机。

（2）预防动机又称谨慎动机，是指人们为了防止意外情况发生而在手边留有货币的动机。

（3）投机动机，是指人们为了把握有利的生息资产而在手边留有一定数量货币的动机。

2.（1）交易性货币需求取决于收入水平以及惯例和商业制度，而惯例和商业制度在短期内一般可假定为固定不变，所以，一般来说这一货币需求量主要取决于收入。收入越高交易数量越大；交易数量越大，所交换的商品和劳务的价格越高，从而交易性货币需求越大。

（2）个人对货币的预防需求主要取决于他对意外事件的看法，但从全社会来看，这一货币需求量大体上也和收入成正比，是收入的函数。

（3）人们对货币的投机需求取决于市场利息率，这一需求与利息率呈反方向变动关系。

（二）货币供给

货币供给是指一定时期内一国银行系统向经济中投入、创造、扩张（或收缩）货币的行为，是银行系统向经济中注入货币的过程。货币供给量由中央银行供给的基础货币和商业银行创造的存款货币构成。

货币只能由国家货币当局“生产”，供给的数量取决于国家货币管理当局的货币政策，供给的目的不是营利，因此货币的供给影响利率，但不受利率影响。决定货币供给量的是中央银行的货币发行量和存款准备金率等。如果用横轴表示货币的供给量，用纵轴表示利率，货币的供给曲线MS是一条垂直线，如图9-10所示。

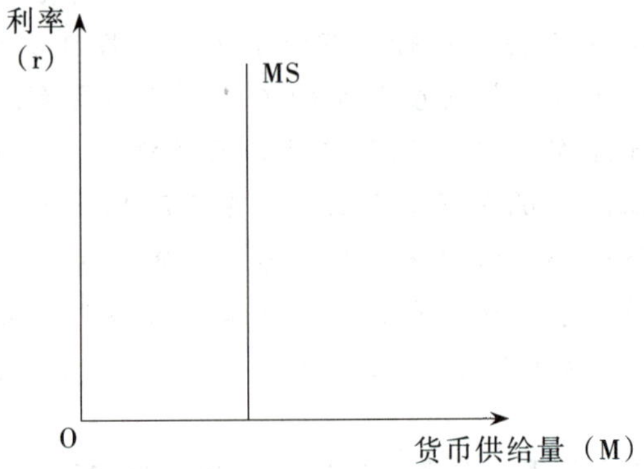

图9-10　货币供给曲线

二、均衡利率的决定

（一）均衡利率的含义

均衡利率就是货币供给与需求平衡时的利率。货币需求曲线与货币供给曲线的交点决定均衡利率水平。图9-11中的E点就是货币市场的均衡点，该点对应的利率水平r_e就是货币市场的均衡利率水平，即由货币市场决定的市场利率。如果初始的利率大于r_e，如图中的r'水平，那么需求就会小于供给，出现需求缺口，市场资金找不到出路就会压低利率，使利率向r_e水平靠拢。反过来，如果初始利率低于r_e就会出现货币的供给缺口，供不应求会推动利率上升，也向r_e水平靠近。

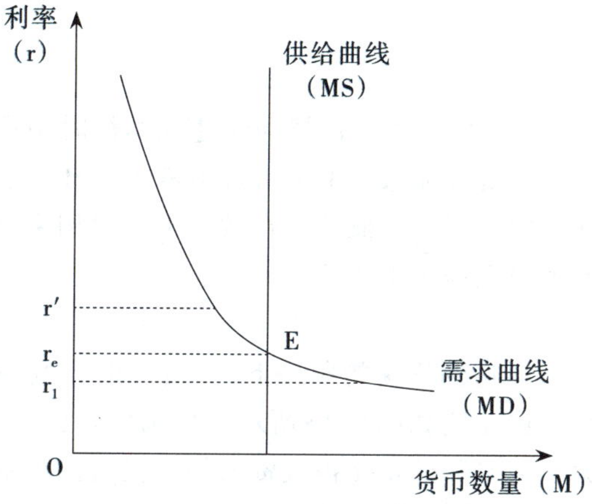

图9-11 货币市场均衡

很明显，货币市场的均衡有可能因为货币供给的变动而被打破，而货币的供给是由国家的货币当局或者政府控制的。当政府增加货币供给时，供给曲线MS向右移动，如果需求不变，那么利率就会降低；反过来，如果政府减少货币供给而需求不变，那么利率就会上升。

例如，在图9-12中，货币供给的增加使得供给曲线从MS_1右移到MS_2，在这种情形下，均衡利率将下降。若货币供给不变，货币需求增加，利率将上升，如图9-13所示。

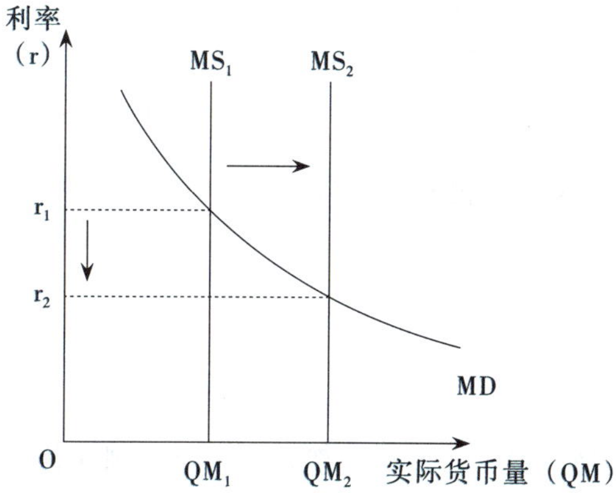

图9-12 货币供给增加，利率下降

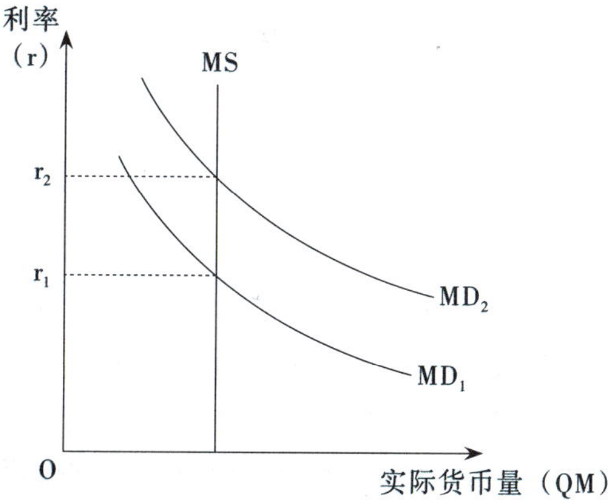

图9-13 货币需求增加，利率上升

（二）利率传导机制

利率传导机制的起点是货币供给量的增加，货币供给量（M）增加引起利率（r）下降，利率下降会鼓励投资（I）增加，而投资增加对总需求产生乘数效应；反之亦然，央行减少货币供给量能够迫使利率上升，引起投资支出下降，并通过乘数机制使总需求下降。这是凯恩斯模型中货币政策运行的概要。由于这个因果链相当长，下面的图9-14可以把它表述得更清楚。

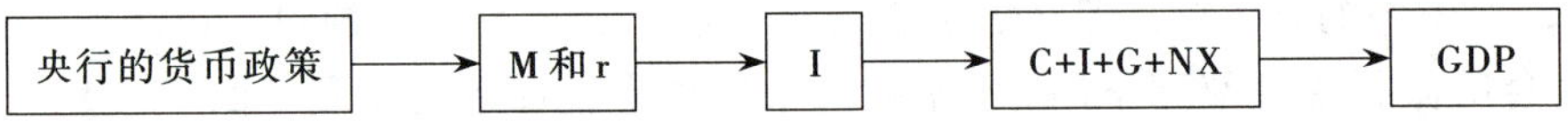

图9-14 利率传导机制

三、IS-LM模型

IS-LM模型是说明产品市场与货币市场同时达到均衡时国民收入与利率决定的模型。在这里，I是指投资，S是指储蓄，L是指货币需求，M是指货币供给。这一模型在理论上是对总需求分析的全面高度概括，在政策上可以用来解释财政政策与货币政策，因此，它被称为整个宏观经济学的核心。

动画 9-3

IS 曲线

（一）IS曲线

IS曲线是描述产品市场达到均衡的条件下，即I=S时，利率与国民收入之间存在反方向变动关系的曲线。IS曲线如图9-15所示，横轴代表国民收入，纵轴代表利率。由于投资与利率负相关，利率降低将使得投资增加，投资的增加最终促使国民收入增加，所以，IS曲线是一条向右下方倾斜的曲线。

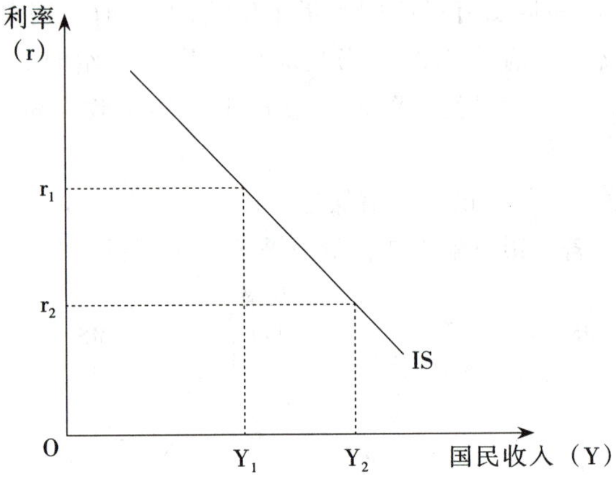

图9-15 IS曲线

（二）IS曲线的移动

影响IS曲线的主要因素有以下几个：

1.投资需求变动

如果其他条件不变，而投资者对投资前景乐观，自发性投资水平上升，则在每一利率水平上，投资需求就会增加，IS曲线相应右移。在每一利率水平上国民收入相应增加，增加的幅度为投资需求增加额乘以投资乘数。

2.政府支出及税收的变动

如果其他条件不变，而政府实行扩张性财政政策，增加政府支出或减免税额，其作用都类似于增加投资或刺激消费，因此IS曲线右移，促使均衡收入由Y_0增加到Y_1；反之，如果政府实行紧缩性财政政策，减少政府支出或增加税额，其作用都类似于减少投资或消费水平下降，因此IS曲线将左移，导致均衡收入由Y_0减少到Y_2，其移动的水平距离分别为政府支出和税额的变动量乘以支出乘数。IS曲线的移动情况如图9-16所示。

3.净出口额变动

在其他条件不变时，如果净出口增加，其作用相当于增加自发性支出，因此IS曲线右移（见图9-16），促使均衡收入由Y_0增加到Y_1；反之，如果净出口减少，则IS曲线左移，导致均衡收入由Y_0减少到Y_2。其移动的距离为净出口额的变动量乘以相应的出口乘数。

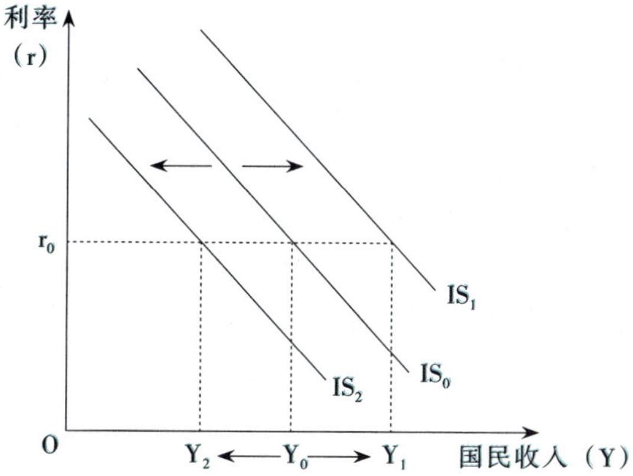

图9-16　IS曲线的移动

四、货币市场均衡与LM曲线

（一）LM曲线

动画9-4

LM曲线

LM曲线是描述货币市场达到均衡时，即货币需求（L）=货币供给（M）时，国民收入与利率之间存在同方向变动关系的曲线。

以纵轴代表利率，以横轴代表国民收入，则可得到一条反映利率（r）和国民收入（Y）之间相互关系的曲线，即LM曲线，如图9-17所示。LM曲线上任何一点都是L=M，即货币市场上实现了均衡。LM曲线向右上方倾斜，表明在货币市场上实现了均衡时，利率与国民收入呈同方向变动关系，即利率高则国民收入高，利率低则国民收入低。

（二）为什么LM曲线向右上方倾斜？

在货币市场上，利率与国民收入同方向变动可以用凯恩斯主义的货币理论来解释。根据这一理论，货币需求（L）由L_1与L_2组成。L_1代表货币的交易需求和预防需

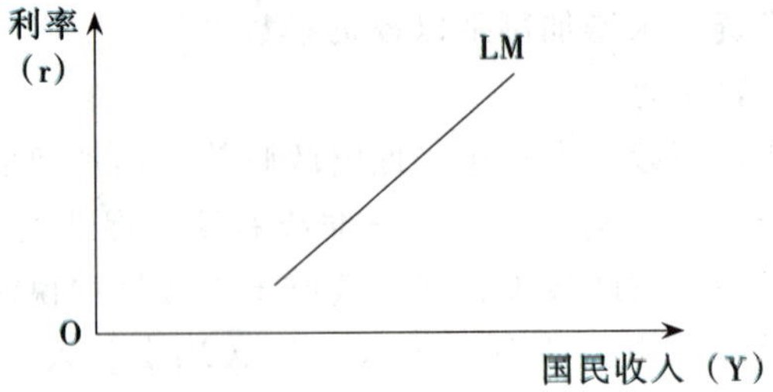

图9-17　LM曲线

求，取决于国民收入，与国民收入同方向变动，记为$L_1=L_1(Y)$，即：国民收入水平越高，对货币的交易需求和预防需求越大；反之则越小。L_2代表货币的投机需求，取决于利率，与利率呈反方向变动关系，记为$L_2=L_2(r)$，即：利息率越低，人们越愿意持有货币进行证券投资；反之，利率越高，则人们越愿意减少手中持有的投机性货币而存入银行。货币的供给（M）是指实际货币供给量，由中央银行的名义货币供给量与价格水平决定。货币市场的均衡条件是：

$$M=L=L_1(Y)+L_2(r)$$

从上式中可以看出，当货币供给既定时，随着国民收入（Y）的增加，货币的交易需求与预防需求（L_1）将增加，为了保持货币市场均衡（L=M），货币的投机需求（L_2）必然减少，而L_2（r）是利率的减函数，L_2要减少，r必须上升。L_1的增加是国民收入增加的结果，而L_2的减少又是利率上升的结果。因此，国民收入（Y）增加，利率必然要上升；反之，Y减少，r必然要下降，这样才能在货币供给既定的情况下，通过使Y和r保持同方向变化来调整对货币的需求，使调整后的货币需求等于既定的货币供给，保持货币市场的均衡。所以，当货币市场均衡时，国民收入与利率之间必然是同方向变动的关系。

（三）LM曲线的移动

货币需求和货币供给的变化，都会使LM曲线发生相应的变动，如图9-18所示。

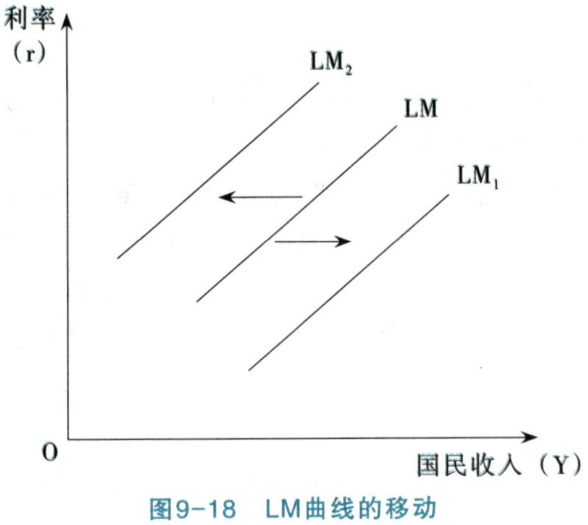

图9-18　LM曲线的移动

第一，货币供给的变动。如果其他条件不变，货币供给量的变动将导致LM曲线的同方向移动，即货币供给量增加，LM曲线向右移动；货币供给量减少，LM曲线向左移动。因为当货币需求不变时，货币供给量增加必然使利率下降，利率下降又刺激投资和消费，从而使国民收入增加；反之亦然。

第二，货币投机需求变动。如果其他条件不变，货币投机需求增加，LM曲线将向左移动；如投机需求减少，则LM曲线将向右移动。这是因为货币供给不变时，货币投机需求增加，货币市场上将出现供不应求，这会导致利率上升，同时导致国民收入下降，从而LM曲线向左移动；反之，货币投资需求减少，则LM曲线向右移动。

第三，货币交易需求变动。如果其他条件不变，货币交易需求增加，货币市场上也会供不应求，同样会导致利率上升，国民收入下降，LM曲线向左移动；反之，则向右移动。

【提示】在使LM曲线移动的三个因素中，应该特别重视货币供给变动这个因素。因为货币政策的内容正是通过货币当局根据货币需求情况，调节货币供给，从而调节利率和国民收入来达到货币政策的目的。

五、产品和货币市场的一般均衡

（一）两个市场同时达到均衡时的利率与收入

把IS曲线与LM曲线结合在一起，就可以得出说明产品市场和货币市场同时实现均衡时利率与国民收入之间关系的IS-LM模型。

从前面的分析得知，在IS曲线上，有一系列利率与相应的收入组合可以使得产品市场达到均衡；在LM曲线上，又有一系列利率与相应的收入组合可以使得货币市场达到均衡。但能够使得产品市场和货币市场同时达到均衡的利率与收入却只有一个。这一均衡的利率和收入为IS曲线和LM曲线的交点对应的利率和收入，其数值可以通过求解IS曲线和LM曲线的联立方程得到。

做中学9-3

已知产品市场和货币市场的均衡模型分别为：I=1 250-250r，S=-500+0.5y，M=1 250，L=0.5y+1 000-250r，求均衡收入和均衡利率。

解：I=S时，y=3 500-500r（IS曲线）

L=M时，y=500+500r（LM曲线）

当产品市场和货币市场同时达到均衡时，IS=LM。因此，联立这两个方程，得：y=2 000，r=3。

当r=3、y=2 000时，同时可满足I=S、L=M及IS=LM，因此，是产品市场及货币市场同时均衡时的均衡利率及均衡收入。

均衡利率与均衡收入也可用图形来表示。如图9-19所示，IS曲线和LM曲线的交点的横坐标和纵坐标分别表示均衡收入和均衡利率。在交点E处，实际支出等于计划支出，实际货币供给等于实际货币需求。在交点E之外的任何区域，都是不均衡的。

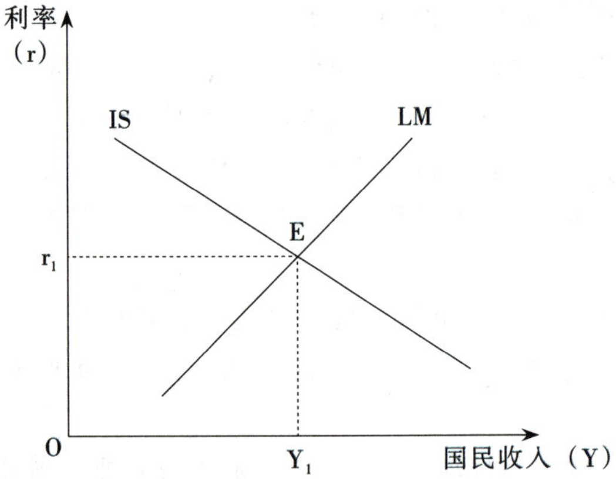

图9-19　产品和货币市场的一般均衡

（二）均衡收入和利率的变动

均衡收入与利率是由IS曲线和LM曲线共同决定的，其中任一条曲线的变动或两条曲线的同时变动都将影响均衡收入和均衡利率的水平。

1.假定LM曲线不变，IS曲线变动对均衡收入与均衡利率的影响

当LM曲线不变时，IS曲线向右移动不仅会造成收入提高，利率也会随之上升，如图9-20所示。这是因为，IS曲线的右移是出于自发支出（投资、消费或者政府支出）的增加，这种计划支出的增加使得产出和收入增加，收入增加后，货币的交易需求也会增加，由于货币供给不变（LM曲线不变意味着实际货币供给不变），因此，人们只能出售有价证券来获取从事交易所需的货币，这就会导致证券价格下跌，利率上升。同理，当LM曲线不变时，IS曲线的左移会导致利率和收入下跌。

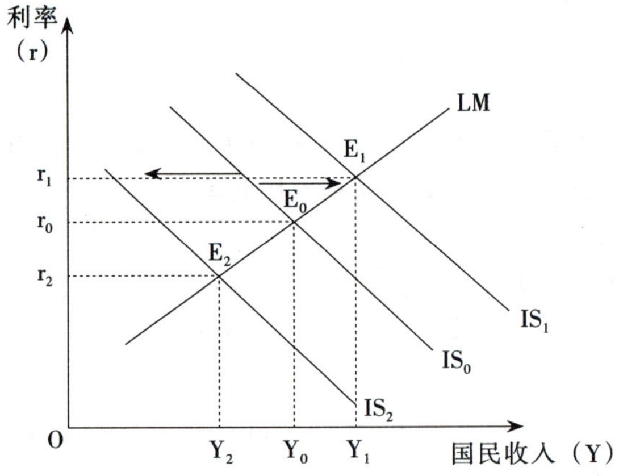

图9-20　IS曲线变动的影响

2.假定IS曲线不变，LM曲线变动对均衡收入与均衡利率的影响

当IS曲线不变而LM曲线向右移动时，收入提高，利率下跌，如图9-21所示。这是因为，LM曲线的右移意味着货币的实际供给增加了，在产品市场的供求没有发生变化的情况下，货币供给的增加必然导致利率的下跌，而利率的下跌刺激消费和投资，从而使得收入增加。相反，当LM曲线向左移动时，利率上升，收入下降。

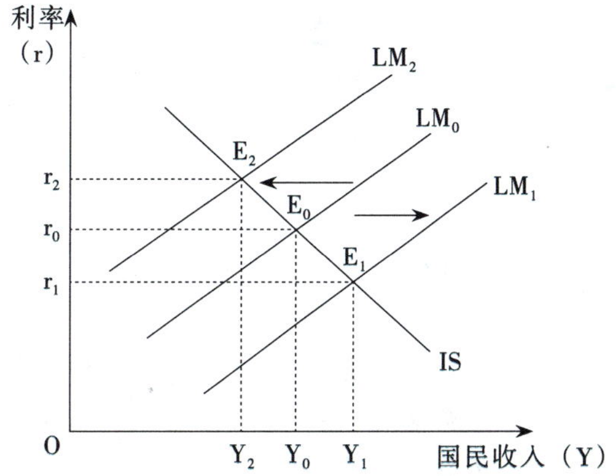

图9-21　LM曲线变动的影响

3.假定IS和LM曲线同时变动

在IS和LM曲线的交点上同时实现了产品和货币市场的均衡，然而，这一个均衡不一定是充分就业的均衡。如图9-22所示，IS_1和LM_1决定的均衡收入为Y_1，但充分就业的收入却为Y_f，在这种情况下，短期之内靠市场的自发调节，无法实现充分就业的均衡，这就需要依靠国家的财政政策或者货币政策来进行调节。财政政策通过政府的支出或者税收的变动来调节国民收入，如果政府增加支出或者减少税收，或者双管齐下，IS曲线将移动到IS_2，达到充分就业的产出水平。货币当局（中央银行）通过改变货币供应量来改变利率与收入，当中央银行增加货币供给时，LM曲线将向右下方移动，同样也可以达到充分就业的产出水平。当然，政府还可以同时采取改变税收、政府支出、货币供应量来实现IS和LM曲线的移动。

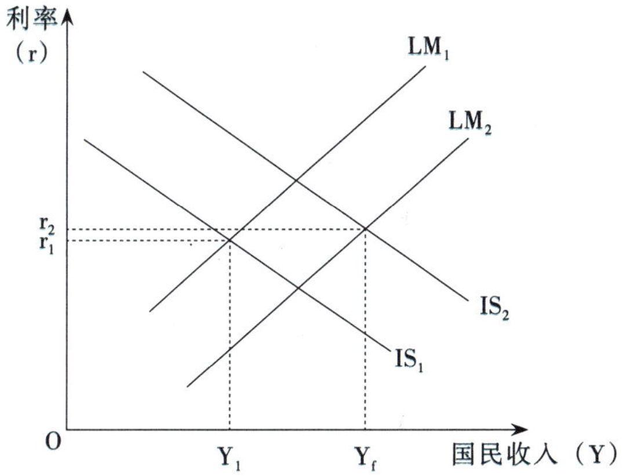

图9-22　IS和LM曲线的移动和新的均衡

IS-LM模型分析了储蓄、投资、货币需求和货币供给是如何影响国民收入和利率的。根据这个模型的性质和特点，国家为实现收入的均衡增长，在利率很低时，可以实行扩张性的财政政策；在利率很高时，可以实行扩张性的货币政策。同时，在任何情况下，都必须是财政政策与货币政策相配合，既要产品市场均衡，也要货币市场均衡，不能顾此失彼。

任务六　熟悉AD-AS模型

一、总需求

（一）总需求函数和总需求曲线

1.总需求函数

动画 9-5

总需求

总需求（Aggregate Demand，AD）是经济社会对产品和劳务的需求总量。总需求由消费需求、投资需求、政府需求和国外需求构成，即AD=C+I+G+NX。消费、投资、出口也被称为刺激经济增长的“三驾马车”。

总需求函数描述产品市场和货币市场同时达到均衡时的价格水平（P）与均衡国民收入（Y）之间的关系。总需求函数可以表示为：

Y=f（P）

在其他条件不变的情况下，当价格水平（P）提高时，均衡国民收入（Y）减少；当价格水平（P）下降时，均衡国民收入（Y）增加，两者呈反方向变动。

动画 9-6

总需求曲线

2.总需求曲线

总需求曲线是表明产品市场与货币市场同时达到均衡时国民收入与价格水平之间关系的曲线。总需求曲线为一条向右下倾斜的曲线，即价格水平上升，国民收入减少；价格水平下降，国民收入增加，如图9-23所示。

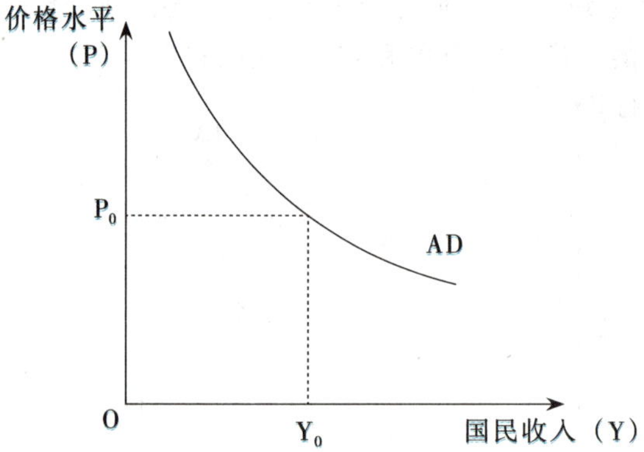

图9-23　总需求曲线

（二）总需求曲线的移动

1.自发总需求变动

自发总需求变动会引起总需求曲线的移动，如图9-24所示。当自发总需求增加时，总需求曲线向右移动，AD_0移动到AD_1，表示在相同的价格水平下，社会的总需求增加了，如自发投资支出的增加或政府支出的增加，会引起总需求曲线向右移动，引起国民收入增加。当自发总需求减少时，总需求曲线向左移动，AD_0移动到AD_2，表示在相同的价格水平下，社会的总需求减少了，如自发投资支出的减少或政府支出的减少，引起AD曲线向左移动。

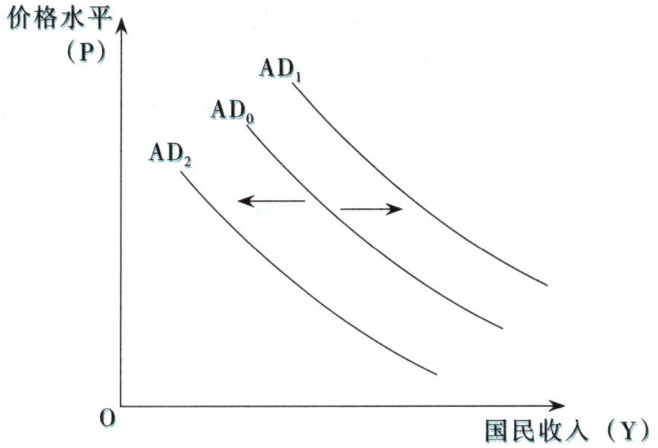

图9-24　总需求曲线的移动

2.自发储蓄的变动

自发储蓄的增加会引起总需求曲线AD向左移动，自发储蓄的减少会引起总需求曲线AD向右移动。因此，自发储蓄变动对国民收入变动的影响，在量上与自发投资变动相同，在方向上则相反。

3.货币供给的变化

在国民收入未达到充分就业国民收入的区间（中间区间），货币供给增加会引起总需求曲线AD向右移动，货币供给减少会引起总需求曲线AD向左移动。由此可见，在中间区间货币供给与国民收入正相关，货币供给增加会使国民收入增加，货币供给减少会使国民收入减少。

二、总供给

（一）总供给函数和总供给曲线

1.总供给函数

总供给（Aggregate Supply，AS）是经济社会的总产出，总供给主要由劳动力、生产性资本存量和技术状态所决定。总供给函数表示总产量和一般价格水平之间的关系，其几何图形表示为总供给曲线。

价格水平影响总产量的基本过程如下：

（1）价格水平的变化影响实际工资。若名义工资不变，则实际工资与价格水平成反比。

（2）实际工资的变化又影响劳动力市场的供求。劳动供给与实际工资同方向变动，劳动需求与实际工资反方向变动，劳动供求决定实际就业量。因此，若其他条件不变，实际工资就通过劳动力市场影响就业量。

（3）就业量的变化影响总产量。若其他条件不变，总供给随就业量的增加而增加，反之亦然。

动画 9-7

总供给曲线

2. 总供给曲线

总供给曲线是表明产品市场与货币市场同时达到均衡时，总供给与价格水平之间关系的曲线。它反映了在每一既定的价格水平上，所有企业愿意提供的产品与劳务的总和。总供给取决于资源利用的情况。在不同的资源利用情况下，总供给曲线，即总供给与价格水平之间的关系是不同的。我们可以用图9-25来说明总供给曲线的不同情况：

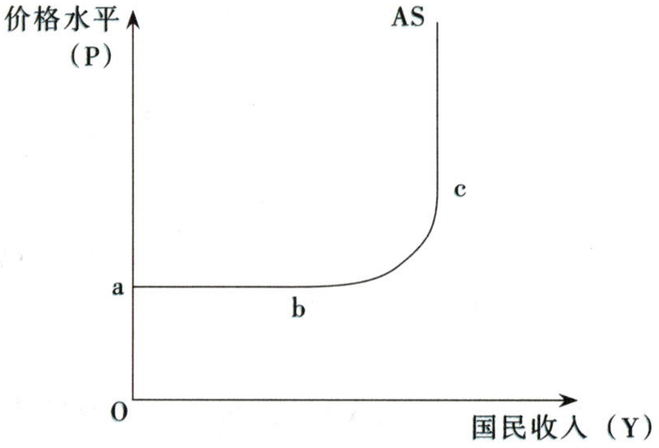

图9-25　总供给曲线

第一种情况：a→b，这时总供给曲线是一条与横轴平行的线，这表明在价格水平不变的情况下，国民收入可以增加。这是因为资源还没有得到充分利用，社会上存在着一部分闲置资源，所以，总供给会随着总需求的增加而增加，即可以在不提高价格的情况下，增加国民收入。这种情况是凯恩斯提出来的，所以这种水平的总供给曲线称为“凯恩斯主义总供给曲线”。

第二种情况：b→c，这时总供给曲线是一条向右上方倾斜的线，这表明国民收入与价格水平同方向变动。这是因为在资源接近充分利用的情况下，产量增加会使生产要素的价格上升，从而成本增加，价格水平上升。这是短期存在的情况，所以这种向右上方倾斜的总供给曲线称为“短期总供给曲线”。

第三种情况：c以上，这时总供给曲线是一条垂线，这表明无论价格水平如何上升，国民收入也不会增加。这是因为资源已经得到了充分的利用，即经济中实现了充分就业，国民收入已无法增加。在长期总是会实现充分就业的，因此，这种垂直的总供给曲线称为“长期总供给曲线”。

（二）总供给曲线的移动

在资源条件既定，即潜在的国民收入水平既定的条件下，凯恩斯主义总供给曲线和长期总供给曲线是不变的。但短期总供给曲线是可以变动的，可用图9-26来说明短期总供给曲线变动的情况。

造成短期总供给曲线移动的因素有很多，其中最重要的是以下4点：

（1）投资要素价格水平的变动。在其他条件不变的情形下，当工资、原材料、能源等投资要素价格水平提高时，企业获利的可能性就会降低。如果商品的价格水平不变，企业只能调整产量来适应市场的变化，成本上升，产量下降；相反，成本下降，产量增加。这意味着在同一价格水平，产品供给增加或者减少。

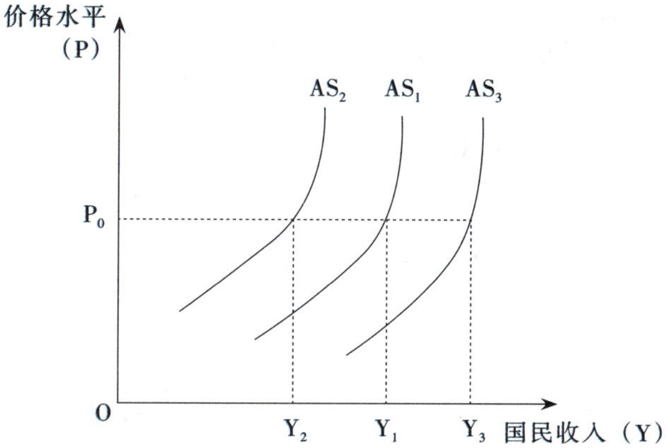

图9-26　短期总供给曲线的移动

（2）生产率的变动。在其他条件不变的情形下，生产率提高，则单位投入可以生产更多的产品，这意味着产品的单位成本逐步下降。如果价格水平不变，竞争企业为占有更多的份额，必然会增加产出量，导致总供给曲线向右移动；反之，则向左移动。

（3）劳动和资本等生产要素变动。生产要素的增加意味着在价格水平不变的基础上生产能力将会提高，这必然导致总供给曲线向右移动；反之，总供给曲线向左移动。

（4）风险态度的变化。生产过程总是伴随着风险，当宏观经济进入衰退期时，风险增加，而企业承担风险的能力和意愿却在下降。企业并不清楚衰退将持续多久，也不知道经济复苏后能否恢复对它们生产的特定产品的需求。如果衰退是未预期到的或者比预期要长，那么企业将会有超额的存货，即超过它们意愿持有的储备。它们已经为这些产品支付了工资却没能够把产品销售出去收回任何现金。企业很清楚，如果它们继续生产而销售停留在低水平上，它们的现金状况将会很快恶化。作为应对，企业将会减少所有价格水平上愿意供给的数量，因此当经济进入衰退时，企业愿意供给的数量将会减少，即总供给曲线向左移动。

除了上述四种主要因素外，天灾人祸也会导致总供给曲线的移动。例如，地震和战争会极大地减少经济中的资本存量，结果是任意数量的劳动所能生产的产品数量都会减少，这将导致总供给曲线向左移动。

三、总需求-总供给模型分析

（一）总需求-总供给模型

以上分别介绍了总需求曲线和总供给曲线，现在我们把总需求曲线与总供给曲线结合在一起来说明国民收入与价格水平的决定。总需求-总供给模型是分析宏观经济情况与政策的一种很有用的工具，可以用图9-27来说明总需求-总供给模型。

在图9-27中，总需求曲线AD与总供给曲线AS相交于E，这就决定了均衡的国民收入为Y_0，均衡的价格水平为P_0。

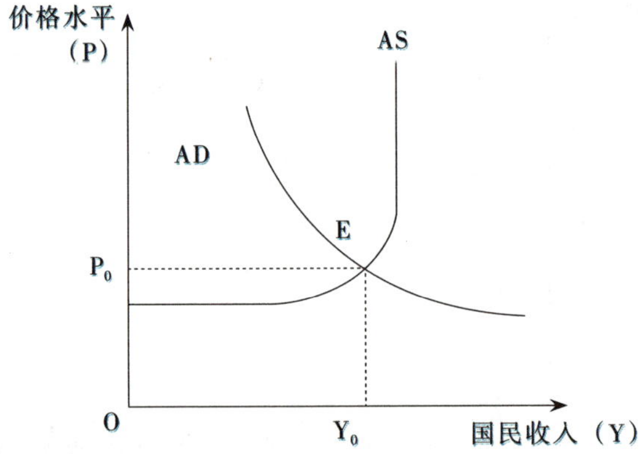

图9-27 总需求-总供给模型

（二）总需求与总供给均衡点的变动

从图9-27可知总供给与总需求曲线的均衡点决定均衡国民收入和均衡价格水平，均衡点的位置又取决于AD曲线和AS曲线的位置，AD曲线和AS曲线位置的任何移动都将导致均衡点的变动，而凡是价格水平以外的其他因素所引起的总供求的变动都会引起AD曲线或AS曲线的移动，从而导致均衡国民收入的变动。

1.总需求曲线移动对国民收入与价格水平的影响

在总需求-总供给模型中，假定总供给曲线AS不变，总需求变动对国民收入与价格水平的影响在总供给曲线的不同阶段有所不同。

（1）凯恩斯主义总供给曲线阶段。当总供给曲线处于凯恩斯主义总供给曲线阶段时，总需求的增加会使国民收入增加，而价格水平不变，总需求的减少会使国民收入减少，而价格水平也不变，即总需求的变动不会引起价格水平的变动，只会引起国民收入的同方向变动，可用图9-28来说明这种情况。

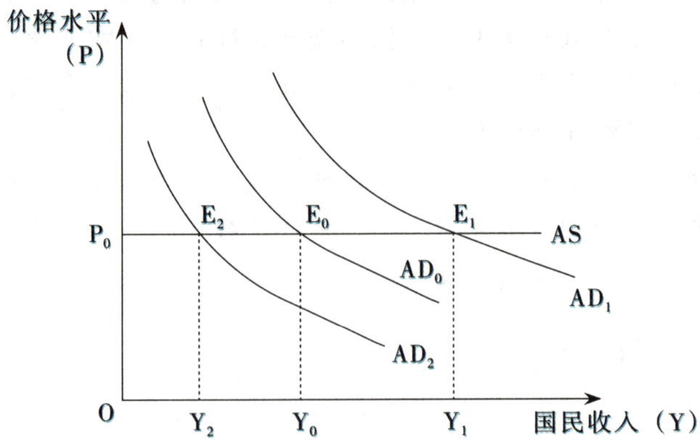

图9-28 总需求曲线变动与凯恩斯主义总供给曲线

在图9-28中，AS为凯恩斯主义总供给曲线。AS与AD_0相交于E_0，决定了国民收入为Y_0，价格水平为P_0。总需求增加，总需求曲线由AD_0移动到AD_1，这时AD_1与AS相交于E_1，决定了国民收入为Y_1，价格水平仍为P_0，这就表明总需求增加使国民收入由Y_0增加到Y_1，而价格水平未变。相反，总需求减少，总需求曲线由AD_0移动到AD_2，这时AD_2与AS相交于E_2，决定了国民收入为Y_2，价格水平仍为P_0，这就表明总需求减少使国民收入由Y_0减少到了Y_2，而价格水平未变。

（2）短期总供给曲线阶段。当总供给曲线处于短期总供给曲线阶段时，总需求的增加会使国民收入增加，价格水平上升；总需求的减少会使国民收入减少，价格水平也会下降，即总需求的变动会引起国民收入与价格水平的同方向变动，可用图9-29来说明这种情况。

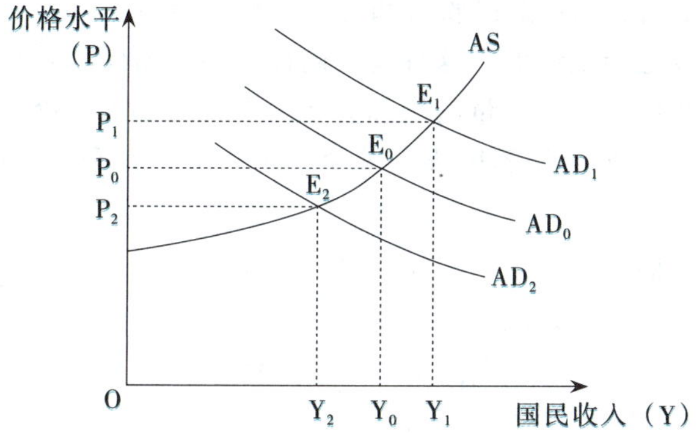

图9-29　总需求曲线变动与短期总供给曲线

在图9-29中，AS为短期总供给曲线，AS与AD_0相交于E_0，决定了国民收入为Y_0，价格水平为P_0。如果总需求增加，总需求曲线由AD_0移动到AD_1，这时AD_1与AS相交于E_1，决定了国民收入为Y_1，价格水平为P_1，这表明，总需求增加使国民收入由Y_0增加到Y_1，使价格水平由P_0上升为P_1。如果总需求减少，总需求曲线由AD_0移动到AD_2，这时AD_2与AS相交于E_2，决定了国民收入为Y_2，价格水平为P_2，这表明总需求减少使国民收入由Y_0减少到Y_2，使价格水平由P_0下降为P_2。

（3）长期总供给曲线阶段。当总供给曲线处于长期总供给曲线阶段时，由于资源已得到了充分的利用，所以总需求的增加只会使价格水平上升，而国民收入不会变动；同样，总需求的减少也只会使价格水平下降，而国民收入不会变动，即总需求的变动会引起价格水平的同方向变动，而不会引起国民收入的变动，可用图9-30来说明这种情况。

在图9-30中，AS为长期总供给曲线，AS与AD_0相交于E_0，决定了充分就业的国民收入为Y_f，价格水平为P_0。如果总需求增加，总需求曲线由AD_0移动到AD_1，这时AD_1与AS相交于E_1，决定了充分就业的国民收入水平仍为Y_f，价格水平为P_1，这表明，总需求增加使价格水平由P_0上升为P_1，而国民收入仍为Y_f。如果总需求减少，总需求曲线由AD_0移动到AD_2，这时AD_2与AS相交于E_2，决定了国民收入仍为Y_f，价格水平为P_2，这表明，总需求减少使价格水平由P_0下降为P_2，而国民收入仍为Y_f。

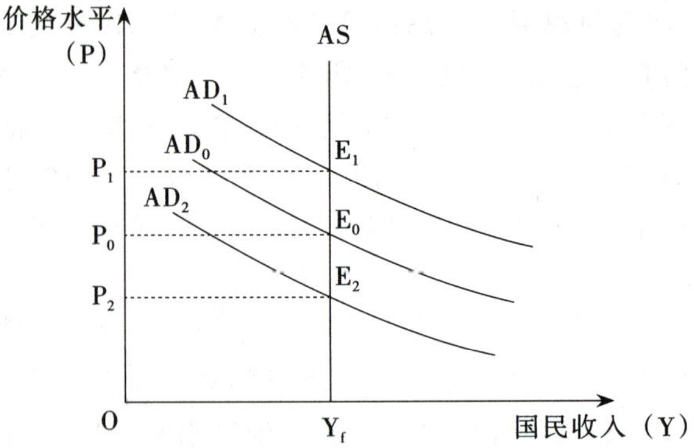

图9-30　总需求曲线变动与长期总供给曲线

2.短期总供给曲线变动对国民收入和价格水平的影响

短期总供给曲线是会变动的，这种变动同样会影响国民收入与价格水平。在总需求不变时，总供给的增加，即产量的增加会使国民收入增加，价格水平下降；而总供给的减少，即产量的减少会使国民收入减少，价格水平上升，可用图9-31来说明这种情况。

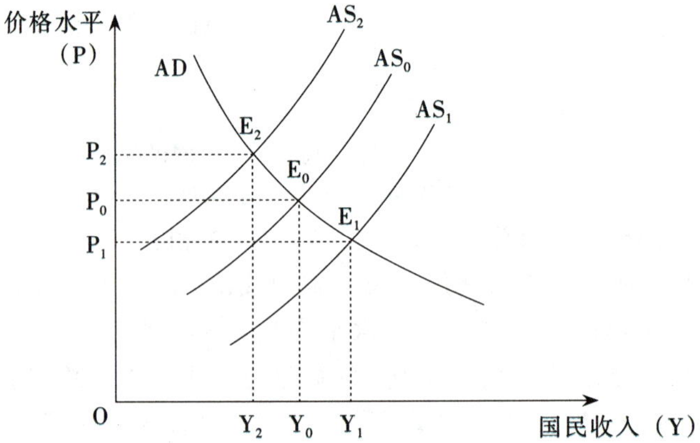

图9-31　短期总供给曲线变动对国民收入与价格水平的影响

在图9-31中，AS_0与AD相交于E_0，决定了国民收入为Y_0，价格水平为P_0。当总供给增加时，供给曲线由AS_0移动到AS_1，AS_1与AD相交E_1，决定了国民收入为Y_1，价格水平为P_1，这表明由于总供给的增加，国民收入由Y_0增加到Y_1，而价格水平由P_0下降为P_1。当总供给减少时，如洪水摧毁农作物、要求企业减少排污量的新环境保护法规出台等，这些状况的出现都可以看作不利的供给冲击，因为它直接抬高了企业的生产成本，总供给曲线由AS_0移动到AS_2，AS_2与AD相交E_2，决定了国民收入为Y_2，价格水平为P_2。这表明由于总供给的减少，国民收入由Y_0减少到Y_2，而价格水平由P_0上升为P_2。这种实际国民收入下降而价格水平上升的现象称作“滞胀”。

从以上分析中，我们发现国民经济均衡的形式有以下三种：

(1) 低水平的均衡。它表现为社会产出水平低、生产能力利用不足，失业人数众多，国民经济很不景气，这种不均衡状态是总需求不足造成的。

（2）高水平的均衡。它表现为产出水平高、生产能力得到充分利用，失业问题基本解决，国民经济结构比较合理，呈现经济繁荣但不过度的局面。

（3）超能力的均衡。它仅仅表现为货币的均衡，实际上是货币供给过多，可供物资不足，此时总需求与总供给的均衡是通过物价的上涨来实现的，所以通货膨胀严重。

【注意】一国应当争取实现第二种均衡，尽量避免第一种和第三种均衡，因为第一种均衡是国民经济萎缩的均衡；第三种均衡是总供给小于总需求，国民经济过度膨胀的均衡。

四、政府在供求平衡中的作用

（一）经济过冷时刺激总需求

当一国宏观经济不平衡，出现经济过冷时，一方面有许多产品在仓库里压着，另一方面有大量储蓄在银行里存着，劳动力过剩，总供给大于总需求。这时，企业想卖出产品，就得降价卖。原材料厂家想让生产厂家买它的原材料，必须便宜卖，人家才肯买，否则卖不出去。当生产企业把商品送到超市时，超市经理会要求先卖掉货物再结账。这种总供给大于总需求的结果，只能导致物价指数下降。

在经济过冷时，政府要做的是刺激总需求，即刺激消费，允许贷款买房、贷款买车；刺激投资，发行国债，搞基础设施建设，这样会使水泥、钢铁、修路劳动力的需求增加；刺激出口，给企业出口退税，拓展外需空间。通过刺激总需求的“组合拳”，消化多余的总供给，使总供给等于总需求，最终使宏观经济得到平衡发展。

（二）经济过热时压缩总需求

当一国的宏观经济中总需求大于总供给（买多卖少）时，便形象地被称为“经济过热”。

资本因为虚假需求导致的供给增加是市场经济过热的根本原因。当资本增长速度超过市场实际所需要的周期量后，在一定周期阶段内就会出现相应的市场资源短缺与一定资源过剩同时出现的矛盾现象。在一定时期其会表现为经济高速发展与物价指数升高的“双高”现象。从经济学的定义看，实际增长率超过了潜在增长率叫经济过热，它的基本特征表现为经济要素总需求超过总供给，由此引发物价指数的全面持续上涨。

同步思考9-3

根据总需求-总供给模型，宏观经济政策有效果吗？

分析：总需求-总供给模型告诉我们，政府的宏观经济政策在特定情况下是有效果的。当总供给曲线处于凯恩斯主义总供给曲线阶段和短期总供给曲线阶段时，政府的宏观经济政策是可以改变国民收入和价格水平的；但当总供给曲线处于长期总供给曲线阶段时，政府任何的宏观经济政策都只会影响价格水平，而不会影响国民收入，因而在长期中，宏观经济政策是无效果的。

关键术语

国内生产总值　支出法　收入法　部门法　国民生产总值　消费函数　乘数　货币需求　货币供给　均衡利率　IS 曲线　LM 曲线　总需求　总供给

应知考核

一、单项选择题

随堂测 9

1. 下列各项中，（　　）应计入 GDP。

A. 购买一辆二手车　　B. 购买普通股票

C. 汽车制造厂买进 10 块钢板　　D. 银行向某企业收取一笔贷款利息

2. 下列各项中，（　　）不属于经济学上的投资。

A. 企业增加一批库存商品　　B. 房地产商建造一批商品房

C. 居民购买一套新建商品房　　D. 家庭购买公司债券

3. 假如 2020 年的名义 GDP 为 3 600 亿美元，并且假如从 2018 年到 2020 年，价格水平上升了 20%，那么，以 2018 年价格衡量，2020 年的实际 GDP 为（　　）亿美元。

A. 3 000　　B. 3 200　　C. 3 400　　D. 3 600

4. 支出法核算 GDP 的表达式为（　　）。

A. GDP=C+G+I+NX　　B. GDP=C+S+T

C. GDP=C+I+X　　D. GDP=C+G+I

5. 如果其他因素不变，利率降低，将引起货币的（　　）。

A. 交易需求量增加　　B. 投机需求量增加

C. 投机需求量减少　　D. 交易需求量减少

6. 在其他条件不变的情况下，下列情况中，会引起总需求曲线向右移动的是（　　）。

A. 物价水平不变时利率上升　　B. 货币供应量增加

C. 税收增加　　D. 物价水平下降

7. 政府支出的增加使 IS 曲线（　　）。

A. 向左移动　　B. 向右移动　　C. 保持不动　　D. 斜率增大

8. LM 曲线上每一点都表示使（　　）。

A. 货币供给等于货币需求的收入和利率的组合

B. 货币供给大于货币需求的收入和利率的组合

C. 产品需求等于产品供给的收入和利率的组合

D. 产品需求大于产品供给的收入和利率的组合

9. 国内生产总值是指一定时期内生产的（　　）的市场价值。

A.商品和服务　　B.最终商品和服务

C.中间商品和服务　　D.所有商品和服务

10.在两部门经济模型中，如果边际消费倾向为0.8，那么自发支出乘数应该是（　　）。

A.4　　B.2.5　　C.5　　D.1.6

二、多项选择题

1.下列选项中，应计入GDP的有（　　）。

A.小王购买了一辆二手汽车　　B.政府对失业人员的补贴

C.李叔食用自家种的大豆　　D.在中国工作的瑞士人的收入

2.用支出法核算GDP时，应包括的项目有（　　）。

A.居民消费支出　　B.政府转移支付

C.政府购买　　D.居民对债券的支出

3.用收入法计算GDP时，应包括的要素有（　　）。

A.政府转移支付　　B.工资　　C.资本折旧　　D.间接税

4.三部门经济是由（　　）组成的经济。

A.企业　　B.居民　　C.国外　　D.政府

5.货币需求的动机包括（　　）。

A.交易动机　　B.预防动机　　C.投机动机　　D.需求动机

三、判断题

1.农民生产并用于自己消费的粮食不计入GDP。（　　）

2.决定投资乘数大小的关键因素是边际消费倾向。（　　）

3.出于交易动机和谨慎动机的货币需求，既与收入有关，又与利率有关。（　　）

4.IS曲线不变，LM曲线右移会使利率上升、收入下降。（　　）

5.个人从公司债券和政府债券上都获得利息收入，则按照收入法，两种利息都应计入GDP。（　　）

四、简答题

1.边际消费倾向与边际储蓄倾向之间的关系是怎样的？

2.投资为什么对国民收入有乘数作用？其发生作用的前提条件是什么？

3.根据IS-LM模型，消费、投资、利率、收入之间的关系是怎样的？

4.什么是IS曲线和LM曲线？

5.什么是总供给曲线？它有哪几种不同的形态？

五、计算题

1.假定某社会消费为C=100+0.8Y，投资I=150-6r，货币供给M=150（价格水平为1），货币需求L=0.2Y-4r。要求：

（1）画出IS曲线和LM曲线。

（2）计算产品市场和货币市场同时达到均衡时的利率与收入。

（3）计算该社会的投资乘数。

2. 如果总供给曲线为AS=250，总需求曲线为AD=300−25P。试求：

（1）供求均衡点的价格水平和国民收入为多少？

（2）如果总需求曲线向右平移10%，其他条件不变，新的供求均衡点的价格水平和国民收入为多少？

（3）如果总供给曲线向左平移10%，其他条件不变，新的供求均衡点的价格水平和国民收入为多少？

应会考核

观念应用

IS和LM两条曲线相交时所形成的均衡收入是否就是充分就业的国民收入？为什么？

技能应用

假定某经济社会的消费函数C=100+0.8Y，投资为50亿美元，计算其均衡收入、消费、储蓄和投资乘数，并计算当投资增加到100亿美元时均衡收入的增量。

案例分析

GDP的衡量与生活质量

国内生产总值实际上是一个估计值，它估计了一个国家的产出状况。但是，即使在技术高度发达的今天，估算总产出也存在一些困难。

首先，对质量改变的衡量非常困难。经济的发展日新月异，即使是同种产品，今天的产品和50年前的产品可能差别巨大，而其价格可能差不多甚至更便宜，这种差别该如何衡量呢？我们以计算机为例。如果把今天的计算机和30年前的计算机相比，每个人都知道，其差别大得惊人，但从价格上来说，今天的计算机价格，却比30年前或者说10年前便宜得多（即使不考虑整体价格水平的上涨），那么是总产出减少了吗？当然不是。但是，在计算总产出时，如何对这种现象予以修正，以真实地反映经济水平，是一件很困难的事情。

其次，如何衡量服务的价值。实物的生产，可以其客观的产出作为指标来衡量其价值，但是服务行业的人创造的价值该如何衡量呢？他们创造的价值也同样是一国总产出的重要组成部分。例如，对一个教师来说，难道只是简单地以他的工作时间作为衡量指标吗？可能有的老师即使很卖力地干一天，获得的薪水却不如另外一些只用一上午的时间来完成任务的人。

最后，对非市场活动的衡量问题。在对总产出的核算中，我们计算的一般是市场活动带来的价值，家务劳动、自给自足生产等非市场活动不计入GDP中。但实际上，这些自给自足的产品或家务劳动同样是一国总产出的组成部分。如果这些产品用于出售，或者雇用别人来做，那就算作总产出，为什么由自己消费的产品和从事的家务就不计入总产出呢？

虽然GDP的计算并不完美，但用其来衡量经济增长、生活状况却很有意义。当GDP用于国际比较时，它也较好地衡量了一国人民的生活质量，高的GDP往往带来高的生活水平。

资料来源　卢欢. 经济学基础［M］. 上海：上海财经大学出版社，2018.

问题：

（1）为什么GDP被认为是衡量一国经济水平最重要的指标？

（2）计算GDP的收入法和支出法具体是怎样的？

项目十

直面失业问题——失业与通货膨胀理论

知识目标

理解：失业的含义、分类，失业对经济的影响。

熟知：通货膨胀的含义、分类及原因。

掌握：通货膨胀对经济的影响；长、短期菲利普斯曲线的含义。

技能目标

能正确运用失业理论和通货膨胀理论研判宏观经济运行情况；能正确运用菲利普斯曲线研判宏观经济政策的有效性。

素质目标

能够正确领会和理解经济运行的逻辑关系和基本规律，能够对失业与通货膨胀进行简单分析，初步具备分析问题的能力，树立正确的世界观、人生观和价值观，做到学思用贯通、知信行统一。

项目引例　受疫情影响，2月全国失业率上升

2020年2月，受新冠肺炎疫情影响，城镇就业压力加大，失业率明显上升。但随着统筹疫情防控和经济社会发展一系列政策措施的实施，各项稳就业政策落地见效，预计就业形势将逐渐改善。

2020年1月和2月，全国城镇调查失业率分别为5.3%和6.2%，环比分别上升0.1和0.9个百分点。1月份，失业率受春节因素影响略有上升。2月份，受新冠肺炎疫情影响，企业停工停产增多，用工减少，就业人数下降，失业率明显上升。其中，批发和零售业、住宿和餐饮业、交通运输仓储和邮政业、文化体育和娱乐业等服务业行业就业人数减少较多；农民工就业稳定性较低，灵活就业人员比重高，受疫情影响也十分明显。与此同时，疫情期间企业招聘活动减少，市场就业机会不足。2020年2—5月全国失业率有所提高，维持在6%左右，2020年5月全国失业率为5.9%。

资料来源　张毅. 中国2020年疫情冲击下失业率上升　统筹政策实施将带动就业形势改善[EB/OL]. [2020-06-24]. https：//www.51baogao.cn/2020/03/166676.shtml#.有删减.

目前，就业的形势比较严峻，就业总量的压力、结构性的矛盾都存在。一方面，中央会加大宏观政策的对冲力度，努力稳住企业。另一方面，就业优先的政策力度会进一步加大，推动灵活就业。总的来看，更大力度的政策会促使全年的就业形势保持总体稳定。

知识支撑

任务一　失业理论

一、失业及失业率

宏观经济学有四大目标，即充分就业、经济增长、物价稳定和国际收支平衡。其中，充分就业是宏观经济学的第一目标。宏观经济学对充分就业有两种理解：一种是广义的理解，是指所有的生产要素都参与生产的状态，即所有的生产要素都就业才是充分就业；另一种是狭义的理解，专指劳动这种生产要素，即经济中消灭周期性失业的就业状态。由于衡量资本和自然资源的就业比较困难，所以通常所说的充分就业是指劳动这种生产要素参与生产的状态。

失业（Unemployment）是指有劳动能力、愿意接受现行工资水平但仍然找不到工作的现象。失业人口与就业人口的总和就是劳动人口，失业人口占劳动人口的比例即失业率。

二、失业的分类

（一）根据主观愿意，可以分为自愿失业与非自愿失业

1. 自愿失业

自愿失业是指工人所要求的实际工资超过其边际生产率，或者说不愿意接受现行的工作条件和收入水平而未被雇用造成的失业。由于这种失业是由劳动人口主观不愿意就业而造成的，所以称为自愿失业，无法通过经济手段和政策来消除，因此不是经济学研究的范围。

2. 非自愿失业

非自愿失业是指有劳动能力、愿意接受现行工资水平但仍然找不到工作的现象。这种失业是由客观原因所造成的，因而可以通过经济手段和政策来消除。

【注意】经济学中所讲的失业是指非自愿失业。

（二）非自愿失业可以分为摩擦性失业、结构性失业和周期性失业

1. 摩擦性失业

摩擦性失业是指生产过程中难以避免的、由于转换职业等原因而造成的短期的、局部的失业。这种失业是过渡性或短期性的。它通常起源于劳动的供给一方，因此被

看作一种求职性失业，即一方面存在职位空缺，另一方面存在着与此数量对应的寻找工作的失业者。这是因为劳动力市场信息不完备，企业找到所需雇员以及失业者找到合适工作都需要一定的时间。摩擦性失业在任何时期都存在，随着经济结构的变化有增强的趋势，但从经济和社会发展的角度来看，这种失业的存在是正常的。

2.结构性失业

结构性失业是指劳动力的供给和需求不匹配所造成的失业。其特点是既有失业，也有职位空缺，失业者或者没有合适的技能，或者居住地点不方便等，无法填补现有的职位空缺。结构性失业是由经济变化引起的，这些经济变化引起特定市场和区域中特定类型劳动力的需求相对低于其供给。这可能由以下原因导致：①技术变化。原有劳动者不能适应新技术的要求，或者技术进步使得对劳动力的需求下降。②消费者偏好的变化。消费者对商品和服务的偏好的改变，使得某些行业扩大而另一些行业缩小，处于规模缩小行业的劳动力因此而失去工作岗位。③劳动力的不流动性。流动成本的存在制约着失业者从一个地方或一个行业流动到另一个地方或另一个行业，从而使得结构性失业长期存在。

3.周期性失业

周期性失业是指在经济周期中的衰退或萧条期，因社会总需求下降而造成的失业。当经济发展处于一个周期中的衰退期时，社会总需求不足，因而企业的生产规模也缩小，导致较为普遍的失业现象。不同行业对周期性失业的影响是不同的，一般来说，需求收入弹性越大的行业，对周期性失业的影响越大。也就是说，随着人们收入的下降，产品需求大幅度下降的行业，周期性失业情况比较严重。通常，用紧缩性缺口来说明这种失业产生的原因。紧缩性缺口是指实际总需求小于充分就业的总需求时二者之间的差额。图10-1说明了紧缩性缺口与周期性失业之间的关系。

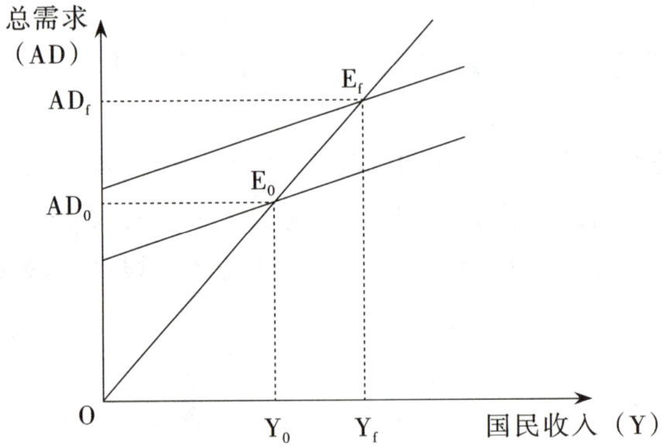

图10-1　紧缩性缺口与周期性失业的关系

在图10-1中，横轴OY代表国民收入，纵轴AD代表总需求。当国民收入为Y_f时，经济中实现了充分就业，Y_f为充分就业时的国民收入，实现这一国民收入水平所要求的总需求水平为AD_f，即充分就业的总需求。但实际的总需求为AD_0，这一总需求水平决定的国民收入为Y_0，Y_0小于Y_f，这就必然引起失业。Y_0小于Y_f是由AD_0小于AD_f造成的。因此，实际总需求AD_0与充分就业总需求AD_f之间的差额就是造成这种失业的根源。这种失业是由总需求不足引起的，所以也称为“需求不足的失业”。

除了上面主要的失业类型外，经济学中常说的失业类型还包括隐藏性失业。所谓隐藏性失业，是指表面上有工作，但实际上对产出并没有做出贡献，即有“职”无“工”。也就是说，这些工作人员的边际生产力为零。当经济中减少就业人员而产出水平没有下降时，即存在着隐藏性失业。美国经济学家阿瑟·刘易斯曾指出，发展中国家的农业部门存在着严重的隐藏性失业。

三、失业的影响——奥肯定律

动画 10-1

奥肯定律

失业会产生诸多影响，一般可以将其分成两种：社会影响和经济影响。

一方面，失业的社会影响虽然难以估计和衡量，但它最易为人们所感受到。失业威胁着作为社会单位和经济单位的家庭的稳定。家庭的要求和需要得不到满足，家庭关系将因此而受到损害。此外，家庭之外的人际关系也会受到失业的严重影响。一个失业者会在就业的人群中失去自尊和影响力，在情感上受到打击。

另一方面，失业的经济影响可以用机会成本的含义来理解。当失业率上升时，经济中本可由失业工人生产出来的商品和服务就损失了。从产出核算的角度看，失业者的收入总损失等于生产的总损失，因此，丧失的产量是计量周期性失业损失的主要尺度，因为它表明经济处于非充分就业状态。

20世纪60年代，美国经济学家阿瑟·奥肯根据美国的数据，提出了经济周期中失业变动与产出变动的经验关系，称为奥肯定律。奥肯定律的内容是：失业率每高于自然失业率1个百分点，实际GDP将低于潜在GDP2个百分点。换一种方式说，相对于潜在GDP，实际GDP每下降2个百分点，实际失业率就会比自然失业率上升1个百分点。

奥肯定律揭示了产品市场与劳动力市场之间极为重要的关系，它描述了实际GDP的短期变动与失业率变动的联系。根据这个定律，我们可以通过失业率的变动推测或估计GDP的变动，也可以通过GDP的变动预测失业率的变动。例如，实际失业率为8%，高于6%的自然失业率2个百分点，则实际GDP就将比潜在GDP低4%左右。

近年来，大量的农村富余劳动力转移到城镇就业，城镇新增的适龄就业人员也有较大的就业需要，这就使得我国面临着较大的就业压力，就业问题是我国政府宏观经济政策要解决的主要问题之一。

【注意】奥肯定律给我们提供了一个可能的解决方案，即保持GDP的高速增长，这样一方面能迅速提高我国人民的生活水平，另一方面也能较好地减轻未来的就业压力。

四、自然失业率

在一个变化快速的现代社会中，永远存在着职业流动和行业的结构性兴衰，所以，总有少部分人会处于失业的状态。现代经济学认为，当一个社会中的周期性失业被消灭，只剩下摩擦性失业和结构性失业等失业类型时，这个社会就实现了充分就业。与充分就业相对应的一个含义是自然失业。

所谓自然失业率（Natural Rate of Unemployment），是指在没有货币因素干扰的情况下，让劳动力市场和产品市场的自发供求力量起作用时，总需求和总供给处于均衡状态下的失业率。换句话说，自然失业率就是指经济中消灭了周期性失业以后的失业率，即摩擦性失业和结构性失业占劳动人口的比重。自然失业率随着经济社会的发展而变化，一般由政府根据有关调研数据来确定。如美国在一个较长的时期内确定其自然失业率为5%，也就是说，当美国的失业率在5%或以下时，政府就不会采取有关措施来干预劳动力市场的运行。因此，如何确定一个符合本国国情的自然失业率，是各国政府面临的一个较大的课题。

同步思考10-1

充分就业是100%就业吗?

分析：充分就业不是100%就业。现代经济学认为，当一个社会中的周期性失业被消灭，只剩下摩擦性失业和结构性失业等失业类型时，这个经济社会就实现了充分就业。

五、失业的治理

（一）摩擦性失业的治理

摩擦性失业经常被看作一种自愿失业，其原因就在于这种失业局面的出现往往与求职者的要求有关，另外也与用工信息不完善有关。因此，对摩擦性失业的治理应该从以下两个方面入手：

（1）对劳动者来说，劳动者要对自身的情况有很清楚的了解，要清楚自己在社会上的处境和能够胜任的大致的工作类型和就业方向。

（2）对社会而言，社会应该设立较规范的职业介绍机构，定期发布有关劳动力需求的信息，即要以尽可能多的传播途径传播就业的有关信息以达到减少摩擦性失业的目的。

（二）结构性失业的治理

大多数国家在经济增长的过程中会出现经济结构的变化，而经济结构的变化必然会引起结构性失业。政府要接受伴随经济增长的经济结构变化，制定与其相适应的政策以解决失业问题。主要措施包括：①加强基础教育和职业教育，促进高等教育；②对青年及成年劳动力进行工作技能培训；③对失业者进行培训和再培训等。同时，鼓励劳动密集型产业的发展，支持中小企业发展。其目的是按照经济发展对劳动力提出的新要求来调节和改善劳动力供给，进而达到减少失业的目的。

（三）周期性失业的治理

通过前面的讲述我们知道在三种失业中，周期性失业是“有效需求”不足引起的，也就是说，它是由劳动力市场以外的原因造成的，因此对周期性失业的治理不能靠劳动力市场来解决。对于该种失业，国家应该积极干预经济，也就是运用财政政策和货币政策，通过对社会总需求的调节，实现社会总需求等于总供给，达到经济增长和平衡的目标。

1.扩张性的财政政策

扩张性的财政政策包括增加政府支出与减税。具体来说，政府工程支出与购买的增加有利于刺激私人投资，转移支付的增加可以增加个人消费，这样就会刺激总需求。减少个人所得税可以使个人可支配收入增加，从而增加消费；减少公司所得税可以使公司收入增加，从而增加投资，这样也会刺激总需求。

2.扩张性的货币政策

扩张性的货币政策包括各类货币政策工具的运用。具体来说，降低法定存款准备金率，以便商业银行能够在活期存款额不变的条件下扩大贷款规模；降低再贴现率，促进商业银行向中央银行借款；买进政府债券，增加商业银行的存款。上面这三种方式都有助于商业银行扩大贷款规模，增加货币供应量，降低利率，增加总需求。

同步思考 10-2

“十三五”期间中国人力资源结构矛盾更加突出，技能人才更加短缺。其中，高级工程师、高级技师和技师供求缺口十分突出，岗位空缺与求职人数比率相对较高，相当于每人可以选择1.8～1.9个岗位。

问题：

（1）此种失业属于哪种类型？

（2）政府可以通过哪些措施予以解决？

（3）作为当代大学生，如何应对就业市场上这种就业结构失衡的问题？

分析：人力资源结构的矛盾，主要是技能型人才的短缺，属于结构性失业。政府可以通过提高职业技能培训提高劳动者的劳动技能，如大连市总工会为农民工免费进行职业技能培训，培训合格后安排劳动技能型人才上岗，解决结构性失业应该实施积极的就业政策，使市场功能更加完善，让求职者和有用人意向的企业之间能更好地衔接。大学生应该从培训、教育等方面不断提高自己的劳动专业技能，把自己的一技之长应用于实践，不仅能为自己解决就业问题，而且能让自己更好地为社会服务，贡献自己的一份力量。

任务二 掌握通货膨胀理论

一、通货膨胀的含义、衡量和分类

动画 10-2

通货膨胀

（一）通货膨胀的含义

通货膨胀（Inflation）是货币供应量过度增加导致物价持续上涨、货币不断贬值的过程。具体来说，①通货膨胀是指总体物价水平持续、普遍地上涨，局部或个别产品的价格上涨以及季节性、偶然性和暂时性的价格上涨都不属于通货膨胀。②通货膨胀是与货币发行过多联系在一起的，资源短缺、商品质量提高等原因引起的价格上涨，不能算通货膨胀，只有当货币发行量超过了宏观经济的实际需要量，才会形成通货膨胀。

（二）通货膨胀的衡量

衡量通货膨胀的指标是物价指数。物价指数是表明商品价格从一个时期到下一个时期变动程度的指数。它一般采用加权平均的方式，即根据某种商品在总支出中所占的比重来确定其价格的加权数的大小。物价指数的计算公式如下：

$$物价指数=\sum P_tQ_t \div \sum P_0Q_t \times 100\%$$

式中：P_0、P_t分别为基期和本期的价格水平，Q_t是本期的商品量（式中采用的是报告期加权平均法，计算物价指数还有一种方式——基期加权平均法，即用基期的商品量作为权数来计算物价指数）。

根据计算物价指数时商品和服务种类的不同，可以计算出三种主要的物价指数：

（1）消费者价格指数（Consumer Price Index，CPI），也称零售物价指数或生活费用指数，是衡量各个时期居民个人日常生活用品和服务的价格水平的指标。这是与居民个人生活最为密切的物价指数。

【提示】消费者价格指数最能衡量货币的实际购买力水平。

（2）生产者价格指数（PPI），又称批发价格指数，是衡量各个时期生产者在生产过程中用到的产品的价格水平的变动而得到的指标。通常，这些产品包括产成品和原材料。

（3）GDP折算指数，是衡量各个时期所有商品和服务的价格变化的指标。

我们可以根据物价指数计算出一定时期内物价上升或下降的精确幅度，也就是通常所说的通货膨胀率。所谓通货膨胀率，是指从一个时期到另一个时期价格水平变动的百分比。其计算公式为：

$$通货膨胀率=（P_t-P_{t-1}）\div P_{t-1} \times 100\%$$

式中，P_t和P_{t-1}分别为t时期和t-1时期的价格水平。

做中学10-1

假定某国上一年的物价水平为102，今年的物价水平上升到108，那么这一时期的通货膨胀率为多少？

$$通货膨胀率=（P_t-P_{t-1}）\div P_{t-1} \times 100\%=（108-102）\div 102 \times 100\%=5.88\%$$

（三）通货膨胀的分类

1.按照价格上升的速度分类

（1）温和的通货膨胀，又称爬行的通货膨胀，是指每年物价上升的比例在10%以内的通货膨胀。一般认为，这种温和的通货膨胀不会对经济造成巨大的恶性影响，甚至还有经济学家认为这种缓慢而持续的价格上升对经济和收入的增长有积极的刺激作用。

（2）奔腾的通货膨胀，又称加速的通货膨胀，是指年通货膨胀率在10%以上、100%以下的通货膨胀。这时，货币流通速度提高而实际购买力下降，这种通货膨胀对经济具有较大的破坏作用。当这种通货膨胀发生以后，由于价格上涨速度快、上涨幅度大，公众预期价格还会进一步上涨，因而会采取各种手段来维持自己的财富，如将货币换成房产、汽车、黄金和珠宝等保值商品，或者大量地囤积商品，从而使得产品市场和劳动力市场的均衡遭到破坏，正常的经济运行秩序被破坏，经济体系受损。

（3）超级通货膨胀，又称恶性的通货膨胀，是指年通货膨胀率在100%以上的通货膨胀。发生这种通货膨胀时，物价水平持续猛涨，人们都想尽快脱手货币，从而大大加快了货币流通速度。其结果是货币完全失去了人们的信任，购买力大幅下降，正常的经济秩序遭到破坏，最终导致价格体系完全崩溃。情况严重时，还会出现社会动乱。

2.按照对不同商品的价格的影响分类

（1）平衡的通货膨胀，即每种商品的价格都按相同的比例上升。这里所指的商品价格包括生产要素以及各种服务的价格，如工资率、租金、利率等。

（2）非平衡的通货膨胀，即各种商品价格上升的比例并不完全相同。如近年来，我国房地产价格上升迅速，而一般日用消费品（如家电、电脑、汽车等）的价格反而有下降的趋势。

3.按照人们的预期程度分类

（1）未预期到的通货膨胀，即人们没有预料到价格会上涨，或者价格上涨的速度超过了人们的预期。

（2）预期到的通货膨胀，即人们预料到价格会上涨。

二、通货膨胀产生的原因

（一）需求拉动型通货膨胀

需求拉动型通货膨胀又称超额需求型通货膨胀，是指总需求超过总供给所引起的一般物价水平普遍而持续的上涨。通俗来说，这种通货膨胀是“过多的货币追逐过少的商品”，因而物价上涨。

下面用图10-2来说明总需求是如何拉动物价上涨的。在图中，横轴Y表示国民收入，纵轴P表示价格水平，AD为总需求曲线，AS为总供给曲线。AS起初为水平状态，这表示在国民收入水平较低时，总需求的增加不会引起价格水平的上涨，图中总需求从AD_0增加到AD_1，国民收入也从Y_0上升到Y_1，但价格仍保持在P_1的水平上。当国民收入增加到Y_1后，总需求继续增加，此时将导致国民收入和价格水平同时上升，图中总需求从AD_1增加到AD_2时，国民收入从Y_1增加到Y_2，价格水平也从P_1上升到P_2。也就是说，在这个阶段，总需求的增加，在提高国民收入的同时也拉升了价格水平。当国民收入增加到Y_f时，国民经济已经处于充分就业的状态。在这种情况下，总需求的增加只会拉动价格上升，而不会使国民收入增加。图中总需求从AD_3上升到

AD_4，国民收入仍然为Y_f，但价格水平却从P_3上升到P_4。

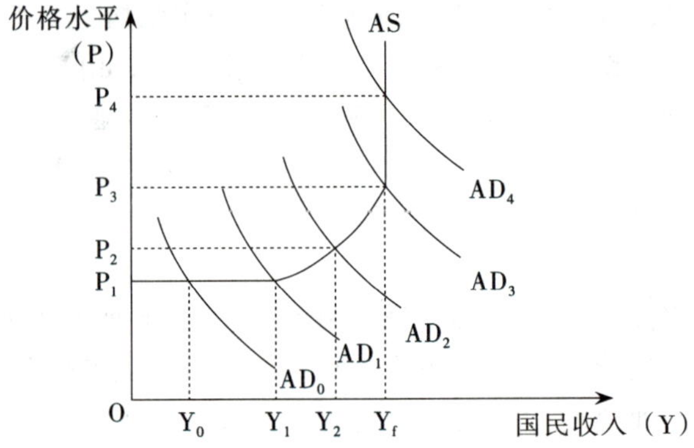

图10-2　需求拉动型通货膨胀

这也就是说，当经济体系中有大量资源闲置时，总需求的增加不会引起物价上涨，只会促使国民收入增加；当经济体系中的资源接近充分利用时，总需求的增加会同时拉升国民收入和价格水平；当经济体系中的资源利用达到充分就业状态时，总需求的增加不会使国民收入增加，而只会导致价格水平上升。

（二）成本推动型通货膨胀

成本推动型通货膨胀又称成本通货膨胀或供给通货膨胀，是指在没有超额需求的情况下，由供给方面成本的提高所引起的通货膨胀，可以用图10-3来说明。

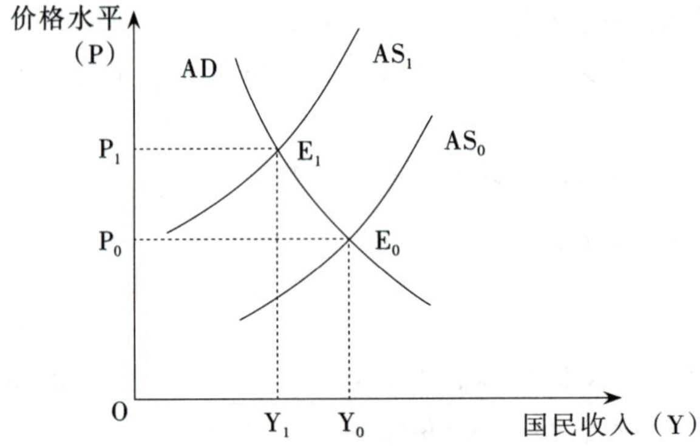

图10-3　成本推动型通货膨胀

在图10-3中，原来的总供给曲线AS_0与总需求曲线AD决定了国民收入为Y_0，价格水平为P_0；成本增加后，总供给曲线向左移动到AS_1，总需求保持不变，从而决定了新的国民收入为Y_1，价格水平为P_1。价格水平由P_0上升到P_1是由成本的增加所引起的，这就是通常所说的成本推动型通货膨胀。

引起成本增加的原因并不完全相同，因此成本推动型通货膨胀又可以分为以下几种：

1.工资成本推动的通货膨胀

工资是企业成本的主要组成部分，工资水平的上升会导致企业成本增加，企业因此会提高商品和服务的价格，从而导致通货膨胀。工资的增加往往是从个别部门开始的，但由于各部门之间工资的攀比行为，个别部门工资的增加往往会导致整个社会的工资水平上升，从而引起普遍的通货膨胀。而且这种通货膨胀一旦形成，还会导致“工资-物价螺旋式上升”，即工资上升引起物价上升，物价上升又引起工资上升。这样，工资与物价不断互相推动，形成严重的通货膨胀。

2.利润推动的通货膨胀

利润推动的通货膨胀也称价格推动的通货膨胀，是指市场上具有垄断地位的企业为了增加利润而提高价格所引起的通货膨胀。尤其是在工资增加时，垄断企业以工资的增加为借口，可能会大幅度地提高物价，使物价的上升幅度大于工资的上升幅度，其差额就是增加的利润。这种利润的增加使物价上升，形成通货膨胀。

3.原材料成本推动的通货膨胀

原材料成本推动的通货膨胀是指企业生产中所需要的原材料价格上升推动商品和服务的价格上升而形成的通货膨胀。在现代经济中，某些能源或关键的原材料供给不足，会导致其价格上升，进而引起企业成本上升，如石油价格的上升，或者是某种进口原材料价格的上升等。最典型的事例是20世纪70年代覆盖整个西方发达国家的滞胀（即经济停滞和通货膨胀同时发生），其主要根源之一就是当时石油价格的大幅上涨。

（三）结构型通货膨胀

1.“瓶颈”制约

在有的国家，由于缺乏有效的资源配置机制，资源在各部门之间的配置严重失衡，有些行业生产能力过剩，另一些行业，如农业、能源、交通等部门则发展严重滞后，形成经济发展的“瓶颈”。当这些“瓶颈”部门的价格因供不应求而上涨时，便引起其他部门，甚至是生产过剩部门的连锁反应，形成一轮又一轮的价格上涨。

2.需求移动

社会对产品和服务的需求不是一成不变的，它会不断从某一个部门转移到另外一个部门，而劳动力及其他生产要素的转移需要时间，因此，原先处于均衡状态的经济结构可能因需求的移动而出现新的失衡。那些需求增加的行业，价格和工资将上升，但是需求减少的行业，由于价格和工资刚性的存在，却未必会发生价格和工资的下降。其结果是需求的转移导致了物价的总体上升。

3.劳动生产率增长速度的差异

一国经济可根据劳动生产率增长速度的差异划分为不同的部门。如果不同部门内的货币工资增长率都与本部门劳动生产率增长速度一致，则价格水平就可以维持在原有的物价上。但是落后部门的工人往往要求与先进部门相同的货币工资上涨率。由于这一压力，货币工资的整体水平便与先进部门的劳动生产率同比例增长。其结果是落后部门的生产成本上升，进而带来物价整体水平的上升。

【注意】结构型通胀的发生同样要以货币扩张为条件，因为在货币总量不变的条件下，这些结构性的因素也只能导致相对价格的变化，而不是整体价格的上涨。

三、通货膨胀对经济的影响

（一）通货膨胀的收入再分配效应

通货膨胀意味着人们手中持有的货币的购买力下降，从某种程度上来讲，是人们过去劳动成果的缩水。也就是说，通货膨胀会导致人们的实际收入水平发生变化，这就是通货膨胀的再分配效应。通货膨胀对不同经济主体的再分配效应是不同的。

1.通货膨胀对靠固定货币收入维持生活的人不利

对固定收入阶层来说，其收入是固定的货币数额，落后于上升的物价水平。也就是说，他们获得货币收入的实际购买力下降，其实际收入因通货膨胀而减少，如果他们的收入不能随通货膨胀而增加的话，他们的生活水平必然降低。在现实生活中，靠政府救济金维持生活的人比较容易受到通货膨胀的冲击，因为政府救济金发放水平的调整相对较慢。此外，工薪阶层、公务员以及其他靠福利和转移支付维持生活的人，都比较容易受到这种冲击。

2.通货膨胀对储蓄者不利

随着价格的上涨，存款的购买力就会降低，那些持有闲置货币和存款在银行的人会受到影响；同样，像保险金、养老金以及其他具有固定价值的证券财产等（本来是用于防患于未然和养老的），在通货膨胀中，其实际价值也会下降。

3.通货膨胀还会在债务人和债权人之间产生收入再分配的作用

具体来说，通货膨胀牺牲了债权人的利益而使债务人得益。例如，A向B借款1万元，约定一年以后归还，假定这一年中发生了通货膨胀，物价上涨了一倍，那么一年后A归还B的1万元只能购买到原来一半的商品和服务。也就是说，通货膨胀使得B损失了一半的实际收入。

课堂讨论10-1　　通货膨胀对经济的影响

通货膨胀作为经济运行过程中经常出现的一种现象，通常会对经济生活产生多方面的影响。

（1）在出现平衡的和可预期到的通货膨胀的情况下，每一种商品、每一种生产要素的价格，包括劳动力的价格都会按同一比例上升，人们的货币收入和财富的市场价值也会按相同比例上升，此时：①通货膨胀会对拥有固定货币收入的人产生不利影响；②通货膨胀还会对储蓄者产生不利的影响，使储蓄者的收入水平下降。

（2）通货膨胀通过影响人们手中财富的实际价值实现收入和利益的再分配：①在债权人和债务人之间，通货膨胀将有利于债务人而不利于债权人；②在企业与工人之间，通货膨胀将有利于企业而不利于工人；③在政府与公众之间，通货膨胀将有利于政府而不利于公众。

在一个竞争性的经济中，无论是消费者还是生产者，他们都会根据价格信号的变动调整自己的消费行为和生产行为，从而使资源配置发生改变。

（二）通货膨胀的产出效应

1.随着通货膨胀的出现，产出增加

需求拉动型通货膨胀的刺激，促进了产出水平的提高，出现这种情况的前提条件是有一定的资源闲置。当一个经济体系有一定的资源闲置时，物价温和地上涨会刺激人们的购买欲望，从而使消费增加，拉动就业和提高产出水平。

2.成本推动的通货膨胀引致失业

这就是说，通货膨胀引起就业和产出水平的下降。出现这种情况的前提条件是经济体系已经实现了充分就业，此时，如果发生成本推动的通货膨胀，原来总需求所能购买的实际产品的数量将会减少。也就是说，当成本推动的压力抬高物价水平时，既定的总需求只能在市场上支持一个较小的实际产出。因此，实际产出会下降，失业率会上升。

3.超级通货膨胀导致经济崩溃

首先，当物价持续上升时，居民和企业都会产生通货膨胀的预期，即估计物价会再度升高。在这种情况下，人们为了不让自己的储蓄和现行的收入贬值，偏向于在价格上升前将货币花掉，从而产生过度消费，导致储蓄和投资都会减少，产出水平下降。其次，随通货膨胀而来的是生活成本的上升，劳动者会要求提高工资，企业成本上升，导致企业生产规模缩小，产出水平下降。再次，企业在通货膨胀率上升时会力求增加存货，以便在稍后按高价出售以增加利润，使得市场可供销售的货物减少，使物价进一步上升。最后，当出现恶性通货膨胀时，情况会变得更糟糕，经济体系极有可能会陷入崩溃。

四、通货膨胀的治理对策

（一）在财政政策方面，主要采取紧缩性财政政策

1.减少政府预算，压缩政府公共工程支出和政府购买

这样能够抑制政府投资，减少政府对商品和劳务的需求，缓和通货膨胀的压力；同时也能因减少政府财政支出而减少财政赤字。

2.降低政府转移支付水平，减少社会福利费用

除了失业救济金、养老金等福利费用外，其他福利、津贴等都要随经济的过热而压缩。这样能减少居民的可支配收入，从而抑制消费需求的膨胀，缓解通货膨胀的压力。

3.增加税收

通过增加税收，可以增加政府收入，弥补财政赤字；同时增加税收以后，企业和居民的实际收入减少，从而也减少了企业的投资支出和居民的消费支出，最终可以控制总需求的膨胀。

4.对部分商品开征特别消费税

通货膨胀时期不同商品的供求矛盾不同，因此可以考虑对部分需求特别旺盛的商品开征特别消费税，通过这些商品的高税率来限制其过度膨胀的需求。

（二）在货币政策方面，主要采取紧缩性货币政策

1.提高商业银行的法定存款准备金率

这样可以减少商业银行贷款的发放，继而通过银行创造货币的机制减少货币供应量，从而提高利率，最终降低社会总需求。

2.提高再贴现率

通过提高再贴现率，可以减少商业银行向中央银行的借款，从而减少商业银行的货币供应量，这就势必带来银行信贷的紧缩和利率的上升，有利于控制银行信贷的膨胀，最终降低社会总需求。

3.通过开展公开市场业务卖出政府债券

这样能够从商业银行和公众那里收回货币，从而减少货币供应量，进而促进利率的上升，最终降低社会总需求。这是最重要且经常被利用的一种抑制通货膨胀的政策工具。

4.直接提高利率

利率的提高会增加信贷资金的使用成本，从而减少信贷的发放，还可以吸收储蓄存款，减少消费和投资，以减轻通货膨胀的压力。

（三）其他政策

1.收入政策

根据成本推动型通货膨胀理论，通货膨胀是由于成本增加，特别是工资成本的增加引起的，所以可以通过对工资和物价进行调控来抑制通货膨胀。由于这项政策控制的重点是工资，所以又称收入政策。

2.指数化政策

指数化政策是为了消除通货膨胀造成的一部分人受益、另一部分人受损的分配不公的不利影响，维持社会原有利益分配格局。具体做法是，定期根据通货膨胀率来调整工资、利息、债券收益以及其他收入的名义价值，以使其实际价值保持不变。指数化政策主要包括工资指数化和税收指数化等措施。

任务三　了解菲利普斯曲线

在宏观经济学中，失业和通货膨胀的关系主要用菲利普斯曲线来说明。

一、菲利普斯曲线的含义

动画 10-3

菲利普斯曲线

1958年，在英国任教的新西兰经济学家菲利普斯在研究了1861—1957年英国的失业率和货币工资增长率的统计资料后，提出了一条用以研究失业率和货币工资增长率之间替代关系的曲线，这就是菲利普斯曲线（Phillips Curve）。具体来说，它是指当失业率高时，通货膨胀率就低；当失业率低时，通货膨胀率就高，如图10-4所示。该图中，横轴代表失业率u，纵轴代表通货膨胀率π，向右下方倾斜的曲线PC即为菲利普斯曲线。

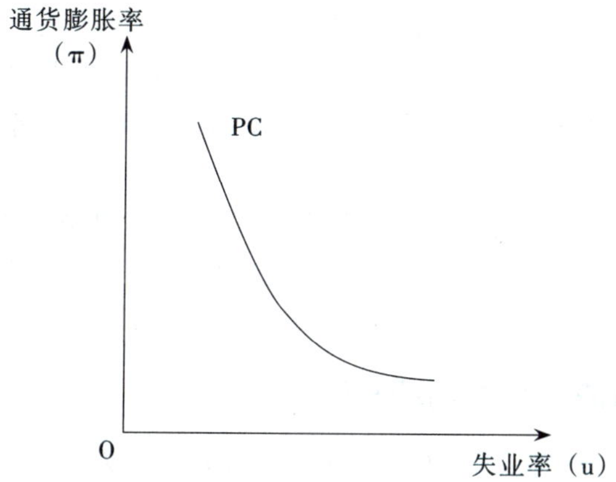

图10-4　菲利普斯曲线

二、菲利普斯曲线的应用

菲利普斯曲线意味着可以以较高的通货膨胀率为代价，来降低失业率或实现充分就业；而要降低通货膨胀率和稳定物价，就要以较高的失业率为代价。也就是说，失业率与通货膨胀率之间存在着一种“交替关系”，想要降低或提高其中的一个，就要以提高或降低另一个为代价。

具体而言，一个经济社会首先要确定一个临界点，由此确定一个失业率与通货膨胀率的组合区域。如果实际的失业率和通货膨胀率组合在组合区域内，则政策制定者可以不采取调节措施；如果在区域之外，政策制定者则可以根据菲利普斯曲线所表示的关系进行调节。图10-5说明了这种调节过程。

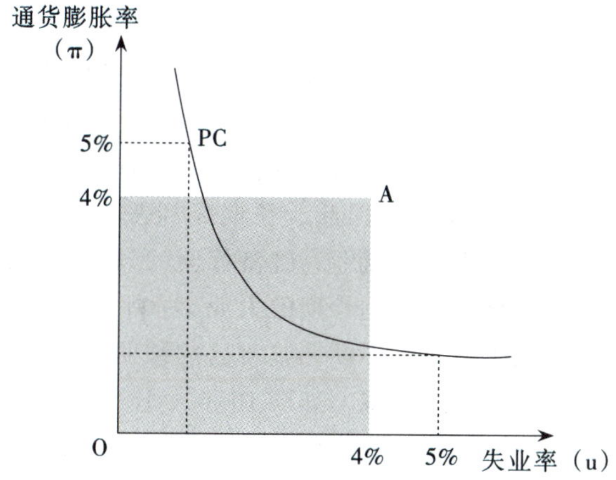

图10-5　菲利普斯曲线的应用

在图10-5中，假定当时失业率和通货膨胀率都在4%以内时，经济社会被认为是安全的或可以容忍的，这时在图中就得到了一个临界点，即A点，由此形成了一个四边形的区域，称为安全区域（图中的阴影部分）。如果该经济社会的实际失业率与通货膨胀率组合落在安全区域内，则政策制定者无须采取任何措施。

如果实际的通货膨胀率高于4%，如达到了5%，该经济社会的失业率仍在可接受的范围内，经济政策制定者可以采取紧缩性政策，以提高失业率为代价降低通货膨胀率。从图10-5中可以看到，当通货膨胀率降到4%以下时，经济社会的失业率在可以接受的范围内。

如果实际的失业率高于4%时，如为5%，这时根据菲利普斯曲线，政策制定者可以采取扩张性政策，以提高通货膨胀率为代价降低失业率。从图10-5中可以看出，当失业率降到4%以下时，经济社会的通货膨胀率在可接受的范围内。

三、短期菲利普斯曲线与长期菲利普斯曲线

1968年，美国货币学派代表人物弗里德曼指出了菲利普斯曲线的一个严重缺陷，即它忽略了影响工资变动的一个重要因素——工人对通货膨胀的预期。根据这个观点，人们预期通货膨胀率越高，名义工资增加就越快，由此，弗里德曼提出了短期菲利普斯曲线。

这里所说的“短期”，是指从预期到需要根据通货膨胀做出调整的时间间隔。短期菲利普斯曲线是指当预期通货膨胀率保持不变时，描述通货膨胀率与失业率之间关系的曲线。在短期中，工人来不及调整对通货膨胀的预期，预期的通货膨胀率可能低于以后实际发生的通货膨胀率。这样，工人所得到的实际工资可能少于先前预期的实际工资，从而实际利润增加，刺激了投资，就业增加，失业率下降。在这个前提下，通货膨胀率与失业率之间存在着交替关系。也就是说，向右下方倾斜的菲利普斯曲线在短期内是可以成立的，因此，在短期内引起通货膨胀率上升的扩张性财政政策与扩张性货币政策是可以起到减少失业的作用的。这就是通常所说的宏观经济政策的短期有效性。

在长期中，工人将根据实际发生的情况不断调整自己的预期，工人预期的通货膨胀率与实际发生的通货膨胀率迟早会一致。这时工人会要求增加名义工资，使实际工资不变，从而通货膨胀就不会起到减少失业的作用。也就是说，在长期中，失业率与通货膨胀率之间并不存在交替关系，因此，长期菲利普斯曲线是一条垂直于横轴的线。并且，在长期中，总能实现充分就业，经济社会的失业率将处于自然失业率的水平，因此，通货膨胀率的变化不会影响长期的失业率水平。

由于人们会根据实际发生的情况不断调整自己的预期，所以短期菲利普斯曲线将不断移动，从而形成长期菲利普斯曲线，如图10-6所示。

在图10-6中，假定某一经济体系处于自然失业率u^*、通货膨胀率为3%的A点，此时若政府采取扩张性政策，以使失业率降低到u_1，由于扩张性政策的实施，总需求增加，导致价格水平上升，通货膨胀率也上升至5%。由于在A点处，工人预期的通货膨胀率为3%，而现在实际的通货膨胀率为5%，高于其预期的通货膨胀率。于是就会发生图中短期菲利普斯曲线PC_1（π=3%）所示的情况，失业率由u^*下降到u_1，而通货膨胀率则从3%上升到5%。

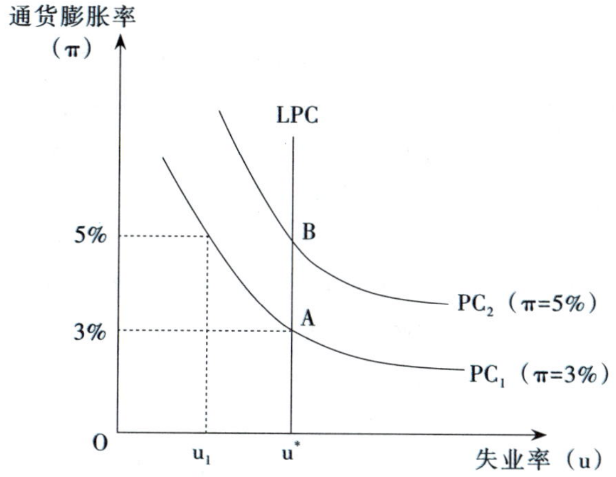

图10-6　从短期PC到长期PC

当然，这种情况只是短期的，经过一段时间，工人们会发现价格水平的上升和实际工资的下降，这时他们便要求提高货币工资，即对通货膨胀率的预期从原来的3%调整到现在的5%。伴随着这种调整，实际工资回落到原有的水平。相应地，企业的生产和就业也都回到了原有的水平，失业率又回到了原来的u^*。但此时，经济已经处于具有较高通货膨胀率预期（即5%）的B点。

以上过程重复下去，在短期内，由于工人不能及时改变预期，存在着失业率和通货膨胀率之间的交替关系，表现在图形上，便有诸如PC_1、PC_2等各条短期菲利普斯曲线。随着工人预期通货膨胀率的上升，短期菲利普斯曲线也不断上升。

从长期来看，工人预期的通货膨胀率与实际的通货膨胀率是一致的，因此，企业不会增加生产和就业，失业率也就不会下降，从而便形成了一条与自然失业率重合的长期菲利普斯曲线（LPC）。

同步思考10-3

长期菲利普斯曲线是一条垂直于横轴的直线，这意味着什么？

分析：这意味着在长期，不存在失业率与通货膨胀率的交替关系。换句话说，从长期来看，政府运用扩张性政策不但不能降低失业率，还会使通货膨胀率不断上升，这也就是通常所说的宏观经济政策的长期无效性。

课程思政10-1　新冠肺炎疫情对中国失业与通货膨胀关系的影响

2018年，面对复杂的内外部经济环境，中央经济工作会议首次提出“六稳”[①]方针。2020年4月，在突如其来的疫情冲击、外部不确定性持续上升的情况下，中央又提出“六保”[②]新任务。

① “六稳”是指稳就业、稳金融、稳外贸、稳外资、稳投资、稳预期工作。
② “六保”是指保居民就业、保基本民生、保市场主体、保粮食能源安全、保产业链供应链稳定、保基层运转。

1. 失业率

国家统计局官方数据显示，2020年1—5月，全国城镇调查失业率分别为5.3%、6.2%、5.9%、6.0%、5.9%。同期，31个大城市城镇调查失业率分别为5.2%、5.7%、5.7%、5.8%、5.9%。2020年1—5月我国失业率呈整体上升的趋势，其中以1月和2月期间的上升最为显著，3月份失业率有所下滑，4月份又略微攀升。而31个大城市城镇调查失业率在统计期内始终低于全国城镇调查失业率水平。

由此可见，在我国新冠肺炎疫情暴发的高峰期，受到居家隔离等抗疫政策的影响，市场经济受到了一定程度的影响，失业率出现了不同程度的上升，对居民收入及生活水平也造成了一定的负面影响。

2. 通货膨胀率

国家统计局官方数据显示，2020年1—5月，我国居民消费价格指数（上年同月=100）分别为105.4、105.2、104.3、103.3、102.4。其中，食品烟酒类居民消费价格指数（上年同月=100）分别为115.2、116.0、113.6、111.3、108.5。2020年1—5月，我国居民消费价格指数均比上年同月发生了一定程度的上升，1月和2月的增长最为显著，整体物价月均涨幅为4.12%。其中，食品烟酒类居民消费价格指数的同期涨幅始终位于整体居民消费价格指数涨幅之上，月均涨幅高达12.92%。

由此可见，我国新冠肺炎疫情暴发高峰期，我国居民各方面的生活开支均发生了提高，其中，以食品烟酒等生活必需品的开支涨幅最为突出。

通过以上两方面的分析可以看出，2020年1—5月，我国失业率和通货膨胀率发生了同步增长，其中以1月和2月疫情暴发最为严重时期的增长最为显著。

思政感悟

在我国经济的波动上升期，受到劳动力供给因素、劳动力需求因素、国有企业改革及结构调整因素等的影响，我国城镇失业率并没有随之下降。在新冠肺炎疫情暴发的特殊时期，我国失业率与通货膨胀率呈现出同向变动的正相关关系的原因是什么呢？根据经济学基本供求关系原理，当劳动力的供给下降时，会导致劳动力工资水平上升，从而导致生产成本上升，进而导致物价水平的上升。新冠肺炎疫情的暴发给经济增长带来了危机，同时，也对劳动力市场需求造成了负面影响，加剧了失业率的攀升。

在新冠肺炎疫情暴发的特殊时期，居家隔离办公政策也催生了新的经济发展模式。虽然远程办公在更早以前已被国民所熟知，但相对来说仍较为小众。而此次疫情的暴发促使大批公司采用了居家办公的模式，保持业务运营，帮助员工遵守社交距离要求。众多学校与教辅机构也纷纷采取网络直播授课的方式开展教学活动。

三省吾身

新冠肺炎疫情将推动我国制造生产方式、人民整体工作和生活方式、公共服务的自助化和自动化水平提升，传统上“中心-外围”的发展模式向均衡化方向发展。如能把握机遇，对我国的生产发展、公共服务、教育体系等进行相应的调整，减少不必要的人工成本，推动智能化的生产生活方式转型与变革，此次新冠肺炎疫情对我国的冲击，将会成为推动我国经济高质量发展的一次宝贵契机。面对疫情，我们应该做到：（1）在推进防疫常态化的同时，尽快有序全面恢复经济社会秩序，防止一刀切、不计代价控制疫情的倾向。（2）启动以新基建为领衔的扩大消费投资内需的一揽子政策，加快都市圈、城市群建设，保增长、保就业、保民生。（3）进一步加大减税降费增信等力度，帮助市场主体纾难解困，并确保落实到位，特别是对民营中小微企业和个体户、生活服务业和出口企业。（4）通过以工代赈、加强创业支持、研究生扩招、开发临时岗位等进一步做好高校毕业生、农民工、就业困难人员等重点群体的稳就业工作。（5）推进房地产政策回归稳健中性，要充分发挥房地产的实体经济功能。（6）以落实要素市场化改革为契机，进一步深化改革开放，释放中国经济增长潜力。

关键术语

摩擦性失业　结构性失业　周期性失业　通货膨胀　需求拉动型通货膨胀　成本推动型通货膨胀　奥肯定律　结构型通货膨胀　菲利普斯曲线

应知考核

一、单项选择题

随堂测 10

1.假设某国总人口为3 000万人，就业者为1 500万人，失业者为500万人，则该国的失业率为（　　）。

A.17%　　B.34%　　C.25%　　D.10%

2.充分就业的含义是（　　）。

A.人人都有工作，没有失业者　　B.消灭了周期性失业的就业状态

C.消灭了自然失业的就业状态　　D.消灭了失业的就业状态

3.周期性失业是指（　　）。

A.由于某些行业生产的季节性变动而引起的失业

B.由于总需求不足而引起的短期失业

C.由于劳动力流动不能适应劳动力需求变动而引起的失业

D.由于经济中劳动力的正常流动而引起的失业

4.在宏观经济学中，失业和通货膨胀的关系主要用（　　）来说明。

A.菲利普斯曲线　　B.奥肯定律　　C.基尼系数　　D.洛伦茨曲线

5.衡量居民货币实际购买力水平的物价指数为（　　）。

A.消费者价格指数　　B.生产者价格指数

C.GDP折算指数　　D.通货膨胀率

6.成本推动型通货膨胀包括（　　）。

A.工资推动通货膨胀　　B.需求膨胀推动通货膨胀

C.货币过度发行导致通货膨胀　　D.部门间生产率增长差异导致通货膨胀

7.关于菲利普斯曲线的形状，一般认为它（　　）。

A.向右下倾斜　　　　B.是一条水平线
C.是一条垂直线　　　　D.短期内向右下倾斜，长期内为垂直线
8.具有过渡性或短期性的失业是指（　　）。
A.摩擦性失业　　B.结构性失业　　C.周期性失业　　D.自愿失业
9.根据菲利普斯曲线，降低通货膨胀率的办法是（　　）。
A.减少货币供应量　　　　B.增加货币供应量
C.降低失业率　　　　D.提高失业率
10.在通货膨胀的治理对策中，采取的紧缩性货币政策不包括（　　）。
A.提高法定存款准备金率　　　　B.提高贴现率
C.公开市场业务　　　　D.增加税收

二、多项选择题

1.宏观经济学的四大目标包括（　　）。
A.充分就业　　B.经济增长　　C.物价稳定　　D.国际收支平衡
2.周期性失业的治理对策有（　　）。
A.扩张性财政政策　　　　B.紧缩性财政政策
C.扩张性货币政策　　　　D.紧缩性货币政策
3.按照价格上涨幅度加以区分，通货膨胀包括（　　）。
A.温和的通货膨胀　　　　B.奔腾的通货膨胀
C.平衡式通货膨胀　　　　D.非平衡式通货膨胀
4.按照人们的预期程度，通货膨胀可分为（　　）。
A.预期的通货膨胀　　　　B.非预期的通货膨胀
C.放开的通货膨胀　　　　D.抑制的通货膨胀
5.菲利普斯曲线表明（　　）。
A.失业率越低，通货膨胀率越低　　　　B.失业率越高，通货膨胀率越高
C.失业率越低，通货膨胀率越高　　　　D.失业率越高，通货膨胀率越低

三、判断题

1.在一个国家中，自然失业率是一个固定不变的数字。（　　）
2.劳动力的供给与需求不匹配所造成的失业是摩擦性失业。（　　）
3.通货膨胀是指一般物价水平普遍的、持续的上升。（　　）
4.短期菲利普斯曲线是一条向右下方倾斜的曲线。（　　）
5.一般认为，比较温和的通货膨胀有利于经济的发展。（　　）

四、简答题

1.什么是失业？失业有哪些种类？
2.什么是奥肯定律？
3.什么是需求拉动型通货膨胀？
4.画图说明需求拉动型通货膨胀是如何产生的。
5.什么是菲利普斯曲线？

五、计算题

考虑一个只生产三种产品的简单经济体，使用表10-1中的信息，计算以CPI表示的2020年的通货膨胀率。

表10-1　　简单经济体的信息

产品	数量	基准年（2014）价格（元）	2019年价格（元）	2020年价格（元）
奶茶	2	10.00	11.00	16.2
铅笔	10	2.00	2.45	2.4
袜子	6	15.00	15.00	14.00

应会考核

■ 观念应用

1.充分就业与自然失业互相矛盾吗？为什么？

2.菲利普斯曲线在短期内和长期内的形状是不同的，这说明了什么问题？

■ 技能应用

画图说明需求成本推动型通货膨胀是如何产生的。

■ 案例分析

美国经济转型造成大批失业

随着20世纪80年代重工业的日渐凋零，美国经济转型，技术工人大批下岗，原来的重工业城市失业率高企，一片萧条，形成“铁锈地带”。技术进步和全球化浪潮进一步重塑美国社会。机器应用和外包服务导致大批白领职员失业，只有难以被机器取代的高新技术产业和低技术含量的工种有着旺盛的市场需求。

在6.8万人口的马里兰州小镇弗德里克，这种变化尤为明显。镇上收入平均水平勉强高于全国水平，房屋所有率则略低于全国水准。镇上的就业人群既有西装革履的律师，也有餐馆服务员。要在这里找一份中等收入的工作可不容易。原因在于，中等收入的工作对学历的要求远远高于从前。

弗德里克社区大学在读生凯莉·比利希迈耶说：“要想找工作得有文凭。”她父亲连张高中文凭都没有，但能靠当保安谋生。而她和同龄人从入读大学选择专业开始就得深思熟虑，规划未来的职业安排。

资料来源：袁原．社会贫富分化愈发严重 美国中产阶级很焦虑［EB/OL］．［2015-11-12］．http：//www.xinhuanet.com//world/2015-11/12/c_128417945.htm.

问题：如何看待这种失业现象？

项目十一

把握经济脉络——经济增长和经济周期理论

知识目标

理解：经济增长的含义，经济增长的源泉。

熟知：内生经济周期、外生经济周期理论，乘数-加速数模型。

掌握：经济增长理论与模型，经济周期的含义及分类。

技能目标

能正确运用经济增长理论和经济周期理论来解释和研判宏观经济运行情况。

素质目标

能够正确领会和理解经济运行的逻辑关系和基本规律，能够对经济增长和经济周期进行简单分析，具备初步分析问题的能力，树立正确的世界观、人生观和价值观，做到学思用贯通、知信行统一。

项目引例　　你比贵妃生活得还好

炎炎夏日，你正在有空调的房间品尝刚刚上市的荔枝，是否想起唐代杜牧的《过华清宫》绝句之一——“一骑红尘妃子笑，无人知是荔枝来”。这句诗描写了杨贵妃在长安城外骊山的行宫避暑，等待从岭南快马送来的荔枝。那时，要品尝岭南荔枝，非常艰难，就算马不停蹄地辗转送到长安，也色变、香变、味变了。当然，贵妃等得心急如焚，一见山下有快马而至，老百姓还不知道发生了什么事情，她已笑逐颜开，因为只有她才“知是荔枝来”。纵使是皇帝宠爱的贵妃，想吃荔枝也是很奢侈的事情，而且害得皇帝背负着昏君误国的骂名。即使是当时富可敌国的古代贵族、皇亲国戚也无法看电视，无法网上购物，无法享受高铁、飞机带来的便捷。你难道比贵妃还富有吗？虽然现在你可能是普通人，但是你过得比她好。

由于经济的发展，今天的普通人在生活上过得比以前的皇帝还要好。接下来，我们带你深入了解经济增长的重要性以及经济增长的源泉。

知识支撑

任务一　了解经济增长理论

一、经济增长的含义

一般来说，经济增长（Economic Growth）是指一个国家或一个地区生产商品和服务能力的增长。如果考虑到人口增加和价格变动情况，经济增长应当包括人均福利的增长。库兹涅茨给“经济增长”下了这样的定义：为居民提供日益繁多的经济产品能力的长期上升，这种不断增长的能力是建立在先进技术以及所需要的制度和思想意识的相应调整的基础上的。这个定义由三个部分组成：①提供商品和服务能力的长期上升，从而不断提高国民生活水平，是经济增长的结果，也是经济增长的标志；②先进技术是经济增长的基础或者说必要条件；③制度与意识的调整是技术得以发挥作用的充分条件。

视野拓展 11-1　经济增长是化解一切社会矛盾的基础

清华大学中国与世界经济研究中心主任李稻葵教授在《大国大时代——中国经济报告会》2015年开篇论坛上表示，经济增长是化解一切社会矛盾的基础。

中国经济短期的目标是稳增长，增长确实是化解一切社会矛盾的基础。有人说所有经济问题，都不能单独来看，所有经济问题都是做除法。除法是什么呢？如果把GDP当成分母，GDP增长速度快，一切经济问题都能够从大变小、从小变无；如果反过来，GDP增长速度慢，那么一切经济问题都可能被放大。

二、经济增长的源泉

人们发现，经济增长的“发动机”必定安装在增长要素的四个轮子上，即资本、劳动力、自然资源和技术。经济学家经常用生产函数来描述生产中所用的投入量与产出量之间的关系。图11-1说明了一国潜在的产出（也就是一个社会在一定时期内所能达到的最高产出水平）的决定因素。

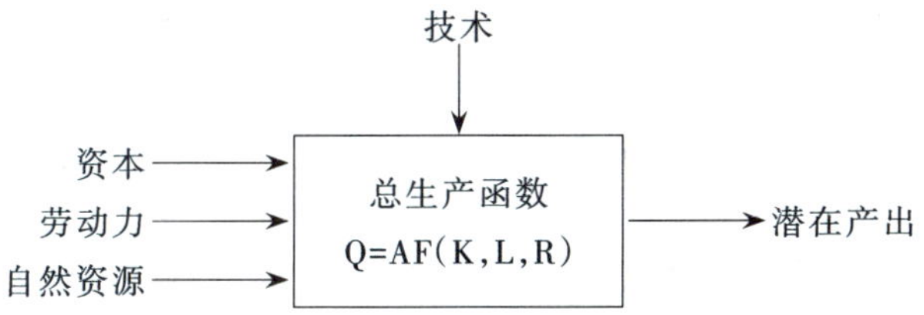

图11-1　潜在产出的决定因素

从图11-1可以看出，无论是发展中国家还是发达国家，其经济增长的源泉都包括四个方面的因素：资本、劳动力、自然资源和技术。总生产函数将上述因素综合考虑在一起，即：

$$Q=AF(K, L, R) \tag{11-1}$$

其中，Q为产出，K为资本对产出的贡献，L为投入的劳动力，R为投入的自然资源，A代表经济中的技术水平，F为生产函数。

根据总生产函数公式可知，经济增长来源于三个方面的贡献：资本的贡献、劳动力的贡献和技术的贡献。因此，经济增长的源泉可归结为以下三个方面：

1. 资本

用于生产物品或劳务的设备、建筑物存量称为物质资本，或简称资本。例如，建筑工地用的吊车、升降机、水泥浇注机等设备能大大提高建筑生产效率。经济增长中一定要有资本的增加，英国古典经济学家亚当·斯密就曾把资本的增加作为国民财富增加的源泉。

2. 劳动力

劳动力的增加可分为劳动力数量的增加和劳动力质量的提高。应该说，这两个方面都有促进经济增长的作用。劳动力质量的提高则依靠劳动力科学文化技术水平和健康水平的提高。经济越发展，技术装备越复杂，就越需要高素质的劳动力队伍；经济发展的规模越庞大，就越需要与之相适应的具有一定规模的劳动力数量。

课堂讨论11-1　教育——人力资本投资

教育——人力资本投资，对一个国家的长期经济繁荣至少与物质资本同样重要。一些经济学家认为，人力资本对经济增长特别重要，因为人力资本带来正的外部性。例如，受教育的人会产生一些提高生产率的新想法，而这些新想法会被社会上更多人采用，从而提高社会劳动生产率，这就是教育的外部收益。国家实行义务教育，大量的补贴投入到教育中正是基于此原因。另外，穷国则面临着人才外流的风险，获得高等教育的人移民到富国，或者穷国学生到富国学习先进知识，但是毕业后却选择不回国，这使得穷国的人力资本越发匮乏。

在中国农村许多地方一些农民子弟，家庭供其读完高中或者大学，“家读穷了，眼读瞎（近视）了”，毕业后仍需应聘打工，难以成为白领。农民是最讲实际的，眼前的实惠和利益使他们认为如今上不上高中或者大学都一样，与其花大钱、费大劲去读书，不如趁早去打工挣钱。一些人便总结出诸如“上学就是为了能考上大学”“如果考不上大学，书读再多也没有用”等结论。这种教育功利化的价值取向，对农村学生的辍学现象起到了推波助澜的作用。

讨论：你对这个问题是怎么看的呢？

3. 技术

技术在经济增长中的作用体现在生产率的提高上，即同样多生产要素的投入能够带来更多的产出。100年前大多数美国人在农场干活，这是因为受农业技术限制要求大量的生产投入才能养活整个国家。现在，由于农业技术的进步，少数人就可以生产足以养活整个国家的食物。在工业中，由于先进技术的使用，使得工厂的劳动生产率大幅度提高。从当今世界各国经济发展进程看，知识进步与发展是技术进步中最重要的内容，是经济增长的根本动力。

视野拓展 11-2　应用农业物联网——农田装上"千里眼"和"顺风耳"

无论身在何地，只要打开手机、电脑，就可一览苗情墒情，田间管理也可遥控操作；无论产品身处何方，通过扫描其专属身份编码，便可详知生产、加工、运输的所有环节……

农业物联网技术的应用使得滨海新区农业正步入"智慧农业时代"，带动了农业增产、农民增收。在汉沽茶淀镇的一个葡萄大棚内可以看到，大棚中央安装着一个WebGIS传感器，可以实时地将数据传输给智能控制系统，自动计数棚内的微小昆虫，再结合植物叶面分析系统，农户可以判定葡萄病虫害的发生动态，从而调节作物的生长环境。

该系统在生产前可以给农户建议，在生产过程中可以预警病虫害，在产后可以反馈种植信息，并把这些试验区采集到的信息通过农村广播和手机短信发布给更多的葡萄种植户，形成针对新区葡萄生产的一个决策服务平台。该系统还将集成测土配方施肥、节水灌溉等技术，为大棚通风、喷洒农药、浇灌施肥等提供参考，让对葡萄种植的外行也能根据建议开展种植。当年，汉沽先期设置1 000多亩的示范区，预计农民可增加收入300万元。

据了解，滨海新区在农业种植、水产养殖等方面推广了物联网技术，给农田装了"千里眼"和"顺风耳"。通过实时监控，农田里的农作物"四情"、养殖环境参数都被自动检测出来，运用编好的程序进行数据处理、统计分析，为政府决策、农业技术指导和生产经营提供了全方位的信息服务。

资料来源　佚名. 滨海新区依托"3S"技术 打造"数字农业"系统 [EB/OL]. [2019-05-08]. http://www.50cnnet.com/show-156-49140-1.html.

以上三个方面的影响因素称为经济因素，在现代社会中非经济因素对经济增长也具有重要的影响。非经济因素主要是指政治因素和制度因素，这些都是资本、劳动力和技术充分发挥作用的社会基础条件。

三、经济增长理论模型

（一）哈罗德-多马模型

它是20世纪40年代分别由英国经济学家哈罗德和美国经济学家多马提出的，他们所提出的模型基本相同，故合称哈罗德-多马模型。

哈罗德-多马模型是以一些严格的假定条件为前提条件的，这些假设主要包括：①整个社会只生产一种产品，这种产品既可以作为消费品，也可以作为资本品。②生产中只使用两种生产要素——劳动与资本，这两种生产要素为固定技术系数（即它们在生产中的比率是固定的)，不能互相替代。③规模收益不变，在生产规模扩大时不存在收益递增或递减的情况。④技术水平不变。有了这些基本假定后，可以给出该模型的基本公式：

$$G=S \div C \tag{11-2}$$

在上式中，G代表国民收入增长率，即经济增长率；S代表储蓄率，即储蓄量在国民收入所占的比例；C代表资本-产量比率，即生产一单位产量所需要的资本量。根据这一模型的假设，资本与劳动的配合比例是固定不变的，从而资本-产量比率也是不变的。这样，经济增长率实际就取决于储蓄率。从该公式中可知，在资本-产量比率不变的条件下，储蓄率高，则经济增长率高；储蓄率低，则经济增长率低。可见，这一模型强调的是资本增长对经济增长的作用，分析的是资本增加与经济增长之间的关系。

哈罗德-多马模型根据上述公式，分别提出实际增长率、有保证的增长率和自然增长率三个含义，用来分析经济长期稳定增长的条件与波动的原因。

(1) 实际增长率 (G) 是实际发生的增长率，它由实际储蓄率 (S) 和实际资本-产量比率 (C) 决定，即：

$$G=S \div C$$

(2) 有保证的增长率，也称为均衡增长率 (G_W) 或合意增长率，是长期经济发展中理想的增长率，它由合意的储蓄率 (S_D) 和合意资本-产量比率 (C_R) 决定，即：

$$G_W=S_D \div C_R \tag{11-3}$$

(3) 自然增长率 (G_N) 是长期经济发展中人口增长和技术进步所允许达到的最高增长率，它由最适宜的储蓄率 (S_0) 和合意的资本-产量比率 (C_R) 决定，即：

$$G_N=S_0 \div C_R \tag{11-4}$$

哈罗德-多马模型认为，实现经济长期稳定的增长条件是实际增长率、均衡增长率与自然增长率相一致，即 $G=G_W=G_N$。如果这三种增长率不一致，就会引起经济的波动。

(二) 新古典经济增长模型——外生经济增长理论

新古典增长理论代表人物索洛用改变资本-产量比率的办法来解决哈罗德-多马模型的一些难题。

新古典增长理论的基本假定包括：①社会储蓄函数 $S=sY$，其中 s 是作为参数的储蓄率；②劳动力按一个不变的比率 n 增长；③生产的规模报酬不变。这样，在一个只包括居民和企业的两部门经济体系中，经济的均衡是投资等于储蓄 (即 $I=S$)，也就是说，投资或资本存量的增加等于储蓄。资本存量的变化等于投资减去折旧，当资本存量为 K 时，假定折旧是资本存量 K 的一个固定比率 σK ($0<\sigma<1$)，则资本存量的变化 ΔK 为：

$$\Delta K=I-\sigma K$$

根据 $I=S=sy$，上式可写为：

$\Delta K=sy-\sigma K$

1.新古典经济增长模型的基本公式和含义

在资本、储蓄（投资）和产出之间的关系中，由于资本存量变化对资本存量的影响是明显的和直观的，产出对储蓄的影响可以由储蓄函数来解。因此，在上述体系中，需要着重说明储蓄对资本存量变化的影响。由两部门经济的均衡条件及一系列假设，可以得出新古典增长模型的基本公式：

$$\Delta k=sy-(n+\delta)k \quad (11\text{-}5)$$

其中，k为人均资本，y为人均产量，s为储蓄率，n为人口增长率，δ为资本的折旧率。

上述关系式表明，人均资本的增加等于人均储蓄sy减去（n+δ）k项。（n+δ）k项可以这样来理解：劳动力（人口）的增长率为n，一定量的人均储蓄必须用于装备新工人，每个工人占有的资本为k，这一用途的储蓄为nk；同时，一定量的储蓄必须用于替换折旧资本，这一用途的储蓄为δk。总计为（n+δ）k的人均储蓄被称为资本的广化。人均储蓄超过（n+δ）k的部分则导致了人均资本k的上升，即$\Delta k>0$，这被称为资本的深化。因此，新古典经济增长模型的基本公式可以表述为：

资本的深化=人均储蓄-资本的广化

上式表明：若其他条件相同，储蓄率（或投资率）较高的国家通常比较富裕，在这些国家中，劳动力人均资本量较高，因此人均产量也较高。相反，根据新古典经济增长模型，人口增长率较高的国家通常比较贫穷。这些国家面对人口增长，为保持资本-劳动比率不变，需要把更大比例的收入用于储蓄和投资。这种资本广化的要求使得资本的深化变得更为困难，从而使得人均资本量减少。

2.稳态分析

稳态是指一种长期均衡状态。在稳态时，人均资本达到均衡值并维持在均衡水平不变，忽略技术变化，人均产量也达到稳定状态，即K值和Y值达到一个持久性水平。实现稳态，即$\Delta K=0$，即人均储蓄必须正好等于资本的广化，其条件是：

$$sy=(n+\delta)k$$

稳态意味y和k值固定，但总产量Y和资本总量K都在增长。稳态时，总产量和总资本存量的增长率均与劳动力的增长率相同，均为n值。

（1）在新古典经济增长模型中，储蓄率的变动会对经济产生影响。在新古典经济增长模型中，一方面，储蓄率上升会导致人均资本上升，而人均收入是人均资本的增函数，因而储蓄率上升会增加人均产量，直到经济达到新的均衡为止；储蓄率下降的结果则反之。另外，稳态意味着：

$$\frac{\Delta Y}{Y}=\frac{\Delta N}{N}=\frac{\Delta K}{K}=n$$

所以，储蓄率的变动不能影响稳态的增长率，从这点上说，储蓄率的变动只有水平效应，没有增长效应。

在图11-2中，经济最初位于C点的稳定均衡。现在假定人们想增加储蓄，这使储蓄曲线上移至s′f（k）的位置，这时新的稳态为C′。比较C点和C′点，可知储蓄率的增加提高了稳态的人均资本和人均产量。

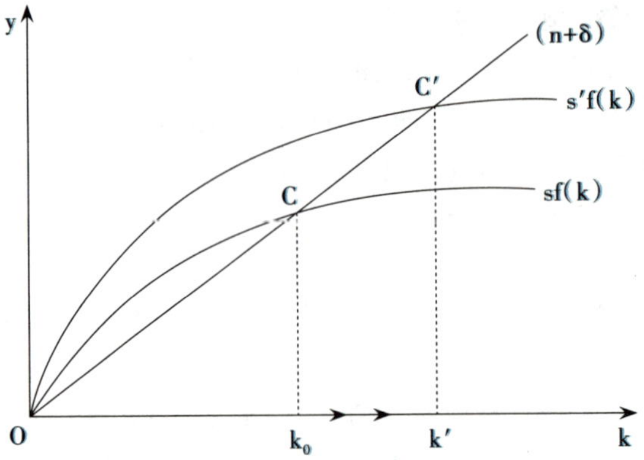

图11-2 储蓄率提高的影响

【提示】新古典经济增长理论的结论是：储蓄率的增加影响不了稳定增长率（因为这一增长率是独立于储蓄率的），但确实能提高收入的稳态水平。

（2）在新古典经济增长模型中，人口增长会对经济产生影响。新古典增长理论虽然假定劳动力按一个不变的比率n增长，但当把n作为参数时，就可以说明人口增长对产量增长的影响，如图11-3所示。

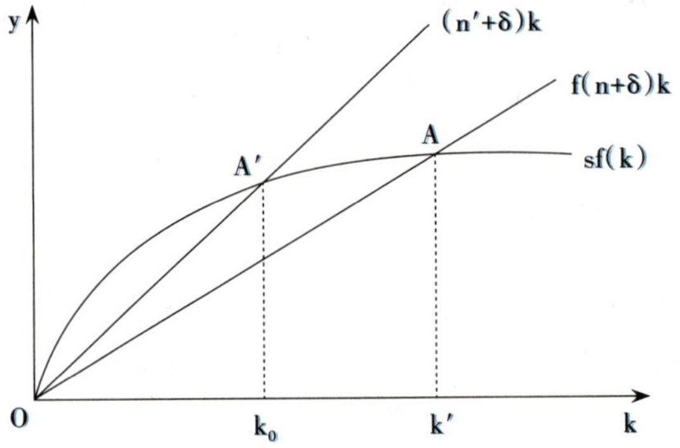

图11-3 人口增长对产量增长的影响

在图11-3中，经济最初位于A点的稳态均衡。现在假定人口增长率从n增加到n′，则图中的（n+δ）k线便发生移动变为（n′+δ）k线，这时，新的稳态均衡为A′点。比较A′点与A点可知，人口增长率的增加降低了人均资本的稳态水平（从原来的k′减少到k_0），进而降低了人均产量的稳态水平。这是从新古典增长理论中得出的一个重要结论。

所以，当人口增长率上升，总产量的稳定增长率也上升。同时，由于A点和A′点都是稳态均衡点，故人口增加对人均资本和人均产量的增长率都不产生影响。

（三）内生经济增长理论

以往增长理论将储蓄率、人口增长和技术进步等有关经济增长的重要因素视作外生变量（即一个给定的量）。也就是说，这些因素是经济增长的动力而不是经济增长的后果；而在现实经济中，储蓄率的变化、人口增长率的变化和技术进步不仅是经济增长的动力，而且是经济增长的后果，因而不可能是一个外生变量，而是随着经济增长而变化的量。内生增长理论试图避免这一缺陷，将这些重要因素作为内生变量，用规模收益递增和内生技术进步来说明各国经济如何增长，其显著特点是将增长率内生化，故称内生经济增长理论。

内生经济增长理论比较集中地讨论了“技术进步”这一因素在经济增长中的作用。该理论认为，一个经济社会的技术进步快慢和路径是由这个经济体系中的居民、企业在经济增长中的行为决定的。该理论主要代表人物罗默认为，企业通过增加投资的行为，提高了知识水平，知识有正的外部性，从而引起物质资本和劳动等其他要素也具有了收益递增的特点。另一代表人物卢卡斯认为，发达国家拥有大量人力资本，经济持续增长是人力资本不断积累的结果。还有的学者强调从事生产过程也是获得知识的过程，即所谓的“干中学”，“干中学”积累起来的经验使劳动力和固定资产的效率在生产过程中不断提高。总之，技术进步是经济体系的内生变量。

内生增长理论对现实有着较强的指导意义。据其观点，政府应当通过各种政策，例如对研究和开发提高补贴、对文化教育事业给予支持、用税收等政策鼓励资本积累等来促进经济增长。

同步思考 11-1

华经产业研究院资料统计显示：2020 年 1 月末，本外币存款余额 201.2 万亿元，本外币贷款余额 161.93 万亿元，存贷差达到了 39.27 万亿元，这对经济增长会产生什么影响？

分析：经济增长理论告诉我们，一国储蓄率的高低是影响其经济增长的重要因素，因为储蓄规模决定了投资规模，我国历来储蓄率偏高，但近年来却出现了大量的银行存款贷不出去的现象，也就是说，储蓄不能完全转化为投资，将会制约经济增长的速度。

任务二　掌握经济周期理论

一、经济周期的含义、阶段和分类

（一）经济周期的含义

经济周期（Business Cycle），又称商业周期或商业循环，是指国民收入及经济活动的周期性波动。现代宏观经济学认为经济周期是经济增长率上升或下降的交替过程。根据这一含义，衰退不一定表现为 GDP 绝对量的下降，而主要是 GDP 增长率的下降，即使其值不是负值，也可以称为衰退，经济学上称之为增长性衰退。

动画 11-1

经济周期

（二）经济周期的阶段

经济周期的基本变动规律是国民经济增长态势呈现出繁荣、衰退、萧条和复苏四个不同的变化阶段，并交替循环往复进行。一个完整的经济周期包括两个大的阶段：扩张阶段和收缩阶段。这两个阶段可以再细分，扩张阶段可以分为复苏和繁荣两个阶段，收缩阶段可以分为衰退和萧条阶段，其中繁荣和萧条是两个主要的阶段，复苏和衰退是两个过渡性阶段。

为了便于分析，可以把经济发展的周期性变动的规律曲线通过图 11-4 来表示。

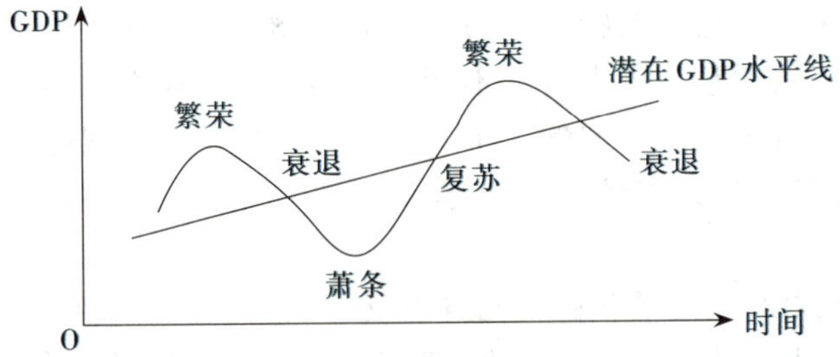

图11-4　经济发展的周期性变动的规律曲线

图 11-4 中的正斜率的直线是经济的长期增长趋势线。由于经济在总体上保持着或多或少的增长，所以经济增长的长期趋势是正斜率的。经济周期大体上经历周期性的四个阶段：繁荣、衰退、萧条和复苏。

1. 繁荣阶段（高涨阶段）

在这一阶段，生产迅速增加，投资增加，信用扩张，价格水平上升，就业增加，公众对未来乐观。当就业与产量水平达到最高时，经济就开始进入衰退阶段。

2. 衰退阶段（危机阶段）

在这一阶段，生产急剧减少，投资减少，信用紧缩，价格水平下降，企业破产倒闭，失业急剧增加，公众对未来悲观。萧条的最低点称为谷底，这时就业与产量跌至最低。

3. 萧条阶段

在这一阶段，生产、投资、价格水平等不再继续下降，失业人数也不增加。这是国民收入与经济活动低于正常水平的一个阶段，即在低水平上徘徊向前。但这时由于存货减少，商品价格、股票价格开始回升，公众的情绪由悲观逐渐转为乐观。

4. 复苏阶段（恢复阶段）

在这一阶段，经济开始从低谷全面回升，投资不断增加，商品价格水平、股票价格、利息率等逐渐上升，信用逐渐活跃，就业人数也在逐渐增加，公众的情绪逐渐高涨。但产量或产值等相关经济指标恢复到衰退前的最高水平时，就进入了新一轮的繁荣高涨阶段。

（三）经济周期的分类

1.短周期（短波）：基钦周期

1923年英国的约瑟夫·基钦在《经济因素中的周期与倾向》中，根据美国和英国1890—1922年的利率、物价、生产和就业等统计资料，从“企业生产过多时就会形成存货，从而减少生产”的现象出发，发现在40个月中存货出现了有规律的上下波动。该理论认为，经济波动有大周期和小周期之分，小周期平均长度为40个月，一个大周期通常由两三个小周期构成，这种约40个月的周期被称为基钦周期或短周期。

2.中周期（中波）：朱格拉周期

1862年法国经济学家克里门特·朱格拉在《论法国、英国和美国的商业危机以及发生周期》中对比较长的工业经济周期进行了研究，并根据生产、就业人数和物价水平等指标，确定了经济中平均每一个周期为9～10年。

朱格拉在研究人口、婚姻、出生、死亡等统计数据时，注意到经济事物存在着有规律的波动现象。他认为，存在着危机或恐慌并不是一种独立的现象，而是社会经济运动三个连续阶段（繁荣、衰退、萧条）中的一个。三个阶段的反复出现就形成了周期现象。

3.长周期（长波）：康德拉季耶夫周期

1925年，苏联经济学家康德拉季耶夫通过研究美国、英国、法国和其他一些国家长期的时间序列资料，认为经济中存在着一个长达50～60年的经济周期，这种周期即为经济中的长周期。

4.另一种长周期：库兹涅茨周期

美国经济学家库兹涅茨在1930年提出了一种与房地产建筑业相关的经济周期，这种周期长度为15～25年，平均长度为20年左右。这种长周期与人口增长而引起的建筑业增长与衰退相关，是由建筑业的周期性波动引起的，而且，在工业化国家中产量增长呈现递减的趋势。这个周期又被称为库兹涅茨周期或建筑业周期。

5.经济周期的综合：熊彼特周期

奥地利经济学家熊彼特综合了前人的研究成果，认为经济中存在着长、中、短三种不同类型的周期，每个长周期的长度约为48～60年，其中包含了6个中周期；每个中周期的长度为9～10年，其中包含了3个短周期；短周期约为40个月，3个短周期构成1个中周期，18个短周期构成1个长周期。他以重大创新为标志，划分了3个长周期：第一个长周期从18世纪80年代到1842年，是“产业革命时期”；第二个长周期从1842年到1897年，是“蒸汽和钢铁”时期；第三个长周期是1897年以后，是“电气、化学和汽车时期”。在每个长周期中仍有中等创新所引起的波动，这就形成了若干个中周期，每个中周期中还有小创新引起的波动，这就形成了若干个短周期。

课程思政11-1　2020年3季度国内生产总值（GDP）初步核算结果

根据有关基础资料和国民经济核算方法，我国2020年3季度国内生产总值（以下简称GDP）初步核算，主要结果见表11-1、表11-2、表11-3。

表11-1　2020年3季度GDP初步核算数据

	绝对额（亿元）		比上年同期增长（%）	
	3季度	1—3季度	3季度	1—3季度
GDP	266 172	722 786	4.9	0.7
第一产业	22 070	48 123	3.9	2.3
第二产业	101 508	274 267	6.0	0.9
第三产业	142 595	400 397	4.3	0.4
农林牧渔业	22 972	50 276	4.0	2.4
工业	81 967	227 011	5.6	0.7
#制造业	69 572	192 683	6.1	0.5
建筑业	19 983	48 517	8.1	2.0
批发和零售业	25 122	67 568	3.1	-4.2
交通运输、仓储和邮政业	1 1288	29 803	3.9	-2.2
住宿和餐饮业	4 480	10 782	-5.1	-19.1
金融业	21 739	64 041	7.9	7.0
房地产业	19 149	53 011	6.3	1.6
信息传输、软件和信息技术服务业	8 809	27 310	18.8	15.9
租赁和商务服务业	8 001	22 313	-6.9	-8.1
其他行业	42 661	122 153	2.3	-0.1

注：1.绝对额按现价计算，增长速度按不变价计算；

2.三次产业分类依据国家统计局2018年修订的《三次产业划分规定》；

3.行业分类采用《国民经济行业分类（GB/T 4754—2017）》；

4.本表GDP总量数据中，有的不等于各产业（行业）之和，是由于数值修约误差所致，未作机械调整。

表 11-2　　GDP同比增长速度　　单位：%

年份	1季度	2季度	3季度	4季度
2015	7.1	7.1	7.0	6.9
2016	6.9	6.8	6.8	6.9
2017	7.0	7.0	6.9	6.8
2018	6.9	6.9	6.7	6.5
2019	6.4	6.2	6.0	6.0
2020	-6.8	3.2	4.9	

注：同比增长速度为与上年同期对比的增长速度。

表 11-3　　GDP环比增长速度　　单位：%

年份	1季度	2季度	3季度	4季度
2015	1.9	1.8	1.7	1.6
2016	1.5	1.8	1.7	1.6
2017	1.7	1.8	1.6	1.6
2018	1.9	1.7	1.3	1.5
2019	1.9	1.3	1.0	1.6
2020	-10.0	11.7	2.7	

注：环比增长速度为经季节调整后与上一季度对比的增长速度。

资料来源　根据国家统计局数据库有关核算结果整理得来.

思政感悟

根据资料显示：经济增速转负为正，2020年前3季度，国内生产总值722 786亿元，按可比价格计算，同比增长0.7%，环比增长2.7%，扭转了上半年下降的局面。供需关系逐步改善，市场活力动力增强，就业民生得到较好保障，中国国民经济延续稳定恢复态势。

三省吾身

作为目前世界通行的国民经济核算体系，国内生产总值（Gross Domestic Product，GDP）被称为“20世纪最伟大发明之一”，是对一个领土面积内的经济产出总量和国民收入水平的度量。它被定义为一个国家（或地区）在一定时期（一般为一年）里所生产出来的全部最终产品和劳务的市场价值的总和。2020年前3季度，由于新冠肺炎疫情，全国各地区、各部门科学统筹疫情防控和发展社会经济，主要经济指标的增速由负转正。“从这些主要指标的变动趋势看，我国的疫情防控和经济复苏确实是走在了全球前列，彰显了中国经济的强大韧性和旺盛的活力。”经济稳定恢复的同时，民生得到了切实的保障和改善。GDP核算也在宏观生产数据的生产和专业数据质量检测方面发挥了越来越重要的作用。

二、经济周期成因分析

（一）消费不足理论

该理论的代表人物是英国经济学家霍布森。该理论认为，资本主义不合理的分配制度是引发经济周期的原因，经济衰退的原因在于消费不足，而消费不足是由于收入中用于储蓄的部分过多，用于消费的部分太少。收入的分配不均，使富人得到的收入过多，他们的消费却有限，而穷人得到的收入过少，消费也有限。如果收入分配再平均一些，社会消费就不会不足，经济也就不会出现波动。

（二）投资过度理论

该理论的代表人物是奥地利经济学家哈耶克和米塞斯。该理论认为，经济周期产生的原因不是投资太少，而是投资过度。投资过度是指生产资本品和耐用品部门的发展超过了生产消费品部门的发展。经济扩张时，引起经济繁荣，导致对生产资料等投资品需求的增加。资本品和耐用品的增长速度比消费速度要快，形成经济结构性失衡；经济衰退时，资本品的下降速度也比消费品的下降速度要快。正是由于资本品和耐用品的投资过度才造成了整个经济的波动。

（三）货币信用过度理论

该理论的代表人物是英国经济学家霍特里。该理论认为，经济波动是银行货币和信用波动的结果，因此经济周期是一种货币现象。当银行货币和信用扩张时，就会导致利率下降，从而引起信用扩张，生产扩张，投资增加，供给增加，收入与需求上升，物价上涨，经济活动水平上升，经济进入繁荣阶段，进而引起通货膨胀，促使下调利率；而如果银行货币和信用紧缩，生产萎缩，投资减少，经济活动水平下降，这样就会导致利率上涨，从而引起投资减少，供给减少，收入与需求下降，物价下跌，经济活动水平下降，走向衰退。

（四）心理周期理论

这种理论认为，经济波动是由公众心理反应的周期性变化而引起的。当人们对未来持乐观态度时，消费活跃，投资增加，经济处于繁荣状态；当人们对未来持悲观态度时，消费低迷，生产减少，投资下降，经济走向衰退。人们对社会经济的心理态度是乐观与悲观交替进行的，因此经济也是繁荣与衰退交替进行的。

（五）有效需求不足理论

该理论的观点是凯恩斯对经济周期原因做出的解释。他认为，决定就业的各种因素的影响都会成为导致商业周期出现的原因，其中消费倾向、灵活偏好和资本边际效率三者为主要影响因素。只有当实现充分就业时，经济才会平稳发展，而就业不足必然导致社会有效需求不足，因此产生经济周期性波动也就不可避免。

（六）创新周期理论

该理论认为，技术革命和发明创新不是均匀连续的过程，而是存在高潮阶段和低潮阶段。创新成功，能给创新者带来巨大的利润，使其他企业组织竞相仿效，形成创新浪潮；当经济创新处于高潮时，银行信用扩张，投资膨胀，经济活动就进入繁荣时期。随着创新的普及，盈利机会消失，银行信用收缩，投资下降，经济活动就会进入低潮阶段，经济活动就走向萧条。正是经济活动过程中的创新活动存在着高潮阶段和低潮阶段，才导致经济上升与下降，形成经济周期。

（七）政治周期理论

该理论认为，经济波动是政府交替执行扩张性政策与紧缩性政策的结果。政府为了实现充分就业，实行扩张性的财政政策和货币政策，以此实现经济繁荣。但是，财政赤字和通货膨胀会导致公众的反对，于是政府又不得不转而实行紧缩性政策，这样也就人为地造成了经济衰退。也就是说，政府干预经济才造成了经济的波动，经济波动周期性的根源在于充分就业与价格水平稳定之间存在着固有的矛盾。

案例鉴赏 11-1　　“中国大妈”扫金被套深层原因

国际黄金市场和大宗商品2013年4月演出了一幕惊险剧。国际金价在几个交易日之内下挫30%左右。在如此短的时间内，行情出现如此巨大的跌幅让市场大为震惊。当然，更为戏剧化的一幕还属所谓“中国大妈”在黄金价格暴跌之后的大扫货，这个奇观吸引了全世界的注意力，引出了多种版本。4月22日，上海黄金交易所的黄金交易量创下了破纪录的43.3吨，在接下来的一个交易周内，有四天的日成交量都超过30吨，直到“五一”假期之后，日成交量才逐步回落到20吨左右。不仅如此，这种黄金大收购行为还大有冲出国门、走向世界的势头。在海外各地珠宝店抢购黄金的中国游客的背影一时之间成了一道耐人寻味的风景。伴随而来的，则是国际金价在大跌之后的缓慢反弹。素来是华尔街投行风向标的高盛公司也在四月底给客户的报告中明确建议客户停止做空黄金。这不禁让世人惊叹，难道独步天下的华尔街金融大鳄们这次真要向中国大妈低头服软了不成？

传说中的中国大妈可以在投资渠道缺乏和通胀隐忧的双重挤压之下，将自己的积蓄砸向已经并不“便宜”的黄金，或许可在短期内影响金价的走势，却无助于改变黄金中长期价格的颓势。在这背后起作用的，正是我们怎么也逃不出的经济规律，而并非“中国大妈”们省吃俭用攒下的辛苦钱。那么，“中国大妈”扫金被套后面的深层原因到底是什么呢？解开这个谜底，还需要从经济周期说起。

资料来源　李翔者. 逃不过的经济周期［N］. 上海证券报，2013-05-14.

案例鉴赏 11-1
分析提示

三、内生经济周期理论与外生经济周期理论

（一）内生经济周期理论

该理论认为是经济体系的内部因素导致了经济的周期性波动。这类理论并不否认经济体系外部因素对经济的冲击作用，但它强调经济中这种周期性波动是经济体系内的因素引起的。最具有代表性的内生经济周期理论是萨缪尔森提出的乘数-加速数原

理的相互作用理论，此外，比较有名的内生经济周期理论还包括纯货币理论、投资过度理论、消费不足理论、心理周期理论等。

1.纯货币理论

纯货币理论认为，经济周期是一种纯粹的货币现象。经济中周期性的波动完全是由于银行体系交替地扩张和紧缩信用所造成的。根据这一理论，其他非货币因素也会引起局部的萧条，但只有货币因素才能引起普遍的萧条。

2.投资过度理论

投资过度理论认为，由于各种原因的存在，促使了投资的增加，这种增加会引起经济的繁荣，繁荣首先表现在对投资品（即生产资料）需求的增加以及投资品价格的上升方面。这就更加刺激了对资本品的投资，资本品的生产过度发展引起了消费品生产的减少，从而形成结构的失衡。而资本品生产过多必将引起资本品过剩，于是出现了生产过剩的危机，经济进入了萧条。也就是说，过度增加投资引发了经济的周期性波动。

3.消费不足理论

消费不足理论认为，经济中出现萧条与危机是因为社会对消费品的需求赶不上消费品的增长，而消费需求不足又引起对资本品需求不足，进而使整个经济出现生产过剩危机。消费不足的根源主要是由于国民收入分配不平等所造成的穷困人口购买力不足和富裕人口的过度储蓄。

4.心理周期理论

心理周期理论强调心理预期对经济周期各个阶段形成的决定作用，这种理论认为，预期对人们的经济行为具有决定性的影响，乐观与悲观预期的交替引起了经济周期中的繁荣与萧条的交替。

（二）外生经济周期理论

与内生经济周期理论不同，外生经济周期理论认为是经济体系外部的因素导致了经济的周期性波动。这种理论并不否认经济中的内在因素（如投资、货币等）的重要性，但它们强调引起这些因素变动的根本原因在经济体系之外。比较有代表性的外生经济周期理论包括创新经济周期理论、太阳黑子理论等。

1.创新经济周期理论

创新经济周期理论源于著名经济学家熊彼特，他认为创新就是建立一种新的生产函数，是企业家对生产要素进行的新的组合，即把一种从未有过的关于生产要素和生产条件的“新组合”引入生产流转。那么，如何才能实现生产要素的新的结合呢？有两条途径：一是进行技术创新，促使生产要素比例发生变化，如机器生产代替手工生产；二是进行制度创新，通过制度创新来激发生产要素更大的生产潜力，如实施员工持股计划等。

2.太阳黑子理论

太阳黑子理论是利用太阳黑子的活动来解释经济周期，由英国经济学家杰文斯父子提出并加以论证。该理论认为，太阳黑子的活动对农业生产影响很大，而农业生产的状况又会影响工业生产和整个经济。太阳黑子活动的周期性决定了经济活动的周期性。这种理论把经济周期的根本原因归结为太阳黑子的活动，是典型的外生经济周期理论。现代经济学家认为，太阳黑子对农业生产的影响是非常有限的，而农业生产对整个经济的影响也是有限的，因此在现代工业社会中，这种理论没有多大的说服力。

四、乘数-加速数模型

（一）乘数-加速数模型概述

这是现代宏观经济中最具代表性的内生经济周期理论，其代表人物是美国经济学家萨缪尔森。假设由于新发明的出现使投资的数量增长，投资数量增长会通过乘数作用使收入增加。当人们的收入增加时，他们会购买更多的商品和服务，从而使整个社会的商品和服务销售数量增加。通过下文所述的加速原理的作用，销售量的增长会促进投资以更快的速度增长，而投资的增长又使国民收入增长，从而销售数量再次上升。如此循环反复，国民收入不断增加，于是社会便处于经济周期的扩张阶段。

然而，社会的资源总是有限的，收入的增加迟早会达到资源所能容许的顶峰。一旦经济达到经济周期的顶峰，收入就不再增加，从而销售量也不再增长。根据下文所述的加速原理，销售量增长的停止意味着投资量下降为零。由于投资的下降，收入减少，从而销售量也因之而减少。又根据加速原理，销售量的减少使得投资进一步减少，而投资的下降又使国民收入进一步下降。如此循环反复，国民收入会持续下降。这样，社会便处于经济周期的衰退阶段。

收入的持续下降使社会最终达到经济周期的谷底。这时，由于衰退阶段的长时期负投资，生产设备逐年减少，所以仍在营业的一部分企业会感到有必要更新设备。这样，投资开始增加，收入开始上升，上升的国民收入通过加速原理又一次使经济进入扩张阶段，于是，一次新的经济周期又开始了。

（二）加速原理

在宏观经济学中，产量水平的变动和投资支出数量之间的关系被称为加速原理。一般来说，更多的产量需要更多的资本，进而需要用投资来扩大资本存量。在一定限度内，企业有可能用现有的资本通过集约地使用来生产更多的产品，但对于企业来说，总有一个最优的资本-产量比率。不同企业的资本-产量比率是不同的，并且资本-产量比率会随着社会技术和生产环境的变动而发生变动。为了简单起见，假定这个比率在一段时间内保持不变，以K代表资本，Y代表产量水平，v代表资本-产量比率，即一定时期内每生产一单位产量所需要的资本存量。则有：

$$K_t=vY_t$$

在上式中，K_t是t期的资本存量，而Y_t是t期的产出水平。由此式可知，资本存量的增加可以促使产出水平的增加，而资本存量的增加取决于一段时间内的净投资。设I_t是t时期的净投资，则有：

$I_t=K_t-K_{t-1}$

将 $K_t=vY_t$ 代入上式中，可得：

$$I_t=K_t-K_{t-1}=vY_t-vY_{t-1}=v(Y_t-Y_{t-1}) \quad (11-6)$$

上式表明，t时期的净投资额取决于产量从t-1时期到t时期的变动量乘以资本-产量比率。如果 Y_t 大于 Y_{t-1}，则在t时期内有正的净投资。也就是说，净投资取决于产量水平的变动，变动的幅度大小取决于资本-产量比率的大小。资本-产量比率v通常被称为加速数。

由于总投资是由净投资与重置投资（即折旧）构成，因而有：

t时期总投资 $=v(Y_t-Y_{t-1})$ +t时期的折旧

由这两个公式表示的加速原理说明，如果加速数为大于1的常数，资本存量所需要的增量必须超过产量的增加。应当指出，加速原理发生作用是以资本存量得到了充分利用，且生产技术不变，从而资本-产量比率固定不变为前提的。

案例鉴赏11-2

假设v=2（即资本-产量比率为2），折旧率为10%，根据表11-4说明加速原理。

表11-4　　加速原理数字说明

年份	产量	资本量	净投资	折旧	总投资
1	100	200	-	20	20
2	120	240	40	24	64
3	140	280	40	28	68
4	160	320	40	32	72
5	160	320	0	32	32
6	150	300	-20	30	10

根据表11-4，可以得出加速原理的基本内容：第一，投资是产量变动率的函数，而不是产量变动的绝对量的函数。也就是说，投资的变动取决于产量变动率，而不是产量变动量。第二，投资的变动大于产量的变动。当产量增加时，投资的增加率大于产量的增长率（在表中，从第1年到第2年，产量增加了20%，而总投资增加了220%），当产量减少时，投资的减少也大于产量的减少（在表中，从第5年到第6年，产量减少6.25%，而总投资减少了68.75%），这就是加速的含义。投资的变动大于产量的变动是因为现代生产是一种“迂回生产”，即采用了大量的机器设备，这导致刚开始时必然引起大量的投资，同理，在产量减少时，投资也会减少更多。加速原理所反映的正是这种现代化大生产的特点。第三，要使投资增长率保持不变，产量就必须维持在一定的增长率（在表中，第2年到第3年和第3年到第4年，要使净投资保持不变，产量的增长率应分别达到17%和14%），如果产量维持原有水平，投资一定会下

降（在表中，从第4年到第5年，产量没变，总投资减少了56%），这说明经济发展到一定阶段时，要再实现高增长率是件非常困难的事。

（三）乘数-加速数模型

乘数-加速数模型将乘数原理与加速原理结合起来，以说明经济周期产生的原因，这一模型的基本表达式如下：

$$\begin{cases} Y_t=C_t+I_t+G_t & (11-7) \\ C_t=c+Y_{t-1} \quad (0<c<1) & (11-8) \\ I_t=v\ (C_t-C_{t-1} \quad (v>0) & (11-9) \end{cases}$$

其中，（11-7）式为产品市场均衡公式，即收入恒等式。为简便起见，假定政府购买 $G_t=G$（常数）。（11-8）式为简单的消费函数，它表明本期消费是上期收入的线性函数。（11-9）式表明了本期投资是本期消费与上期消费的差与加速数的乘积（在上面关于加速原理的介绍中，是把投资作为本期和上一期的收入之差的函数来论述的。在一般情况下，消费量和收入大致会保持固定的比率，所以加速原理也可以用本期与前期消费的改变量来表示）。将（11-7）式和（11-8）式代入（11-9）式，可得：

$$Y_t=c+Y_{t-1}+v\ (C_t-C_{t-1})\ +G_t \qquad (11-10)$$

在表11-5中，假设边际消费倾向c为0.5，加速数v为1，政府每期开支 G_t 为1亿元；在这些假定下，若不考虑第1期以前的情况，那么，从上期国民收入中产生的本期消费为零，引致投资当然也为零。因此，第1期的国民收入总额就是政府在第1期的支出1亿元。

表11-5　乘数和加速数的相互作用　单位：亿元

t	G_t	C_t	I_t	Y_t	经济变动趋势
1	1.00	0.00	0.00	1.00	—
2	1.00	0.50	0.50	2.00	复苏
3	1.00	1.00	0.50	2.50	繁荣
4	1.00	1.25	0.25	2.50	繁荣
5	1.00	1.25	0.00	2.25	衰退
6	1.00	1.125	−0.125	2.00	衰退
7	1.00	1.00	−0.125	1.875	萧条
8	1.00	0.937 5	−0.062 5	1.875	萧条
9	1.00	0.937 5	0.00	1.937 5	复苏
10	1.00	0.968 75	0.031 25	2.00	复苏
11	1.00	1.00	0.031 25	2.031 25	繁荣
12	1.00	1.015 625	0.0156 25	2.031 25	繁荣
13	1.00	1.015 625	0.00	2.0156 25	衰退
14	1.00	1.007 812 5	−0.007 812 5	2.00	衰退

第2期政府支出仍为1亿元，但由于第1期有收入1亿元，在边际消费倾向为0.5的情况下，第2期引致消费 $C_2=cY=0.5\times1=0.5$ 亿元，第2期的引致投资 $I_2=v（C_2-C_1）=1\times（0.5-0）=0.5$ 亿元，因此，第2期的国民收入 $Y_2=G_2+C_2+I_2=1+0.5+0.5=2$ 亿元。同样可以计算出第3期收入为2.5亿元，第4期的收入为2.5亿元，以下各期的收入也都可以用同样的方法计算出。

从（11-10）式和表11-2中可以看出，边际消费倾向越大，加速数越大，政府支出对国民收入变动的作用也越大。

同时，也可以看出，在社会经济生活中，投资、收入和消费相互影响、相互调节，通过加速数，上升的收入和消费会引致新的投资，通过乘数，投资又使收入进一步增长。根据这种解释，只要政府对经济干预，就可改变或缓和经济波动。例如，采取适当政策刺激投资、提高劳动生产率以提高加速数、鼓励消费等措施，就可以克服或缓和经济萧条。

同步思考11-2

经济活动产生周期性波动的主要原因是什么？

分析：经济活动产生周期性波动的根源来自两个方面：一是经济体系内部的原因，如乘数-加速数原理的作用、货币原因、投资过度原因等；二是经济体系外部的原因，如社会的重大创新等。

关键术语

经济周期　经济增长　乘数-加速原理

应知考核

随堂测11

一、单项选择题

1.经济周期的四个阶段依次是（　　）。

A.繁荣、衰退、萧条、复苏　　B.繁荣、萧条、衰退、复苏

C.复苏、萧条、衰退、繁荣　　D.萧条、衰退、复苏、繁荣

2.中周期的每一个周期为（　　）。

A.5～6年　　B.9～10年　　C.25年左右　　D.50年左右

3.50～60年一次的经济周期称为（　　）。

A.基钦周期　　B.朱格拉周期

C.康德拉季耶夫周期　　D.库兹涅茨周期

4.乘数原理和加速原理的联系在于（　　）。

A.前者说明投资的变化对国民收入的影响；后者说明国民收入变化对投资的影响

B.两者都说明投资是怎样产生的

C.前者解释经济如何走向繁荣；后者说明经济怎样陷入萧条

D.前者解释经济如何陷入萧条；后者说明经济怎样走向繁荣

5.持续时间约为15～25年的经济周期是由经济学家（　　）提出的。

A.基钦　B.朱格拉　C.库兹涅茨　D.康德拉季耶夫

6.下列各项中属于外生经济周期理论的是（　　）。

A.投资过度论　B.心理周期论　C.消费不足论　D.太阳黑子理论

7.根据哈罗德模型，当资本-产量比率为4、储蓄率为20%时，则经济增长率为（　　）。

A.5%　B.20%　C.25%　D.80%

8.加速原理表明（　　）。

A.资本存量的增加导致产出水平的减少　B.资本存量的增加促使产出水平的增加

C.投资增加促使GDP大幅增加　D.投资增加导致GDP大幅减少

9.（　　）认为经济波动是银行货币和信用波动的结果，经济周期是一种货币现象。

A.消费不足理论　B.投资过度理论

C.货币信用过度理论　D.有效需求不足理论

10.经济活动之所以发生周期性的波动，是由于（　　）。

A.乘数的作用　B.加速数的作用

C.技术变动的冲击　D.乘数和加速数的相互作用

二、多项选择题

1.经济周期繁荣阶段的特征是（　　）。

A.生产迅速增加　B.投资增加　C.价格水平上升　D.失业严重

2.内生经济周期理论包括（　　）。

A.纯货币理论　B.投资过度理论　C.消费不足理论　D.心理周期理论

3.经济增长的源泉是（　　）。

A.资本　B.劳动力　C.战争　D.技术

4.哈罗德模型的假设条件包括（　　）。

A.社会只生产一种产品　B.生产中只使用劳动和资本两种生产要素

C.规模收益不变　D.技术水平不变

5.哈罗德模型提出的三个增长率的含义是（　　）。

A.实际增长率　B.技术进步增长率

C.有保证的增长率　D.自然增长率

三、判断题

1.经济增长和经济发展所研究的问题是一样的。（　　）

2.经济增长的充分条件是技术进步。（　　）

3.经济周期是指国民收入和经济活动的周期性波动。（　　）

4.朱格拉周期是一种短周期。（　　）

5.经济增长最基本的标志是技术进步。（　　）

四、简答题

1.经济增长与经济发展的关系是怎样的？

2.简述乘数-加速数模型的基本思路。

3.库兹涅茨给经济增长所下的定义是什么？

4.影响经济增长的因素是什么？

5.简述内生经济周期理论与外生经济周期理论。

五、计算题

假设实际储蓄率为0.4，实际资本-产量比率为3，合意储蓄率为0.5，合意的资本-产量比率为4，自然增长率为8%。请计算：(1) 实际增长率；(2) 有保证的增长率；(3) 最适宜的储蓄率。

应会考核

■ 观念应用

你认为经济增长有极限吗？你对经济增长的价值如何看待？

■ 技能应用

“经济周期是指实际GDP或总产量绝对量上升和下降的交替过程。”这种说法对吗？

■ 案例分析

经济增长≠发展

经济增长并不一定代表发展。批评家们往往会质疑经济增长的实际意义，其原因是因为经济增长的衡量尺度是GDP，而GDP的增长不一定代表了生产力的发展。

举例来讲，A国每生产1吨钢材需要2吨的煤，而同样生产1吨钢材B国只要1吨的煤，从GDP的角度讲，假设这就是两国全部的经济事件，那么A国的GDP=1吨钢材+2吨煤，而B国的GDP=1吨钢材+1吨煤。所以A国的GDP是大于B国的，但很显然A国的生产效率是落后于B国的。

再如，假设美国高速公路上相向而来的两辆汽车错车而过则对本年度GDP统计上不会有任何的影响；反而，如果两辆车发生了车祸，则需要出动警车、消防车、救护车，并且增加了清理路面的工作、保险金的赔偿以及未来新车的需求，这在GDP上可能会有上百万美元的增加。然而这一事件的本质是一个意外，而不是生产力的发展。

问题：中央经济工作会议提出，经济工作要从“又快又好”转向“又好又快”，“好”与“快”顺序上首次发生了变化。你是如何看待这个顺序变化的？

项目十二

政府调节经济——宏观经济政策理论

知识目标

理解：宏观经济政策的含义，宏观经济政策的目标。

熟知：宏观经济政策的理论基础。

掌握：财政政策工具及其政策效应；货币政策工具及其政策效应。

技能目标

能准确判断一国实施现行宏观经济政策的缘由；能准确判断一国现行宏观经济政策的内容、预期目标；能客观分析一国现行宏观经济政策的实际效果。

素质目标

能够正确领会和理解经济运行的逻辑关系和基本规律；能够对宏观经济政策进行简单分析，具备初步分析问题的能力；树立正确的世界观、人生观和价值观，做到学思用贯通、知信行统一。

项目引例　中国2021年将继续实施积极的财政政策和稳健货币政策

2020年12月18日中央经济工作会议在北京闭幕。这一定调2021年中国经济重点工作的会议提出，积极的财政政策要提质增效、更可持续；稳健的货币政策要灵活精准、合理适度。

会议明确，要继续实施积极的财政政策和稳健的货币政策，保持对经济恢复的必要支持力度，政策操作上要更加精准有效，不急转弯，把握好政策时度效。

会议提出，积极的财政政策要提质增效、更可持续，保持适度支出强度，增强国家重大战略任务财力保障，在促进科技创新、加快经济结构调整、调节收入分配上主动作为，抓实化解地方政府隐性债务风险工作，党政机关要坚持过紧日子。

会议要求，稳健的货币政策要灵活精准、合理适度，保持货币供应量和社会融资规模增速同名义经济增速基本匹配，保持宏观杠杆率基本稳定，处理好恢复经济和防范风险的关系，多渠道补充银行资本金，完善债券市场法制，加大对科技创新、小微企业、绿色发展的金融支持，深化利率汇率市场化改革，保持人民币汇率在合理均衡水平上的基本稳定。

资料来源　佚名．中央经济工作会议：继续实施积极的财政政策和稳健的货币政策［EB/OL］．［2020-12-18］．https：//baijiahao.baidu.com/s？id=1686421780837335599&wfr=spider&for=pc.

作为宏观经济政策最重要的两个部分，继续实施积极财政政策和稳健货币政策有利于保证政策的延续性和稳定市场对政策环境的预期，为当前中国经济转型升级、深入推进改革筑牢了扎实稳固的基础。

知识支撑

任务一　宏观经济政策

一、宏观经济政策目标

宏观经济政策（Macro-economic Policy）是指国家或政府有意识、有计划地运用一定的政策工具，调节控制宏观经济的运行，以达到一定的政策目标。宏观经济政策目标为：

1. 充分就业

充分就业是指包含劳动在内的一切生产要素都以愿意接受的价格参与生产活动的状态。充分就业包含两层含义：①除了摩擦失业和自愿失业之外，所有愿意接受各种现行工资的人都能找到工作的一种经济状态，即消除了非自愿失业就是充分就业。②包括劳动在内的各种生产要素，都按其愿意接受的价格，全部用于生产的一种经济状态，即所有资源都得到充分利用。

2. 物价稳定

物价稳定是指物价总水平的稳定。一般用价格指数来衡量一般价格水平的变化。价格稳定不是指每种商品价格固定不变，也不是指价格总水平固定不变，而是指价格指数的相对稳定。价格指数又分为消费物价指数（CPI）、批发物价指数（PPI）和国民生产总值折算指数（GNP Deflator）三种。

3. 经济增长

经济增长是指在一个特定时期内经济社会所生产的人均产量和人均收入的持续增长。它包括：①维持一个高经济增长率；②培育一种经济持续增长的能力。一般认为，经济增长与就业目标是一致的。

【提示】经济增长通常用一定时期内实际国民生产总值年均增长率来衡量。

4.国际收支平衡

国际收支平衡的目标要求做到汇率稳定，外汇储备有所增加，进出口平衡。国际收支平衡不是消极地使一国在国际收支账户上经常收支和资本收支相抵，也不是消极地防止汇率变动、外汇储备变动，而是使一国外汇储备有所增加。适度增加外汇储备被认为是改善国际收支的基本标志。

以上四大目标相互之间既存在互补关系，也有交替关系。充分就业是首要目标。所谓互补关系是指一个目标的实现对另一个的实现有促进作用。例如，为了实现充分就业水平，就要维持必要的经济增长。交替关系是指一个目标的实现对另一个有排斥作用。例如，物价稳定与充分就业之间就存在两难选择。为了实现充分就业，必须刺激总需求，扩大就业量，这一般要实施扩张性的财政政策和货币政策，由此就会引起物价水平的上升。而为了抑制通货膨胀，就必须实施紧缩性财政政策和货币政策，由此又会引起失业率的上升。

【注意】在制定经济政策时，必须对经济政策目标进行价值判断，权衡轻重缓急和利弊得失，确定目标的实现顺序和目标指数高低，同时使各个目标能有最佳的匹配组合，使所选择和确定的目标体系成为一个和谐的、有机的整体。

二、宏观经济政策工具

（一）需求管理

需求管理是指通过调节总需求来达到一定政策目标的宏观经济政策工具。它包括财政政策和货币政策。需求理论政策是以凯恩斯的总需求分析理论为基础制定的，是凯恩斯主义所重视的政策工具。需求管理是要通过对总需求的调节，实现总需求等于总供给，达到既无失业又无通货膨胀的目标。它的基本政策有实现充分就业政策和保证物价稳定政策两个方面。在有效需求不足的情况下，也就是总需求小于总供给时，政府应采取扩张性的政策措施，刺激总需求增长，克服经济萧条，实现充分就业；在有效需求过度增长的情况下，也就是总需求大于总供给时，政府应采取紧缩性的政策措施，抑制总需求，以克服因需求过度扩张而造成的通货膨胀。

（二）供给管理

供给学派理论的核心是把注意力从需求转向供给。供给管理是通过对总供给的调节，来达到一定的政策目标。供给管理政策具体包括控制工资与物价的收入政策、指数化政策、人力政策和经济增长政策。

1.收入政策

它是指通过限制工资收入增长率从而限制物价上涨率的政策，因此，也称工资和物价管理政策。之所以对收入进行管理，是因为通货膨胀有时是由成本（工资）推进所造成的。收入政策的目称就是抑制通货膨胀。它有以下三种形式：①工资与物价指导线。根据劳动生产率和其他因素的变动，规定工资和物价上涨的限度，其中主要是规定工资增长率。②工资、物价的冻结，即政府采用法律和行政手段禁止在一定时期内提高工资与物价，这些措施一般是在特殊时期采用，在严重通货膨胀时也被采用。③税收刺激政策，即以税收来控制增长。

2.指数化政策

它是指定期地根据通货膨胀率来调整各种收入的名义价值，以使其实际价值保持不变。主要有：①工资指数化；②税收指数化，即根据物价指数自动调整个人收入调节税等。

3.人力政策

它又称就业政策，是一种旨在改善劳动力市场结构，以减少失业的政策。主要有：①人力资本投资。由政府或有关机构向劳动者投资，以提高劳动者的文化技术水平与身体素质，适应劳动力市场的需要。②完善劳动市场。政府应该不断完善和增加各类就业介绍机构，为劳动力的供求双方提供迅速、准确而完全的信息，使劳动者找到满意的工作，企业也能得到其所需要的员工。③协助劳动者进行流动。对劳动者流动的协助包括提供充分的信息、必要的物质帮助与鼓励。

4.经济增长政策

其主要有：①增加劳动力数量和提高劳动力质量。增加劳动力数量的方法包括提高人口出生率、鼓励移民入境等；提高劳动力质量的方法是增加人力资本投资。②资本积累。资本的积累主要来源于储蓄，可以通过减少税收、提高利率等途径来鼓励人们储蓄。③技术进步。技术进步在现代经济增长中起着越来越重要的作用。因此，促进技术进步成为各国经济政策的重点。④计划化和平衡增长。现代经济中各部门之间协调的增长是经济本身所要求的，国家的计划与协调要通过间接的方式来实现。

（三）国际经济政策

国际经济政策是对国际经济关系的调节。现实中每一个国家的经济都是开放的，各国经济之间存在着日益密切的往来与相互影响。一国的宏观经济政策目标中有国际经济关系的内容（即国际收支平衡），其他目标的实现不仅有赖于国内经济政策，而且有赖于国际经济政策。因此，在宏观经济政策中也应该包括国际经济政策。

三、宏观经济政策的理论基础

宏观经济政策的理论基础是凯恩斯主义经济学的总需求决定国民收入的理论，即LM模型。该模型说明了商品市场和货币市场同时达到均衡时，利息率和国民收入的情况如何，并且指出了模型中的IS曲线和LM曲线的位置变动会对均衡的利息率水平和国民收入水平产生何种影响。该模型是分析财政政策和货币政策效应的工具。

在LM曲线的不同区域，财政政策和货币政策的有效性有着很大的不同。LM曲线可以呈现水平、递增和垂直三种形态。据此，可以把LM曲线划分为凯恩斯区域

（萧条区域））、中间区域和古典区域，如图 12-1 所示。

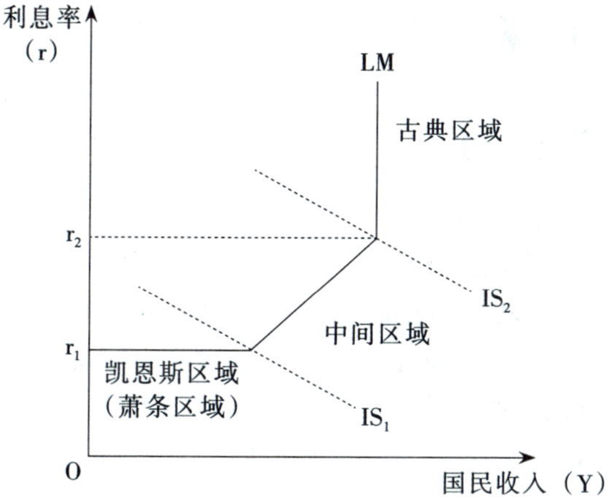

图12-1　LM曲线的三个区域

图 12-1 中，在凯恩斯区域，其他变动对国民收入影响最大，而 LM 曲线变动对国民收入没有影响，因而财政政策有效，货币政策无效；在古典区域，其他变动只影响利息率，不影响国民收入，而 LM 曲线变动则对国民收入产生最大影响，因而货币政策有效，财政政策无效；在中间区域，财政政策和货币政策都影响国民收入和利息率，财政政策和货币政策均有效。

视野拓展 12-1　需求学派政策和供应学派政策

需求学派政策是一些影响国内需求和吸收量的总增长水平或总增长率的措施。这些政策包括与传统的宏观经济政策相联系的整套财政、货币和国内信贷措施。虽然这些政策也影响生产和供应，但是这些影响比较抽象，所以对这些主要影响总吸收量的政策最好称之为“注重需求”的政策。

供应学派政策的目标是在保持国内需求的一定水平上，增加国内经济所供应的货物和劳务的数量。这种注重供应的政策从广义上可分成两类，第一类政策的目标是提高像资本和劳动力这样的生产要素在相互竞争的用途之间使用和分配的效益，以增加当前的产值。这类政策包括那些减少由于价格僵化不变、垄断、税收、补贴和贸易限制而造成的经济失调现象的措施。第二类政策的目标包括那些目的在于提高生产能力的长期增长率的政策。在这个类目里包括一些刺激国内储蓄和投资的措施。同样重要的还有一些目的在于增加外国储蓄流入量的政策，而不管这种外国储蓄是以私人贷款、外国直接投资还是以增加开发援助的形式流入的。上述两类供应学派政策显然是相互关联的，因为那些增加当前产值的政策本身可能导致储蓄和投资的流量增加，并且提高生产能力的增长率。

任务二　财政政策理论

一、财政政策的内容与运用

（一）财政政策的内容

动画 12-1

财政政策

宏观财政政策是国家调控经济实现政策目标最主要的政策工具之一。所谓财政政策（Fiscal Policy），就是指政府为提高就业水平，减缓经济波动，防止通货膨胀，实现稳定增长而采取的税收和政府支出等政策，即政府为了实现其宏观经济政策目标而对其收入和支出水平所做出的决策。

财政政策的主要内容包括政府支出与政府收入。

1.政府支出

（1）政府支出内容。其主要包括社会福利支出、国家防务和安全支出、债务利息支出、教育和职业训练支出，交通、公路、机场、港口和住宅的支出等。

（2）政府支出方式。其主要有：①政府购买。它是指政府对商品和服务的购买。其特点是以取得商品和服务为目的的有偿支出，是一种实质性的支出。它可以使经济资源的利用从私人部门转到公共部门。②政府转移支付。它是指政府单方面的、无偿的资金支付，包括社会保障、社会福利支出，政府对农业的补贴等。其特点是不以取得商品和服务作为报偿的支付，它是货币性支出，是通过政府把一部分人的收入转给另一部分人，而整个社会的收入总量并没有变化，变化的仅是收入总量在社会成员之间的分配比例。

2.政府收入

政府的收入整体上来源于税收和公债两个部分。税收是政府收入中最主要的部分。各国的税收通常由许多具体的税种组成，且依据不同的标准可以对税收进行不同的分类。

（1）按照课税对象的性质，税收可以分为财产税、所得税和流转税三大类。①财产税是对不动产或房地产，即土地和土地上的建筑物等所征收的税，主要包括财产税、遗产税等。②所得税是指对个人或公司的收入征收的税，如对个人的工薪收入和股票债券存款等资产的收入以及公司的收入所征收的所得税。③流转税是对流通中的商品和服务买卖的总额征税，它包括增值税、消费税、关税等，流转税是目前我国最大的税类。

（2）按税负能否转嫁，税收可以分为直接税和间接税两种。①直接税是直接征收的、不能再转嫁给别人的税，如财产税和所得税。②间接税是间接向最终消费者征收的、作为生产商和销售商的原来纳税人能转嫁给最终消费者的税，如消费税和进口税。

（3）按照收入中被扣除的比例，税收可以分为累退税、累进税和比例税三种。①累退税是指税率随征税对象数量增加而递减的一种税，即收入越高，税率越低。

②累进税是税率随征税对象数量的增加而递增的一种税，即课税对象数额越大，税率也越高。上述的财产税和所得税一般是累进税。③比例税是税率不随征税对象数量的变动而变动的一种税，即按固定比例从收入中征税，多适用于流转税，如财产税和大部分关税，一般属于比例税。

政府支出的主要来源是税收。政府当年的税收和支出之间的差额称为预算余额(Budget Balance)。预算余额为零称为预算平衡（Balanced Budget），若为正数称为预算盈余，若为负数称为预算赤字。如果政府增加支出而没有相应地增加税收，或者减少税收而没有相应地减少支出，这种做法称为赤字财政（Deficit Financed）。当政府发生预算赤字时，就可以通过发行公债向公众借钱或增发货币来弥补。

2020年中央一般公共预算收入见表12-1。

表12-1　2020年中央一般公共预算收入预算表　单位：亿元

项　目	2019年执行数	2020年预算数	预算数为上年执行数的百分比（%）
一、税收收入	81 017.78	79 770.00	98.5
国内增值税	31 161.01	28 700.00	92.1
国内消费税	12 561.52	12 520.00	99.7
进口货物增值税、消费税	15 812.30	13 310.00	84.2
进口货物增值税	15 123.45	12 660.00	83.7
进口消费品消费税	688.85	650.00	94.4
出口货物退增值税、消费税	−16 503.20	−12 140.00	73.6
出口货物退增值税	−16 480.77	−12 123.00	73.6
出口消费品退消费税	−22.43	−17.00	75.8
企业所得税	23 786.00	23 665.00	99.5
个人所得税	6 234.14	6 350.00	101.9
资源税	53.12	55.00	103.5
城市维护建设税	206.13	190.00	92.2
印花税	1 229.38	1 300.00	105.7
其中：证券交易印花税	1 229.38	1 300.00	105.7
船舶吨税	50.26	50.00	99.5
车辆购置税	3 498.23	3 020.00	86.3
关税	2 889.11	2 750.00	95.2
其他税收收入	39.78		

续表

项　目	2019年执行数	2020年预算数	预算数为上年执行数的百分比（%）
二、非税收入	8 287.63	3 000.00	36.2
专项收入	284.64	280.00	98.4
行政事业性收费收入	403.41	400.00	99.2
罚没收入	132.21	132.00	99.8
国有资本经营收入	6 659.03	1 438.00	21.6
国有资源（资产）有偿使用收入	716.92	660.00	92.1
其他收入	91.42	90.00	98.4
中央一般公共预算收入	89 305.41	82 770.00	92.7
中央财政调入资金	3 194.00	8 880.00	278.0
从预算稳定调节基金调入	2 800.00	5 300.00	189.3
从政府性基金预算调入	4.23	3 002.50	70 981.1
从国有资本经营预算调入	389.77	577.50	148.2
支出大于收入的差额	18 300.00	27 800.00	151.9

注：1.中央一般公共预算支出大于收入的差额=支出总量（中央一般公共预算支出+补充中央预算稳定调节基金）-收入总量（中央一般公共预算收入+中央财政调入资金）

2. 2020年从中央预算稳定调节基金调入的5 300亿元中包括决算整理期内预计新增补充的部分资金。

（二）财政政策的运用

1.财政政策的一般运用

财政政策就是运用政府开支与税收来调节经济。①在经济萧条时期，总需求小于总供给，经济中存在失业，政府就要采取扩张性的财政政策，包括增加政府支出与减税。减税可以增加企业和居民的可支配收入，从而增加消费和投资；政府支出的增加则直接刺激总需求，从而可能使经济走出萧条。②在经济繁荣时期，总需求大于总供给，经济中存在通货膨胀，政府则要通过紧缩性的财政政策来压抑总需求，以实现物价稳定。紧缩性的财政政策包括减少政府支出与征税。减少政府支出直接使总需求下降；征税可以减少居民和企业的消费和投资。财政政策的目标和特点，见表12-2。

表12-2　财政政策的目标和特点

政策目标	政策特点	财政收入政策	财政支出政策
实现充分就业	扩张性财政政策	减少政府税收	增加政府支出
抑制通货膨胀	紧缩性财政政策	增加政府税收	减少政府支出

2.酌情使用的财政政策

酌情使用的财政政策是政府根据经济形势的需要，主动采用的增减政府收支的决策。例如，当认为总需求非常低，即出现经济衰退时，政府应通过削减税收、降低税率、增加支出或双管齐下以刺激总需求。反之，当认为总需求非常高，即出现通货膨胀时，政府应增加税收或减少支出以抑制总需求。究竟什么时候采取扩张性财政政策，什么时候采取紧缩性财政政策，应由政府对经济发展的形势加以分析权衡，斟酌使用。

但是，在采用以上财政政策过程中会遇到许多制约因素，主要有：①时滞。认识经济形势、做出决策、实施财政政策都需要一定的时间，因此，财政政策往往不能起到很好的作用。②不确定性。实施财政政策时，政府要面临乘数大小难以准确地确定，以及从采取财政政策到实现预定目标之间的时间难以准确预测的困境。③外在的不可预测的随机因素的干扰，也可能导致财政政策达不到预期效果。④“挤出效应”的存在。政府增加支出，会挤占私人投资支出，从而使财政政策的效果也降低。

同步思考12-1　2021年要精准有效地实施积极的财政政策

2020年是中华人民共和国历史上极不平凡的一年。2020年财政工作面临的困难之多、挑战之大，是多年未有的。2020年是“十三五”规划收官之年。2021年是我国现代化建设进程中具有特殊重要性的一年，“十四五”开局，全面建设社会主义现代化国家新征程开启，做好财政经济工作意义重大。做好2021年财政工作，要以习近平新时代中国特色社会主义思想为指导，全面贯彻党的十九大和十九届二中、三中、四中、五中全会以及中央经济工作会议精神，坚持稳中求进工作总基调，立足新发展阶段，贯彻新发展理念，构建新发展格局，以推动高质量发展为主题，以深化供给侧结构性改革为主线，以改革创新为根本动力，以满足人民日益增长的美好生活需要为根本目的，坚持系统观念，巩固拓展疫情防控和经济社会发展成果，更好统筹发展和安全，扎实做好“六稳”工作、全面落实“六保”任务，科学精准实施宏观政策，努力保持经济运行在合理区间，坚持扩大内需战略，强化科技战略支撑，扩大高水平对外开放。积极的财政政策要提质增效、更可持续；加强财政资源统筹，保持适度支出强度，加大优化支出结构力度，增强国家重大战略任务财力保障；坚持艰苦奋斗、勤俭节约、精打细算，全面落实党政机关要坚持“过紧日子”的要求；加快建立现代财税体制，强化预算约束和绩效管理；加强地方政府债务管理，抓实化解地方政府隐性债务风险工作，确保“十四五”开好局，以优异成绩庆祝建党100周年。

习近平总书记强调，2021年经济工作要围绕着构建新发展格局来展开。我们要积极发挥财政职能作用，紧紧抓住供给侧结构性改革这条主线，注重需求侧管理，推动构建新发展格局迈好第一步，见到新气象。而在“十四五”（2021—2025）的开局之年，2021年应从哪些方面入手呢？

分析：①精准有效实施积极的财政政策，推动经济运行保持在合理区间。②强化财税政策支持和引导，坚定实施扩大内需战略。③推动创新发展和产业升级，提高经济质量效益和核心竞争力。④坚持尽力而为、量力而行，加强基本民生保障。落实就业优先政策。⑤完善财政支农政策，支持全面推进乡村振兴。⑥坚持资金投入同污染防治攻坚任务相匹配，大力推动绿色发展。⑦做好重点领域风险防范化解工作，确保财政经济稳健运行、可持续。⑧坚持系统集成、协同高效，加快建立现代财税体制。⑨完善税收制度。⑩健全制度机制，进一步强化财政管理和监督。⑪加强预算执行管理。⑫深化对外财经务实合作，拓展国际合作新空间。

二、内在稳定器

（一）内在稳定器的含义

内在稳定器（Built in Stabilizers）又称自动稳定器，是指财政制度本身所具有的能够调节经济波动、维持经济稳定发展的作用。也就是说，它是经济系统本身存在的一种会减少各种干扰对国民收入冲击的机制，能够在经济繁荣时期自动抑制膨胀，在经济衰退时期自动减轻萧条，无须政府采取任何行动。

【提示】当国民收入下降时，它会自动地引起政府支出的增加和税收的减少，从而阻止国民收入进一步下降；当国民收入增加时，它又会自动地引起政府支出的减少和税收的增加，从而避免经济的过度膨胀。

（二）内在稳定器的功能

1.累进税制度

当经济繁荣时，随着生产扩大、就业增加，人们收入随之增加，而通过累进的所得税所征收的税额也自动地以更快的速度增加。税收以更快的速度增加意味着人们可支配收入的增幅相对较小，从而使消费和总需求增幅也相对较小，最终遏制总需求扩张和经济过热。当经济衰退时，国民产出水平下降，个人收入和公司利润普遍下降，在税率不变的条件下，政府税收会自动减少，留给人们的可支配收入也会自动地减少一些，从而使消费和总需求也自动地下降一些，从而起到缓解经济衰退的作用。

2.政府转移支付制度

同税收的作用一样，政府转移支付可以稳定可支配收入，从而有助于稳定在总支出中占很大比重的消费支出。当经济出现衰退与萧条时，由于失业人数的增加，穷人增多，符合救济条件的人数增多，失业救济和其他社会福利支出就会相应增加，从而间接地抑制人们的可支配收入的下降，进而抑制消费需求的下降。当经济繁荣时，由于失业人数减少和穷人减少，福利支出额也自行减少，从而抑制可支配收入和消费的增长。

3.农产品价格维持制度

经济萧条时，国民收入下降，农产品价格下降，政府按照支持价格收购农产品，可使农民的收入和消费维持在一定水平；经济繁荣时，国民收入上升，农产品价格上升，政府减少对农产品的支持，并抛售农产品，限制农产品价格的上升，抑制了农民收入的增长，减少了总需求。农产品价格维持制度有助于减缓经济波动，故认为是内在稳定器之一。

但是，当经济发生严重的萧条和通货膨胀时，内在稳定器不但不能使经济恢复到没有通货膨胀、充分就业的状态，还会起到阻碍作用。例如，当经济陷入严重萧条时，政府采取措施促使经济回升；但是当国民收入增加时，税收趋于增加，转移支付却减少，使经济回升的速度减缓，这时，内在稳定器的变化都与政府的需要背道而驰。所以，在关键时期还是要靠财政货币政策的干预，内在稳定器只能起到配套作用。

三、赤字财政政策与公债

（一）凯恩斯主义主张运用赤字财政政策的理由

在经济萧条时期，财政政策是增加政府支出，减少政府税收，这样就必然出现财政赤字。凯恩斯认为，财政政策应该为实现充分就业服务，因此必须放弃财政收支平衡的旧信条，实行赤字财政政策。凯恩斯主义经济学家认为，赤字财政政策不仅是必要的，而且是可能的。

①债务人是国家，债权人是公众。国家与公众的根本利益是一致的。②政府的政权是稳定的。这就保证了债务的偿还是有保证的，不会引起信用危机。③债务用于发展经济，使政府有能力偿还债务、弥补赤字。另外，政府实行赤字财政政策是通过发行公债来进行的。公债直接卖给中央银行，而不是直接卖给公众。

（二）公债政策

公债（National Debt）是指政府的举债行为。它一般与财政赤字相联系，当年的公债与同期财政赤字相等，而累积的公债则等于历年的财政赤字再减去财政结余。公债的持有形式有：银行部门持有、私人持有、公司持有和国外持有。政府公债政策的积极作用有：

1.有利于政治上的稳定

特别是财政支出大幅度增加时，如果大幅度地提高税率来弥补赤字，往往会引起纳税人的普遍不满，以致影响整个社会的稳定。如果以借债的形式筹措资金，人们是比较容易接受的。

2.有助于将项目受益者与纳税人联系在一起

政府用大量财政支出兴办公共工程（如公路、水利工程等），受益者可能要分布或延续到几代人中去，如果用大量征税的办法来支付这些建设项目的费用，结果是把整个费用重担都压到了项目建设时期那些纳税人身上，真正的受益者或大多数的受益者反而没有负担。如果采用举债的办法，可在短期内筹措大量资金，使这些公共项目尽快上马，然后再从税收中将这些资金收回来，使这些项目所需资金更多地分摊到它的受益人身上。

3.有助于刺激经济

增加税收，公众的收入降低，会对经济产生紧缩的作用。而公债与税收不同，它是政府暂时将公众手中的部分钱借走，对经济是有刺激作用的。

同步思考 12-2

酌情使用的财政政策是如何采用的？

分析：酌情使用的财政政策是政府根据经济形势的分析，主动采用的增减政府收支的决策。例如，当认为总需求非常低即出现经济衰退时，政府应通过降低税率、增加支出或双管齐下的政策来刺激总需求。反之，当认为总需求非常高即出现通货膨胀时，政府应增加税收或减少支出以抑制总需求。

任务三　了解货币政策理论

货币政策的根本目标是帮助经济达到无通货膨胀、充分就业条件下的总产出水平。通过改变经济中的货币供给，货币政策能帮助稳定总产出、就业和价格水平。

一、凯恩斯主义的货币政策

动画 12-2

货币政策

（一）货币政策概述

货币政策（Monetary Policy）是指中央银行通过对货币供给量的调节来调节利息率，再通过利息率的变动来影响总需求。而凯恩斯主义货币政策的直接目标是利息率，最终目标是总需求变动。

【注意】货币政策与财政政策的不同之处在于：财政政策是直接影响社会总需求的规模，中间不需要任何变量；而货币政策则是通过货币当局货币供给量的变化来调节利率进而间接地调节总需求，因而货币政策是间接地发挥作用的。

动画 12-3

货币政策工具

（二）货币政策工具

1.公开市场业务

所谓公开市场业务（Open Market Operations）是指中央银行在金融市场上公开买卖政府债券，以控制货币供给和利率的政策行为。中央银行在金融市场上公开买进或卖出政府债券，通过扩大或缩减商业银行存款准备金，从而导致货币供给量的增减和利率的变化，最终影响物价和就业水平。

公开市场业务过程大致如下：当经济过热时，即中央银行认为市场上货币供给量过多，出现通货膨胀，便在公开市场上出售政府债券。承购政府债券的既可能是各商业银行，也可能是个人或公司。当商业银行购买政府债券后，准备金会减少，可以贷款的数量也减少。通过货币乘数的作用，整个社会的货币供给量将会按一定比例减少。反之，当经济萧条时，市场上出现银根紧缩；这时，中央银行可在公开市场上买进政府债券，商业银行通过政府的购买增加了准备金，个人或公司出售债券所得的现金也会存入银行。这样，各商业银行的准备金即可增加，银行的贷款能力也可以扩大，再通过货币乘数的作用，使整个市场的货币供给量成倍数增加。因此，中央银行可以通过公开市场业务，增加或减少货币供给量，以实现宏观经济调控的目的。

2.再贴现率

贴现和再贴现是商业银行和中央银行的业务活动之一。一般商业银行的贴现是指客户因急需使用资金，将所持有的未到期票据出售给商业银行，兑现现款以获得短期融资的行为。在商业银行因储备金临时不足等原因急需现金时，可以将这些已贴现的但仍未到期的票据出售给中央银行，请求再贴现。中央银行有义务帮助解决商业银行的流动性问题，这样，中央银行从商业银行手中买进已贴现了的但仍未到期的银行票据的活动就称为再贴现。在再贴现时，同样要预先扣除一定百分比的利息作为代价，这种利息就称为中央银行对商业银行的贴现率，即再贴现率。这就是再贴现率的本义。但在当前，比如美国商业银行不再主要用商业票据而是用政府债券作为担保向中央银行借款，所以，现在把中央银行给商业银行及其他金融机构的借款称为“贴现”，相应的放款利率都称为“贴现率”。

中央银行通过变动再贴现率可以调节货币供给量。中央银行感到市场上银根紧缩、货币供给量不足时，便可以降低再贴现率，商业银行向中央银行的“贴现”就会增加，从而使商业银行的准备金增加，可贷出去的现金增加；通过货币乘数的作用，使整个社会货币供给量成倍数增加。反之，货币供给量过多，中央银行可以提高再贴现率，商业银行就会减少向中央银行的“贴现”，于是商业银行的准备金减少，可贷出去的现金也减少；通过货币乘数的作用，社会上的货币供给量将成比例减少。

中央银行调整贴现率对货币供给量的影响不是很大。实际上，中央银行调整贴现率更多的是表达自己的意图，而不是发挥调整贴现率对货币供给量的直接影响。

视野拓展12-2　中国人民银行的再贴现政策及其发展历程

再贴现是中央银行对金融机构持有的未到期已贴现商业汇票予以贴现的行为。在我国，中央银行通过适时调整再贴现总量及利率，明确再贴现票据选择，达到吞吐基础货币和实施金融宏观调控的目的，同时发挥调整信贷结构的功能。

1998年以来，为了适应金融宏观调控由直接调控转向间接调控，加强再贴现传导货币政策的效果、规范票据市场的发展，中国人民银行出台了一系列完善商业汇票和再贴现管理的政策。改革再贴现、贴现利率生成机制，使再贴现利率成为中央银行独立的基准利率，为再贴现率发挥传导货币政策的信号作用创造了条件。为了适应金融体系多元化和信贷结构调整的需要，扩大再贴现的对象和范围，把再贴现作为缓解部分中小金融机构短期流动性不足的政策措施，中国人民银行提出，对资信情况良好的企业签发的商业承兑汇票可以办理再贴现，并将再贴现最长期限由4个月延长至6

个月。

2008年之后，为了有效发挥再贴现促进结构调整、引导资金流向的作用，中国人民银行进一步完善再贴现管理，适当增加再贴现转授权窗口，以便于金融机构尤其是地方中小金融机构法人申请办理再贴现；适当扩大再贴现的对象和机构范围，城乡信用社、存款类外资金融机构法人、存款类新型农村金融机构以及企业集团财务公司等非银行金融机构均可申请再贴现；推广使用商业承兑汇票，促进商业信用票据化，通过票据选择明确再贴现支持的重点，对涉农票据、县域企业和金融机构及中小金融机构签发、承兑、持有的票据优先办理再贴现，进一步明确再贴现可采取回购和买断两种方式，提高了业务效率。

3.法定存款准备金率

动画 12-4

法定准备金率

中央银行可以通过改变商业银行的法定存款准备金率来控制货币供给。由于商业银行必须依法留足准备金，因而在存款数量既定的条件下，商业银行的贷款量减少。调整存款准备金率通过整个银行体系存款倍数扩大或收缩机制对货币供给数量产生很大的影响。举例说明，假定现有的法定存款准备金率为20%，若某一家银行得到额外的100元存款，即货币供给量增加100元，则该银行将按照20%的准备金率留有20元的准备金，然后将超额部分［100×（1−20%）］贷给消费者或企业，即个人或企业得到80元的贷款。假设得到这笔款项的人将它存入第二家银行，则第二家银行增加了80元的存款。与第一家银行一样，第二家银行留下16元作为准备金，将其余的［100×（1−20%）×（1−20%）］贷给个人或企业，即经济中又多出了64元的货币。如此不断地继续下去，最初银行系统中只增加存款100元，但最终存款的增加量可以达到：$100+80+64+\cdots=100+100\times(1-20\%)+100\times(1-20\%)^2+\cdots=100\div[1-(1-20\%)]=100\div20\%=500$元。

整个银行体系内存款增加的数量会按法定存款准备金率20%的倒数，即按5倍扩大；相反，若第一家银行因客户提取而损失存款，那整个银行系统中的存款将成倍缩小。一般来说，如果法定存款准备金率为Rd，而银行系统中最初存款数量的改变量为ΔD，那么银行系统中存款改变量最多可以达到ΔD/Rd，即银行系统中存款的改变量为原有存款量的1/Rd倍。由于法定存款准备金率Rd小于1，因而银行系统存款扩大或者缩小的倍数大于1。

在存款额改变量既定的条件下，如果法定存款准备金率变动，则银行系统中存款总额的改变量扩大或者缩小的规模就会变动。在上面的例子中，如果准备金率从20%下调到10%，那么存款扩张规模便从5增加到10倍，扩大到1 000元。因此，调整法定存款准备金率的手段被认为是最严厉的货币政策。

2012年以来，中国人民银行根据我国处于经济增长速度调整期的总体经济形势，灵活运用法定存款准备金率这一政策工具。2012年2月至2020年1月间，共14次下调了金融机构的法定存款准备金率（见表12-3），引导投资和消费保持在适当水平，以保证经济平稳较快增长和物价稳定。

表 12-3　　2012年2月至2020年1月间，我国法定存款准备金率的调整情况　　单位：%

公布时间	生效时间	大型金融机构			中小金融机构		
		调整前	调整后	调整幅度	调整前	调整后	调整幅度
2020年1月1日	2020年1月6日	13.0	12.5	−0.5	11.0	10.5	−0.5
2019年9月6日	2019年9月16日	13.5	13.0	−0.5	11.5	11.0	−0.5
2019年1月4日	2019年1月25日	14.0	13.5	−0.5	12.0	11.5	−0.5
2019年1月4日	2019年1月15日	14.5	14.0	−0.5	12.5	12.0	−0.5
2018年10月7日	2018年10月15日	15.5	14.5	−1.0	13.5	12.5	−1.0
2018年6月24日	2018年7月5日	16.0	15.5	−0.5	14.0	13.5	−0.5
2018年4月17日	2018年4月25日	17.0	16.0	−1.0	15.0	14.0	−1.0
2016年2月29日	2016年3月1日	17.5	17.0	−0.5	15.5	15.0	−0.5
2015年10月23日	2015年10月24日	18.0	17.5	−0.5	16.0	15.5	−0.5
2015年8月25日	2015年9月6日	18.5	18.0	−0.5	16.5	16.0	−0.5
2015年4月19日	2015年4月20日	19.5	18.5	−1.0	17.5	16.5	−1.0
2015年2月4日	2015年2月5日	20.0	19.5	−0.5	18.0	17.5	−0.5
2012年5月12日	2012年5月18日	20.5	20.0	−0.5	18.5	18.0	−0.5
2012年2月18日	2012年2月24日	21.0	20.5	−0.5	19.0	18.5	−0.5

在以上三大主要货币政策工具中，从理论上说，调整法定存款准备金率是中央银行调整货币供给最简单的办法。但由于法定存款准备金率的变动，在短期内会导致较大幅度的货币扩张或收缩，其作用十分显著，所以在实践中很少使用。调整再贴现率政策除了上述所讲的期限短等限制外，它还有在实施过程中比较被动的缺点。这是因为，中央银行可以通过降低贴现率使商业银行来借款，但它不能强迫商业银行来借款；若商业银行不向中央银行借款或借款数量很小，则贴现率政策执行效果就不明显。实施再贴现率政策是利率变化和信贷松紧的信号。

【注意】*一般来说，在贴现率变化以后，银行的利率也随之改变。*

公开市场业务与上述两项政策工具相比有下述优点：①公开市场业务可以按任何规模进行，中央银行既可以大量也可以小量买卖政府债券，使货币供给量发生较大的或迅速的变化。②公开市场业务比较主动和灵活，且可以连续进行。即使中央银行有时会出现某些政策失误，也可以及时纠正。③公开市场业务还可以比较准确地预测出其对货币供给的影响。一旦买进或卖出一定数量、金额的证券，就可以根据货币乘数估计出货币供给量增加或减少了多少。基于上述原因，公开市场业务就成为中央银行控制货币供给量最重要、最常用的工具。

除了上述三种调节货币供给量的主要工具外，中央银行还有其他一些次要的货币政策工具。例如，道义上的劝告、控制利息率的上限以及“垫头规定”的局部控制等。

（三）货币政策的运用

在经济萧条时，总需求（AD）小于总供给（AS），为了刺激总需求（AD），就要采用扩张性的货币政策，即在公开市场买进有价证券，降低贴现率并放松贴现条件，或者降低准备金率等。扩张性货币政策可以提高货币供给量，降低利息率，刺激总需求增长。

在经济繁荣时，总需求（AD）大于总供给（AS），为了抑制总需求（AD），就要采用紧缩性的货币政策，即在公开市场卖出有价证券，提高贴现率并严控贴现条件，或者提高准备金率等。紧缩性的货币政策有助于减少货币供给量，提高利息率，抑制总需求增长。

二、货币主义的货币政策

货币主义是20世纪五六十年代在美国出现的一个经济学流派，也称货币学派。其创始人为美国芝加哥大学教授弗里德曼。货币学派在理论上和政策主张方面，强调货币供应量的变动是引起经济活动和物价水平发生变动的根本的和起支配作用的原因。货币主义学派理论主要由现代货币数量论和自然率假说构成。

（一）现代货币数量论

货币主义学派把货币作为影响经济的最重要因素，认为物价水平或名义收入水平是货币需求与货币供应均衡的结果，但货币供应由法律和货币当局的政策决定，是外生的。因此，现代货币数量论主要研究货币需求的决定因素。

（二）自然率假说

货币主义学派认为，私人经济具有内在的有效性和稳定性，国家干预会破坏其稳定性。这种内在的有效性和稳定性被称作“自然率假说”。它认为自由市场经济具有内在的动态平衡机制，外生力量只能产生短期影响，而不能影响其长期均衡。

其他主要论点有：一是货币数量变动导致了货币收入的短期波动。二是货币数量在长期只影响价格和货币收入，不影响实际收入和就业量。因此，通货膨胀归根到底是一种货币现象。三是货币供给量在短期内会影响实际国民收入和就业量。

另外，弗里德曼强烈反对国家干预经济，主张实行一种“单一规则”的货币政策。这就是把货币存量作为唯一的政策工具，由政府公开宣布一个在长期内固定不变的货币增长率，这个增长率（如每年增长3%~5%），应该是在保证物价水平稳定不变的条件下，与预计的实际国民收入在长期内会有的平均增长率相一致。

凯恩斯主义货币政策与货币主义货币政策的对比，见表12-4。

表 12-4　　凯恩斯主义货币政策与货币主义货币政策的对比

	凯恩斯主义货币政策	货币主义货币政策
目标	通过利率调节总需求	通过控制货币量实现物价稳定
机制	货币量→利率→总需求	货币量→物价
手段	公开市场业务、再贴现率、法定存款准备金率	单一规则的货币政策

视野拓展 12-3　中国人民银行的公开市场业务

中国人民银行的公开市场业务包括人民币公开市场操作和外汇公开市场操作两部分。外汇公开市场操作于1994年3月启动，人民币公开市场操作于1998年5月26日恢复交易，规模逐步扩大。自1999年以来，公开市场业务发展较快，目前已成为中国人民银行货币政策日常操作的主要工具之一，对于调节银行体系流动性水平、引导货币市场利率走势、促进货币供应量合理增长发挥了积极的作用。

从交易品种看，中国人民银行公开市场业务债券交易主要包括回购交易、现券交易和发行中央银行票据。其中，回购交易分为正回购和逆回购两种。正回购为中国人民银行向一级交易商卖出有价证券，并约定在未来特定日期买回有价证券的交易行为。正回购为央行从市场收回流动性的操作，正回购到期则为央行向市场投放流动性的操作。逆回购为中国人民银行向一级交易商购买有价证券，并约定在未来特定日期将有价证券卖给一级交易商的交易行为。逆回购为央行向市场上投放流动性的操作，逆回购到期则为央行从市场收回流动性的操作。现券交易分为现券买断和现券卖断两种，前者为央行直接从二级市场买入债券，一次性地投放基础货币；后者为央行直接卖出持有债券，一次性地回笼基础货币。中央银行票据即中国人民银行发行的短期债券，央行通过发行央行票据可以回笼基础货币，央行票据到期则体现为投放基础货币。

公开市场业务与法定存款准备金率、再贴现率被称为中央银行的三大货币政策工具，是中央银行调整货币供应量、实现既定货币政策目标的主要手段。

三、财政政策与货币政策的相互配合

（一）宏观经济政策的选择

究竟选择哪一种政策更有利，这涉及许多因素。这里我们以扩张性财政政策与扩张性货币政策为例，通过分析两者对社会经济产生的不同影响来说明这一问题。

从LM模型中可以看出，扩张性的财政政策和货币政策都可以扩大总需求，增加国民收入，但它们对利率的作用方向却不同。扩张性财政政策会使利率水平上升，而扩张性货币政策会使利率水平下降。正是由于二者对利率作用的方向不同，从而导致总需求内部结构不同。

在LM模型中，扩张性货币政策使LM曲线向右移动，使国民收入水平上升和利率水平下降。随着国民收入的增加，人们的可支配收入上升，消费需求也相应增加。同时，由于利率水平的下降，也有利于投资需求的增加，尤其是与利率关系密切的住房投资更是如此。因此，扩张性货币政策会使总需求中的消费需求和投资需求增加。

上述两种政策对社会经济的影响，见表12-5。

表12-5 财政政策与货币政策对社会经济的影响

政策工具		国民收入	利率	消费	投资
扩张性货币政策		增加	下降	增加	增加
扩张性财政政策	1.增加政府购买支出	增加	提高	增加	减少
	2.减税	增加	提高	增加	减少
	3.增加转移支付	增加	提高	增加	减少
	4.投资津贴	增加	提高	增加	减少

从表12-5中可见，由于不同的政策对社会总需求的影响不同，因此，决策者在决定选择哪种政策时，首先要考虑产生社会总需求不足的主要原因是什么，然后对症下药，以促使经济回升。

（二）两种政策的组合使用

1.当经济萧条时

此时，可以把扩张性财政政策与扩张性货币政策组合使用，这样能更有力地刺激经济。扩张性财政政策使总需求增加但提高了利率水平；采用扩张性货币政策就可以抑制利率的上升，以消除或减少扩张性财政政策的挤出效应，使总需求增加。

2.当经济出现严重通货膨胀时

此时，可实行“双紧”组合，即采用紧缩性财政政策与紧缩性货币政策来降低需求，控制通货膨胀。一方面采用紧缩性的财政政策，从需求方面抑制通货膨胀；另一方面采用紧缩性货币政策，从货币供给量方面控制通货膨胀。由于紧缩性财政政策在抑制总需求的同时会使利率下降，而紧缩性货币政策使利率上升，从而不使利率的下降起到刺激总需求的作用。

3.当经济萧条但又不太严重时

此时，可采用扩张性财政政策与紧缩性货币政策的组合。这样是为了在刺激总需求的同时，又能抑制通货膨胀，这种混合的结果往往对增加总需求作用不确定，却能够使利率上升。

4.当经济中出现通货膨胀又不太严重时

此时，可采用紧缩性财政政策与扩张性货币政策相配合。一方面用紧缩性财政政策压缩总需求；另一方面用扩张性货币政策降低利率、刺激投资，以免财政过度紧缩而引起衰退。

应用LM模型，可以分析宏观经济政策各种组合使用的政策效应，见表12-6。

表12-6　　宏观经济政策各种组合使用的政策效应

政策组合	产　出	利　率
扩张性财政政策和紧缩性货币政策	不确定	上升
紧缩性财政政策和紧缩性货币政策	减少	不确定
紧缩性财政政策和扩张性货币政策	不确定	下降
扩张性财政政策和扩张性货币政策	增加	不确定

总之，财政政策与货币政策必须相互配合，不能互相冲突。两种政策的目标都是实现既无失业又无通货膨胀的经济运行状态。

课程思政12-1　　印度大诗人泰戈尔讲述的故事

一个老者携孙子去集市卖驴。路上，开始时孙子骑在驴背上，爷爷在地上牵着毛驴走，有人指责孙子不孝。听到人们的指责后，爷孙二人立刻调换了位置。调换位置后的爷孙俩，又听到有人指责，说老头虐待孩子。于是爷孙两人都骑上了驴。一位老太太看到后又为驴鸣不平，说他们不顾驴的死活。最后，爷孙二人都从驴背上下来了，徒步跟驴走。不久又听到有人讥笑："看！一定是两个傻瓜，不然为什么放着现成的驴不骑呢？"爷爷听罢，叹口气说："还有一种选择就是咱俩抬着驴走，可这样一来。岂不更让人笑掉大牙？"问题：通过这则故事，对相机抉择的财政政策与货币政策有何启示？

思政感悟

我们在做出抉择的时候，往往不能决断。涉及政府对宏观经济进行调控时，应该根据市场情况和各种调节措施的特点，机动灵活地选择一种或几种政策措施，这就是相机抉择。

三省吾身

各套宏观政策都有自己的特点：发挥作用的猛烈程度不同，政策效应的时间不同，政策发生影响的范围大小不一样，政策遇到的阻力大小也不同。有人将政府比作一名医生，要善于根据国民经济出现不同的症状，选择松紧有度的政策配方。

四、财政政策与货币政策的关系

（一）财政政策与货币政策的共性

财政政策与货币政策有着诸多的共同点，它们在目标、管理、环节和运行等方面存在着内在联系。

（1）目标的统一性。财政政策与货币政策都属于为实现宏观经济目标所采取的经济政策，它们的调控总体目标是统一的，即促进经济增长、保持物价稳定、实现充分就业和促进收支平衡。

（2）管理的影响性。财政政策直接影响着财政收入和财政支出，其结果是节余、赤字或基本平衡，对社会总需求具有重大的影响。货币政策直接影响着货币供应量和信贷投放量，是社会总需求的动态反映。

（3）环节的分配性。财政和货币都属于再生产过程中的分配环节，体现再分配的不同层次。在不兑现信用货币的情况下，会出现超越当年国民收入再分配的结果，从而导致货币超量发行；或是在社会总供给过剩或相对过剩时，可能出现支出紧缩、银行惜贷、货币供给过少，以致出现社会总需求不足的现象。

（4）运行的联系性。在经济运行方面，社会资金、货币流通的统一性和货币资金在各部门之间的相互流动性，使财政、信贷和货币发行具有不可分割的内在联系，任何一方发生变化，都会引起其他方面的变化，最终引起社会总需求和总供给的变化。

（二）财政政策与货币政策的差异

财政政策与货币政策既有共通之处又有一定的区别。其区别包括实施主体、作用机制、运用方式、调节重点、使用工具、调节范围和政策时滞等方面的差异。

（1）实施主体的差异。财政政策是由政府财政部门具体实施，而货币政策则由中央银行具体实施。尽管某些西方国家的中央银行在名义上归属财政部门领导，但大多数国家的货币政策则是由其中央银行独立操作的。

（2）作用机制的差异。财政政策更多地偏重于公平，其主要责任是直接参与国民收入分配并将集中起来的国民收入在全社会范围内进行再分配，从收支上影响社会总需求的形成。而货币政策则更多地偏重于效率，其主要责任是通过信贷规模的伸缩来影响消费需求和投资需求，进而引导资源流向效益好的领域。

（3）运用方式的差异。财政政策可由政府通过直接控制和调节来实现，要控制总需求可通过提高税率、增加财政收入、压缩财政支出等方式实施。而货币政策是中央银行运用各种调节手段影响商业银行的行为，商业银行会相应调整对企业和居民的贷款规模，从而影响社会需求。因此，货币政策运用的间接性较强，财政政策运用的直接性较强。

（4）调节重点的差异。财政政策调节直接作用于社会经济结构，间接作用于供需总量平衡，主要通过扩大或缩小支出规模达到增加或抑制社会总需求的目的。而货币政策调节则直接作用于经济总量，间接作用于经济结构，主要通过货币投放和再贷款等措施控制基础货币量，实现对社会总需求的直接调节。

（5）使用工具的差异。财政政策与货币政策在调控经济运行的工具方面有着较大的不同，如财政政策工具主要包括财政体制、税收制度、收费政策、公共预算、政府公债、财政补贴和财政贴息等。而货币政策工具主要包括货币供应量、存款准备金、利率、再贴现率和公开市场操作等。

（6）调节范围的差异。财政政策的调节范围较为广泛，其调节范围包括：经济领域和非经济领域。而货币政策的调节范围基本限于经济领域，其他领域则是次要的，如缩小收入分配差距方面。财政政策可利用累进税率和财政补贴等手段来发挥作用，货币政策则无能为力，甚至货币政策的利息机制还在一定程度上扩大这种差距。

（7）政策时滞的差异。财政政策从确定到实施的过程较为复杂，外部时滞较短，对经济所产生的作用较为直接。如调整税率时，企业的收支状况就会立即发生变化。而货币政策运用较为方便，外部时滞较长，对经济目标起间接调控作用。

（三）财政政策与货币政策的优劣比较

1.财政政策与货币政策的优势

相对于货币政策而言，财政政策的优势主要表现在：在调节公平分配、结构调整、经济增长、资源配置和充分就业等方面的作用更显突出。在弥补市场缺陷上，对私人不愿投资（如各类公益事业）和不适合投资（如自然垄断行业）的领域，能更有效地调整和优化经济结构，发挥优化资源配置的功能。通过税收优惠、转移支付等能更有效地调整和优化经济结构，促进区域经济协调发展，通过财政收支的变化直接影响社会总需求。运用财政补贴等手段可实现政府的特殊调控，财政支出可直接刺激消费和投资且具有手段多、力度大和见效快等优点。

相对于财政政策而言，货币政策的优势主要表现在：

货币政策有利于稳定物价和平衡国际收支，尤其在经济体制转轨时期更显突出。通过货币供求总量的调整，能够保持社会经济总供给与总需求的基本平衡。通过存贷款基准利率、法定存款准备金率和再贴现率对调节物价总水平的作用突出。通过利率调整可调节国民的消费与储蓄，如通过高利率鼓励储蓄、低利率刺激消费和投资的需求。货币政策的操作是一种经济行为，对经济的调节作用比较平缓，有利于发挥市场机制作用且具有灵活性等优点。

综上所述，从宏观调控的财政政策与货币政策两个主要手段来看，财政政策在公平分配、结构调整、经济增长、资源配置和充分就业等方面较货币政策更有优势，而货币政策的优势在于稳定物价和平衡国际收支。

2.财政政策与货币政策的缺陷

相对于货币政策而言，财政政策的缺陷主要表现在：财政政策对社会总需求的调节不如货币政策直接。前者一般只是改变总量中的比例和分布，后者则直接作用于总量，容易对市场机制形成冲击，震动较大，不易形成“微调”的效果。财政政策的作用过程主要是经济干预，不是靠经济行为主体的竞争、市场供求关系和市场机制。因而，对提高资金的使用效率缺少刺激。财政政策的制定是经济决策和政策决策的过程，需要经过一定的法定程序，实行起来灵活性较小。

相对于财政政策而言，货币政策的缺陷主要表现在：货币政策难以解决国民收入分配不公的问题，在弥补市场机制的缺陷和推动各部门经济的协调发展等方面，不如财政政策直接和有效。货币政策对推动那些私人不愿投资和不适合投资的事业发展的作用，不如财政政策明显或直接。由于货币政策存在传导环节多、时间长、易受各种因素的干扰等情况，在调整经济结构和促进区域经济协调发展方面，难以直接、有效地发挥作用；特别是在国民经济结构严重失衡的情况下，单靠货币政策难以有效地解决问题。

关键术语

宏观经济政策　财政政策　货币政策　内在稳定器　公债

应知考核

随堂测 12

一、单项选择题

1.宏观经济政策的目标是（　　）。

A.充分就业和物价稳定

B.物价稳定和经济增长

C.同时实现充分就业、物价稳定、经济增长和国际收支平衡

D.国际收支平衡和充分就业

2.以下各项不能增加政府财政收入的是（　　）。

A.税收　B.公债　C.罚款　D.转移支付

3.中央银行在公开市场上买进和卖出各种有价证券的目的之一是（　　）。

A.调节债券价格　B.调节利息率

C.调节货币供应量　D.调节货币需求量

4.公开市场业务是指（　　）。

A.商业银行的信贷活动

B.中央银行增加或减少对商业银行的贷款

C.中央银行在金融市场上买进或卖出有价证券

D.商业银行卖出有价证券

5.中央银行提高贴现率会导致（　　）。

A.货币供给量的增加和利息率提高　B.货币供给量的减少和利息率提高

C.货币供给量的增加和利息率降低　D.货币供给量的减少和利息率降低

6.宏观经济政策的首要目标是（　　）。

A.充分就业　B.物价稳定　C.经济增长　D.国际收支平衡

7.改善国际收支的基本标志是（　　）。

A.增加外汇储备　B.减少外汇储备　C.增加黄金储备　D.减少黄金储备

8.凯恩斯主义所重视的宏观政策工具是（　　）。

A.需求管理　B.供给管理　C.国际经济政策　D.以上都可以

9.收入政策的目标是（　　）。

A.工资与物价指导线　B.制止通货膨胀

C.工资物价的冻结　D.税收刺激政策

10.政府实行赤字财政政策是通过（　　）来进行的。

A.税收　　B.发行公债　　C.政府制度　　D.罚款

二、多项选择题

1.宏观经济政策的工具有（　　）。

A.需求管理　　B.供给管理　　C.国际经济政策　　D.国际人文政策

2.供给管理政策包括（　　）。

A.收入政策　　B.指数化政策　　C.人力政策　　D.经济增长政策

3.扩张性财政政策包括（　　）。

A.增加政府购买支出　　B.减少政府购买支出

C.增税　　D.减税

4.内在稳定器的功能包括（　　）。

A.所得税　　B.转移支付

C.农产品价格　　D.转移支付和农产品价格

5.中央银行调节货币供给的政策工具主要包括（　　）。

A.调整法定存款准备金率　　B.调整再贴现

C.道义劝告　　D.公开市场业务

三、判断题

1.政府的财政支出政策主要通过转移支付、政府购买和税收对国民经济产生影响。（　　）

2.财政政策的内在稳定器作用是稳定收入水平，但不稳定价格水平和就业水平。（　　）

3.宏观经济政策的理论基础是LM模型。（　　）

4.政府转移支付是以取得商品和服务作为报偿的支付。（　　）

5.政府支出的主要来源是税收。（　　）

四、简答题

1.凯恩斯主义主张运用赤字财政政策的理由是什么？

2.供给管理政策的具体内容有哪些？调整法定存款准备金率的作用是什么？

3.如何比较凯恩斯主义货币政策与货币主义货币政策？

4.简述财政政策和货币政策的相互配合。

五、计算题

假设某银行吸收存款100万元，法定存款准备金率为10%，请计算：

1.按规定银行要留多少准备金？

2.通过银行信贷能创造出多少货币？

3.如果准备率下调至5%，能创造出多少货币？

4.结合2和3的计算结果，对中央银行调整法定存款准备金率的政策效果做出评价。

应会考核

观念应用

现在的银行比米店多

过去我们抨击资本主义“金钱至上”，说他们的“银行比米店多”。而如今我们的大街小巷的银行也比米店多，因为我们生活的方方面面都离不开银行。

在现代社会，货币的供给是由银行“创造”的，这一点大家很难理解。我们一般认为，我们手中的货币是由印钞厂印刷出来的。人们不理解银行为什么能创造货币呢？现在就让我们看一看银行是怎样创造货币供给的。

我们把钱存入银行，银行不能将这些钱全部贷出去，因为我们随时有可能再到银行取我们自己的存款，银行留的这部分货币称为准备金。现在我们来看银行是怎样把钱“创造”出来的。例如，我国的法定存款准备率是10%，一个储户有1 000元存入中国工商银行，中国工商银行必须把100元留下交给中央银行——中国人民银行，它只能贷出900元。有一个人正好去中国工商银行去借900元买一台空气净化器，到了一家大卖场把900元交给收银员，这个大卖场又把这900元存入它的开户银行——中国农业银行，当中国农业银行收到这笔钱时它不能把这900元全都贷出去，必须把其中的90元（10%）上交人民银行，只能贷出810元，这时正好有一个人想买一个山地车，去农业银行借钱，当他借到810元后，去商场用它买到了山地车，这家商场又把这810元送到它的开户银行——中国建设银行。建设银行接到这笔钱后还要把法定准备金81元（10%）交给中国人民银行，只能贷出729元。如此下去，储户的1 000元通过银行系统不断的存贷过程，最后变成多少钱呢？银行新增存款是10 000元。通过这个例子可以知道钱是怎样从银行“创造”出来的。中国人民银行并没有多印钞票，这就是银行通过信用活动创造出来的。所以，商业银行具有创造货币的功能。我们经济生活中的货币供应，是在银行循环往复的存贷过程中创造出来的。

为什么现在的银行比米店多，是因为每个银行都在“创造”货币。现代社会经济是一环一环扣在银行身上而加速运行的。当有一天大家都不到银行存钱，或把钱从银行取出来放到自己家里藏起来时，整个经济的“链条”就断掉了。

资料来源　佚名. 银行是如何创作货币供给的［EB/OL］.［2020-11-06］. http：//roll.sohu.com/20110610/n309799145.shtml.经改编.

讨论：

（1）为什么银行能“创造”货币？

（2）为什么把钱放在家中保存对经济的危害性很大？

技能应用

分析并说明宏观经济政策四大目标之间的关系。

案例分析

创新和完善新时代中国特色宏观调控

科学有效的宏观调控是完善社会主义市场经济体制、提高国家治理体系和治理能力现代化水平的必然要求。党的十八大以来，以习近平同志为核心的党中央准确把握我国发展所处的历史新方位，做出了经济发展进入新常态的重大判断，形成以新发展理念为指导、以供给侧结构性改革为主线的政策框架，贯彻稳中求进的工作总基调，有效引领我国经济向形态更高级、分工更优化、结构更合理的阶段演进。在这一进程中，宏观调控工作紧紧围绕统筹推进"五位一体"总体布局、协调推进"四个全面"战略布局，贯彻落实党中央经济政策框架，不断创新、持续完善，推动我国经济持续健康发展。

坚持把认识、把握、引领经济发展新常态作为宏观调控的大逻辑，保持经济平稳健康运行。坚持把落实新发展理念、推进供给侧结构性改革作为宏观调控的根本遵循和工作主线，推动发展质量和效益明显提高。坚持贯彻稳中求进的工作总基调，巩固了我国经济稳中向好的态势。

当前，世情、国情发生了历史性的变化，决胜全面建成小康社会、实现中华民族伟大复兴的中国梦，需要我们认真总结和提炼党的十八大以来的有效做法和成功经验，牢牢把握我们所处的转变发展方式、优化经济结构、转换增长动力的攻关期，牢牢把握加快建设现代化经济体系的战略目标，进一步创新和完善宏观调控。

我国社会主要矛盾的新变化，要求宏观调控紧紧围绕满足人民日益增长的美好生活需要，促进更平衡、更充分的发展。实现"两个一百年"奋斗目标和中华民族伟大复兴的中国梦，要求切实增强宏观调控的战略定力。以新发展理念引领经济发展新常态，要求进一步丰富和健全宏观调控目标体系。推进国家治理体系和治理能力现代化，要求进一步创新宏观调控方式和手段。

资料来源　佚名. 创新和完善新时代中国特色宏观调控［EB/OL］.［2018-04-03］. https://baijiahao.baidu.com/s?id=1596690586408492388&wfr=spider&for=pc.有删减.

问题：谈谈你对在新的历史起点上，持续创新和完善新时代中国特色宏观调控的理解。

主要参考文献

［1］时应峰，杜小蓉，杨曼琳．经济学基础［M］．北京：高等教育出版社，2019.
［2］冯瑞．经济学基础［M］．2版．北京：高等教育出版社，2019.
［3］唐树伶．经济学基础［M］．3版．北京：高等教育出版社，2018.
［4］高鸿业．经济学基础［M］．2版．北京：中国人民大学出版社，2016.
［5］高鸿业．西方经济学（宏观部分）［M］．7版．北京：中国人民大学出版社，2018.
［6］高鸿业．西方经济学（微观部分）［M］．7版．北京：中国人民大学出版社，2018.
［7］刘华．经济学基础［M］．5版．大连：大连理工大学出版社，2016.
［8］吴汉洪．经济学基础［M］．5版．北京：中国人民大学出版社，2017.
［9］谢力，杜金和．经济学基础［M］．徐州：中国矿业大学出版社，2017.
［10］王丹．经济学基础［M］．北京：对外经济贸易大学出版社，2017.
［11］唐斌，孙根孝，宿莉，等．经济学基础［M］．北京：清华大学出版社，2017.
［12］王瑞杰，李军．经济学基础教程［M］．3版．北京：清华大学出版社，2019.
［13］曲宏飞，寇玲，于灏洋．经济学基础［M］．2版．北京：清华大学出版社，2019.
［14］范里安．微观经济学［M］．费方域，朱保华，等，译．9版．上海：格致出版社，2015.
［15］曼昆．宏观经济学［M］．卢远瞩，译．9版．北京：中国人民大学出版社，2020.